# 継続こそが発毛の力になる。モバイルからあなたの発毛を応援します。

大正製薬

**発毛を応援！**

会員に登録いただくと、指定のお時間に塗布を促すメールが届きます。

**塗布の記録を日記で残そう！**

毎日書き込むことで、昇段出来ます。

**写真で発毛をチェック！**

発毛の進行を写真にして登録できます。

**ヘアケアのためのレシピを紹介！**

食生活からヘアケアをサポート。

**役立つ発毛情報が満載**

知っているようで知らない髪の毛のことを定期的に発信します。

**リアップ発毛道場へ、いますぐアクセス！**

◀ 携帯電話からアクセス！
もしくはm@riup-dojo.jpに空メールをお送りください。

※空メール送付後、お客様宛にメールが届きます。メールに記載されているURLをクリックし、登録すると手続き完了です。※QRコードに対応していない携帯電話の方は、空メール送付後、アクセスしてください。※ドメイン指定受信を設定している方は、リアップ道場（riup-dojo.jp）からのメールを受信できるように設定してください。

3つの成分で頭皮環境を整え、
## ミノキシジルで強く・太く・発毛。

l-メントール
頭皮に清涼感をあたえます

パントテニールエチルエーテル
毛細胞に栄養を補給

トコフェロール酢酸エステル
皮脂の酸化を防ぎ頭皮を保護

**頭皮環境活性化成分**

＋

ミノキシジル
毛包に直接働きかける発毛成分

**発毛成分ミノキシジル**

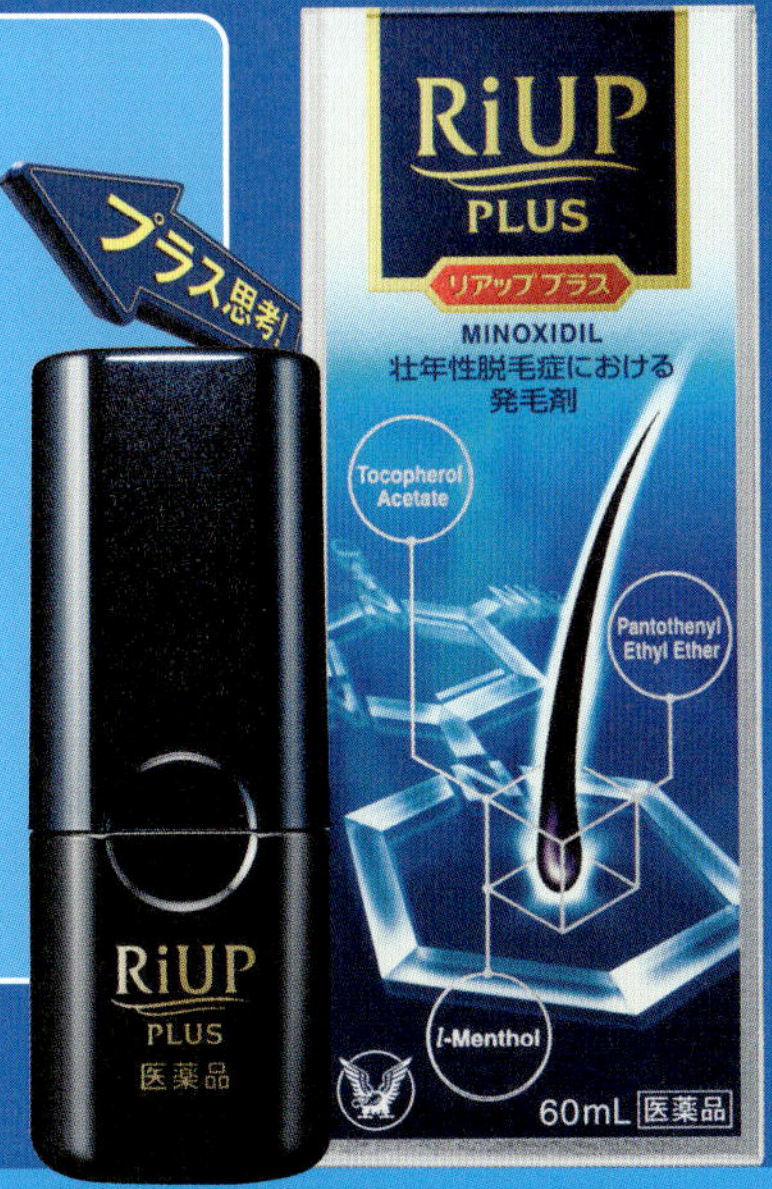


医薬品 〈効能・効果〉壮年性脱毛症における発毛、育毛及び脱毛（抜け毛）の進行予防。○薬局・薬店店頭に「セルフチェックシート」をご用意しておりますので、購入される前にご自分の症状に適しているかどうかをお確かめください。○使用上の注意をよくお読みになり、用法・用量を守って正しくお使いください。

# 早めの対策を！リアッププラス

くわしくはwebで リアッププラス 検索

OTC医薬品

www.taisho.co.jp/riup

大正製薬株式会社
〒170-8633 東京都豊島区高田3-24-1
お問い合わせ［お客様119番室］03-3985-1800
受付時間 8:30～21:00（土・日・祝日を除く）

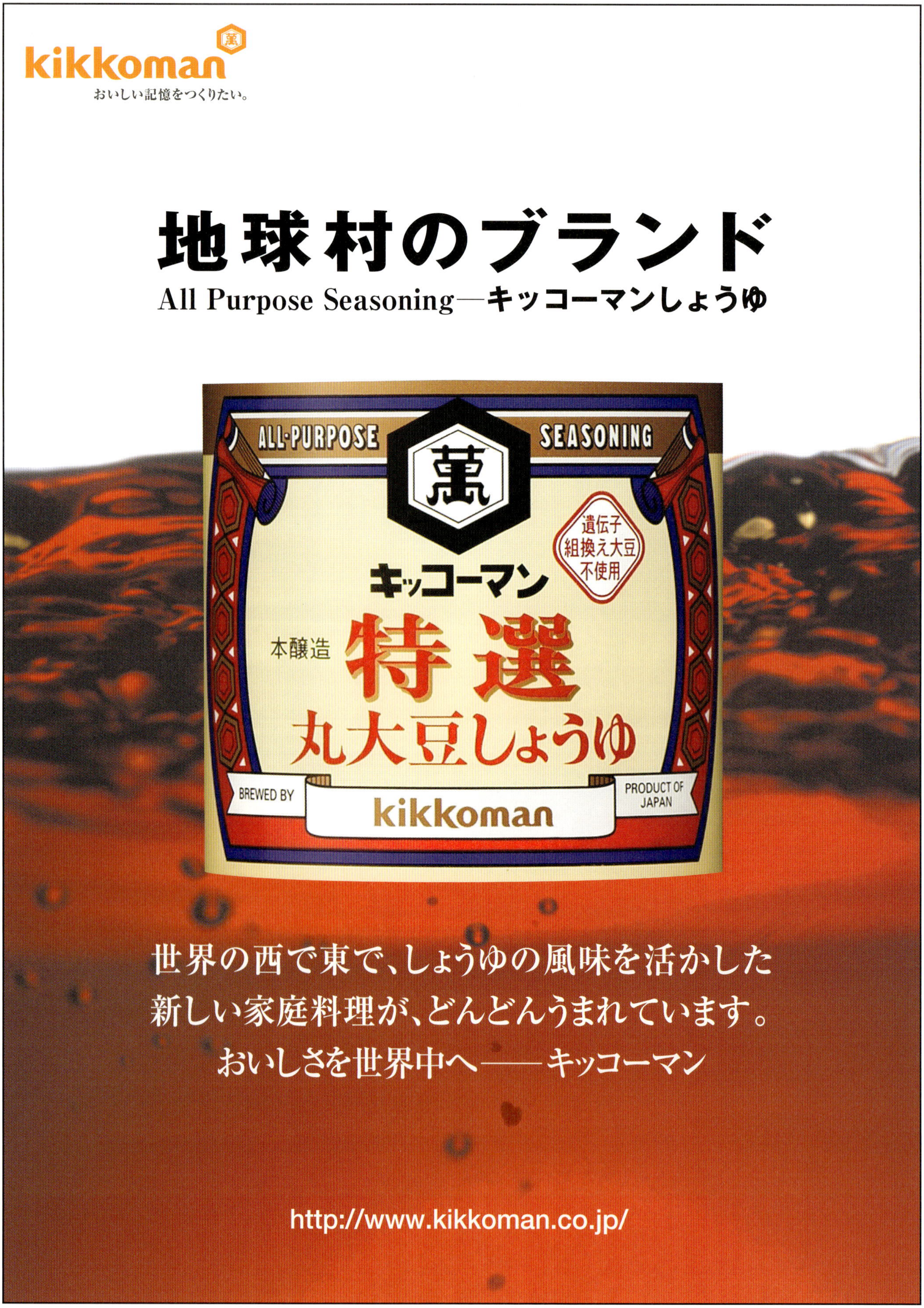
kikkoman
おいしい記憶をつくりたい。
地球村のブランド
All Purpose Seasoning—キッコーマンしょうゆ
ALL·PURPOSE
SEASONING
遺伝子組換え大豆不使用
キッコーマン
本醸造
特選
丸大豆しょうゆ
BREWED BY
kikkoman
PRODUCT OF JAPAN
世界の西で東で、しょうゆの風味を活かした
新しい家庭料理が、どんどんうまれています。
おいしさを世界中へ——キッコーマン
http://www.kikkoman.co.jp/

まだ、ここにない、出会い。
好きなことを、見つける。
納得がいくまで、悩んでみる。
こんなフツーだけど、でも、大切なことが
意外と難しい世の中になりましたね。
見つからない情報。出会えない機会。
リクルートは、情報のチカラで、ひとりひとりに
「まだ、ここにない、出会い。」を提供していきます。
情報で、あなたの勇気を、応援したい。
RECRUIT
www.recruit.co.jp

ロイヒトトゥルムのノート「ＡＧＥＮＤＡ」は長い歴史と経験そして工業デザインの大国であるドイツの伝統と技術力といったＤＮＡを受け継ぎ生み出された逸品。
その佇まいは重厚で、シンプルな黒いカバーはゴムバンドをとめた時に完成度の高いフォルムデザインとなる。それが多くの人々を魅了してやまない理由のひとつなのだが、高い評価の一番の理由は使い勝手の良さにある。
手軽に持ち運べるポケット、ビジネスユースに重宝するミディアム、デスクトップでその存在感や魅力を発揮するマスター。サイズ、様式のバリエーションに富んだノートは様々なシーンで活躍の機会があり、日常生活の中でモノを書くことの喜びや楽しさを再発見させてくれるだろう。

# AGENDA

その黒いページを開くとコンテンツページ（目次ページ）があらわれる。まずこの時点で「おっやるな」と感心するとともにわくわくしてしまう。ノートであるにもかかわらずあらかじめページがプリントされているのは、ビジネスだけでなく、日記や日常の記録ノートとしてプライベートでも使える目から鱗の機能である。また全てのモデルには見出し用のシールが付属されていてページを全て使い切った後に保存用ラベルとして使える。
こうした心憎い機能や使い勝手の良さから、同社のこだわりやモノ作りへの情熱を感じ取る事ができる。パッケージデザインもシンプルでクセがなくギフトとしても恥ずかしくないノートだ。２００９年度版から発売される日付入りのダイアリーシリーズやテキスタイルをカバーに使ったファッション性の高いモデルが発表されたりと今後も目が離せないブランドだ。

ＬＥＵＣＨＴＴＵＲＭ１９１７（ロイヒトトゥルム）
ドイツハンブルグ近郊にある世界的に有名な切手・コインの収集用ファイルブックの老舗メーカー。現在は手帳類をはじめフォトアルバムや収納ＢＯＸなども製造している。
問い合わせ：銀座吉田　http://www.ginzayoshida.co.jp

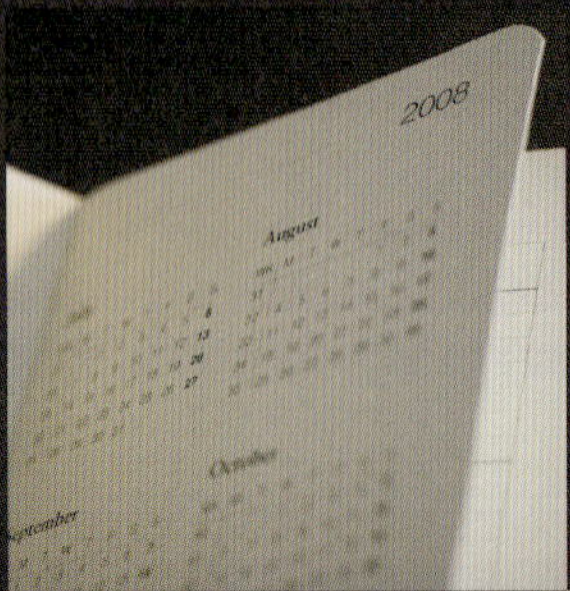

# LEUCHTTURM1917

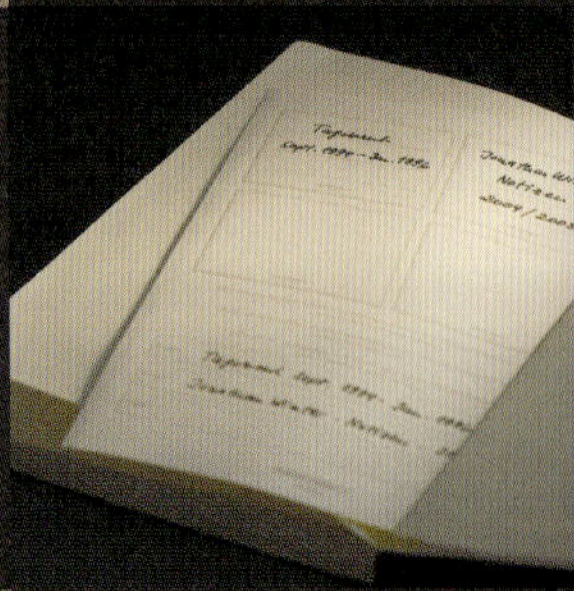

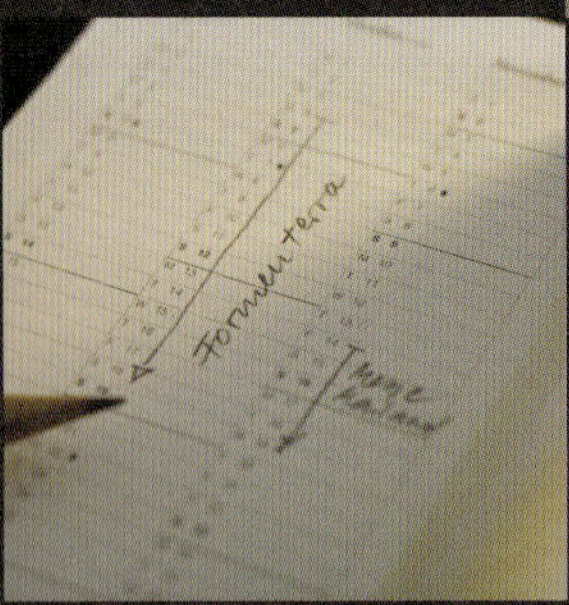

# 2009 Diaries

PR広告

次世代の技術・社会システムを創造するリーダーの育成を担う

# 慶應義塾大学大学院
# システムデザイン・マネジメント研究科

慶應義塾は創立150年を迎えた2008年、日吉キャンパスに新大学院、システムデザイン・マネジメント研究科を開設しました。社会システムが複雑化、多様化する現代において、近年その綻びを示唆する深刻な事故や不祥事が発生しています。このような状況を打ち破り、安心・安全かつ環境と共生できる技術システムを構築するためには、従来のエンジニアリング的な発想に加え、システムデザインへの理解やシステムマネジメントという新しい発想が必要です。本研究科は、現代の大規模かつ複雑なプロジェクトのデザインとマネジメントの能力を有するリーダーを輩出するための新しい体系による本格的な教育研究機関です。

## 次世代を先導するリーダーの育成

本研究科は、文系・理系を問わず、新卒学生も社会人も同じ場で学び研究する「メルティング・ポット」を形成します。ここに集まった多様な価値観を持つもの同志がチームとなり議論を交わすことで、コミュニケーション能力、問題発掘能力、創造力、チームワークなどを高めていきます。育成する人材像には次の2つのタイプがあります。

**■クリエイティブ・システムズ・デザイナ**

激変する社会・開発環境におけるグローバルで多様な価値観・利害関係に対応し、新しい技術・社会システムを提案・実現するとともに、創造した新規マーケットで事業を先導できる創造的デザイナ

**■イノベーティブ・プロジェクト・リーダー**

複雑・高度・大規模化した技術システムの構想～設計～構築～運用～廃棄のライフサイクル全般について、信頼性が高く革新的な管理運営を行うことができるプロジェクトマネージャ

**育成する人材像**

・実践的システム
・デザイン手法の体得
・マネジメント能力の習得
・コミュニケーション能力の習得
・異分野間の交流による人脈の形成

クリエイティブ・システムズ・デザイナ
グローバル SDM エンジニア
イノベーティブ・プロジェクト・リーダー

## 実践的手法を学べるカリキュラム

カリキュラムの要となるデザインプロジェクト“ALPS”（Active Learning Program Sequence）では、System of Systems の概念を獲得し、システム思考の訓練を重ねることによって、理論的基盤となる戦略的システムエンジニアリングを学習し、チームとしてビジネスあるいは技術開発の場面へ展開できるスキルを身につけます。また、予算や納期などの制約のもと、要求分析、要求仕様書作成、設計、部品調達、製造、評価試験というV字モデルを体得します。グループを作ってひとつの課題に対して研究をする、社会科学系を学んでいる学生にもフレッシュな体験です。

**研究・教育分野**

**S3：Safety, Symbiosis and Sustainability　安心・安全、環境共生、持続可能性**

| オペレーションシステムデザイン | プロダクトシステムデザイン | ソーシャルシステムデザイン |
|---|---|---|
| 宇宙開発 | 宇宙ステーション | マーケティング |
| ハイブリッドシステム | メカトロシステム | 企業システム |
| リスク除去 | 自動車 | 倫理 |
| エネルギー | ロボット | サプライチェーン |
| 信頼性 | バイオシステム | リーダーシップ |
| 技術システム運用 | バーチャルリアリティー | 危機管理 |
| 人間工学 | 医療・福祉 | 企業システム |
| 安全管理 | 情報通信システム | 情報通信システム |

## 国内外機関との密接な連携・協力

・システムエンジニアリングの国際学会 INCOSE（The International Council on Systems Engineering）におけるアジア地区でのリーダーとしての役割を担っています。
・マサチューセッツ工科大学(米)、スタンフォード大学(米）との連携プログラム ”Active Learning Program Sequence” や、INSA (仏)、スティーブンス工科大学との研究教育連携など海外の研究教育機関との連携を積極的に進めています。
・宇宙航空研究開発機構(JAXA)、日本経済新聞社、農林中央金庫をはじめ国内の企業・省庁・大学・団体ともさまざまな形で連携・協力関係を築いています。

SDM System Design And Management

問合せ先　慶應義塾大学 日吉学事センター

TEL:045-564-2518　FAX:045-562-3502
E-mail:sdm@info.keio.ac.jp
http://www.sdm.keio.ac.jp

［メディア・イノベータ］が創造社会をつくる

# 大学院メディアデザイン研究科

## GRADUATE SCHOOL OF MEDIA DESIGN

KEIO MEDIA DESIGN

工学、経営学、政策学、デザインという複数の学問を複合的に活用し、新しい知や表現の創造活動を実践するのみならず、その成果の価値化をプロデュースできる創造リーダーである「メディア・イノベータ」を育成します。

### 国際性

英語だけでも修了できる国際的な教育・研究体制を実現することで、多数の留学生が在籍。また、英語が苦手な学生へのサポート体制を整備。

### リアルプロジェクト

社会が直面している課題を取り上げ、マーケットを視野に入れた国際的な産官学連携プロジェクトを推進。

### マルチ拠点グローバルネットワーク

最先端のグローバルな課題に対応していくために、本塾日吉キャンパスをヘッドクオーターとして、複数の国内外のサテライト拠点および他機関との連携を形成し、先端的なグローバルネットワークで協働できる体制を整備。

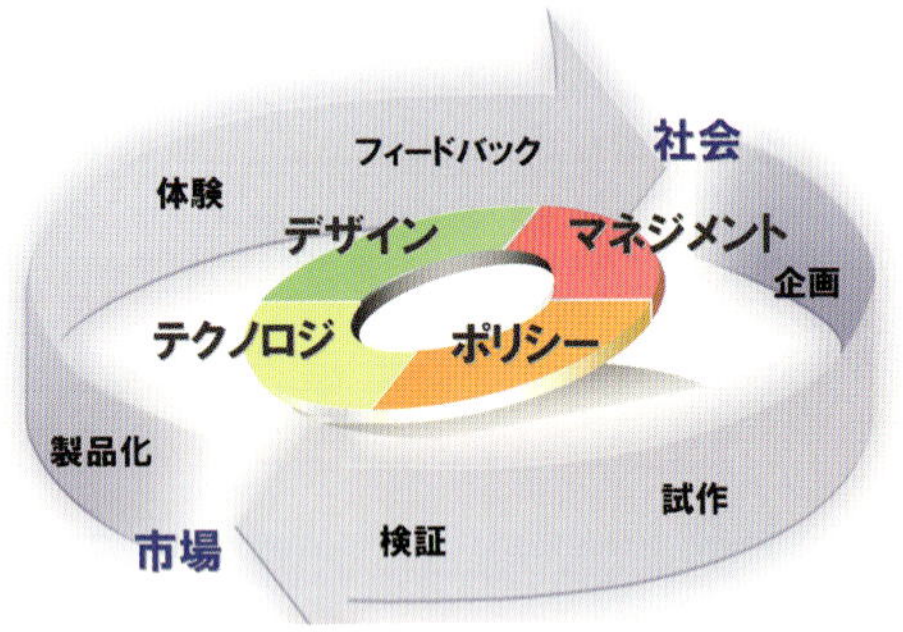


### 2009年度実施 入学試験日程

| | Ⅰ期 | Ⅱ期 | Ⅲ期 |
|---|---|---|---|
| 出願期間 | 2009年5月7日（木）〜12日（火） | 2009年9月9日（水）〜14日（月） | 2010年1月13日(水)〜18日（月） |
| 1次選考合格発表 | 2009年5月25日(月) | 2009年10月5日（月） | 2010年2月1日（月） |
| 2次選考 | 2009年6月6日（土）7日（日） | 2009年10月17日(土)18日（日） | 2010年2月13日(土)14日（日） |
| 2次選考合格発表 | 2009年6月9日（火） | 2009年10月20日(火) | 2010年2月17日(水) |

### 入学・共同研究に関するお問い合わせ

慶應義塾大学大学院メディアデザイン研究科事務室
〒223－8526　横浜市港北区日吉4-1-1
TEL 045-564-2517 FAX 045-562-3502
email kmd@info.keio.ac.jp

**http://www.kmd.keio.ac.jp/**

主要関係会社

株式会社 和光
セイコーウオッチ株式会社
セイコークロック株式会社
セイコープレシジョン株式会社
セイコーオプティカルプロダクツ株式会社
セイコースポーツライフ株式会社


セイコーホールディングス株式会社
SEIKO HOLDINGS CORPORATION
〒105-8459 港区芝浦1-2-1 シーバンスN館 TEL：03-6401-2111（代表）
http://www.seiko.co.jp/

# 発刊にあたって

慶應義塾大学大学院
経営管理研究科委員長
池尾恭一

## ❖本誌発刊の趣旨

明治以来わが国は、欧米キャッチアップによって大きな発展を遂げてきた。とりわけ戦後は、日本がアメリカと深い関係を有するとともに、アメリカ型のビジネスモデルが優位を示してきたこともあって、ビジネスの領域においては、アメリカにキャッチアップしようという意識が強かった。そして、このキャッチアップによってわが国は、驚異的な経済成長を達成し、世界有数の経済大国になるとともに、多くの日本企業が世界へと羽ばたいていった。

ところが、一九九〇年代になると、バブル経済の崩壊とともにいわゆる「失われた一〇年」を迎え、わが国ビジネスに内包する多くの問題が表面化するに至った。

そこで求められたのは、もはや単なるキャッチアップではなく、より独自性をもった成長モデルであった。もちろん、それ以前においても、とりわけ大きな成功を収めてきたわが国企業においては、単なる欧米のキャッチアップではない、独自のやり方を生み出している場合が少なくない。それが、九〇年代になると、キャッチアップの限界がより表面化しただけに、独自モデルの必要性が大きくなったのであった。

そして、いま、世界の経済は大きな混迷の時期にある。経済が著しくグローバル化したなかで、わが国のビジネスがこの混迷を脱し、新たな成長の軌跡を描くためには、独自モデルの必要性はさらに高まったとみなければなるまい。それだけに、わが国ビジネス社会の次なる発展を担う人材の育成という使命を果たしていくうえで、ビジネス教育にも、思考の礎となる経営管理の基本理解とともに、新たな独自のものを生み出す力がより求められているといってよいであろう。

本誌はこのような認識のもとで、次の三つの目的をもって、発刊されるに至った。

第一に、ビジネススクールへの進学を考えている人々に、わが国のビジネススクールやMBA教育の価値と魅力について、より正確かつ深い理解をもたらすこと、第二に、企業の人材育成において日本のビジネススクールが果たし得る役割をビジネス界に対して示すこと、そして第三に、今後わが国のビジネススクールがさらなる発展を遂げるために有益な示唆を教育界に提供することである。

## ❖ビジネススクールの使命

福澤諭吉は、慶應義塾の目的のなかで、「気品の泉源、知徳の模範」を謳い、「全社会の先導者」たることを訴えている。日本の近代化を先導する人材の育成に情熱を燃やした福澤の思いは、ここに集約されている。そして、慶應義塾大学ビジネス・スクール（KBS）も、こうした福澤の意を受け継ぎ、戦後日本の復興と発展を担う人材育成という使命をもって歴史を刻んできた。そのKBSの歩みは、また、日本におけるビジネス教育の歩みと軌を一つにしている。

慶應義塾が公式に社会人向けビジネス教育を開始したのは、高度経済成長が始まったばかりの、一九五六年のことであった。その年ハーバードビジネススクールがフィリピンで三カ月間セミナーを開催していた。慶應義塾はそのセミナーに高橋吉之助経済学部助教授（当時）を派遣するとともに、ハーバード教授陣が帰米する際、うち二人を日本へ招聘し、第一回高等経営学講座を開催した。これを足掛かりに、やがて慶應義塾の教員による担当を増やしながら社会人向けセミナーを拡充し、六二年にそのための組織としてKBSを創設した。さらに七八年には、わが国最初のMBAコースとして、大学院経営管理研究科修士課程が設置された。現在KBSは、大学院経営管理研究科として修士課程（MBAコース）と博士課程（Ph. Dコース）を有するとともに、五三回を数える高等経営学講座をはじめ、各種の社会人向けビジネスセミナーを開催している。

しかし、これまでの道のりは決して平坦であったわけではなく、また多くの方々のご支援に支えられてきた。とりわけ第一回高等経営学講座の開催にあたっての講師の招聘およびそれに先立つハーバード・フィリピン・セミナーへの高橋助教授の派遣は、スタンダード・バキューム石油の支援によって可能になったと聞く。ではなぜ、スタンダード・バキューム石油は、慶應義塾に支援を行ったのか。『KBS二五年史』によれば、そこには、日本の産業を立て直し近代化していくのに、経営者教育が非常に重要になるという認識、そして経営者教育に関する慶應義塾への期待があった。

われわれの先輩たちは、こうした期待を背に戦後日本の復興と発展を担う人材育成に努めてきた。現在、わが国には八〇を超える修士課程としてのビジネススクールが存在する。まさにビジネススクールの繚乱期であり、ビジネススクールの社会的認知も高まった。しかし、繚乱期だからこそ、われわれは、多くの方々がビジネススクールに寄せた期待の重みをいま一度噛みしめ、わが国ビジネス社会の次なる発展を担う人材の育成のために、歩みを確かなものにしていかなければならないと考えている。

## ❖考える力

ビジネススクールとしての歩みを確かなものにしていくうえで強調されなければならないことの一つは、「考える力」の重要性である。

知識を得ることはもちろん大切である。しかし、いかに豊富な知識を得たとしても、知識はやがて陳腐化する。変化の激しい今日のビジネス環境において自ら問題を認識し、絶えざる変革を生み出していくためには、知識を得るだけでなく、考える力を身に付けていかなればならない。ビジネス教育において、ケースメソッドが有力な方法として活用されてきたのもそのためである。

ケースメソッドでは、受講者はさまざまなケースに触れ、問題発見と問題解決を迫られる。もちろん、個々のケースはそれぞれ個別特殊な状況を扱ったものである。しかし、個々のケースは個別特殊な状況を扱ったものであっても、さまざまなケースに触れることにより、やがてあるケースにおける特定の議論は、いかなる条件のもとで成り立っているのか、その条件が変われば議論はいかに変わるのか、といった、各ケースでの議論が成り立つ条件の理解、そしてケースとケースの間の相対関係の理解が育まれる。さらに、こうした条件理解や相対関係理解が、一般理解のもとでの問題発見や問題解決を可能にする。これが考える力としての知恵である。

## ❖知の蓄積

こうした一般理解を進めるうえで助けになるのが、「現実を見る目としての理論」である。理論を通して現実を見ることにより、現実のよりよい理解が可能になり、その結果、考える力としての知恵はより豊かなものになる。

理論は長年に渡る知的営みの成果であり、知の蓄積の賜物である。この蓄積過程が認識進歩と呼ばれるものである。われわれがビジネススクールの授業のなかで多くの理論をとりあげるのは、そのためである。

ただ、他の学問分野におけるのと同様、経営管理にかかわる理論も、これで完成という到達点があるわけではない。認識進歩による理論の改善は永遠に続く過程である。とりわけ経営管理にかかわる学問分野では、対象となる現象自体が進化するだけに、理論改善の重要性は大きい。

ビジネススクールの教員は、この認識進歩による知の蓄積に積極的に関与し、それを研究成果という形で社会に発信することが期待される。また、理論や現実、あるいはそれらの対応に関する、教員と学生の議論が、この知の蓄積をもたらすことも少なくない。これこそが、研究発信能力をもった教員によるビジネス教育の醍醐味である。

## ❖グローバルな視点

ビジネススクールの教育において強調されなければならないいま一つは、グローバルな視点である。

経営の対象となる企業や種々の組織体が地球規模で活動するケースが少なくない以上、ビジネススクールにおいてグローバルな視点が不可欠であることはいうまでもない。しかし、同時に日本にあるビジネススクールは、日本が置かれた地勢的、経済的、文化的、社会的環境と無関係でもあり得ない。

経営において唯一無二のグローバルスタンダードがあり得ないように、経営教育においても唯一無二のグローバルスタンダードはあり得ない。したがって、日本のビジネス教育が世界に通用するものであるためにも、また日本のビジネススクールの卒業生が世界に通用する存在であるためにも、われわれはグローバルな視点と、日本に存在するビジネススクールという特性の双方を大切にしていかなければならない。

## ❖むすび

わが国のビジネス教育は、それぞれの時代が求めるビジネスリーダーの輩出を目指して、絶え間ない進化を遂げてきた。われわれのビジネス社会は、今後もさまざまな状況に遭遇するであろう。しかし、いかなる状況に置かれようとも、経営人材の育成を使命とするわれわれは、活力あるビジネス社会の発展のために、未来を見据えて変革を先導しうるビジネスリーダーの輩出に努め、そのためにわれわれ自らも進化を続けていかなければならないと思う。

慶應義塾には、ＭＢＡ課程と経営学博士課程を有する経営管理研究科と、その同じ組織が幹部育成セミナーを行う際の呼称である慶應ビジネス・スクールが併存している。一般には、その両者をまとめて慶應ビジネス・スクールと呼ぶことが通例となっており、以後本誌ではそれらの総称として「慶應（義塾大学）ビジネス・スクール（略称ＫＢＳ）」を用いる。

©Images.com/Corbis/amanaimages

第 I 部

# 日本における ビジネススクールの 課題と改革

日本でビジネススクールが産声を上げてほぼ50年。
有力3校の校長座談会に加え、MBA教育の歴史を踏まえて、
ビジネススクールの明日を展望する。

ビジネススクール校長 座談会

# 日本のビジネススクール そのあるべき姿を問う

日本を代表する 3 校のトップが、ビジネススクールの役割、課題、悩みから、今後の方向性まで、率直かつ縦横無尽に議論を展開する。

慶應義塾大学大学院経営管理研究科委員長
池尾恭一
×
早稲田大学大学院商学研究科
MBA ／ MOT プログラムディレクター
遠藤 功
×
一橋大学大学院国際企業戦略研究科研究科長
竹内弘高

**司会**　今日のテーマはＭＢＡ課程で学びたいと考えている人のために、ビジネススクールとは何か、さらにビジネススクールの課題と今後の方向性について、議論していただくということです。

　最初に議論したいテーマは、企業の望む経営人材像と、ビジネススクールが育成しようとしている人材像にずれが生じているのではないか、という点です。

　本誌を出すに当たって、企業と慶應ビジネス・スクール（ＫＢＳ）の卒業生にアンケート（詳細は三六ページ以下を参照）を行ったのですが、企業がＭＢＡ課程に社員を派遣する場合は「総合的な能力を身につけた人材（ジェネラリスト）」が欲しいという意向が大半を占めています。

　一方、ビジネススクールでは、伝統的に総合的能力を持つ経営人材の育成に注力していますが、特に自費で入学し、転職を目指す学生は、専門的な能力を身につけたいというニーズが強い。そのあたりの需要と供給をどうやってフィットさせるかという点について、伺いたいと思います。

## 企業派遣と自費学生 どちらに力点を置くか

**池尾**　その点に関しては結局のところ、われわれがターゲットとして自費学生に力点を置くか、企業からの派遣学生に力点を置くかによると思います。

　慶應ビジネス・スクールの場合は、開校してかれこれ五〇年近く経つわけですが、生い立ちとしては、派遣学生にターゲットを設定してきたわけで、主眼はジェネラリスト養成教育でした。ただ、それが昨今変わってきて、自費学生が過半を占めるようになってきました。そうなったときに、ターゲットとして一体どちらに力点を置くべきかが、大きな問題になってきたと認識しています。

　いま一つ、日本のビジネススクールの特徴ということで言うならば、少なくともいままでわれわれは日本のビジネス社会に根ざしてやってきた。つまり、終身雇用、年功序列という日本の雇用体系が前提であった。ビジネススクールを出たからといって、アメリカのように給料が非常に大きく変わるわけではないわけです。

　他方で、いままでは日本の企業のマネジメントスタイルもかなり組織特殊的で、一般化されたマネジメントスキルというものが、なかなか効果を発揮できなかった。具体的に言うならば、Ａ社で培《つちか》ったマネジメントスキルは、Ｂ社に持っていったときに必ずしもワークしないというようなことがあり、オン・ザ・ジョブ・トレーニング（ＯＪＴ）の重要性を相対的に高めてきたのだと思います。

　そのあたりを踏まえて、今後日本のビジネススクールがどういう方向に進んでいくかを考えていかなくてはいけないのでしょう。

**司会**　二〇年前、慶應ビジネス・スクールの学生は七割が企業派遣で、三割が自費でした。いまはちょうどそれが逆転し、七割が自費で、三割が派遣で、派遣の比率は減ってきています。

**池尾**　これは、一つには雇用の流動化によるのでしょう。派遣する側は、雇用が流動化してしまうと派遣する魅力が低下するので、派遣は相対的には減る。逆に、その同じ雇用の流動化が、自費学生にとってのビジネススクールの魅力を高める。

　二点目はサプライサイドの事情です。少子化時代を迎えて、社会人対象のビジネススクールが次々に新設されていきました。一種のビジネススクールブームの中で、ビジネススクールへの関心が高まった。三点目は、派遣元の企業に、雇用の流動化以外の理由で、派遣というものを思い止まるような要因があったのかもしれません。

**竹内**　うちは逆で、どちらかと言うと、最初から自費をターゲットにしていて、キャリアアップを目指してもらいたいと考えています。われわれも、自費と派遣の比率はおおよそ七対三くらい。慶應と違い、当校では逆に企業派遣者が増えてきている。

　派遣側としては、ハーバードに送ったが、結局は、その企業を辞めて帰ってこなかった、と。そうすると企業側も、「じゃあどこかに、グローバルな教育を英語で受けられるところはないか」と、多分そんな発想なのかもしれません。

　われわれも、最初は二年間のプログラムでスタートしたのですが、派遣者の増加に合わせ、二年制と一年制のプログラムを設けて、どちらかをチョイスしてくださいという体制に変わりまし

# われわれは安心、安全、安価の「三つの安」を提供できる

た。私がハーバード・ビジネススクールで教えていたとき、派遣で来ている人はごく少ない比率でした。日本企業と軍隊からぐらいのものだった。

**司会**　軍ですか……(笑)。

**竹内**　一般に二年目というのは就職活動が中心になる。二年目にはそんな真剣にやることがない。だから、ある意味では、ヨーロッパで一年制プログラムというのが盛んになった。われわれも、「考えてみりゃあ、企業派遣の人だったら、一年でお返しするのが筋だよなあ」ということで、一年制を設けたわけです。

ですから、全体的に言うと、今は大きなチャンスじゃないかと思うんですね。いまの金融危機が日本にとってのチャンスと同じように、海外に留学させたら帰ってこないというのは、日本のビジネススクールにとってはチャンスで、それに対してニーズに合うようなプログラムをつくれば、派遣先の人たちも、「いやあ、安心で、安全で、安価だよな」と。「三つの安」(笑)。そうなると、日本のビジネススクールはものすごく魅力的に思われるんじゃないでしょうか。

自費の学生に関しては、これはやっぱり二年間が妥当ですね。二年目で就職活動しなくちゃいけない。われわれのとらえ方は、学生はカスタマーでなく、「商品」、「製品」です。在庫として残ったら一番いかんのです。卒業時に高く売れなければならない。肉にたとえれば、入ってきたときは一〇〇グラム四〇〇円ぐらいだとしても、終わるころには一〇〇グラム二〇〇〇円の霜降りにして、「それでも欲しい」と企業が言って、買いに来るくらいに育てる。

竹内弘高❖1969年国際基督教大学卒。カリフォルニア大学バークレー校にてMBA、博士号を取得。ハーバード大学経営大学院助教授などを経て1987年一橋大学商学部教授。1998年から現職。ポーターと共著の『日本の競争戦略』、『マーケティング・アンビション思考』、野中教授との共著『知識創造企業』など著書多数。

われわれの場合、マッキンゼーにいてリクルーティングをやっていたプロフェッショナルを雇った。この人が卒業生という製品を売りさばくんですね。完売してしまいます。

だから、派遣と自費という二つのターゲットがあるとしたら、派遣元には「安心してお返しする」というのがものすごい魅力になる。自費で再就職を目指して来る人には「絶対高く売ってあげる」というのが魅力になる。そのためにわれわれビジネススクールは、プレースメント(就職支援)にものすごく資金をかける必要がある。

## 昼間と夜間では学生のニーズも異なっている

**遠藤**　ご存じの通り、早稲田には複数のMBAプログラムがありますが、いま昼と夜のプログラムを、一体で運営しようという試みを始めています。自費と派遣でいくと、昼と夜では完全に様相が違いますね。昼間は派遣、自費、さらに留学生のミックスですが、夜間は完全に自費の社会人で占められています。夜間は自費で、仕事を続けなが

ら自分で勉強する。

結構、年齢の高い人もいて、昼と夜でまったくターゲットが異なっています。換言すれば、ビジネススクールに求められているものが違っている、というのが実態ですね。

では、その二つをどうやって一体で運営していくのか。ここがチャレンジなんです。両方ニーズがあるというのが多分現実で、直近で見ると、夜間の志願者の方が圧倒的に増加傾向にあります。逆に昼に危機感を覚えるぐらいです。

私は二年間みっちり基礎から学んでもらうのがビジネススクールの基本だと思うのですが、これだけ数多くのビジネススクールが設立されているうちの多くが夜間です。

夜間の需要が喚起されて盛り上がっているのは事実なので、その需要を見過ごしていいのか、というのにも一理ある。

しかし、それは所詮バブルだという見方や、もっとじっくり腰を落ち着けてフルタイムでやるべきだ、という考え方もありえます。そのどちらにも対応しようというのが、早稲田の考え方です。

**司会**　欧米のビジネススクールですと、「キャリアを変える」ということが、ビジネススクールでＭＢＡを取得する目的だと思うのですが、仕事を辞めずに、夜間、自費で来る人たちは、ある種、日本特殊の現象なんでしょうか。

**遠藤**　勤めながらＭＢＡを取りたいという人が多いのが現実です。ただ、実際に来て授業を受けてみて、そこでパラダイムチェンジをして、辞める人ももちろんいます。ですが基本的には、キャリアチェンジするという目的のために来ている人は少ない。

**司会**　では、彼らは何のためにビジネススクールに来ているんでしょうか。

**遠藤**　やはり何かしらの不足感があるんでしょう。自分でこのまま仕事をやっていても、多分優秀なマネジメントはできない、何か勉強しなくてはいけない。それはＯＪＴじゃ不十分だし、会社の中のプログラムでは限界がある。こういうときに、経営能力を強化する「場」があれば、そこに行ってみようか、ということではないかと思います。

# 夜間のコースは仕事を続けながら学ぶ人がほとんどを占めている

遠藤 功❖1979年早稲田大学商学部卒業。三菱電機入社。ボストンカレッジ経営学修士（ＭＢＡ）。2000年ローランド・ベルガー（日本法人）社長。2005年より現職。『ＭＢＡオペレーション戦略』『現場力を鍛える』『見える化』など著書多数。

**竹内**　うちも実は夜間の金融コースは、いま指摘された仕事との両立が可能なプログラムです。それはもうみんな自費で来ていて、会社には勤務したままです。

自分たちも夜間があるので、自分で自分の首を締めるようなことになるのですが、夜間ではディグリー（学位）は要らないんじゃないか。もうサティフィケート（修了証書）でいい。全部、単位を取りなさい、そうすれば学位をあげますというのではなくて、「あなたは○○先生のＭ＆Ａの科目を取りたいんだね？　じゃあこれ、四単位で費用はいくらですよ」と。それでいいのかもしれない。

勉強好きな人たちみんなに、ＭＢＡを授けてい

池尾恭一❖1973年慶應義塾大学商学部卒。同大学大学院商学研究科修士課程・博士課程修了。商学博士。1994年慶應義塾大学大学院経営管理研究科教授。2005年から現職。『ネットコミュニティのマーケティング戦略』、『日本型マーケティングの革新』、『消費者行動とマーケティング戦略』など著書多数。

ると、もしかするとＭＢＡの価値を下げていることになるのではないか。グローバルで見ると、これは日本特有なことで、ほかの世界からバカにされてしまう。

**遠藤**　やはり夜間の授業を実際にやっていて思うのは、彼らは通常の昼間の全日制に比べると年齢層が高く、実務経験が豊富です。最低でも一〇年以上は、実務を通じて学んできている人たちです。そうすると、基本のところは非常にしっかりしているので、ある科目がピンポイントでフィットすると、恐ろしい勢いで吸収しますね。

それを見てしまうと、「ああ、やはりこういうプログラムがあってもいいのかな」とは思うんです。だから、基礎のところから体系的に学んでもらうものと、基礎がしっかりしている人に専門性を深めてもらう教育と、この両方にニーズがあるのは間違いありません。その二つを同じ傘のもとでやっていこうというのが、私たちのチャレンジです。

# 日本人が献身的に留学生の面倒を見る。これは人間性教育です

**竹内**　いま欧米の流れはエグゼクティブＭＢＡです。ＭＢＡとはちょっと違うカテゴリーで、年齢は高いし、いわゆるパートタイムですね。その代わり、べらぼうに授業料が高い。これはやっぱり需要がある。

エグゼクティブＭＢＡは、ほんとうにＭＢＡなのかというと、そんなことはない。ディグリーを持ってキャリアチェンジしようという考えではなくて、一流のビジネススクールで学んだという経歴と、人脈づくり、その二つのニーズですね。

夜間は、人脈づくりがなかなか難しい。やはり二年間じっくり学んで、みんながお互い理解し合って卒業していくというのとは、全然違いますね。

**司会**　いま日本でＭＢＡを取った人たちは、ほぼ例外なく日本で就職をします。となると、いわば商品の買い手である顧客（企業）は日本にいるわけですが、その顧客ニーズがどう変化してきているとみておられますか。

## 伝統的日本企業にも日本のＭＢＡが徐々に浸透

**池尾**　少しずつではあるが、雇用の流動化を踏まえて、より標準化されたビジネス・スキルやナレッジの価値を認めてくださりつつあることは間違いないと思います。慶應ビジネス・スクールの場合、もともとは就職先として外資系やコンサルティング・ファームの比率が高かったわけですけれども、最近は保守本流の日本企業に就職する学生の数も、着実に増えています。

**遠藤**　実際、私のゼミの日本人の自費学生に対しては、いままでは日本の大企業がなかなか受け入れてくれないということもあって、「やっぱり外資系か、できればベンチャーに行ったほうがいい」という言い方はしているんですね。

ビジネススクール校長に聞く

# 得意分野を出し合い連携することも必要

神戸大学大学院経営学研究科 研究科長
**加登 豊**

**—最初に神戸大学大学院MBAコースの特徴を、研究者養成コースとの違いも踏まえて、教えてください。**

私たちがMBAプログラムを始めて二〇年ほど経ちます。ビジネスの教育というのは基本的に、大学院レベルで行うというのが、世界的なスタンダードなので、そちらにシフトしないといけないという話は、ずっと以前からしていました。そこで当時は、教員や職員が手弁当で、特定の予算がついていない段階で始めたのです。当時、教員が三〇数名ぐらいしかいなかったので、とても大変だったのですが、一般院生というか研究者を目指す人たち用のカリキュラムは、そのままではなじまない。全くのMBA用として、カリキュラムを増やしたのです。

慶應ビジネススクールは学部卒の人たちも入学してくると思いますが、ここは「就職して一年を経過していること」と「応募の時点で社会人であること」が受験の要件になっているので、就業経験のない学部卒の人はいません。MBAプログラムの学生は働いているので、授業は金曜日の夜と土曜日で、修業期間は一年半です。研究者養成用のコースと社会人向けのコースは、完全に分離をしています。

神戸の特色は、「専門職学位論文」の執筆を義務づけていることです。ここは欧米などのビジネススクールとの大きな違いですね。論文を書かないと、コースを修了できません。研究という過去の英知を利用して論文を書くということが大事なので、キーワードとしては「リサーチベースド・エデュケーション」という言葉を使っています。教員も、しっかり研究ができて、かつ社会人にも対応できる人で、現在は六〇人に増えました。それでMBAと研究者養成の両コースで教える年もあれば、研究者養成コースだけで教える年もある。MBAだけ担当するという先生は一人もおられない。現在は、そういう形で運営しています。

**—学生のプロフィールは?**

合格者の平均年齢はいま三八歳ぐらいですね。スタートしたころは三三~三四歳だったのですが、いまは少し上のほうにシフトしている。年齢幅からすると、一番若いほうで二五~二六歳ぐらいから、上は五四~五五歳ぐらいまでです。

**—企業派遣と自費の学生は、どちらが多いですか。**

ほとんど自費ですね。東京一極集中で、おカネも人も向こうに集まっているという状況もあります。立ち上げたころは、企業のお墨付きをもらってきた人の中から選抜した人がほとんどだったのですが、現時点でいくと、企業派遣組は二〇%もいないですね。

## 働きながら学ぶことのよさ

**—企業の派遣と自費の方と、どちらかに焦点を当てて、カリキュラムを組んでいるのですか。**

いや、そんなことはありません。基本的には、将来の経営幹部になるために押さえておかなければいけない知識を整理するのが、通常の科目です。それから複数の人たちで個別のテーマを選んで、指導する先生のもと、共同作業しながら問題解決をする授業がある。「プロジェクト方式」とか「神戸方式」とか、一部の方が呼んでくださっている方法です。かつ学んできたことを体系的に整理するというので論文を書いてもらう。通常の授業、プロジェクト方式、それと論文作成という三本立てです。

**—授業が金曜日の夜や土曜が中心です。どういうお考えで、そのような方針を採っているのですか?。**

当然、アメリカでいうフルタイムも検討はしました。これは関西地区では無理です。やりたくても。需要量が東京と比べると圧倒的に少ないのに、供給は非常に多い状況です。フルタイムで会社の業務を二年間休むとすると、会社からのサ

本人の身につけた能力なり、やる気を発揮させる場が、いまの日本の大企業にあるかというと、土壌は変わってきているとはいえ、正直言ってまだまだ十分ではない。せっかくこちらがいい教育をして、いい人材を市場に送っても、それを使ってくれる人たちがもう少し広がってこないと、ビジネススクールそのものが、なかなか定着しないということは確かだと思うんです。

**司会** アンケートの一部にも、遠藤先生のご指摘を裏付ける結果が出ています。自社の社員が派遣でMBAを取って帰ってきたとしても、回答した企業一五〇の圧倒的多数は「特別扱いしない」。昇進や報酬に関しても、通常の人事のトラックに戻す。また、中途採用においてもMBAホルダーであるかどうかはほぼ全く意識しない。それが現実だと思われます。

**竹内** 私は少し違う視点を持っていて、日本の企業は結構、われわれの卒業生を雇ってるんです。就職先としては、圧倒的に外資が多いのは確かです。コンサル、金融、やはり待遇面などが全然違いますから。ただ、日本企業で、どちらかと言うとワールドワイドに人材を採用しているところ、もしくはベンチャーで、オーナーが「地頭《じあたま》が欲しいんだなあ。地頭持って来い!」とパーンと言うようなところ。そういうところは結構、われわれの学生を雇い始めているんです。

たとえばオリックスが韓国市場部隊というのをつくったんです。そこの四人のうち二人がうちの卒業生です。われわれのところでは平均的に留学

ポートも必要ですし、関西地区では実施不能ですね。やはり経済状況と規模の問題があります。東京でも、フルタイムの学生を確保することが難しくなってきているらしいですね。

**――授業が週末・夜間だけで、MBAに値する質を維持できるのでしょうか。**

勉学に専念する時間が限られているという意味では、学習の量は間違いなくフルタイムのほうが多いはずです。

反対に私たちから見て、少々きつめに言わせてもらえば、「(フルタイムの)ビジネススクールがなぜ学卒者を入れるのでしょうか。ビジネス経験のない人たちに高等教育するといったって、それは無理がありますよね。それは定員確保のためもあるのではないですか」、と。

もう一つは、フルタイムだと、二年間仕事から離れざるを得ない。実務経験にさらに磨きをかけようという時期だと、二年の間に浦島太郎になってしまう。たとえば今回の金融危機のように、ほんの数カ月で世の中の状況が変わってしまうようなときに、神戸大学の学生は、いま会社の中でそれを体験しながら、勉強もしている。逆に、その辺は、フルタイムの弱点なのではないでしょうか。

欧米では、おカネをためてから仕事を離れて、フルタイムで勉強するほうがいいでしょう。その背景には、ビジネスモデルの違いがあります。たとえばアメリカでは学卒で会社に入る。年収で四万程度ドルです。思い切って、ビジネススクールに戻り、二年間、必死に勉強して、成績のいい人は、ウォールストリートで二〇万ドルで雇われる。そうすると自分への投資がペイするわけです。

しかし日本は、投資がすぐリターンとして返ってこない。そこまで考えると、働きながら学んでおくほうが、賢いということもいえます。私たちの考えは、いま仕事をしていて、現実の問題を解きたいと思っている人たちに、リアルタイムで対応するというところに重点がある。教わったことを考える時間がまるまる一週間あるのがいいのか、仕事しながらの方がいいのかは、それは微妙なところで、多分両方とも意味があると思います。

欧米とビジネスの慣行も違い、一方でニーズが多様化するなかで、今後は、一校だけですべてのプログラムをカバーするというのは、多分難しくなっていくでしょう。ですから、メニューの面では、各校がそれぞれの持っている経営資源で一番いいものを準備して、それらを組み合わせて学生のニーズに対応していく。たとえば、慶應と神戸が連携するとか、海外も含めて、連携が必要になってくると思います。

各ビジネススクールがそれぞれ特色を持ってやっていて、学生のニーズに合わせてデュアルディグリーを出す、あるいはダブルディグリーを出す。そういう方策を取らないといけないのではないかと考えています。

**加登 豊**❖1976年神戸大学経営学部卒業、78年同大学大学院経営学研究科博士課程前期課程修了、88年神戸大学経営学部助教授、92年博士(経営学)神戸大学、94年神戸大学経営学部教授、2008年同大学大学院経営学研究科研究科長(学部長)。主な著書は、『原価企画一戦略的コストマネジメント』(日本経済新聞社)、『インサイト管理会計』(中央経済社)など。

生の比率が七割なので――もっとも今年度(〇八年度)は八割なんですが――企業が「留学生が欲しい」と言うんです。

いま驚いているのは、外資系ではなくて日本企業が相当、人材を求めに来始めたということ。現地で将来のマネジメントを託せる人です。日本語はできなくてもいいというんです。でも、「日本を理解はしていないとだめだ。一橋で一年なり二年やっていれば、それはできているはず。そこが重要だ」と言われる。その波及効果で、日本人卒業生の売れ行きもすごくいいわけです。

**遠藤**　早稲田の全日制の場合は、留学生が四割を占めます。興味深いことに、留学生は日本企業に入りたがる。本当に日本企業で働きたい。もちろん将来は、中国などの母国にもどりたい。海外拠点の幹部候補生としての大きな機会があって、彼らは日本企業に入っていく。しかし、結局、何年か経つと辞めてしまうんですよね。

なぜかと聞くと、「二年ぐらい経つと、自分に合わないことがわかったので、外資系コンサルティング会社に移りました」と。日本企業も正直まだ、MBA人材の使い方がわからないという部分が多分あるのだと思います。ただ、昔に比べると、明らかに門戸は開かれ始めているから、あとは実際に入社して、成功を収めてプロモート(昇進)を重ねて、いいロールモデルが出てくれば、多分定着していくんだろうと思います。

**竹内**　日本人にとって日本のビジネススクールが、たとえばハーバードと比べて何がいいかとい

# いまのビジネススクールには国際性という要素は欠かせない

うと、日本人はやっぱり面倒見がいいから、学生コミュニティでの役回りとして教育担当とか外政担当とか、いわゆるリーダーシップ・ポジションにつくんですよ。学生をまとめられる。よく見てると、そういう連中はものすごく成長をするんですね。外国から来た人を世話する日本人の行動は、独特だと思う。「だって先生、何千マイルも離れてね、他に選択肢もあったのに、日本に来たんですよ。そりゃあ面倒見なくちゃ」と、こう……。あれは泣かせる。

**遠藤**　本当にそうです。うちもゼミ生の中に留学生がいると、必ず修士論文のときは日本人が献身的に面倒を見ますね。私はあれを、ビジネススクールの中での人間性教育と言ってるんです（笑）。

## 国際化への道筋はいく通りもある

**司会**　グローバル化の中で留学生もどんどん増えるわけですが、日本のビジネススクールは一体だれのためのもので、国際化をどう考えるべきか。日本人のため、日本企業のため、それとも、もっと広い視野の中で考えていくのか。

**池尾**　グローバル化という点では、当校では単位互換の交換留学が主流です。世界で二七校ぐらい、いわゆるトップスクールと単位互換制度を二〇年ぐらい前からやっています。それからもう一つは、二〇〇九年四月からフランスのＥＳＳＥＣを皮切りに、二つの大学から学位が取れるダブルディグリープログラムを始めます（八三ページ参照）。

　ここで「日本のビジネススクール教育が世界に通用するか」を考えると、この問いは異なる二つの問いとして解釈できる。一つは日本のビジネス教育がグローバルに通用するか否かであり、いまひとつは日本のＭＢＡ取得者がグローバルに通用するか否かです。これは現時点では、同じ問いではないと思います。

　慶應の学生は、いまの段階では大半が日本人で、日本語を話す学生です。日本で入試を受けて、日本語で教育を受け、卒業後は世界中で活躍できるように育てる。ですから、正規学生の中の留学生比率は二割に満たない。もちろん、交換留学生に対しては英語で授業をしていますし、その英語の授業に出ている日本人学生も少なくはありません。しかし、世界中から日本へ学びにいらっしゃいという話と、日本から出ていく学生を世界でいかに通用させるかという話とは、少なくとも今の段階では違うというのが前提です。将来的には一致する日が来るんだろうけども、いまの段階では、慶應の卒業生がグローバルに通用するかどうかというところに、軸足を置いて考えています。

**遠藤**　早稲田もシンガポールのナンヤン理工大学とダブルディグリーをやっています。日本の教員も現地で集中講座で教えます。三〇人ぐらいのプログラムで、日本人学生も二割ぐらいいます。

　こうした教育はなかなか単独ではできないので、海外の有力校と組みながら、海外で日本人を教育し、逆に先方の学生が日本に二～三週間来て、日本の企業を訪問したりして、日本のマネジメントを学んでもらう。日本のファンになってもらう。

　ビジネススクールが国際性を追求する場合、結局、いろいろな道筋があるのだろうと思います。ただ単に海外から学生を受け入れるだけではなく、こちらから出ていくやり方もある。いろいろなことを多様に組み合わせるのがいいのではないか、と早稲田では考えています。ただ、何でもやり過ぎるとフォーカスが絞れない（笑）。

**司会**　早稲田の場合は英語だけでもＭＢＡが取れる体制で、日本語と英語の両方ですね。一方、一橋では昼間はすべてが英語で、夜間の金融は日本語。そして慶應は正規の学生は日本語が基本で、交換留学生には英語ということで、各校それぞれすごくバラエティーに富んでいますね。

**竹内**　ビジネスというものが五〇年前といまでは様変わりしてる。グローバル、インターナショナルなくして、ビジネスというのはあり得ないですよね。ですから、ビジネススクールと名乗るのであれば、インターナショナルな側面がなかったら、もう看板下げろと言いたいくらいです。

**池尾**　竹内先生に全く賛成なのですが、日本、ヨーロッパ、あるいはアメリカにあるビジネススクールの間に、差があるべきかどうかは考える必要がある。グローバルに標準化されたビジネススクールが、単に日本にあるだけということがいいのか、もしくは個々の国の地勢的・社会的・経済的環境を反映したビジネススクールであるべきなのか、という問いです。

**竹内**　いや、それはもう完全に後者でしょう。ベスト・オブ・トゥー・ワールズを、われわれが提供しなければ、意味ないですよ。

**池尾**　それだったら、全く賛成ですね。

**竹内**　ある意味では、一番かわいそうなのはアメリカのビジネススクール。あそこはもうアメリカの方式しか教えられないわけだから。そういう意味では、ヨーロッパだって違うことをやろうとしている。われわれも寺子屋的な伝統があるわけでしょ。それは日本の良さです。なぜヨーロッパやアメリカの人たちが、ここに学びに来たいかというと、アングロサクソンモデルだけではいけないと感じているということでしょうね。

**遠藤**　私は、ビジネススクールがもっとストレッチしなくてはいけないと思っているんです。ニーズがこれだけいろいろとある中で、多様なプログラムを提供していく。その中に深さをどう織り込んでいくのか。深さがなければ多様性も意味がないと思う。

## 総合性と専門性を考えるとき 志や理念がその前提になる

**司会**　それに関連して、いわゆる総合性と専門性の関係については、どうお考えでしょうか。

**池尾**　いろいろなニーズに対していろいろなことをやると、資源が追いつかない、というのが短期的には問題になるでしょう。ですがこれは、本来教育観そのものに関わる話です。さまざまなデマンドに、ただ適応して提供サービスを多様化させればよいのだろうか。大学がやる以上、志や理念が私は絶対に必要だと思います。もちろんマーケットの声にも耳は傾けるべきだけれども、教育サービスに関しては、マーケットは必ずしも神様ではないと思います。

　手前みそですけれども、慶應義塾創立一五〇年のキャッチフレーズは「未来への先導」です。福澤諭吉は一五〇年前に「全社会の先導者にならなくてはいけない」と言ったわけですが、まさに未来への先導を考え、その理念の中で、一体われわれはどのようなプログラムミックスを提供していくかと考える。そうすれば、多様性と深さ、総合性と専門性という問題、すなわちどれだけのラインナップを持ち、それぞれをどれだけ深くするか、ということに対しても、おのずと答えが出てくるのではないか、そのように考えています。

**竹内**　われわれは、どちらかと言うと、戦略の本質は「何をやらないか」ということだと考え、それを実践しているんです。ラインナップも、ものすごい狭い。

　ただ、多様性という意味では、これはどちらかと言うと、われわれが持っているミッション（使命）なんですね。野中（郁次郎一橋大学名誉教授）は、「ヒロなあ、おれもう七三歳だしさあ、MBAが育つころ死んどるよ。だから、即戦力でグローバルに通用するリーダーを育てたいんだ。三〇人ぐらい集めてやりたいね」。そう言って、ナレッジフォーラムを始めた。これは福沢諭吉さんがつくった塾と同じようなもので、「手塩にかけて、こいつらを育てるんだ」という、それはデマンドというよりは、ミッションドリブンですよね。

　だから知的産業を引っ張っていく組織というのは、そのミッションが非常にクリアでなくてはならない。広くやろうが、狭くやろうが、本当のビジネススクールというのは、ミッションドリブンであるべきだ、ということですね。

## 学校選択の基準は研究発信能力

**司会**　アンケートで感じられたことなのですが、一歩引いて外から見ると、そもそもビジネススクールとは他の学術系の大学院（たとえば各大学にある商学部や商学研究科など）と何が違うのか、判然としないんです。今の日本の状況は、ビジネススクールと標榜するプログラムが急速に増えていて、そうした状況に拍車がかかっている。

**竹内**　それに対しては、ものすごく古風かもしれないけれど、プロフェッショナルスクールとしてのビジネススクールを性格づけるとしたら、やはりリサーチ（研究活動）が半分で、ティーチング（教育活動）が半分であるべきだと思う。これが王道です。ハーバードやウォートンの先生たちで、ティーチングだけしている人っていないですよ。リサーチをやっていないところは、ビジネススクールと名乗ってはいけないのです。

たとえば、遠藤先生のように「見える化」で社会に対してインパクトを与えるとか、野中さんの「知識創造」とか、thought leadership を発揮しなくてはいけない。だから、数あるビジネススクールを見るときに、二つに分けるべきだと。ちゃんとそういうアウトプットを出している、知的リーダーシップに貢献しようという、そういう志を持っているところとそうでないところと。

白熱した議論は２時間にも及んだ

**池尾**　もともと「研究発信能力のある教員による教育」というのが、われわれのビジネススクールの大きなの特徴だと思います。いやしくも学問の府としての大学が提供しているプロフェッショナルスクールである以上、研究発信というのは基本中の基本で、それができなくなると、ビジネススクールとしてはかなりまずいでしょう。

研究発信力のある教師とみっちり濃密な付き合いをすれば、学生にも絶対にその良さが分かると思います。そうした強みをわれわれは強調しておきたいですね。

**遠藤**　早稲田にもアカデミックで非常にすばらしい研究業績を持っている先生方がいらっしゃって、一方、私のような実務家教員も増やしています。私などもいろんなものを学ばせてもらって、逆に私のような教員が刺激を与えているところもあるけれども、ビジネススクールの教員がそうした相互学習のマインドを持っていないと、多分ビジネススクールは置いていかれるのではないか。ずっとアカデミックでいいという話でもないし、実学だけやればいいという話でもない。そのバランスの中でビジネススクールという存在があるんだということを教え、認識することが大切なんだと思いますね。

**竹内**　学生の目線からすると、そういう意味で「何か研究発信をしているところ」ということを、一つの基準として学校を選びなさいと。これは非常に大事だと思う。ＭＢＡはやっぱり知的な長い旅ですから、「一年、二年一緒にやるとしたら、やっぱり知的な刺激を受けたい」ということなのだと思います。

確かに実践的なスキルを学ぶということもあるけれど、マインドストレッチング、「あそこに行ったらさ、こんなにものの見方が広がっちゃった！」と。そこが多分、われわれが提供できる、一番大きな貢献なのかもしれないですよね。

## 「考える力」こそが創造力・実行力の源泉

**遠藤** すぐに役に立つことはすぐ役に立たなくなるわけで、ビジネスの本質とか、マネジメントの本質って何なのかということを、とことん考えることが大事でしょう。

いろんなものを学んだけれど、結局ビジネスって何なんだろう。自分で考えなさいと。いろんな知識は学んだけれども、結局答えを出すのは自分でしかないわけでね。そういうモチベーションとかマインドを与えていく。いろんな知的好奇心をかき立てたり、ときには揺さぶったり、そういうことができなければ、意味がないと思うんですよ。人間教育をしているわけですから。

**竹内** それとやはり、ビジネススクールに来るのは、相当な覚悟が必要ということだと思うんです。何かぬるま湯的な、やさしいほうにどんどん流れていく傾向があって、そんなところへ行ってちょいとＭＢＡ取って、なんの役にも立たない(笑)。時間の浪費で、本当にいいんですか、と。

欧米のビジネススクールへ行ったら、苦労するどころじゃなくて真剣勝負。大変だわ、傷つくわ。われわれ一橋は、自分たちのことをインターナショナル・コーポレート・ストラテジー＝ＩＣＳと呼んでいるのですが、学生がね、入ってから一カ月経つと、「あれ、間違いだ。あの略はアイ・キャント・スリープだ」と(笑)。そのぐらいタフなんですよ。

慶應だって、がちっとやるっていうことは、先生たちだって真剣勝負でやってるわけだから、もうつらいよねえ。

**池尾** 慶應が強調しているのは、「考える力」です。知識は陳腐化するけれども、考える力があれば、現状を否認できるし、未来に対して創造力も実行力も発揮できる。

世の中にはいろいろな動きがあるのだろうけれど、われわれとしてはタフなビジネススクールであり続け、日本のビジネス社会の変化を先導できるような、引っ張っていけるような、そういった教育をやっていかなければならないと、考えています。

**竹内** おカネもそうだけど、一番大事なリソースというのは時間です。時間をかけてやるのに、安直なところへ行っていいんですか。そういう問いだと思います。

**司会** 長時間、ありがとうございました。

良い製品は、良い環境から生まれる。
鍋屋バイテック会社

NBK
鍋屋バイテック会社
Nabeya Bi-tech Kaisha
関工園・営業本部
〒501-3939 岐阜県関市桃紅大地1番地
phone:0575-23-1121(代)
http://www.nbk1560.com/

特別論考

1

中部大学経営情報学部長（慶應義塾大学名誉教授）

# 小野桂之介

# 日本における MBA教育発展史

日本のMBA教育の淵源は、1956年に慶應義塾大学が実施したマネジメント・セミナー。
その後MBA教育は全国に普及し、いまや多様化の時代に入っている一方で、新たな課題も抱えている。

日本初のＭＢＡ教育課程は一九七八（昭和五三年）四月に慶應義塾大学が開講した大学院経営管理研究科修士課程であるが、その誕生の発端は一九五六年（昭和三一年）にまでさかのぼる。

この年の夏、慶應義塾大学は、フィリピンのバギオ市で開催されたマネジメント・セミナーに出講していたハーバード大学ビジネススクール（ＨＢＳ）の二教授に、その帰途日本に立ち寄ってもらい、三泊四日のトップマネジメント・セミナー（ハーバード大学高等経営学講座）を伊豆の川奈ホテルで開催した。

## 和製ＭＢＡの誕生

この成功を背景に、翌一九五七年には、当時の奥井復太郎慶應義塾長がハーバード大学を視察訪問。その翌年一九五八年には経・法・商・工の四学部から選ばれた五人の少壮学者からなる調査団が同スクールに派遣された。一年間のＩＴＰ（International Teachers Program）参加を含む実地調査から帰国した一行は「優れた経済活動をリードするため日本にも実践的経営教育を行う本格的ビジネススクールを開講すべきであり、慶應義塾がその魁《さきがけ》となるべし」という趣旨の報告書を提出した。慶應義塾大学はこれに基づき一九六二年四月、大学内にビジネス・スクール（大学内の研究所的位置付け）を設けた。

開設後、同スクールは、若手専任教員を採用して順次米国のビジネススクールへ派遣留学させるとともに、日本企業を題材としたケース教材の開発、リゾートホテル等を利用したマネジメント・セミナーの開催などを重ね、本格的なビジネス教育プログラムの開講に向けた体制準備に努めた。そして、一九六九年九月、「一年制教育課程」という名称で、大学院レベルの全日制プログラムを開講した。

この「一年制教育課程」は、入学生に原則として学士号保有を求め、授業時間数では大学院修士課程の修業基準を大幅に上回るものの、修業年限が一年間弱と短いばかりでなく、直結する学部教育課程をもたないことなどから、文部省（当時）の大学院設置基準に適合せず、修士学位を出せないノンディグリー・プログラムであった。

しかしながら、その教育課程は、ハーバード・ビジネススクールのＭＢＡ教育課程をモデルとし、ＨＢＳ流のケースメソッドを活用しながら、日本的な

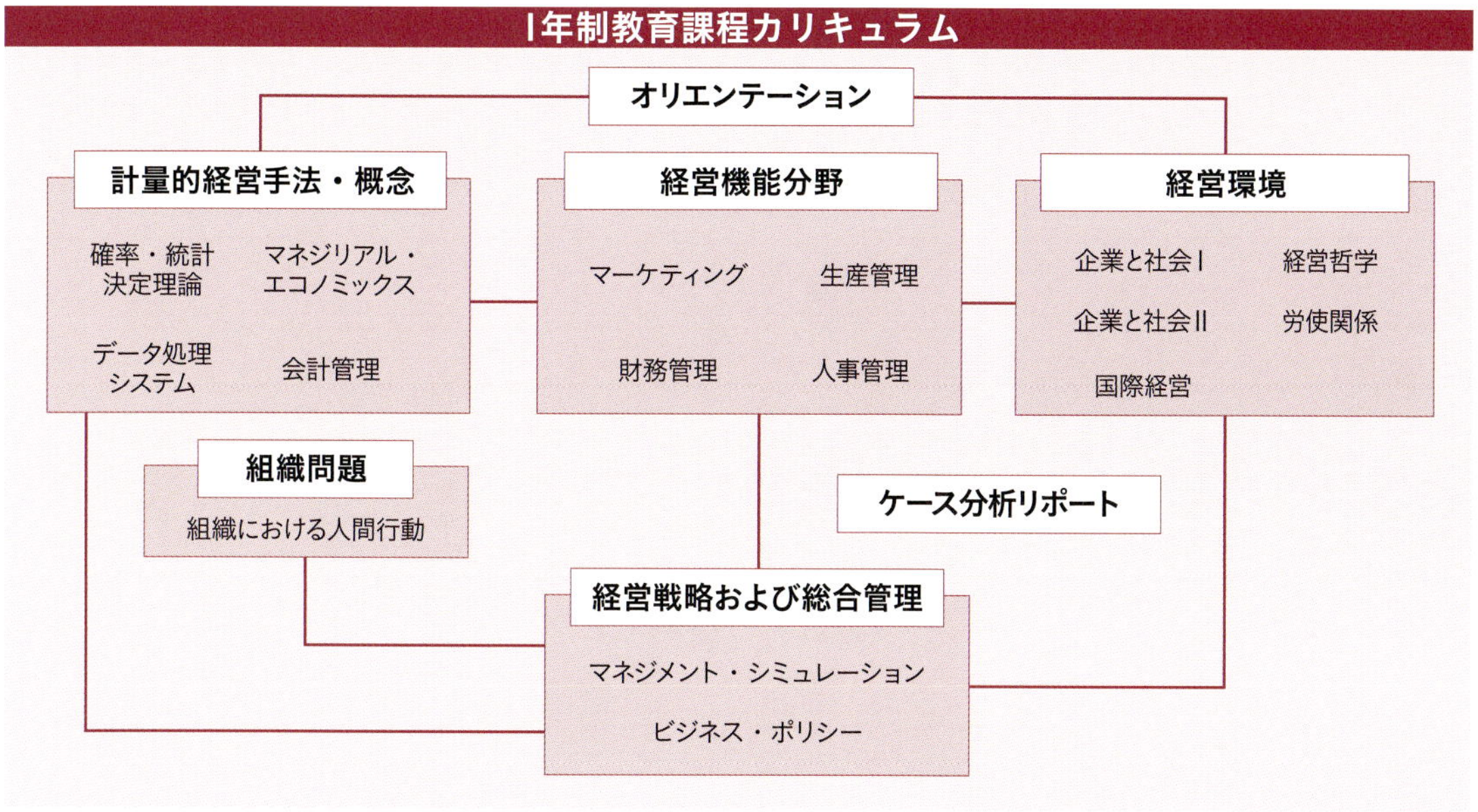


授業方法を加味したもので、MBAに準ずる実践的経営教育として多くの産業分野から歓迎され、年々多くの企業派遣生を集めた（開設当初の同プログラムのカリキュラム体系を図に示す）。このプログラムは一九七八年（七月卒業）まで九年間続けられ、合計五九〇人のマネジメント人材を教育した。

この「一年制教育課程」が九期生を迎えた一九七八年、ビジネススクールのような実務家向け大学院教育（プロフェッショナル・スクール）の必要性を認識した文部省が大学院設置基準を改定し、「学部を持たない大学院」の設置を認めることになった。これを機に、慶應義塾大学は、この一年制教育課程を、当初からの念願であった全日二年制の修士課程に衣替えし、ここに日本初のMBAプログラムが誕生した。

この移行に伴い、組織としての名称も大学ビジネス・スクールから大学院経営管理研究科と改められたが、短期セミナー等を実施する付属機関として従来のビジネス・スクールという名称も残した。「慶應ビジネス・スクール（KBS）」という呼称は、現在、厳密にはこの付属機関を意味するが、経営管理研究科を含む総称としても用いられている。

その後、同研究科（KBS）は、一九九一年四月に博士課程（標準修了年限：三年）を開講し、二〇〇一年四月には経営教育に関する国際的な第三者評価機関AACSB（The Association to Advance Collegiate Schools of Business）から日本の大学として初めて認証を取得した。

## MBA教育の全国的普及

### (1) 広がる受講者

正式のディグリー・プログラムとなったKBSは、その後一〇年余にわたり日本で唯一のMBAであり続けたが、一九九〇年代に入る頃から一橋大学や神戸大学を皮切りに全国各地の大学が次々とMBAの旗を揚げ、MBA教育は全国各地に広がっていった。

この背景には、KBS卒業生や海外ビジネススクールでMBAを取得した人材が数多く産業界で活躍するようになったことに加え、前記の大学院設置基準改定から一〇年余を経て「大学院大学」の概念が世の中に定着してきたこと、経済活動のグローバル化や情報革新が進み、一段と高度なマネジメント能力が求められるようになってきたこと、終身雇用の労働慣行が緩み、有能な人材の転職が珍しくなくなったことなど、さまざまな要因があったと考えられる。この傾向は後述する専門職大学院制度の登場によってさらに促された。二〇〇九年現在、全国でMBA学位を授与するプログラムをもつ教育機関は数十校に上っており、まだ増え続けている。

こうしたMBA課程の増加に伴って、MBAを目指して入学する人たちの顔ぶれにも変化が生じた。KBSを例に取ると、一九七〇年代の一年制教育課程時代および正式のMBAディグリー・プログラムに変わってからも、しばらくの間、入学者の多く（三分の二超）は企業派遣生によって占められ、そのほとんどは男性だった。

しかし、一九八〇年代も半ばになると、ホワイトカラー人材の企業間労働移動が徐々に活発となったことを背景に、企業を休・退職して学ぶ「実務経験を持つ自費学生」の数が増え、一九九〇年代に入る頃には、企業派遣生を上回って過半を占めるようになった。この傾向はその後も続き、現在ではKBS入学生の三分の二以上を自費学生が占めている。

一九八八年に男女雇用機会均等法が施行されてからは女性の入学者も着実に増加し、以前はせいぜい入学者の二〜三％だった女性の割合は九〇年代後半には一五〜二〇％の水準に達し、現在に至っている。

### （2）専門職大学院の登場

二〇〇三年、文部科学省は大学院設置基準を改定し、従来の研究者養成型大学院とは別に、経営、法曹、教職その他の分野で高度な専門的能力をもって活動する実践家（高度専門職業人）を育成する「専門職大学院」を制度化した（これに先立つ二〇〇〇年には、同様の趣旨をもつ「専門大学院」という制度も導入されたが、これをより徹底した専門職大学院制度へ発展的に衣替えされた）。

この専門職大学院は、従来の大学院博士前期（修士）課程に相当し、経営分野の場合「経営学修士（専門職）」の学位が授与される。この専門職大学院は、高度な専門的能力を備えた実務家の育成というその使命から、「修士論文作成を必要条件としない」、「専任教員に博士等の学位を求めない」一方、「第三者機関による定期的な外部評価の義務づけ」、「教育専門分野における高度の実務経験や実践的専門知識を持つ教員の相当数配置」、「計画的な教員能力開発」、「学部教育と重複カウントしない独自の教員組織」、「実践的教育方法の採用」などを求める。

この新制度が導入されることにより、MBAを標榜する大学院プログラムの数はさらに増加したが、上記の要求条件その他の理由から、共通の使命を担いながら専門職大学院とはならず、従来型の大学院制度の枠組みの中でMBA教育を行うものも多く、日本のMBA教育はこの意味で制度的に二分されているのが実状である。

### （3）進む多様化

日本におけるMBA教育の草分けとなったKBS（慶應義塾大学大学院経営管理研究科）は、「ハーバード流ケースメソッド」を主な教育方法とする「全日制二年間フルタイムの教育課程」で「ゼネラルマネジメント・リーダー」を育成する当初からの基本姿勢を守り続けてきている。

その一方、数十を数えるまでに増加した日本のMBA教育は、前述の制度的二分化とは別に、教育内容の特徴や授業形態という点でも、多様化の度を高めてきた。

教育内容という面で各プログラムを詳細に見ると、それぞれさまざまな個性を備えているが、あえて大別すると、KBSのようなゼネラルマネジメント・リーダー育成型のほか、「（マーケティングや人事・組織管理など）機能分野専門家育成型」、「ベンチャー起業家育成型」、「会計専門職育成型」、「国際マネジメント人材育成型」などへの多様化が進展した。

また、二〇〇二年度から二〇〇六年度にかけて経済産業省がMOT（Management of Technology：技術経営）に関する教育を促す一連の施策を展開したことから、全国のMBA（およびその周辺の）教育プログラムに、MOTの要素を取り入れるものが続出した（KBSもそのMBAプログラムの中にMOTの要素を取り入れ、MOT関連教育機関の一つと数えられている）。今日、数多くの大学院プログラムがさまざまな形でMOTを標榜しているが、それぞれが強調するMOTの意味は「新技術を活用する企業経営」、「技術（開発）のマネジメント」、「技術者を対象とする経営管理教育」など多様である。

さらに、T（技術）の内容についても、「産業（製品・製造）技術」を意味するもの、「IT（情報技術）」まで含むもの、さらには「管理技術」までその範囲を広げたものなどに分かれる。また、教育課程の名称や授与する学位の名称についても、MBA［修士（経営学）］のままのもの、（MBAとは別個に）MOT［修士（技術経営）］を唱えるもの、MOT型MBAと称するものなどに分かれている。

教育内容面の多様化のほか、教育課程の形態面でも、働きながら学べる「夜間中心（ないし昼夜開講）型」や「週末開講型」、「eラーニングを用いた遠隔授業型」、海外からの留学生や国際ビジネスマンを志向する人たち向けの「英語で学べるMBA」や「海外のビジネススクールと提携したMBA教育課程」など、さまざまなプログラムが生まれてきている。

このように、内容・形態両面にわたる多様化は、多様なニーズと環境条件をもつ人々に広範な選択の機会を提供する一方、「MBAとは何か？　どの程度のものか？」という基本的な問題を投げかけてもいる。今後、日本におけるMBA教育がさらに進化していく過程で、欧米が主導してきた国際的な認証評価のような何らかの「標準化・品質保証の仕組み」が求められると思われる（なお、MOTに関しては、すでに、経済産業省が主導し、三菱総合研究所を事務局とするコンソーシアムによりこの動きが実質化しつつある）。

## 今後の進化のために

以上概説したように、日本におけるMBA教育は、約半世紀をかけ、決して速いとは言えないが着実な発展を遂げてきた。KBSが産声をあげた一九六〇年代半ばの頃は、ビジネススクールという概念そのものが認知されておらず、英会話・英文タイプ・速記術などを教えるスクール・オブ・ビジネスと同様のものと思った女子高校生らが、しばしば事務所の窓口に案内書を求めに来る時代であった。

いまは昔語りになるが、KBSの教員は、MBA開講に先立つ短期セミナーをPRするため、手分けして丸の内界隈の各企業を渡り歩き、人事・教育担当者に面談し、パンフレットを手渡して訪問営業しなければならなかった。当時の状況に比較すると、多彩なプログラムが競い、MBA教育に関するさまざまな本が書店に並ぶ今日の姿には、隔世の感がある。

これからの世の中、経済活動のグローバル化はさらに深化し、情報技術の進歩はビジネス活動と消費生活の在り方を変え続け、企業に求められる社会的責任は一層の高まりを見せるであろう。その結果、経営者や管理者にはこれまで以上に高度で多次元的な資質と能力が求められ、それを支援する生涯学習型専門的教育の役割も一層大きなものになる。

そうして進化するMBA教育を真に社会の発展と人々の幸福に貢献するものにするため、そのフロンティアを開拓する人々は、企業や入学志望者が求めるさまざまなニーズへ受動的に対応するのではなく、これからどのようなビジネスリーダーを育てるべきか、彼らにどのような学習をしてもらうべきかという問いに関して、自らの信念に照らしながら能動的に道を切り開いていかなければならない。

この小文の冒頭で触れた慶應義塾大学の四人の少壮学者からなるHBS調査団が帰国後一九六〇年四月に大学本部へ提出した報告書の一節は、そうした能動的努力に少なからぬ示唆を与えてくれるものと思う。まとめに代えて、その一文をここに再掲する。

「経営者は、企業の経営を通して経済の発展と福祉に貢献する責任を負っている。～中略～的確な判断を下すためには、知識や技術を超えて問題を多角的に考察する弾力的思考、強靱な論理、鋭い洞察力、そして現実の諸条件に拘泥しない溌剌たる創意がなければならない。経営者は、その専門家としての識見を持つのみならず、自己の判断に従ってこれを自主的に実行に移す能力を備えねばならない。それは具体的には、確固たる決断力、緻密な企画力、迅速な処理能力、そして高度の指導力である。かような識見と実行力とは、経営者が自らの人格の尊厳を確信し、時の権勢や私情に屈しない烈々たる独立自主の精神に裏付けられてこそ、よくこれを堅持することができるのである」。


学生満足度の高いビジネススクール

法政ビジネススクール(HBS)
法政大学大学院
経営学研究科
経営学専攻夜間コース
＝修士課程＝

■次世代企業経営の中核人材を育成
日本におけるビジネススクールの草分け的存在として1992年に設置され、現在まで650人を超える修了者を輩出しています。

企業家養成コース
企業や新規事業を起こし、それをマネジメントするための知識や方法論を学ぶ
国際経営コース
企業活動の国際的な領域をマネジメントするための知識や方法論を学ぶ
人材・組織マネジメントコース
人材と組織に関わる領域をマネジメントするための知識や方法論を学ぶ
マーケティングコース
マーケティングに関わる領域をマネジメントするための知識や方法論を学ぶ
アカウンティング・ファイナンスコース
企業会計とファイナンスに関わる領域をマネジメントするための知識や方法論を学ぶ

特色1．多様なカリキュラムを提供
特色2．「講義」・「ワークショップ」・「修士論文」の三つが一体となった学習
特色3．少人数のきめ細かな指導

博士後期課程
博士後期課程夜間コースでは、社会人が働きながら博士の学位を取ることができます。学会等で通用する高度な研究成果を上げることができる研究者、あるいは企業等において高度な経営課題に応えられる職業人を育成するため、大学院生ひとりひとりの必要性に応じた、個別指導を重視した教育を実施しています。

お問い合わせ
法政大学 大学院事務部
〒162-0843 東京都新宿区市谷田町2-15-2
TEL: 03-5228-0551
E-mail：hgs@adm.hosei.ac.jp
HOSEI
http://www.i.hosei.ac.jp/~hbs/

特別寄稿

②

AACSB インターナショナル会長兼CEO

## ジョン・J・フェルナンデス

# 世界的経済危機の今こそ未来を志向した準備を

**AACSBは経営教育の分野で、世界的に権威のある大学および大学院の評価機関。本稿はビジネススクールでMBA取得を目指す人たちに向けたメッセージである。**

グローバル経済の、かくも烈しい動揺のさなかにあっても、ビジネスのプロたちの大半は次に何が始まるかを見極めようと、未来という地平線の彼方に目を凝らしている。

歴史を振り返ってみればわかるのだが、社会の基本構造を作り上げたのは商業活動であり、経済におけるとてつもない成長や機会創出の推進力となったのも企業の活動だった。雇用を創出し、富を生み出し、増えつづける世界人口を養えるよう、経済の可能性を拡大してきたのである。

歴史上どの時代においても、グローバルな経済発展のカギとなったのは有能な経営者たちだが、この点はとりわけ日本について言えることであった。そして今やビジネスのプロたちはこれまで以上に、俊敏な思考、変転極まりない環境への適応力、グローバルな計画性、適切なプライオリティー選択能力といったものを身につけなくてはならない。

成功した経営者はすべて、国境を越えるいくつもの分野やレベルで横断的・縦断的に仕事を展開している。こうして彼らは、世界のあちこちで噴出してくる諸問題を解決するための新たな方策を編み出しているのである。

特に今日の変化の激しい状況の中では、すでに経営者の地位についている人々なら、こう考えるだろう——「経営者として勝ち抜く自分自身の能力を高めるために、何かしなければならないのでは?」。同時に若きプロフェッショナル、あるいは次代のリーダーと目されている人々ならば、こう思うだろう——「自分自身の将来に、経営者になるチャンスはあるのだろうか?」。答えはともに「イエス」である。しかしそれには、しかるべき「準備」が必要である。

## 「認証」こそ学校選択の重要な要素

今日では、ＭＢＡを修得することで、チャンスや進路をつかむ可能性が無限に広がる。あなたが今目指している最終キャリアが何であれ、ＭＢＡの修得によってその達成可能性を高めることができるのだ。

これからＭＢＡを修得しようとする人々が、「完璧な」学校選択に当たって考慮すべき重要な要素の一つが「認証」である。「認証」とは、当該教育機関の学位授与プログラムの質を検証し、またそれが絶えず改良されているか否かをチェックする評価手順のことであり、さまざまな大学・大学院で採用されている。こうした認証は世界中ほぼすべての国々で、NPOや教育担当省庁など、民間組織あるいは国家機関によって実施されている。

教育に対する認証には、一般的に二種類ある——個別の国ごとの制度として定められているものと、専門領域ごとに国際的に行われるものである。日本を始めとする多くの国々では、国が定める制度上の認証が、教育機関が行う学位授与の必須要件となっている（日本には設置時の「認可」と設置後の「認証評価」がある）。

国の制度としての認可は、当該教育組織の全般に対して適用され、教授陣・管理業務・財源・施設・学生・教育カリキュラムなどが維持すべき最低基準を保証している。さらに日本では国公立大学、私立大学、短期大学、高等専門学校などで行われるすべての高等教育の質に関して、文部科学省が一定の基準を設けてこれを重要視している。

この基準をクリアするためには、日本の各大学、短期大学、高等専門学校は、それぞれ文部科学大臣が承認した八つの認証評価機関のどれかによる定期的な審査を受けなければならない。同様に、すべての専門職大学院も、認証評価機関のどれかによる認定を受けなければならない。

AACSB インターナショナル会長兼CEO
ジョン・J・フェルナンデス

## 世界中で価値を認められたAACSB認証

専門領域ごとに国際的に行われる認証では、最低基準ではなく、はるかに上のレベルの認証が行われる。すなわち、法律、ビジネス、工学など個別分野・専門分野ごとの学位機関認証である。最高のビジネス教育を求めている有為の人材にとっては、AACSBインターナショナル認証が世界中でその価値を認められ、獲得の目標となり、最高のビジネス教育の象徴となっている。

一九一六年に世界有数のビジネススクールの連合団体として設立されて以来、AACSB（the Association to Advance Collegiate Schools of Business）は専門分野の認証団体として、経営者教育の分野で揺るぎない伝統を築き上げている。

AACSBインターナショナルは世界最高水準を誇る認証であり、追随を許さない最高のプログラムによって生み出されている。AACSBは発足以来今日までに、三二カ国五五九校にビジネス領域での認証を与えてきたが、これら精鋭校は全世界のビジネススクール数のわずか五パーセント以下である。

AACSB認証を獲得している学校ならば、その教育内容の質は高く、また絶えざる改善が行われていることが確実である。こうした厳しい認証を受けることを進んで選択することで、認証校はその教育方針、教授陣、職員、学生がこぞって高い目標と教育水準を保持しようとしていることが明らかとなる。AACSBインターナショナル認証をひとたび獲得すれば、その学校の優秀さが対外的に示されることになり、その水準が保たれているかどうかも、五年ごとに審査される。

## AACSB認証の重要性

世界最高水準の教授、学生、雇用者としての企業、人材紹介機関であれば、AACSBインターナショナル認証の価値を認め、それを獲得している学校を重視する。国際的な卓越性のシンボルであるこの認証は、しのぎを削って競争している企業にとって、そのビジネスカリキュラムの質の高さと、課程修了者の優秀さの指標なのである。

AACSB認証校を選択すれば、その学生には確実に以下のことが明らかになるだろう——。

●そのビジネススクールは、最新のビジネスカリキュラムを提供しており、
●最高の教授陣をそろえており、
●学生と教授とのあいだに有意義な交流があり、
●自分に必要な特定の分野を修めることができ、
●学校自体も絶えざる改善の努力を続けている。

さらに、明敏な雇用者（企業）であれば、AACSB認証校の卒業生はグローバル経済が突きつけてくる課題に立ち向かい、相異なる文化や価値観に対応し、さまざまな意見や多種多様な同僚たちと共存する能力を持っていることを、熟知しているはずである。

## 東アジア地域で認証獲得は現在一九校

ビジネススクールのグローバルな認証団体として、アジア各国におけるAACSB認証校は、それぞれの固有の文化や伝統を反映している――単一のモデルやひな型に従うものは一つもない。

こうした特質をよく示しているのが、アメリカ合衆国以外での認証校数の増加で、二〇〇〇年にはわずか一五校だったものが、二〇〇九年には九九校となった。七〇カ国で一〇〇〇校以上もの教育機関が当協会との提携に踏み切ったことも、多様性を積極的に包含しながら、教育の質を向上させていこうとするAACSB認証への理解が、世界的な広がりを見せている証左と言えよう。

アジア地域では今日、経営学の学位を授与する教育機関の数が五〇〇〇校を超える。その多くが発展・拡大とグローバルな質の向上をめざして、AACSBに注目している。目下のところ、東アジア地域で合計一九校がAACSB認証を獲得しており、まことに喜ばしいことに、そのうち二校は日本にある――そして、慶應ビジネス・スクール（慶應義塾大学大学院経営管理研究科）はその「先駆け」なのである。また、日本ですでに審査が始まったもの、審査を受ける意向を表明した学校も複数校存在する。

あらゆる学校が認証獲得のために投資しようとしているわけではない。だが、認証獲得をめざしている学校は、その目標は多種多様でグローバル、教育方法も千差万別でありながらも、経営者教育に厳格さと卓越性を構築しようとしている点では、各校共通の理想と価値を奉じている。

### 未来の経営者へ

これまでの九三年間、AACSBインターナショナルは、ビジネススクールが変転極まりないビジネス環境に有効に対応できるよう支えてきた。

現在のグローバル経済がどこへ向かおうとしているのか、どのように変容しようとしているのか。それを、正確に予測することなど、いかなる組織にも、いかなる個人にも不可能だろう。しかし、AACSBインターナショナルは確信をもってこう言う――ビジネスプロフェッショナルの将来の成功を左右するカギは、上級学位の取得を通じて、経営者としての卓越性を身につけることにある、と。


中部大学MOT型MBA
（経営情報学研究科経営学専攻）

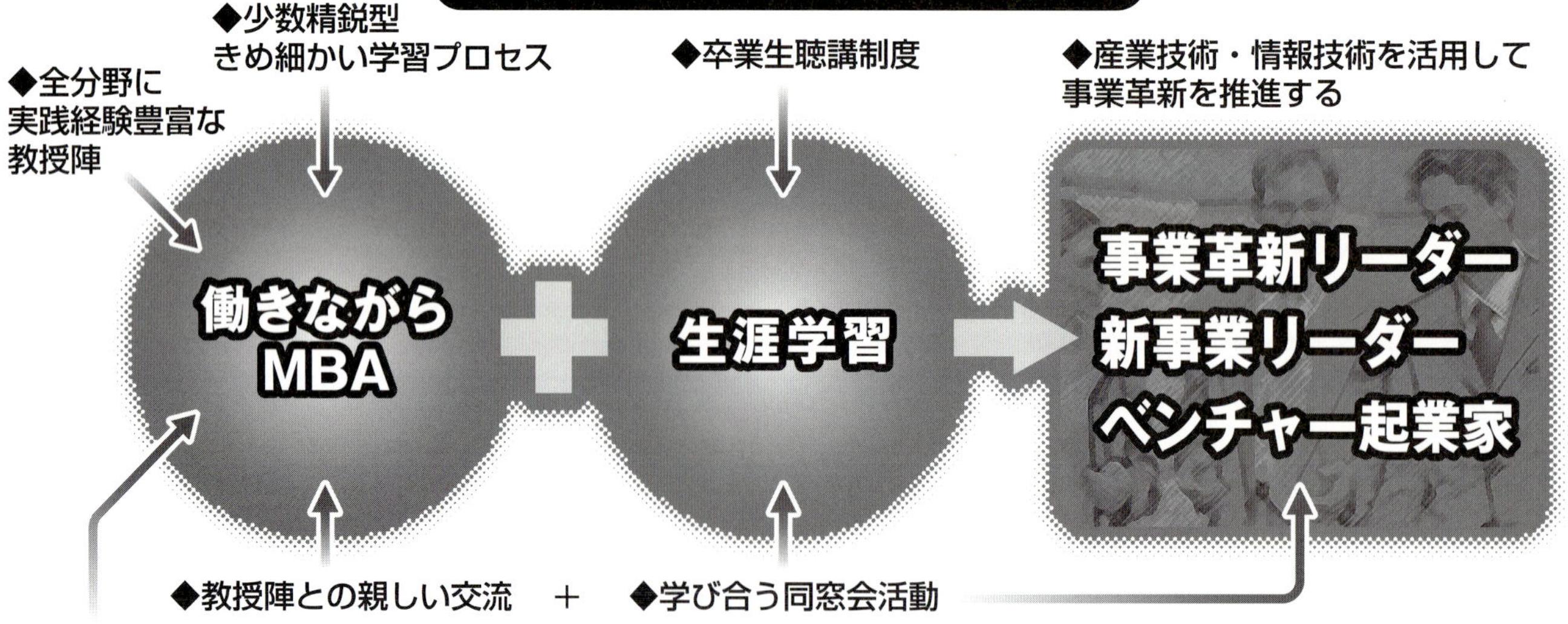


◆昼夜開講
＊週　日：夕刻6～9時、名古屋都心駅前サテライトキャンパス
＊土曜日：昼間、春日井キャンパス
＊1学年：10～20名（20代～50代）

＊標準終了年限：2年（4年まで延長可能）
＊学　　　費：132万円（2年間合計）
＊入学試験：10月と2月（入学は4月）

中部大学
http://www.chubu.ac.jp
問合せ先：中部大学広報部　0120-873-941　e-mail：koho@chubu.ac.jp

慶應義塾大学大学院経営管理研究科教授

青井倫一

# MBA教育の課題と改革の方向

**日本にビジネススクールが誕生してほぼ半世紀。いまだに日本の土壌に根ざした「型」を確立したとは言い難い。中国、韓国を中心にアジア諸国のビジネススクールの追い上げも急だ。その現状を踏まえ、課題と改革の方向性を提示する。**

ビジネススクールの〝原産地〟である米国においては、現在の金融危機による経済悪化を受け、真剣にビジネススクールのグローバル社会への付加価値とは何かを〝自己批判〟しつつ検討している。HBS（ハーバード・ビジネス・スクール）では本来は一〇〇周年を祝う二〇〇八年の祝典において、ディーン（校長）のJ. LIGHTが「不動産リスクが信用リスクに移行し、いまやビジネスに対する信頼リスクが問われている。このような課題にどう取り組むべきかをここで検討しよう」と言って祝典が真剣な議論の場に模様替えしたという。

中国では、一九九〇年代からビジネススクールの設立が始まり、いまや日本のビジネススクールの数をはるかに凌駕するまでに成長している。そこでは中国がグローバルなビジネス世界で米国と対等に渡り合うには、ビジネススクールという分野における中国の地位の確立は、国策として必須であると認識していると判断してよい。また多くのビジネススクールでは若い米国帰りの教員が活躍していて、「彼らが中国の現実に触れて、中国という地域におけるビジネススクールとはどうあるべきかを確信するのに、五年はかからないであろう」と清華大学のビジネススクールの前ディーンは語っている。

韓国においては、ようやく有名大学がこれまでの学部偏重から脱して、大学院であるビジネススクールへの投資に注力しはじめている。米国のビジネススクールとの連携、財閥企業との連携など、多様な方法を駆使してビジネススクールの成長・発展を促進しつつある。

また、AACSB、EFMDなど米国、欧州のビジネススクール認証機関は、成長地域であるアジア（ことに中国）、そしてインドにターゲットを定めて積極的に活動している。それは単に認証機関同士の対抗の動きということだけではなく、それぞれの認証機関が代表する地域（米国、欧州）のビジネス思想の代弁者の勢力争いと考えてもよい。世界のビジネススクールの設計レベルでの〝メタレベルの競争（規格）〟いわば〝ゲームのルール〟をめぐる競争を、AACSB、EFMDが行っているとみるべきである。

## いまだ日本に根ざした「型」の確立には至らず

それらの動きに対して、日本国内のビジネススクール〝業界〟の動きが、まさに〝黒船が来る前のゆったりとし

〝もののように映るのは、私だけなのであろうか。多くの国内のビジネススクールは文部科学省、そして大学本部・既存学部に対する〝存在価値〟証明で十分と判断して、もしくはそれで体力を消耗して、MBAという産物に対価を支払う市場に対するMBAの価値の説得には、十分な力を配分できていない。さらに言えば、日本社会においてビジネススクールの占めるべき地位をどうすべきか、そのための投資はどうあるべきかの議論まで行き着いていない。

ビジネススクールを開設することで体力・気力を費やし、もしくは満足して、ビジネススクールとして持続可能なレベルを目指して、クリティカル・マスを超えるような努力を怠ると、まさに〝ショーウインドー〟ビジネススクールに留まる結果になる公算が高い。米国という〝本場〟には追いつけないと割り切ったとしても、アジアの他の国のビジネススクールの後塵をかぶるようになり、日本の有能な若い人が中国のビジネススクールを志向するようになることは確率的には極めて低い、との判断が日本のビジネススクールには存在しているのであろうか。

さて、慶應ビジネススクールも発足して約五〇年を経過する。日本にビジネススクールという概念を導入した先輩の見識に敬意を払うとともに、〝五〇年で、まだこの程度か!〟という反省の念のほうが色濃く感じられる。慶應がハーバードスタイルのビジネススクールを志向し、他の日本のビジネススクールが、たとえば、シカゴやスローン(MIT)またはスタンフォードのようなビジネススクールを志向して、日本国内で競争すれば、究極的には日本という土壌に適したビジネススクールの「型」が造られてくるかと期待していた。が、その前にアジアのビジネススクールの成長、米国のビジネススクールの革新のテンポが速く、日本はすでに何周遅れかという状況になっているのではと恐れている。

## 看板だけで生存できる時代は終わっている

日本のビジネススクールの課題は、グローバルなビジネス環境のもとで、日本社会・日本経済を背景とし、これらの発展の原動力となり、かつ日本という地域を魅力的に維持できる人材を輩出するための基盤を確立することと考える。八〇年代の日本企業ブームには間に合わなかったが、次回日本経済に世界の注目が集まるときには、その原動力のひとつとして、日本のビジネススクールの付加価値が寄与してるという確固たる結論を導出するための戦略を策定しなければならない。ビジネススクールという看板だけで生存できる時代では、とっくになくなっているとの認識が重要である。

では、どのような〝経営課題〟に日本のビジネススクールは取り組むべきであろうか。すべてについて触れることはできないが、重要と思われる点をいくつか列記して、その方向性を示すことによって、これからの日本のビジネススクールの再設計の議論に寄与したい。

まずは、ビジネススクールのガバナンス設計の議論である。大学本部(既存学部、既存研究科)との〝距離感〟をどのようにして設定するか、またビジネス社会との関係をどう設計するかを考えなければならない。簡略化して表現すれば、大学本部からの〝自立〟を財政的に図ることによって、ある程度の〝独立性〟を確保しなければならない。そのためにはビジネススクールとしてクリティカル・マスをいかに超えるかの意気込みと〝初期投資〟が必要になる。投資を誘導するためには、投資リターンを大学・社会に示さねばならないであろう。そこで、グローバルベースにおける日本のビジネススクールのポジションと日本社会の位置、経済のランクとの関連性の存在が必須となるのである。

また、ビジネススクールにおける、学生・教員そしてアドミニストレーション(経営陣)の三者関係の再設計が課題となる。直截的に言えば、〝教授会〟の役割の縮小である。顧客としての学生、研究者・教育者としての教員、そしてビジネススクールを時代の変化の中で変革・運営していくアドミニストレーションという形の確立がまず望まれる。その意味では、アドミニストレーションの強化をまず実行すべきである。同時に時代環境に柔軟に対応するためには、「ボード」の設定も避けられないであろう。社会、ビジネス社会とビジネススクールの間に建設的な緊張関係(ネガティブ、ポジティブフィードバック)を保持するのがボードである。過去を振り返れば、教員だけの組織は〝現状維持バイアス〟に陥りやすいといえる。したがって多様性を維持するためのボードの設計が急務といえる。

また、アドミニストレーションが重視すべきものに卒業生との関係がある。これに関しては米国のビジネススクールを見習うことを勧める。日本の場合は〝定員確保〟に焦点を合わせすぎで、卒業生に対するサービスには配慮が欠ける傾向にある。卒業生がプライドを持って〝○○ビジネススクールのMBA〟と胸を張って言える環境を創造しなくてはならない。同時に卒業生の提案・意見のほうが、ビジネススクールのアドミニストレーション・教員は謙虚に聞きやすいということは否定できないであろう。「ストックとしての卒業生」がビジネススクールの競争優位性の源泉のひとつである。〝フロー経営〟は〝貧すれば鈍す〟になる確率が高いといえる。

## カリキュラムの設計が学生の品質を造り込む

アカデミック・ガバナンスの次に検討すべきことは、カリキュラム設計の重要性の認識である。学生をビジネス社会に送り出す（販売する）際に「当校のMBAであるという品質保証」がマストであり、そのためにはシステムとして〝品質を造り込む〟のが、MBAのカリキュラムである。〝なになに先生が推薦します〟という段階では話にならないのである。そのためには、カリキュラムの設計が〝教員の失業対策〟ではなく、顧客である学生の品質を高め、彼らの教育投資のリターンを確保するようなものでなければならないのは当然といえる。問題は当然が実行されていない現状である。

もちろん、カリキュラムの設計において各ビジネススクールの個性が尊重されてよいかもしれない。ただ、個人的にはビジネススクールは「ビジネス社会のための、〝arts & sciences〟学部」と考えているので、教育方法には個性があってよいが、カリキュラムにおいては先行ということはあっても、内容の差が大きいことが持続するとは思わない。日本においては〝幅の狭いカリキュラムを〟を差別化と表現していることは好ましいことではないと考えている。

では何を教えるのか？ Knowledge, Skill そして Attribute が必須といわれ、入学選抜で attribute を見て、knowledge は伝達し、skill を習得できる状況を提供するというのは古典的なメニューである。これからはマネジメントが直面すると思われる経営課題に対して、既存の学識・経験その他を体系的に組み合わせてソリューションを提供できるような「システム技法」を、ビジネススクールで学生が習得できるようにもっていくことが望ましい。そして、そのための試行錯誤を研究開発投資として行うことが、有力ビジネススクールの責務であろう。

以上に述べた研究開発投資を有効に実行していくためには、教員の学習能力の維持・拡大が必須であろう。ビジネスは研究の対象の宝庫であり、ことに若い教員は実務家から学ぶことが多いはずである。その意味では、実務家とアカデミック教員・研究者との交流を活発にすることを促進すべきであるが、専門職大学院で誤解されているのではと考えられるビジネススクールは教育に特化するという仕組みでは、ビジネススクールの有効性が発揮できない。理想的には、アカデミック部門とプロフェッショナルスクールの双方に教員が所属するという仕組みにも魅力を感じるが、運営は大変で、大きな挑戦である。

大学の評判を転移するだけのビジネススクールでは、グローバル化が日常となった今では、その存在感を示し続けるのは難しいと思われる。終身雇用から生涯教育へと社会がシフトしていくことは間違いない。そこでは経験・年齢に応じて、MBAの学位を与えるdaytime ビジネススクール、機能別プログラム、そしてエグゼクティブMBAというシステム的対応をしなければならない。

だが、金融の世界のグローバル化が急速に進んだように、ビジネススクールのグローバル競争の激化は、大学間競争に先行することは間違いない。したがって日本のビジネススクールが〝三流〟と言われないためにも、日本という地域の価値観を発信するためにも「日本にルーツを置く」ビジネススクールのありかたを真剣に検討しなければならない。

では、日本を含む東アジアに位置する諸国において、ビジネススクールの「型」とはどのようなものであろうか。どのような研究課題・教育課題があるのか。それを検討・討議する場を、中国の清華大学ビジネススクール、韓国のKAISTビジネス・スクール、そして日本の慶應ビジネス・スクールで発足させた。それらのビジネススクールの教員の多くは米国で教育を受けてきた。その恩恵は理解している。しかし、東アジアにおいては、米国型のコピーでは十分ではない。世界の経済における成長エンジンといわれる東アジアで、どのようなビジネススクールを設計していくべきか、これは非常に楽しい挑戦であると確信している。

顧客である、学生・ビジネス・社会それぞれの教育投資のリターンを担保するビジネススクールの仕組みを設計するための挑戦は続く。

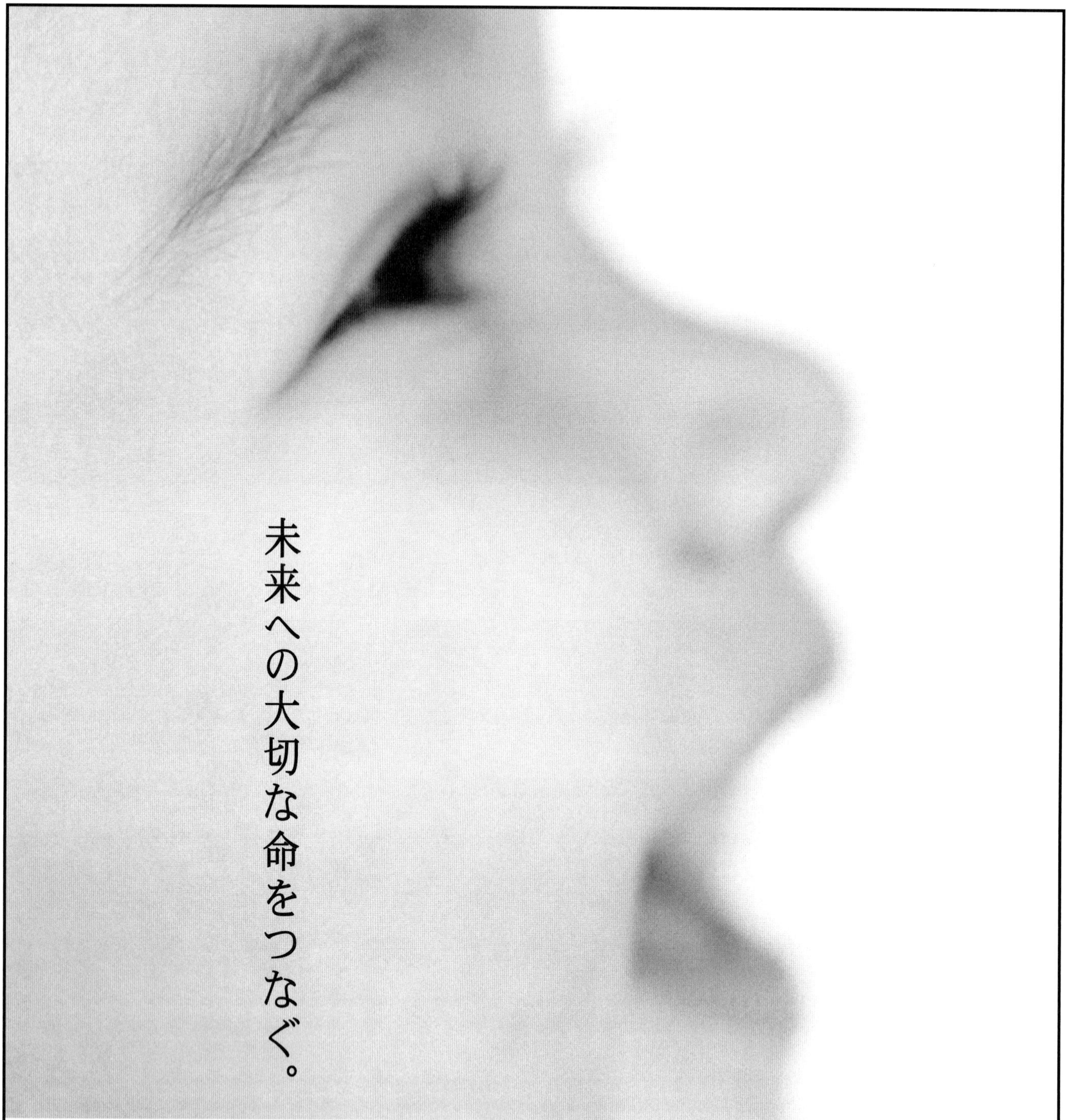


## 人と地球にやさしいYKKグループのエコプロダクツ。

文明の発達は、人類に快適な生活をもたらすと同時に、地球環境に大きなダメージを与えてきました。この大切な地球を守るために今求められているのは、環境に配慮した商品──「エコプロダクツ」です。YKKは、「環境高性能」「安全・安心」「快適生活スタイル」を商品開発のビジョンとし、生産・流通・使用・廃棄にいたる商品のライフサイクルを通して、エコプロダクツの開発を進めています。
建材分野では、エコプロダクツ開発の基本コンセプトである4つのキーワード「省エネルギー」「省資源」「リサイクル」「生態系配慮」を、四つ葉のクローバーに見立てた独自の環境ラベル「エコクローバーマーク」を制定。エコプロダクツの継続的な提供を推進しています。
ファスニング分野では、エコテックス国際共同体が実施する繊維製品のエコラベルである「エコテックス・スタンダード100」の認証を取得。乳幼児向け製品規格で最も厳しい基準である「クラスI」をクリアし、安全で安心な商品を提供しています。

人と地球にやさしい商品の開発と提供 ──それが私たちの願いです。

www.ykk.co.jp

YKK®

© orion/amanaimages

# 第II部
# 検証 MBAの価値

これからMBAで学びたい人にとって、
日本のビジネス社会でMBAがどう評価されているかは最も気になるところだ。
その評価を知るためにKBS卒業生、企業に大規模な調査を実施。
さらに、企業の人事担当者に、
MBA・ビジネススクールに対する忌憚のない意見を聞いた。

アンケート

# 徹底分析

慶應義塾大学大学院経営管理研究科准教授
**太田康広**
慶應義塾大学大学院経営管理研究科准教授
**坂爪 裕**

# 卒業生600人・企業150社が本音で語ったMBAの価値

日本でビジネススクールが発足して早40年。MBAという言葉も定着した。
では、日本のビジネス社会で、MBA・ビジネススクールはどう評価されているのか。
本誌ではKBSの卒業生、企業人事担当者を対象に大規模なアンケート調査を実施。
ネガティブな情報も包み隠さず、分析結果を一挙に公開する。

# 1 アンケートの狙い

日本社会において、MBAやビジネススクールという言葉が世間一般に広まってから、どのくらいの期間が経過したのだろうか。第I部「日本におけるビジネススクールの課題と改革」のMBA教育発展史で論じたとおり、慶應義塾大学が正式な組織としてビジネススクールを発足させたのは一九六二年である。これをもとに考えれば、日本社会においてビジネススクールという言葉が知られてから、早四〇年以上の月日が経過していることになる。

この間、MBAあるいはビジネススクールの評価は、比較的好意的なものから手厳しいものまで、さまざまなものがあった。たとえば、MBA・ビジネススクールの価値を高く評価した論調としては、「ビジネススクールは企業の将来を背負って立つトップ・マネジメント養成のためのプロフェッショナル・スクールであり、実践に結びついた経営理論全般を比較的短期間で習得することが可能である」とか、「少なくとも欧米社会においては、ビジネススクールはこれまで多くのジェネラル・マネジメント、戦略スタッフを育成してきた」というものがある。また「ビジネススクールは大企業のマネジメントだけでなく、新たにビジネスを創造する才能豊かな企業家（起業家）も多く輩出しており、経済発展を推進するための社会的機能を果たしている」といった論調もある。このため、少なくとも欧米社会においては、ビジネス界で何らかのリーダーシップをとるためには、MBAの取得はミニマム・リクワイアメントになっているとさえいわれている。

しかし、その一方で、MBA・ビジネススクールを手厳しく評価したものとしては、「企業経営はあくまでも実践が重要であって、サイエンスや専門技術ではないので、そもそも学校では教えられない」「MBA保持者は頭でっかちで実践を旨とする経営現場の感覚にそぐわない」「とかく分析至上主義で、肝心の実行局面でリスク・テイキングをしない」「利益を追求するだけで経営倫理が欠落している」などといった論調がある。また、最近では、世界的にも著名な経営学者であるカナダ・マギル大学のヘンリー・ミンツバーグ教授が『MBAが会社を滅ぼす』という本を出版し、一部で話題になっている。このように、MBA・ビジネススクールの評価には従来よりさまざまなものがあった。

それでは現在の日本社会において、MBA・ビジネススクールはどのように評価されているのであろうか。日本のビジネス界におけるMBAの位置づけとはどのようなもので、MBAを生み出しているビジネススクールは一体どのような教育効果をあげているのだろうか。

本書では、このような問題意識から、日本社会におけるMBAの実態を改めて把握し、その価値を再検証するために、すでにMBAを保持しているビジネススクールの卒業生と企業の人事担当者に対して意識調査を行った。本稿はその調査結果を要約したものである。

続く第2節では、日本国内で最も歴史が古く、輩出した卒業生数も最大である慶應義塾大学ビジネス・スクール（KBS）の卒業生を対象としたアンケート調査を通じて、MBA取得の目的やメリット・デメリット、取得後の満足度などについて調査している。対象となる母集団がKBSの卒業生だけという限界はあるものの、回答者数は六〇〇名近くにも及ぶ。

また第3節では、一五〇社の人事担当者を対象としたアンケート調査を通じて、日本のビジネス界におけるMBAの位置づけについて調査を行っている。さらに第4節では、卒業生に対するアンケート調査の結果と企業の人事担当者に対するアンケート調査の結果を比較し、最後の第5節では、以上の調査結果をもとに考察を行った。

以下に述べる調査結果を見れば明らかであるが、調査結果の中には必ずしもMBA・ビジネススクールの価値を高く評価しているものだけでなく、ビジネススクールに入学することのデメリットや、日本社会におけるMBAの位置づけの不明瞭さ、またそれゆえに苦労してMBAを取得しても就職・転職の際に報われない現実など、ビジネススクール自体がその存在意義をかけて、日本社会において今後取り組んでいかなければならない多くの課題が含まれている。

むしろ、今回の調査では、このような現状レベルでの課題や限界を包み隠さず公開することで、ビジネススクールへの入学を検討している実務家や大学学部学生に対して、ありのままの現実を伝えることに主眼においた。

# 2 卒業生アンケート分析結果

　第2節の卒業生アンケートについては、前述のとおり、慶應義塾大学ビジネス・スクールの卒業生を対象とした。慶應義塾大学ビジネス・スクールでは、一九六九年から一九七八年までの九年間、文部科学省が認可した修士課程ではない一年制のビジネススクールを開講していた。

　今回の調査では、この九年間に卒業した卒業生（図表の中ではKと表記）と、修士課程として正式に認可され二年制のプログラムに移行した一九八〇年以降二〇〇八年三月卒業までの二九年間の卒業生（図表の中ではMと表記）を合わせて、合計三八期生二八七二人の卒業生のうち、住所の判明している二六七七人に対してアンケートを送付した。回答をお寄せいただいた卒業生は五九八人であり、回収率は二二・三％であった。

　以下に述べるアンケート調査の結果は、日本国内・海外のビジネススクール卒業生一般に対する意識調査の結果ではなく、あくまでも日本国内に存在する慶應義塾大学ビジネス・スクールという特定のビジネススクールの卒業生に対する意識調査の結果である。慶應義塾大学ビジネス・スクールは二年間のフルタイム・プログラムを提供しており、そのMBAコースは、教授法としてケースメソッドを用い、総合的な経営意思決定能力の涵養を通じたジェネラリストの育成を目的としたプログラムである。

　一方、最近では、海外のビジネススクールだけでなく、日本国内においても多数のビジネススクールが設立され、主に夜間や週末に授業が開講されるパートタイムMBAコースや、教授法としてケースメソッドを用いず、講義形式を用いたプログラムを提供するMBAコース、また総合的な経営意思決定能力の涵養ではなく、特定の専門分野（たとえば金融や財務、MOT＝技術経営など）に特化したプログラムを提供するMBAプログラムも多数ある。

　このように、最近のビジネススクールの形態はさまざまであり、各ビジネススクールはその設立趣旨・教育目的も異なっているため、今回の調査結果をそのまま日本国内の他のビジネススクール卒業生一般の意識として拡大解釈することには無理がある。また、当然のこととして、海外に留学して欧米のビジネススクールを卒業したMBA保持者の意識とは大きな乖離があることも想定される。

　しかし、日本国内で最も歴史が古く、輩出した卒業生数も最大である慶應義塾大学ビジネス・スクールの卒業生の意識を調査することは、ビジネススクールの教育効果や日本のビジネス界におけるMBAの位置づけを知る上で、一定の意味を持っていると考えられる。

　卒業生アンケートでは、慶應義塾大学ビジネス・スクールの選択理由、国内ビジネススクールの選択理由、MBAの取得目的、ビジネススクールで学んだもの・役立っていること、MBA取得のメリット、デメリット、MBA取得者の経済的満足度・精神的満足度、自費学生の就職・転職状況、派遣元企業でのMBA取得者の状況の各項目について、その調査結果を要約する。

## 2-1 KBSを選択した理由

　アンケート項目の第一は、慶應義塾大学ビジネス・スクールを選択した理由である（表1）。学校の選択理由を見ると、一位は「会社からの指定」、二位は「カリキュラムの内容」、次いで「知名度・ランキング」「卒業生からの情報・評価」という順になっている。

　この学校選択理由について、自費でビジネススクールに通う学生（以下、自費学生）と企業からの派遣でビジネススクールに通う学生（以下、派遣学生）で比較してみると（表2）、派遣学生の六五％が「会社からの指定」という選択理由をあげている。その一方、自費学生は「カリキュラムの内容」「知名度・ランキング」「卒業生からの情報・評価」「講師陣の充実度」という選択理由が並び、派遣学生と自費学生では学校選択の理由が異なることがわかる。

　一方、学校選択理由の経年推移を見ると（表3）、卒業後三〇年以上が経過しているグループ（K1〜K8）は、「会社からの指定」「当時ビジネススクールはKBSしかなかった」という項目の割合が合計七九％と高いのに比較して、最近一〇年以内に卒業した卒業生（M20〜M29）は、「知名度・ランキング」が一位、「カリキュラムの内容」が二位であり、三位に「会社からの指定」が並ぶ。MBAを取得できるビジネススクールの数が増えたこと

**(表1) 質問1 KBSを選択した基準は何でしたか?**

※得点(1位3点、2位2点、3位1点で計算)を降順で表示

| 順位 | 設問内容 | 得点 |
|---|---|---|
| 1 | ③ 会社からの指定 | 744 |
| 2 | ② カリキュラムの内容 | 572 |
| 3 | ① 学校の知名度・マスコミなどでのランキング | 502 |
| 4 | ⑥ 卒業生からの情報や評価 | 299 |
| 5 | ⑤ 教授・講師陣の充実度・顔ぶれ | 285 |
| 6 | ⑩ 当時ビジネススクールはKBSしかなかった | 258 |
| 7 | ⑪ その他 | 130 |
| 8 | ④ フルタイム(平日昼間)かパートタイム(土曜・夜間など) | 104 |
| 9 | ⑨ 所在地 | 99 |
| 10 | ⑧ 授業料などの費用 | 35 |
| 11 | ⑦ 卒業生の就職先・就職率 | 19 |

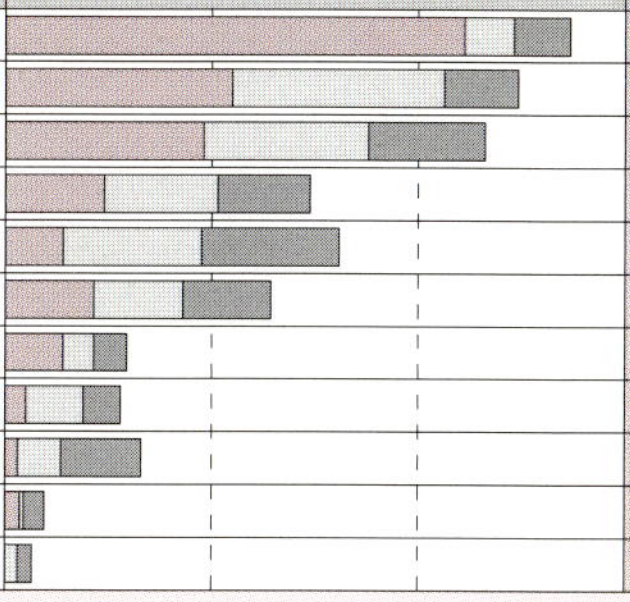

**(表2) KBSの選択理由(自費・派遣別)**

| | | Q1-1位 | | | | | 合計 |
|---|---|---|---|---|---|---|---|
| | | 学校の知名度・マスコミなどでのランキング | カリキュラムの内容 | 会社からの指定 | 教授・講師陣の充実度・顔ぶれ | 卒業生からの情報や評価 | |
| 自費 | 回答数 | 63 | 80 | 4 | 18 | 26 | 255 |
| | % | 24.7 | 31.4 | 1.6 | 7.1 | 10.2 | 100.0 |
| 派遣 | 回答数 | 31 | 30 | 219 | 10 | 22 | 339 |
| | % | 9.1 | 8.8 | 64.6 | 2.9 | 6.5 | 100.0 |
| 合計 | 回答数 | 94 | 110 | 223 | 28 | 48 | 594 |
| | % | 15.8 | 18.5 | 37.5 | 4.7 | 8.1 | 100.0 |

**(表3) KBSの選択理由(経年推移)**

| | | | Q1-1位 | | | | | | 合計 |
|---|---|---|---|---|---|---|---|---|---|
| | | | 学校の知名度・マスコミなどでのランキング | 当時ビジネススクールはKBSしかなかった | カリキュラムの内容 | 会社からの指定 | 教授・講師陣の充実度・顔ぶれ | 卒業生からの情報や評価 | |
| 期グループ | K1-K8 | 回答数 | 2 | 13 | 6 | 70 | 1 | 5 | 105 |
| | | % | 1.9 | 12.4 | 5.7 | 66.7 | 1.0 | 4.8 | 100.0 |
| | K9-M9 | 回答数 | 13 | 13 | 15 | 63 | 4 | 10 | 127 |
| | | % | 10.2 | 10.2 | 11.8 | 49.6 | 3.1 | 7.9 | 100.0 |
| | M10-M19 | 回答数 | 27 | 14 | 41 | 59 | 11 | 17 | 178 |
| | | % | 15.2 | 7.9 | 23.0 | 33.1 | 6.2 | 9.6 | 100.0 |
| | M20-M29 | 回答数 | 53 | 2 | 48 | 30 | 12 | 16 | 184 |
| | | % | 28.8 | 1.1 | 26.1 | 16.3 | 6.5 | 8.7 | 100.0 |
| 合計 | | 回答数 | 95 | 42 | 110 | 222 | 28 | 48 | 594 |
| | | % | 16.0 | 7.1 | 18.5 | 37.4 | 4.7 | 8.1 | 100.0 |

**(表4) KBSの選択理由(自費・派遣別の経年推移)**

| | | | | Q1-1位 | | | | 合計 |
|---|---|---|---|---|---|---|---|---|
| | | | | 学校の知名度・マスコミなどでのランキング | 当時ビジネススクールはKBSしかなかった | カリキュラムの内容 | 会社からの指定 | |
| 自費 | 期グループ | K1-K8 | 回答数 | 2 | 7 | 4 | 2 | 23 |
| | | | % | 8.7 | 30.4 | 17.4 | 8.7 | 100.0 |
| | | K9-M9 | 回答数 | 10 | 7 | 8 | 1 | 41 |
| | | | % | 24.4 | 17.1 | 19.5 | 2.4 | 100.0 |
| | | M10-M19 | 回答数 | 18 | 10 | 30 | 0 | 81 |
| | | | % | 22.2 | 12.3 | 37.0 | 0.0 | 100.0 |
| | | M20-M29 | 回答数 | 33 | 1 | 38 | 1 | 108 |
| | | | % | 30.6 | 0.9 | 35.2 | 0.9 | 100.0 |
| | 合計 | | 回答数 | 63 | 25 | 80 | 4 | 253 |
| | | | % | 24.9 | 9.9 | 31.6 | 1.6 | 100.0 |
| 派遣 | 期グループ | K1-K8 | 回答数 | 0 | 5 | 2 | 68 | 81 |
| | | | % | 0.0 | 6.2 | 2.5 | 84.0 | 100.0 |
| | | K9-M9 | 回答数 | 3 | 6 | 7 | 62 | 85 |
| | | | % | 3.5 | 7.1 | 8.2 | 72.9 | 100.0 |
| | | M10-M19 | 回答数 | 9 | 4 | 11 | 59 | 97 |
| | | | % | 9.3 | 4.1 | 11.3 | 60.8 | 100.0 |
| | | M20-M29 | 回答数 | 19 | 0 | 10 | 29 | 74 |
| | | | % | 25.7 | 0.0 | 13.5 | 39.2 | 100.0 |
| | 合計 | | 回答数 | 31 | 15 | 30 | 218 | 337 |
| | | | % | 9.2 | 4.5 | 8.9 | 64.7 | 100.0 |

注1:質問1は3位までの複数回答とした。そのため、表1は1位3点、2位2点、3位1点で計算し、降順で表示した。以下、質問3~6までも同様の集計方法を採用した。
注2:表2・表3・表4については、1位回答のデータのみを使用し、上位回答項目の回答数・%のみを表示している。

を背景として、最近の学生ほど、「知名度・ランキング」「カリキュラムの内容」で学校を選択する割合が増加していることがわかる。

さらに、表4を見ると、派遣学生であっても、「会社からの指定」という選択理由は近年その比率が低下しつつあり(K1~K8期では八四%だが、M20~M29期では三九%に低下)、「知名度・ランキング」「カリキュラムの内容」で学校を評価・選択する比率が高まっている。

この背景には、派遣元企業が特定のビジネススクールを指定した上で、社員を派遣する割合が近年低下していること、また、多数のビジネススクールが設立され、企業側並びに派遣される社員側の選択肢の数が増加したため、派遣学生であっても、自費学生同様、「知名度・ランキング」「カリキュラムの内容」で学校を評価・選択する比率が高まっていることなどの要因が考えられる。

また、「会社からの指定」を除くと、近年の傾向としては、自費学生は「カリキュラムの内容」が選択理由の一位なのに対して、派遣学生は「知名度・ランキング」が一位になっている。派遣学生ほど外部機関の客観的な評価結果を、より重視して学校を選択する比率が高いことがわかる。

## 2-2 国内ビジネススクールを選択した理由

アンケート項目の第二は、日本国内のビジネススクールを選択した理由である。なぜ、慶應義塾大学ビジネス・スクールの卒業生は、海外のビジネススクールではなく、日本国内のビジネススクールを選択したのだろうか。

国内のビジネススクールを選択した理由を記述方式（自由記述）で回答してもらった。

その結果をみると、一位は「英語が苦手だった」「英語でディスカッションできる語学のレベルではなかった」など、語学力不足を選択理由に挙げている回答がもっとも多い。次いで、「日本語という母国語でしっかりとビジネスを学びたい」「英語の学習ではなく、ビジネスのコンテンツそのものに集中したかった」など、母国語で経営に関する知識を深めたいという選択理由が続く。

さらに三位として、「海外留学は費用がかかる」「資金的な制約がある」など、経済的な理由から国内のビジネススクールを選択するケース、また四位として、「日本企業の経営について学びたかった」「国内でビジネスを展開するためのスキル・知識を獲得したかった」など、国内のビジネススクールで学ぶことの積極的な意義を見出しているケースも存在する。

このような調査結果をみると、海外のビジネススクールに留学するケースと比較して、国内のビジネススクールを選択する理由には、語学力不足や経済的な理由など、何らかの制約から国内ビジネススクールを選択するケースが一定数存在するものの、母国語で経営に関する知識を深めたい、日本企業の経営について学びたいなど、国内ビジネススクールの積極的な価値を認識した上で進学するケースも多いことがわかる。

## 2-3 ＭＢＡの取得目的

アンケート項目の第三は、ＭＢＡの取得目的である（表5）。ＭＢＡの取得目的を見ると、一位は「総合的な経営知識・スキルの習得」で、二位以下を大きく引き離している。五位にランクされている「特定分野の専門知識・スキルの習得」という項目との得点差をみると、慶應義塾大学ビジネス・スクールの卒業生の場合には、ＭＢＡ取得の目的は特定領域の専門知識・スキルの習得によるスペシャリストを目指すというよりも、総合的な経営知識・スキルの獲得によるジェネラリストを目指したものであると考えられる。次いで、二位は「社内におけるキャリアチェンジ・キャリアアップ」、三位は「人的ネットワークを豊かにするため」、以下「転職によるキャリアチェンジ・キャリアアップ」という項目が並んでいる。

ＭＢＡの取得目的について、自費学生と派遣学生を対比してみると（表6）、「総合的な経営知識・スキルの習得」という目的はどちらも高い割合を占める一方で、派遣学生は「社内におけるキャリアチェンジ・キャリアアップ」、自費学生は「転職によるキャリアチェンジ・キャリアアップ」が二位となっている。このことから、ＭＢＡ取得の背景には、単に総合的な経営知識・スキルを習得するだけではなく、その延長線上に、何らかのキャリアチェンジ・キャリアアップを意図したものであると考えることができる。

## 2-4 ビジネススクールで学んだもの・役立っていること

アンケート項目の第四は、ビジネススクールで得たものの中で、卒業後に仕事のうえで役立っていることは何かという設問である（表7）。卒業後に役立っているものの一位は「総合的な経営知識・スキル」、二位は「人的ネットワーク」である。前述のＭＢＡ取得目的を見ると、「総合的な経営知識・スキルの習得」「人的ネットワークの構築」がそれぞれ一位と三位であることから、おおむね当初の目的が達成されたと考える卒業生が多いことがわかる。

三位以下は、「ケース・メソッドを通じた意見集約・意思統一の方法」「日本企業の経営知識・スキル」「特定分野の専門知識・スキル」という項目が並んでいる。このうち、四位の「日本企業の経営知識・スキル」という項目については、国内のビジネススクールを選択した理由の四位にランクされた「日本企業の経営について学びたい」という選択理由と一致していることがわかる。

卒業後役立っていることを、入学時点での年齢で比較してみると（表8）、入学時三〇歳以上の学生の六二％が「総合的な経営知識・スキル」が役立っていると認識しているのに対して、二〇歳代で入学した学生はその比率が五五％にとどまる一方で、「人的ネットワーク」や「ケースメソッドを通じた意見集約・意思統一の方法」など、より多様な要因が役立っていると認識している比率が高い。

このことから、三〇歳以上で比較的実務経験が豊富な学生については、ＭＢＡの教育内容そのものである「総合的な経営知識・スキル」が、実社会に戻ってからも役立っていると感じている比率が高い一方で、二〇歳代で比較的実務経験の浅い学生については、二年間の在籍期間を通じて構築された人的ネットワークや教授方法として採用

**(表5) 質問3 ビジネススクール入学(MBA取得)の目的は?**

※得点(1位3点、2位2点、3位1点で計算)を降順で表示

| 順位 | 設問内容 | 得点 |
|---|---|---|
| 1 | ④「総合的な経営の知識・スキル」を習得するため | 1340 |
| 2 | ① 社内における「キャリア・チェンジ、キャリアアップ」のため | 528 |
| 3 | ⑥ 人的ネットワークを豊かにするため | 421 |
| 4 | ② 転職による「キャリア・チェンジ、キャリアアップ」のため | 284 |
| 5 | ⑤「特定分野の専門的知識・スキル」を習得するため | 188 |
| 6 | ⑧ リーダーシップを身につけるため | 176 |
| 7 | ⑩ その他 | 97 |
| 8 | ⑨ 仕事の忙しさから逃れ、自分を見つめ直すため | 79 |
| 9 | ③ 年収を増やすため | 58 |
| 10 | ⑦ 国際的なビジネス感覚や英語力の向上のため | 50 |

**(表6) MBAの取得目的(自費・派遣別)**

| | | Q3-1位 | | | 合計 |
|---|---|---|---|---|---|
| | | 社内における「キャリア・チェンジ、キャリアアップ」のため | 転職による「キャリア・チェンジ、キャリアアップ」のため | 「総合的な経営の知識・スキル」を習得するため | |
| 自費 | 回答数 | 9 | 60 | 153 | 254 |
| | % | 3.5 | 23.6 | 60.2 | 100.0 |
| 派遣 | 回答数 | 109 | 2 | 184 | 333 |
| | % | 32.7 | 0.6 | 55.3 | 100.0 |
| 合計 | 回答数 | 118 | 62 | 337 | 587 |
| | % | 20.1 | 10.6 | 57.4 | 100.0 |

注:表6は、表5の1位回答データのみを使用し、上位3項目のみ回答数・%を表示している。

**(表7) 質問4 KBSで得たもののうち卒業後の仕事のうえで何が役立っていますか?**

※得点(1位3点、2位2点、3位1点で計算)を降順で表示

| 順位 | 設問内容 | 得点 |
|---|---|---|
| 1 | ① 総合的な経営の知識・スキル | 1303 |
| 2 | ③ 人的ネットワーク | 597 |
| 3 | ⑥ ケース・メソッドでの議論を通じた意見集約・意思統一の方法 | 513 |
| 4 | ⑤ 日本企業(社会)の経営に関する知識・スキル | 284 |
| 5 | ② 特定分野の専門的知識・スキル | 242 |
| 6 | ⑦ 修士論文作成を通じて身につけた能力・スキル | 172 |
| 7 | ⑨ MBAという学位そのもの | 88 |
| 8 | ⑧ リーダーシップ | 66 |
| 9 | ④ 国際的なビジネス感覚や英語力 | 50 |
| 10 | ⑩ その他 | 49 |

**(表8) ビジネススクールで学んだもの・役立っていること(入学時年齢別)**

| | | | Q3-1位 | | | | 合計 |
|---|---|---|---|---|---|---|---|
| | | | 総合的な経営の知識・スキル | 特定分野の専門的知識・スキル | 人的ネットワーク | ケース・メソッドでの議論を通じた意見集約・意思統一の方法 | |
| 入学時年齢グループ | 20歳代 | 回答数 | 154 | 12 | 46 | 36 | 280 |
| | | % | 55.0 | 4.3 | 16.4 | 12.9 | 100.0 |
| | 30歳代以上 | 回答数 | 186 | 20 | 38 | 22 | 300 |
| | | % | 62.0 | 6.7 | 12.7 | 7.3 | 100.0 |
| 合計 | | 回答数 | 340 | 32 | 84 | 58 | 580 |
| | | % | 58.8 | 5.5 | 14.5 | 10.0 | 100.0 |

注:表8は、表7の1位回答データのみを使用し、上位4項目の回答数・%のみを表示している。

されているケースメソッドなど、教育内容以外のことが役立っていると認識している人の割合が高いと考えられる。

## 2-5 MBA取得のメリット

アンケート項目の第五は、MBA取得のメリットである(表9)。この質問は、これからMBAの取得を考えている人にとっては、最も関心の高いものであろう。MBA取得のメリットを見ると、全体の総得点三二五一点(表9右欄の「得点」合計)のうち、一位は「業務の遂行上役に立った」、二位は「自分自身に自信がついた」、三位は「人脈が広がった」、四位は「就職・転職の際にプラスに評価された」という項目が並び、五位以下を大きく引き離していることがわかる。

MBA取得のメリットを、自費学生・派遣学生の対比で見ると(表10)、自費学生については、「就職・転職の際にプラスに評価された」と回答した人が二八・一%と最も多く、次いで「業務の遂行上役に立った」「自分自身に自信がついた」という順になっている。

全体では四位にとどまった「就職・転職の際にプラスに評価された」というメリットが、自費学生の場合には一位にランクされ、MBA取得が卒業後の就職・転職の際に実際にプラスに評価される傾向にあることがわかる。

一方、MBA取得のメリットを入学時の年齢で比較すると(表11)、二〇歳代・三〇歳以上の学生とも「業務の遂行上役に立った」というメリットが一位であるものの、二〇歳代で入学した学生については「就職・転職の際に

プラスに評価された」というメリットが二位で、「自分自身に自信がついた」というメリットを上回っている。このことから、特に二〇歳代の若年層の場合には、ＭＢＡ取得が就職・転職の際にプラスに評価される傾向にあることがわかる。

一方、三〇歳以上で入学した卒業生は、「自分自身に自信がついた」と回答する割合が高いことが特徴である。三〇歳以上で入学した卒業生の場合には、入学以前に蓄積された職場での経験に加えて、ビジネススクールでの教育を通じて総合的な経営知識やスキルが加わることで、自分のこれまでの経験を改めて見直し再評価することが可能となり、自信がつくケースが多いのではないだろうか。

また、ＭＢＡ取得メリットの経年推移を見ると（表12）、直近一〇年以内に卒業した卒業生（Ｍ20〜Ｍ29）は「業務の遂行上役に立った」というメリットに加えて、「就職・転職の際にプラスに評価された」「人脈が広がった」というメリットについても同程度に認識している傾向がある。これに対して、卒業後三〇年以上経過した卒業生（Ｋ１〜Ｋ８）の場合には、「業務の遂行上役に立った」というメリットが圧倒的であり、次いで「自分自身に自信がついた」というメリットを認識している。

この背景には、現在と三〇年以上前では日本社会におけるＭＢＡの位置づけが大きく異なっていたという事情があるように思われる。三〇年以上前はＭＢＡを取得しても社会的に認められるケースは少なく、あくまで内的な達成感や実益として「業務の遂行上役に立った」「自分自身に自信がついた」

**（表9）　質問5　KBSでMBAを取得したことは、卒業後の仕事（キャリア）で、どのようなメリットをもたらしましたか？**

※得点（1位3点、2位2点、3位1点で計算）を降順で表示

| 順位 | 設問内容 | 得点 |
|---|---|---|
| 1 | ⑤ 業務の遂行上、役に立った | 862 |
| 2 | ⑦ 自分自身に自信がついた | 677 |
| 3 | ⑥ 人脈（同期、先輩、後輩、教授等）が広がった | 636 |
| 4 | ① 就職・転職の際にプラスに評価された | 370 |
| 5 | ⑧ 自分にとって将来のキャリアパスが明確になった | 157 |
| 6 | ⑩ ビジネススクール卒業者（MBA保有者）として社会的ステータスが高まった | 105 |
| 7 | ② 復職の際にプラスに評価された | 95 |
| 8 | ③ 昇格・昇進に際してプラスに評価された | 86 |
| 9 | ⑨ 在学中に休養できたことで、次の階段に進むパワーが蓄積できた | 80 |
| 10 | ④ 取得していない場合と比べて収入が増加した | 55 |
| 11 | ⑪ その他 | 28 |

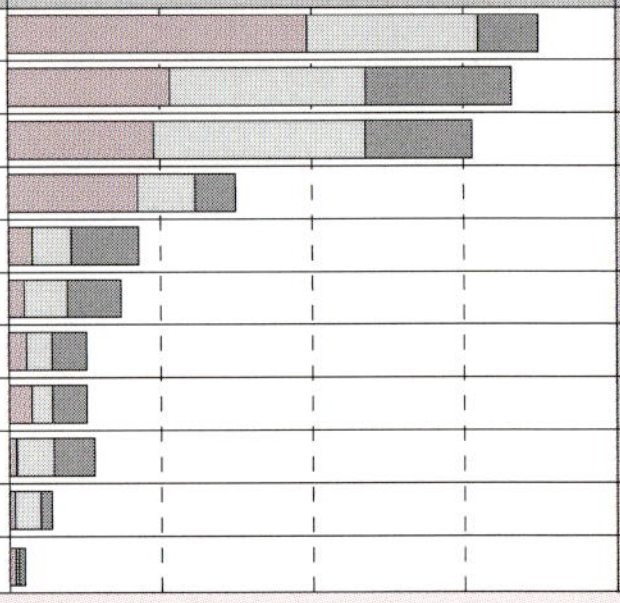

**（表10）　MBA取得のメリット（自費・派遣別）**

| | | Q5-1位 | | | | 合計 |
|---|---|---|---|---|---|---|
| | | 就職・転職の際にプラスに評価された | 業務の遂行上、役に立った | 人脈（同期、先輩、後輩、教授等）が広がった | 自分自身に自信がついた | |
| 自費 | 回答数 | 70 | 54 | 40 | 53 | 249 |
| | % | 28.1 | 21.7 | 16.1 | 21.3 | 100.0 |
| 派遣 | 回答数 | 22 | 142 | 51 | 57 | 330 |
| | % | 6.7 | 43.0 | 15.5 | 17.3 | 100.0 |
| 合計 | 回答数 | 92 | 196 | 91 | 110 | 579 |
| | % | 15.9 | 33.9 | 15.7 | 19.0 | 100.0 |

**（表11）　MBA取得のメリット（入学時年齢別）**

| | | | Q5-1位 | | | | 合計 |
|---|---|---|---|---|---|---|---|
| | | | 就職・転職の際にプラスに評価された | 業務の遂行上、役に立った | 人脈（同期、先輩、後輩、教授等）が広がった | 自分自身に自信がついた | |
| 入学時年齢グループ | 20歳代 | 回答数 | 48 | 98 | 42 | 47 | 273 |
| | | % | 17.6 | 35.9 | 15.4 | 17.2 | 100.0 |
| | 30歳代以上 | 回答数 | 43 | 96 | 48 | 61 | 300 |
| | | % | 14.3 | 32.0 | 16.0 | 20.3 | 100.0 |
| 合計 | | 回答数 | 91 | 194 | 90 | 108 | 573 |
| | | % | 15.9 | 33.9 | 15.7 | 18.8 | 100.0 |

**（表12）　MBA取得のメリット（経年推移）**

| | | | Q5-1位 | | | | 合計 |
|---|---|---|---|---|---|---|---|
| | | | 就職・転職の際にプラスに評価された | 業務の遂行上、役に立った | 人脈（同期、先輩、後輩、教授等）が広がった | 自分自身に自信がついた | |
| 期グループ | K1-K8 | 回答数 | 5 | 39 | 12 | 22 | 96 |
| | | % | 5.2 | 40.6 | 12.5 | 22.9 | 100.0 |
| | K9-M9 | 回答数 | 17 | 41 | 20 | 19 | 124 |
| | | % | 13.7 | 33.1 | 16.1 | 15.3 | 100.0 |
| | M10-M19 | 回答数 | 27 | 67 | 22 | 36 | 177 |
| | | % | 15.3 | 37.9 | 12.4 | 20.3 | 100.0 |
| | M20-M29 | 回答数 | 41 | 48 | 38 | 33 | 181 |
| | | % | 22.7 | 26.5 | 21.0 | 18.2 | 100.0 |
| 合計 | | 回答数 | 90 | 195 | 92 | 110 | 578 |
| | | % | 15.6 | 33.7 | 15.9 | 19.0 | 100.0 |

注：表10、表11、表12については、表9の1位回答データのみを使用し、上位回答項目の回答数・%のみを表示している。

**（表13）　質問6　KBSでMBAを取得したことが、卒業後の仕事（キャリア）で、マイナスだった、あるいは役に立たなかった面は何ですか？**

※得点（1位3点、2位2点、3位1点で計算）を降順で表示

| 順位 | 設問内容 | 得点 |
|---|---|---|
| 1 | ①昇格・昇進においてほとんど考慮されなかった | 358 |
| 2 | ② 昇給においてほとんど考慮されなかった | 238 |
| 3 | ③ 就職・転職の際にほとんど考慮されなかった | 143 |
| 4 | ⑥ ジェネラリストとして広く学んだので、専門性の高いプロフェッショナルに後れをとった | 133 |
| 5 | ④ 2年間のキャリアブランクによって、現場での実務感覚や勘が鈍ってしまった | 124 |
| 6 | ⑧ 社内で疎外感を感じた、あるいは、ねたみ・いじめを受けた | 103 |
| 7 | ⑦ いくつかの側面で、他校MBAのプレステージに負けた | 96 |
| 8 | ⑪ その他 | 58 |
| 9 | ⑩ 困難な仕事が多く回されるようになり、自己の能力以上に負荷が高まった | 43 |
| 10 | ⑤ 2年間のキャリアブランクが、（社内外で）マイナスに評価された | 34 |
| 11 | ⑨ 転職志向者と見られ、重要な仕事が回ってこない | 5 |

**（表14）　MBA取得のデメリット・役に立たなかったこと（自費・派遣別）**

| | | Q6-1位 | | | | | | | |
|---|---|---|---|---|---|---|---|---|---|
| | | 昇格・昇進においてほとんど考慮されなかった | 昇給においてほとんど考慮されなかった | 就職・転職の際にほとんど考慮されなかった | 2年間のキャリアブランクによって、現場での実務感覚が鈍ってしまった | ジェネラリストとして広く浅く学んだので、専門性の高いプロフェッショナルに後れをとった | いくつかの側面で、他校MBAのプレステージに負けた | 社内で疎外感を感じた、あるいはねたみ・いじめを受けた | 合計 |
| 自費 | 回答数 | 30 | 10 | 36 | 11 | 16 | 13 | 8 | 138 |
| | % | 21.7 | 7.2 | 26.1 | 8.0 | 11.6 | 9.4 | 5.8 | 100.0 |
| 派遣 | 回答数 | 66 | 16 | 2 | 19 | 13 | 7 | 13 | 150 |
| | % | 44.0 | 10.7 | 1.3 | 12.7 | 8.7 | 4.7 | 8.7 | 100.0 |
| 合計 | 回答数 | 96 | 26 | 38 | 30 | 29 | 20 | 21 | 288 |
| | % | 33.3 | 9.0 | 13.2 | 10.4 | 10.1 | 6.9 | 7.3 | 100.0 |

**（表15）　MBA取得のデメリット・役に立たなかったこと（入学時年齢別）**

| | | | Q6-1位 | | | | | |
|---|---|---|---|---|---|---|---|---|
| | | | 昇格・昇進においてほとんど考慮されなかった | 昇給においてほとんど考慮されなかった | 就職・転職の際にほとんど考慮されなかった | 2年間のキャリアブランクによって、現場での実務感覚が鈍ってしまった | ジェネラリストとして広く学んだので、専門性の高いプロフェッショナルに後れをとった | 合計 |
| 入学時年齢グループ | 20歳代 | 回答数 | 46 | 10 | 16 | 8 | 18 | 132 |
| | | % | 34.8 | 7.6 | 12.1 | 6.1 | 13.6 | 100.0 |
| | 30歳代以上 | 回答数 | 50 | 16 | 21 | 23 | 10 | 156 |
| | | % | 32.1 | 10.3 | 13.5 | 14.7 | 6.4 | 100.0 |
| 合計 | | 回答数 | 96 | 26 | 37 | 31 | 28 | 288 |
| | | % | 33.3 | 9.0 | 12.8 | 10.8 | 9.7 | 100.0 |

**（表16）　MBA取得のデメリット・役に立たなかったこと（経年推移）**

| | | | Q6-1位 | | | | | | | |
|---|---|---|---|---|---|---|---|---|---|---|
| | | | 昇格・昇進においてほとんど考慮されなかった | 昇給においてほとんど考慮されなかった | 就職・転職の際にほとんど考慮されなかった | 2年間のキャリアブランクによって、現場での実務感覚が鈍ってしまった | ジェネラリストとして広く浅く学んだので、専門性の高いプロフェッショナルに後れをとった | いくつかの側面で、他校MBAのプレステージに負けた | 社内で疎外感を感じた、あるいは、ねたみ・いじめを受けた | 合計 |
| 期グループ | K1-K8 | 回答数 | 18 | 2 | 0 | 1 | 2 | 0 | 1 | 28 |
| | | % | 64.3 | 7.1 | 0.0 | 3.6 | 7.1 | 0.0 | 3.6 | 100.0 |
| | K9-M9 | 回答数 | 25 | 4 | 8 | 2 | 5 | 2 | 7 | 60 |
| | | % | 41.7 | 6.7 | 13.3 | 3.3 | 8.3 | 3.3 | 11.7 | 100.0 |
| | M10-M19 | 回答数 | 28 | 10 | 14 | 6 | 11 | 7 | 8 | 91 |
| | | % | 30.8 | 11.0 | 15.4 | 6.6 | 12.1 | 7.7 | 8.8 | 100.0 |
| | M20-M29 | 回答数 | 25 | 10 | 16 | 21 | 10 | 11 | 5 | 109 |
| | | % | 22.9 | 9.2 | 14.7 | 19.3 | 9.2 | 10.1 | 4.6 | 100.0 |
| 合計 | | 回答数 | 96 | 26 | 38 | 30 | 28 | 20 | 21 | 288 |
| | | % | 33.3 | 9.0 | 13.2 | 10.4 | 9.7 | 6.9 | 7.3 | 100.0 |

注：表14、表15、表16については、表13の1位回答データのみを使用し、上位回答項目の回答数・%のみを表示している。

と認識しているのに対して、最近では、日本社会でもＭＢＡが次第に認められるようになり、「就職・転職の際にプラスに評価された」「人脈が広がった」という形で外的な評価が伴うように変遷しつつあると考えられる。

## 2-6　ＭＢＡ取得のデメリット・役に立たなかったこと

アンケート項目の第六は、ＭＢＡ取得のデメリット・役に立たなかったことである（表13）。ＭＢＡ取得のデメリット・役に立たなかったことを見ると、全体の総得点は一三三五点（表13右欄の「得点」合計）とメリットの三一五一点の半分以下の得点であることから、デメリットを認識している卒業生は相対的に少ないと言えよう。内訳として、「昇格・昇進において考慮されなかった」「昇給において考慮されなかった」という項目が一位・二位で大きな割合を占め、次いで「就職・転職の際に考慮されなかった」「専門性の高いプロフェッショナルに後れをとった」「現場での実務感覚や勘が鈍ってしまった」という項目が並んでいる。

　これを自費学生と派遣学生で比較してみると（表14）、自費学生については「就職・転職の際に考慮されなかった」「昇格・昇進において考慮されなかった」「専門性の高いプロフェッショナルに後れをとった」の順でマイナス要因を認識している。このことから、過去と比較して、日本社会におけるＭＢＡの位置づけはより明確になりつつあるものの、実際の就職・転職場面においては、ＭＢＡの取得が事前の期待ほどは高く評価されてはいないことがうかがえる。

とくに自費学生の場合には、就職・転職後に専門性の高いプロフェッショナルと社内で競争する環境に身をおくケースが多く、ビジネススクールで学んだ総合的な経営知識・スキルよりも、特定分野の専門知識・スキルが必要とされている状況も垣間見られる。

一方、派遣学生については、「昇格・昇進において考慮されなかった」「現場での実務経験や勘が鈍ってしまった」「昇給において考慮されなかった」の順でマイナス要因を認識している。このことは、ＭＢＡへの派遣を実施している企業では、ＭＢＡ取得を人材育成の一環と捉えているものの、必ずしも社内の昇進・昇格・昇給といった評価とはリンクさせてはいない一方で、派遣学生はＭＢＡ取得と昇進・昇格・昇給とのリンクを期待しているというギャップが存在することを示していると思われる。また、ビジネススクールでの知識獲得の二年間で現場での実務経験や勘が鈍ってしまったというデメリットも認識していることがわかる。

次に、ＭＢＡ取得のデメリット・役に立たなかったことを入学時年齢で比較してみると(表15)、二〇歳代・三〇歳以上とも、「昇格・昇進において考慮されなかった」というマイナス要因が一位であるものの、二〇歳代で入学した学生は、「専門性の高いプロフェッショナルに後れをとった」というマイナス要因が二位となっている。日本企業の中心的なキャリア形成は、最初に特定分野での経験を積み、タテの異動やヨコの異動を通じて、能力やスキルの幅を広げていくというものである。

ビジネススクールで習得できる総合的な経営知識は、ジェネラリストとして活躍する三〇歳代・四〇歳代での仕事に役立つものであるが、特定分野で専門性を獲得するという段階にある二〇歳代のキャリア上の課題とは必ずしも一致しないことが、このような結果に結びついていると考えられる。

一方、三〇歳以上で入学した学生は、「昇格・昇進においてほとんど考慮されなかった」というマイナス要因に引き続いて、「現場での実務感覚や勘が鈍ってしまった」というマイナス要因が第二位となっている。三〇歳以上の第一線で活躍する年代にある学生は、スピード感覚が求められるビジネスの厳しい現場から二年間離れることをマイナスとして評価する傾向が高いことがわかる。

最後に、ＭＢＡ取得のデメリット・役に立たなかったことの経年推移を見ると(表16)、卒業後長期間が経過している人ほど、「昇格・昇進において考慮されなかった」と認識している人の割合が高いことがわかる。直近一〇年以内に卒業した卒業生(Ｍ20〜Ｍ29)の場合には二三パーセントであるのに対して、卒業後三〇年以上が経過している卒業生(Ｋ1〜Ｋ8)の場合には実に六四%が「昇格・昇進においてほとんど考慮されなかった」と認識している。

この背景には、「2-5 ＭＢＡ取得のメリット」の項でも論じたとおり、現在と三〇年以上前では日本社会におけるＭＢＡの位置づけが大きく異なっていたという事情があると思われる。三〇年以上前はたとえ企業から派遣されてＭＢＡを取得したとしても、社内の昇格・昇進において評価されるケースは少なかったことが想定されるが、最近では日本社会でもＭＢＡが次第に認められるようになり、それにつれて社内でも昇格・昇進において評価されるケースが増加しつつあると考えられる。

質問22 MBAを取得したことによって、ご自分の望んでいた職業上の成功が、現在どれだけ達成されていると感じていますか？

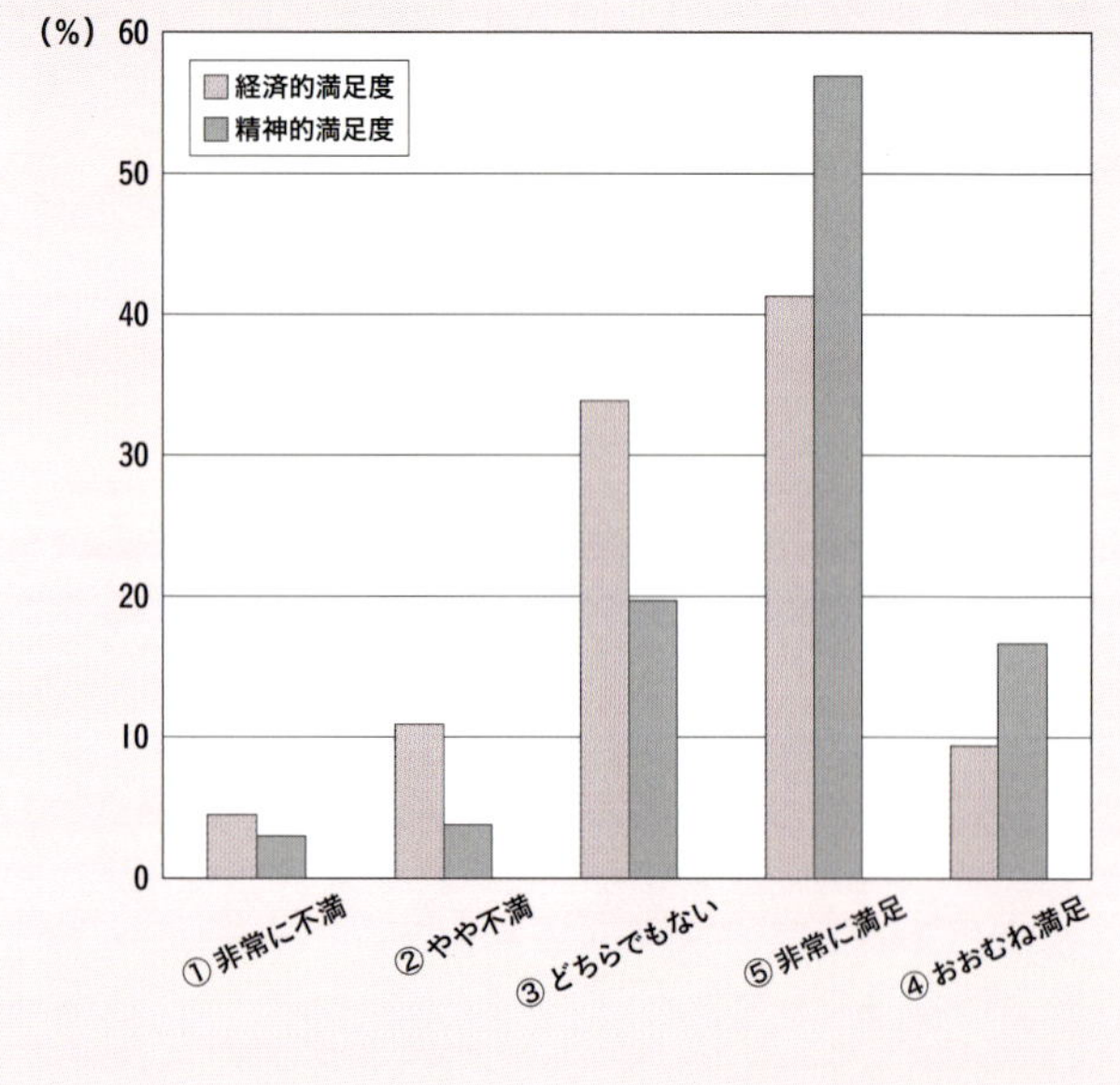


## 2-7 ＭＢＡ取得者の経済的満足度・精神的満足度

アンケート項目の第七は、ＭＢＡ

取得者の経済的満足度・精神的満足度である(質問22)。MBA取得者の経済的満足度をみると、「おおむね満足」「非常に満足」と答えた卒業生が全体の約五一%を占めているのに対して、精神的満足度をみると「おおむね満足」「非常に満足」と答えた卒業生が、実に全体の約七六%を占めている。

このことから、MBA取得者は経済的な満足よりも精神的な満足をより強く認識しているケースが多いと考えられる。

これはMBA取得メリットの一位、二位が「業務の遂行上役に立った」「自分自身に自信がついた」という、いわば内的・精神的な達成度の高さを表しているのに対して、MBA取得デメリットの一位、二位が「昇格・昇進において考慮されなかった」「昇給において考慮されなかった」という、より外的評価の伴う経済的な側面に言及している点と符合する調査結果であると考えられる。

## 2-8 自費学生の就職・転職状況

アンケート項目の第八は、自費学生の就職・転職状況である。ビジネススクールの卒業後、就職や転職を経験した自費学生は、MBAの取得がどのように影響したと感じているのであろうか。

まず、質問8、質問9をみると、就職・転職先企業の人事担当者がMBAとは何かを知っていたケースは約七〇%であり(「おおむね知っている」「よく知っている」と答えた比率)、採用時に何らかの形でMBA取得が評価されたと答えた学生は七三%に達している(「少し評価された」「相当に評価された」「高く評価された」と答えた比率)。

その一方で、質問10をみると、採用時にMBAの保有が条件とされていたケースは、二一%に過ぎず、MBAを保有しているだけで採用時に有利になるケースは少ないことがわかる。

また、質問11に示した通り、採用時に就職・転職先企業の人事担当者がMBA保有者をこう使いたいという明確な意図を持っていたかどうかをみると、少なくとも、何らかの意図を持った上で採用されたと感じている卒業生の比率は、全体の三八%と低い水準にとどまっている(「少し持っていた」「相当に持っていた」「大変強く持っていた」と答えた比率)。

さらに、質問13をみると、就職・転職した企業ではMBA取得者を戦略的に意識して配属している、能力を活かしていると答えた卒業生の比率は四〇%にとどまっている(「少しそのように感じた」「結構そのように感じた」「大変そのように感じた」と答えた比率)。

以上の結果をみると、MBA取得者を採用している企業は、MBA取得を採用の条件とはしていないものの、プラスに評価するケースが多いことがわかる。

しかしその一方で、明確な意図を持ってMBA取得者を採用し、MBA取得者の活用を戦略的に考えている企業は少数にとどまっている。このことから、日本のビジネス界において、MBAという名称は一般に広まっており、就職・転職においてプラスに評価される傾向があるものの、採用後のMBA取得者の活用については、今後の検討課題と言えよう。

## 2-9 派遣元企業でのMBA取得者の状況

アンケート項目の第九は、派遣元企業でのMBA取得者の状況である。企業から派遣された卒業生は、自分が派遣されたことをどのように認識しているのであろうか。

まず、質問14をみると、MBA課程に派遣される際に、派遣元企業から派遣の目的や目標を具体的に示されたと認識している卒業生は三六%にとどまっている(「少々そのように感じた」「結構そのように感じた」「きわめて強くそのように感じた」と答えた比率)。

次に、質問15をみると、復職に際して、MBA取得を考慮した戦略的な配属がなされたと感じている卒業生は五七%であり(「少々そのように感じた」「結構そのように感じた」「きわめて強くそのように感じた」と答えた比率)、半数を上回っている。このことから、派遣前の説明は若干不十分ではあるものの、復職後には何らかの形でMBA取得を考慮した配属がなされているケースが半数を超えていることがわかる。

一方、このような現状に対して、派遣元企業がMBAへの派遣を行う目的はどのようなものなのだろうか。

まず、質問17、質問19をみると、MBAへの派遣が個人の業績に対する報奨的意味合いを有していると感じている卒業生は三七%と低く、他社も派遣を行っているので「わが社も」といった横並び意識からMBAへの派遣を行っていると感じている卒業生も、二八%と低い水準にとどまっている(質問17・19とも「少々そのようだ」「結構そうだ」「きわめてそうだ」と答え

## 質問13 就職した企業は総合的に見て、MBA取得者を戦略的に意識して配属し、その能力を活かして使っていると思いますか？

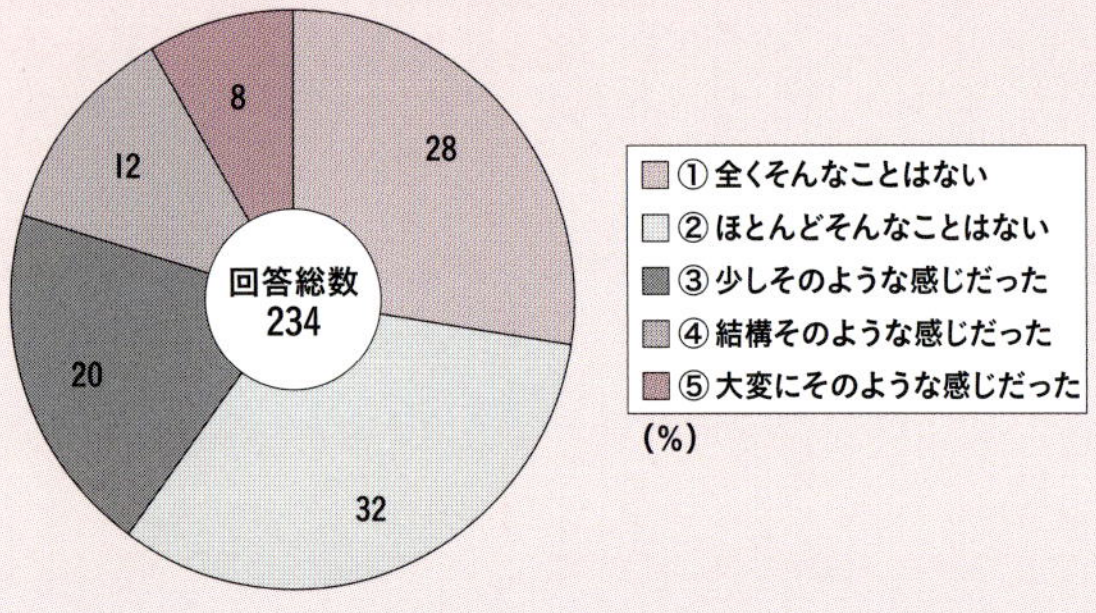


## 質問14 MBAへ派遣（=KBSへ派遣）される際、派遣元企業から派遣の狙いや目標を具体的に示されましたか？

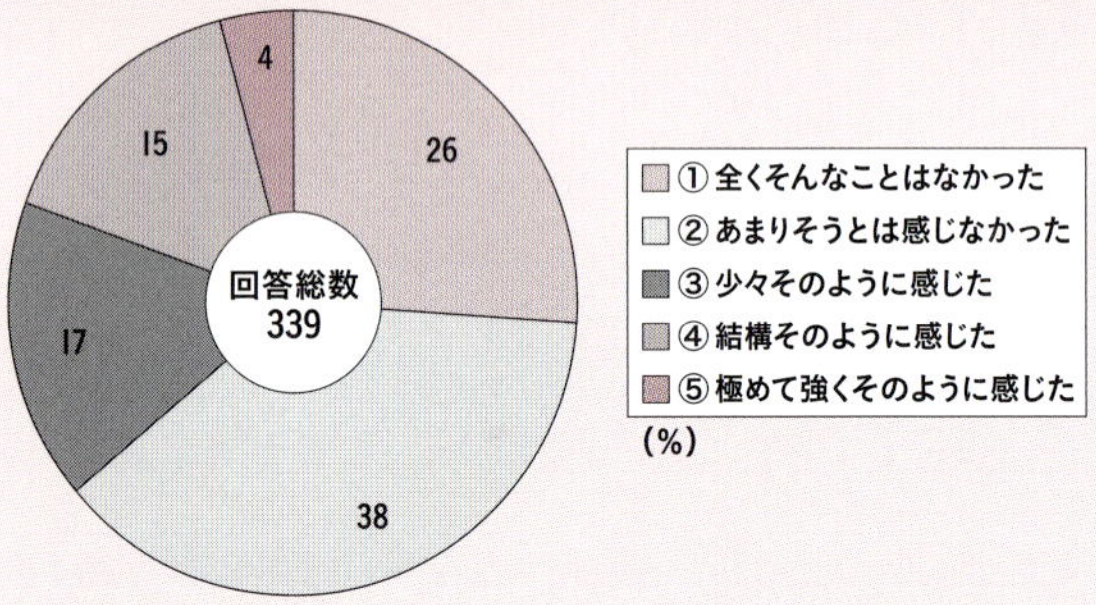


## 質問15 復職に際して、KBSへの派遣（MBA取得）を考慮した戦略的な配属が行われたと感じましたか？

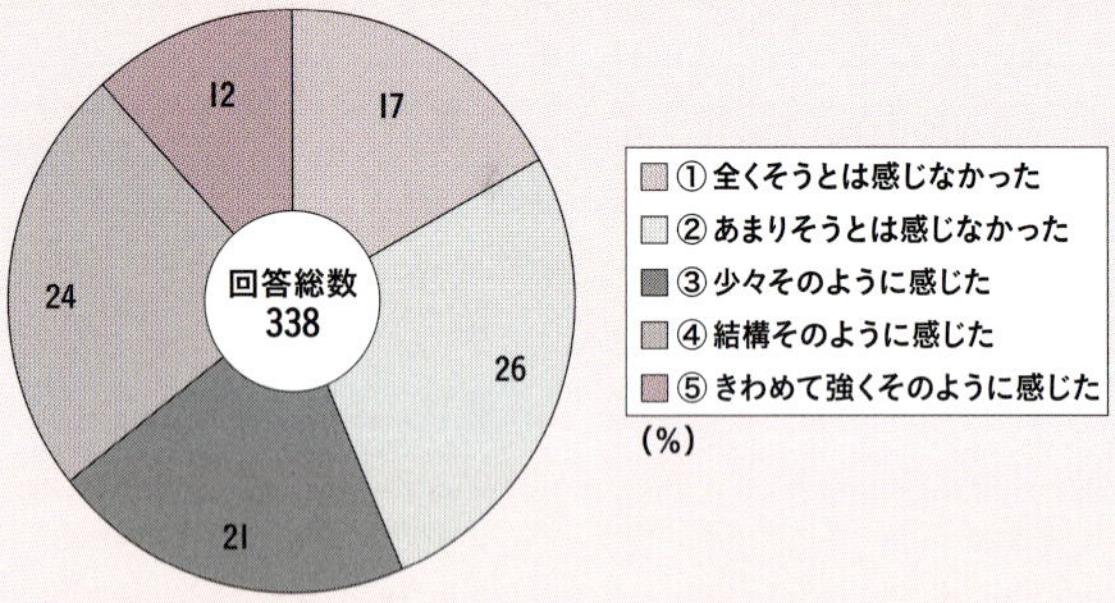


## 質問16 MBA課程への派遣は、幹部候補としての能力開発・キャリアパスの一環として、明確に位置付けられていますか？

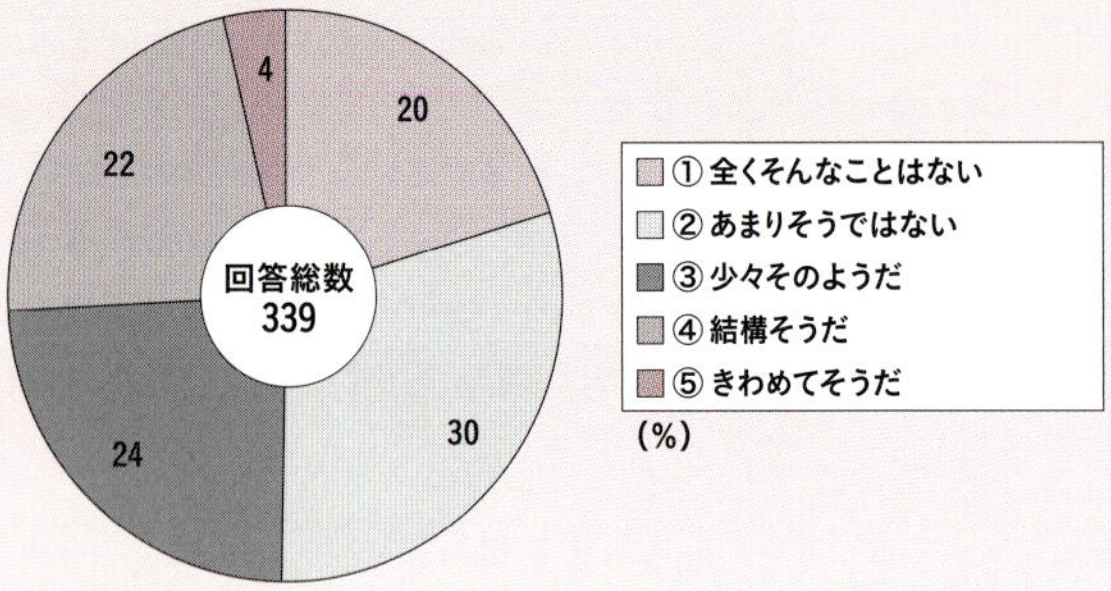


## 質問8 就職先企業の人事担当者もしくは面接官は、採用時に「MBA」とは何かを、明確に知っていましたか？

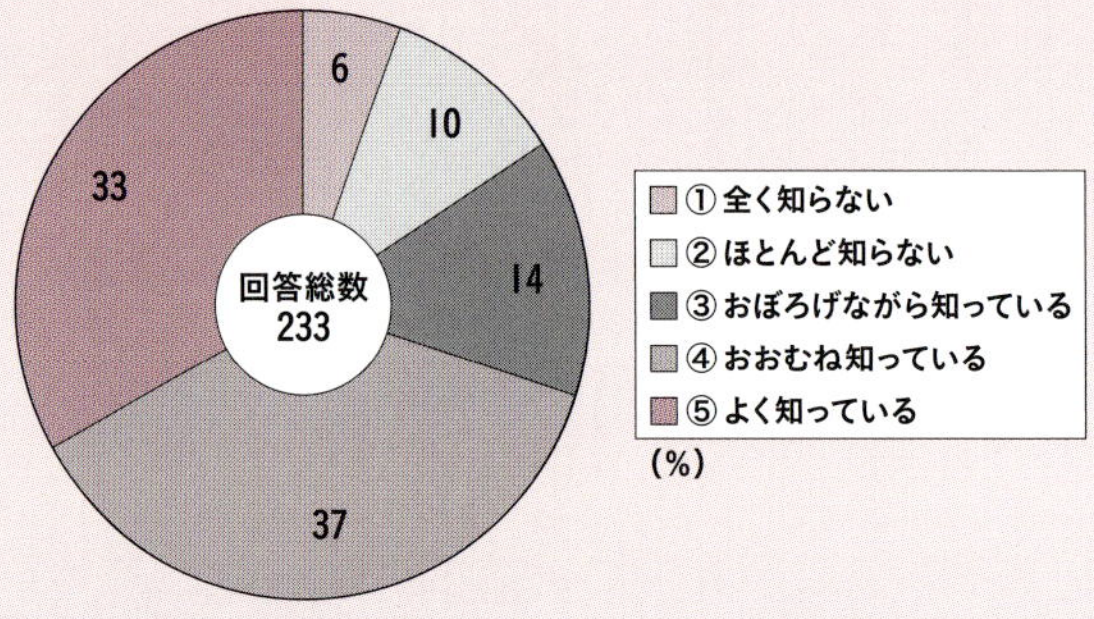


## 質問9 採用時にMBA取得者であるということをプラスに評価されましたか？

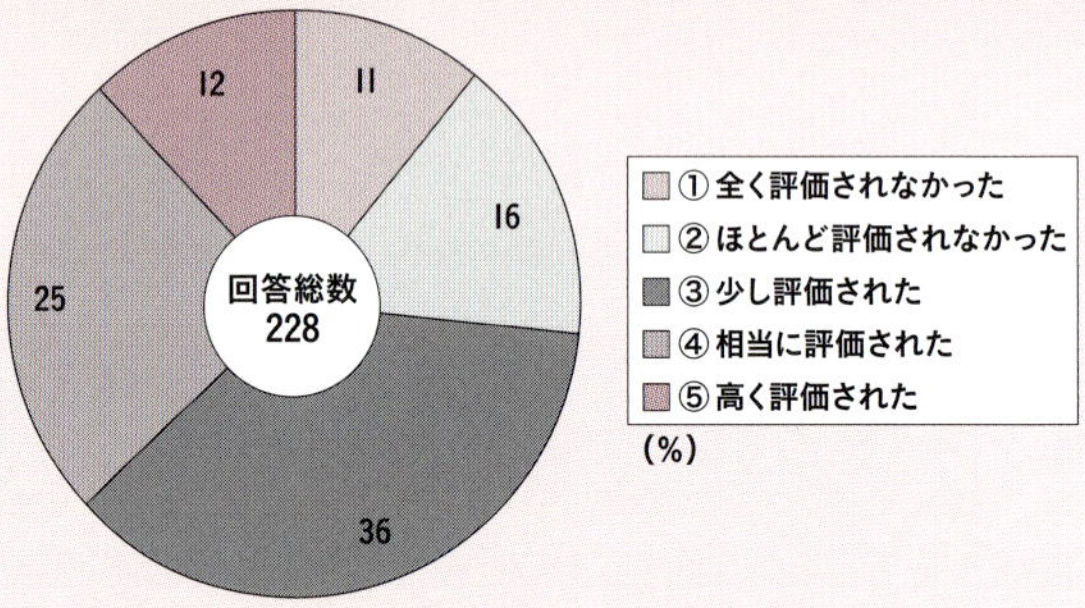


## 質問10 就職先企業は採用時に「MBA」保有を条件としていましたか、あるいは「MBAであればなお可」 といった条件はありましたか？

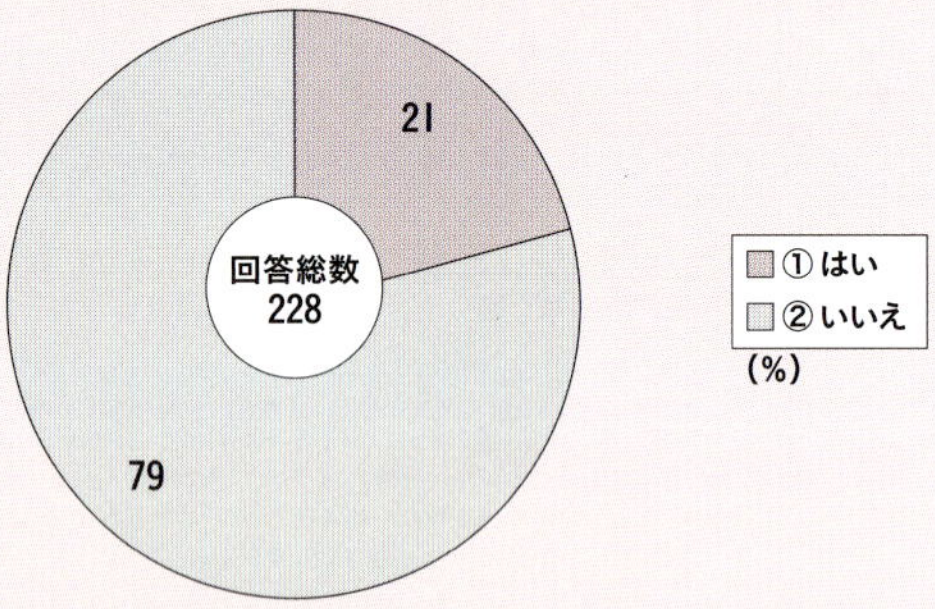


## 質問11 就職先企業は採用時に、MBA保有者をこう使いたいという明確な意図を持っていましたか？

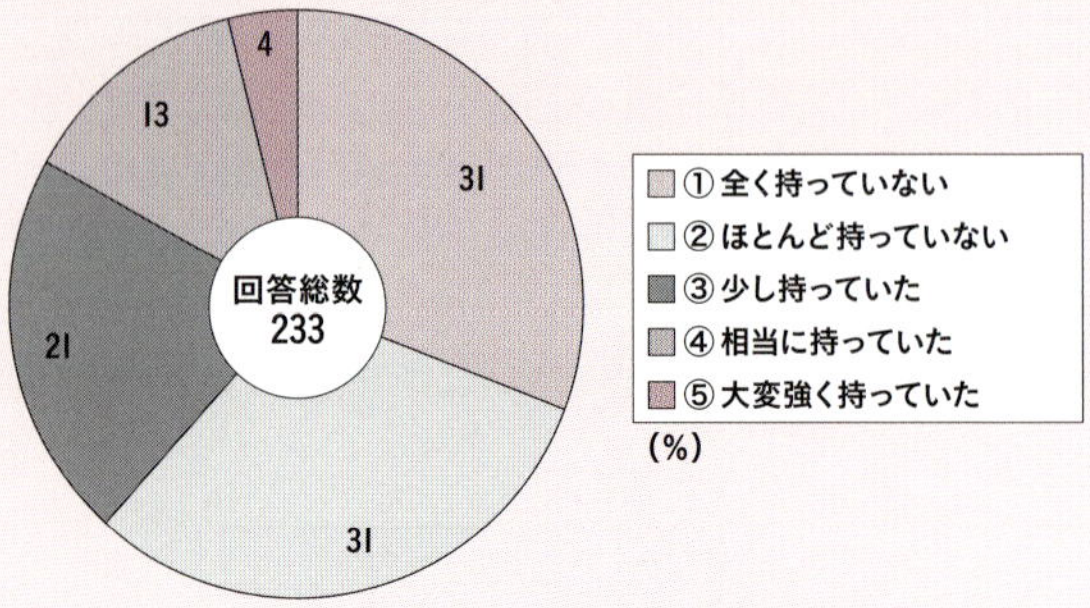

た比率）。

一方、質問18をみると、従業員に対するモチベーションを高めるという一般的な目的からMBAへの派遣を行っていると感じている卒業生は、六三％に達している（「少々そのようだ」「結構そうだ」「きわめてそうだ」と答えた比率）。

このことから、企業によるMBAへの派遣が従業員のモチベーション向上に対する一つの施策になっているといえよう。

ただ、MBAの取得が幹部候補生としての能力開発・キャリア・パスの一環として明確に位置づけられているかということになると、質問16のグラフの通り、そのように感じている卒業生は五〇％にとどまっている（「少々そのようだ」「結構そうだ」「きわめてそうだ」と答えた比率）。このことから、MBA取得は何らかの形で復職後の配属の際には考慮されるものの、半数の企業ではMBAを幹部候補生のための能力開発とは位置づけていない現状が浮き彫りになっている。

さらに、質問20を見ると、総合的に見て派遣元企業がMBAの取得を戦略的に意識してその能力を活かしていると感じている卒業生は四四％にとどまっている（「少々そのようだ」「結構そうだ」「きわめてそうだ」と答えた比率）。

このことから、企業から派遣されてMBAを取得した卒業生の半数以上が、MBAの取得を通じて獲得した能力を活かし切れていないと感じている実態がうかがえる。

以上の結果をまとめると、企業は従業員の今後の仕事に必要とされる能力やモチベーションを高めることを目的として、ビジネススクールに従業員を派遣しているが、派遣制度は必ずしも将来の幹部候補生を直接の対象としたものではなく、広くホワイトカラー全般を対象とした選抜による人材育成が目的ではないかと考えられる。

さらに、MBA取得後の配属に関しては何らかの考慮はしているものの、MBA取得者を戦略的に活用しているとは言い切れない。

このように、MBA取得者と派遣企業側との間には、MBA取得者の活用をめぐる認識ギャップが存在しており、派遣元企業にとっては、MBA取得者をどのように活用すべきかという課題が存在する。

**質問17　MBAへの派遣は、当該個人が良い業績を挙げたことへの報奨的意味合いがありますか？**

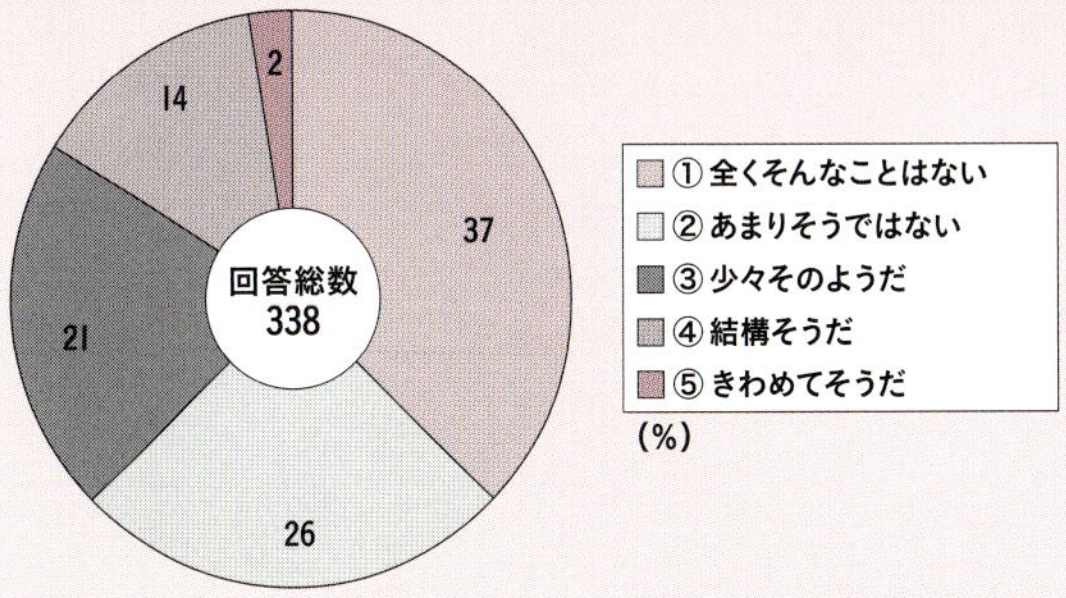


**質問18　MBAへの派遣は、社員のモチベーションを高めるという一般的な目的のためですか？**

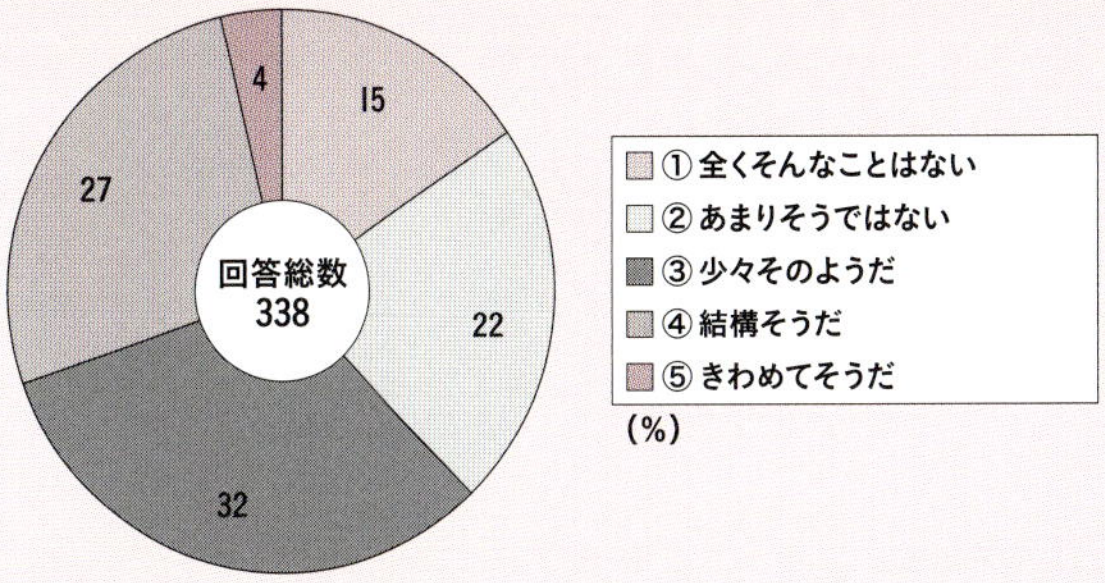


**質問19　MBAへの派遣は「他社もやっているのでわが社も」という横並び意識が背景にありますか？**

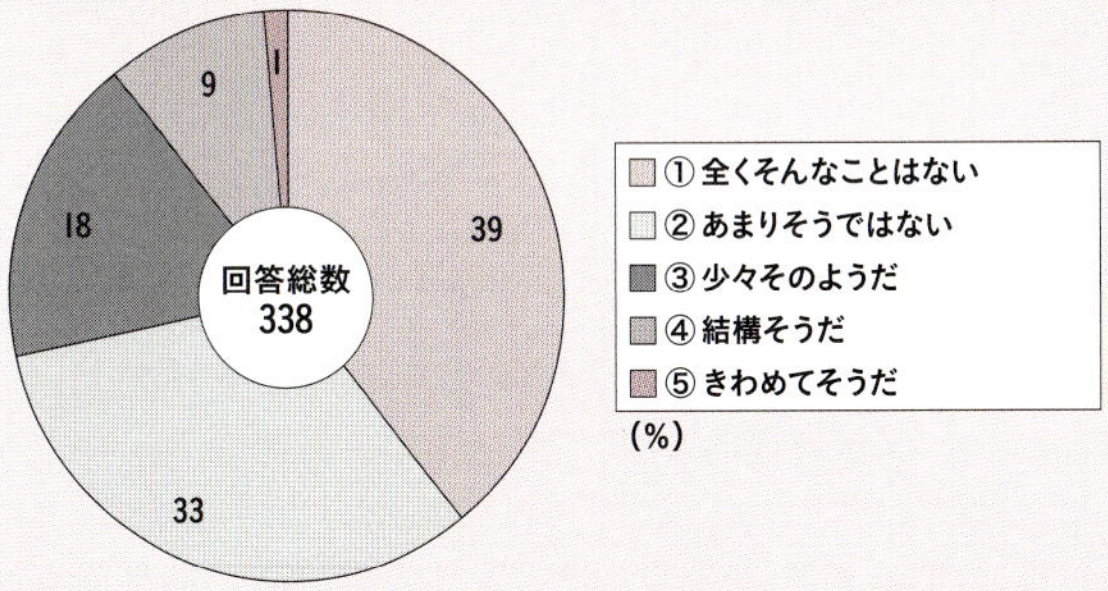


**質問20　派遣元企業は総合的に見てMBA取得者を戦略的に意識し、その能力を活かして使っていると思いますか？**

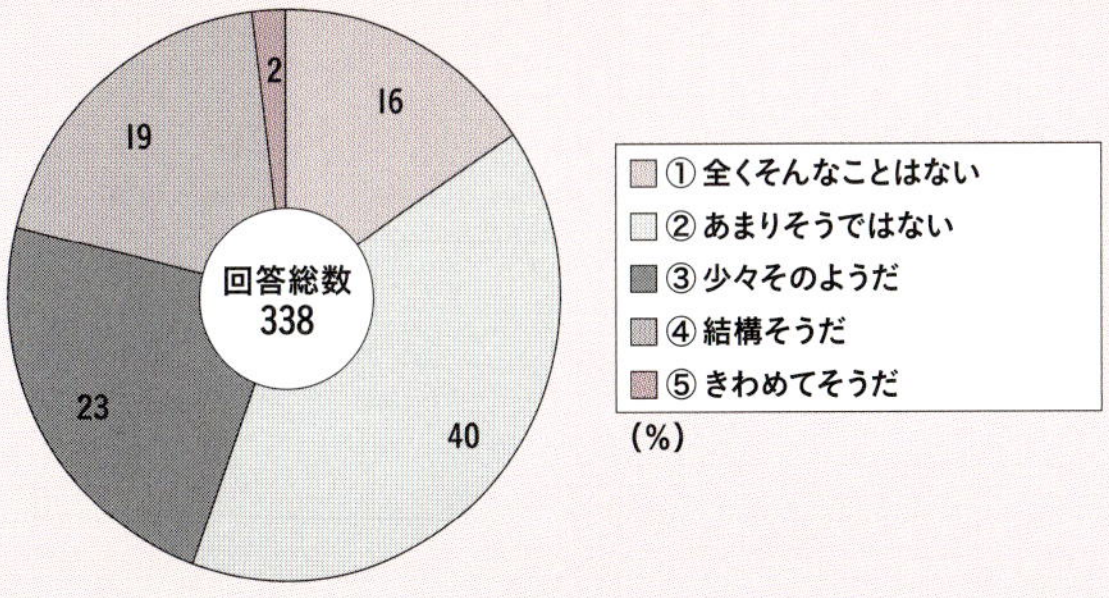

# 3 企業アンケート分析結果

## 3-1 サンプルの特性

第3節では、企業の人事担当者を対象に行ったビジネススクール（MBA）についての意識調査結果を分析する。

調査対象は、慶應義塾大学ビジネス・スクールに社員を派遣した実績のある約五〇〇社に、既存のデータベースによって人事担当者の氏名がわかる企業約一〇〇〇社を加えた一四五九社である。アンケートへの回答企業数は一五〇社であり、回収率は一〇・三％であった。

わが国の法人企業数は約一五〇万社、上場企業に限っても約四〇〇〇社が存在している。そうした企業の中から、一四五九社を選ぶにあたって、今回は無作為抽出の方法を採用しなかった。ビジネススクールやMBAプログラムへの派遣制度、MBA保持者の採用を意識的に行っている企業は、ある程度の規模の企業であると推測されるので、無作為抽出では回収率が低くなるからである。

そもそもここで対象となった企業は、ビジネススクールやMBAプログラムに関心の高い企業群であり、その意味でこの調査結果は、平均的な日本企業の人事担当者の意識を表したものではない。さらに、アンケートに積極的に回答した人事担当者には、比較的、ビジネススクール・MBAプログラムに関心の高い人が多いだろう。このアンケート結果を解釈するにあたっては、以上のようなサンプルの特性と回答者の自己選択バイアスに注意する必要がある。

回答企業の分布は図1のとおりである。この図からわかるとおり、水産・農業、鉱業といった一次産業からの回答はない。メーカーを中心とする第二次産業・製造業からの回答率と商業・サービス業といった第三次産業からの回答率が高い。厳密な分析ではないが、大雑把な傾向としては、最終消費者に近い電気機器、小売業、銀行といった産業からの回答率が高く、いわゆるB to Bの素材・部品産業における回答

図1 回答企業の業務分布

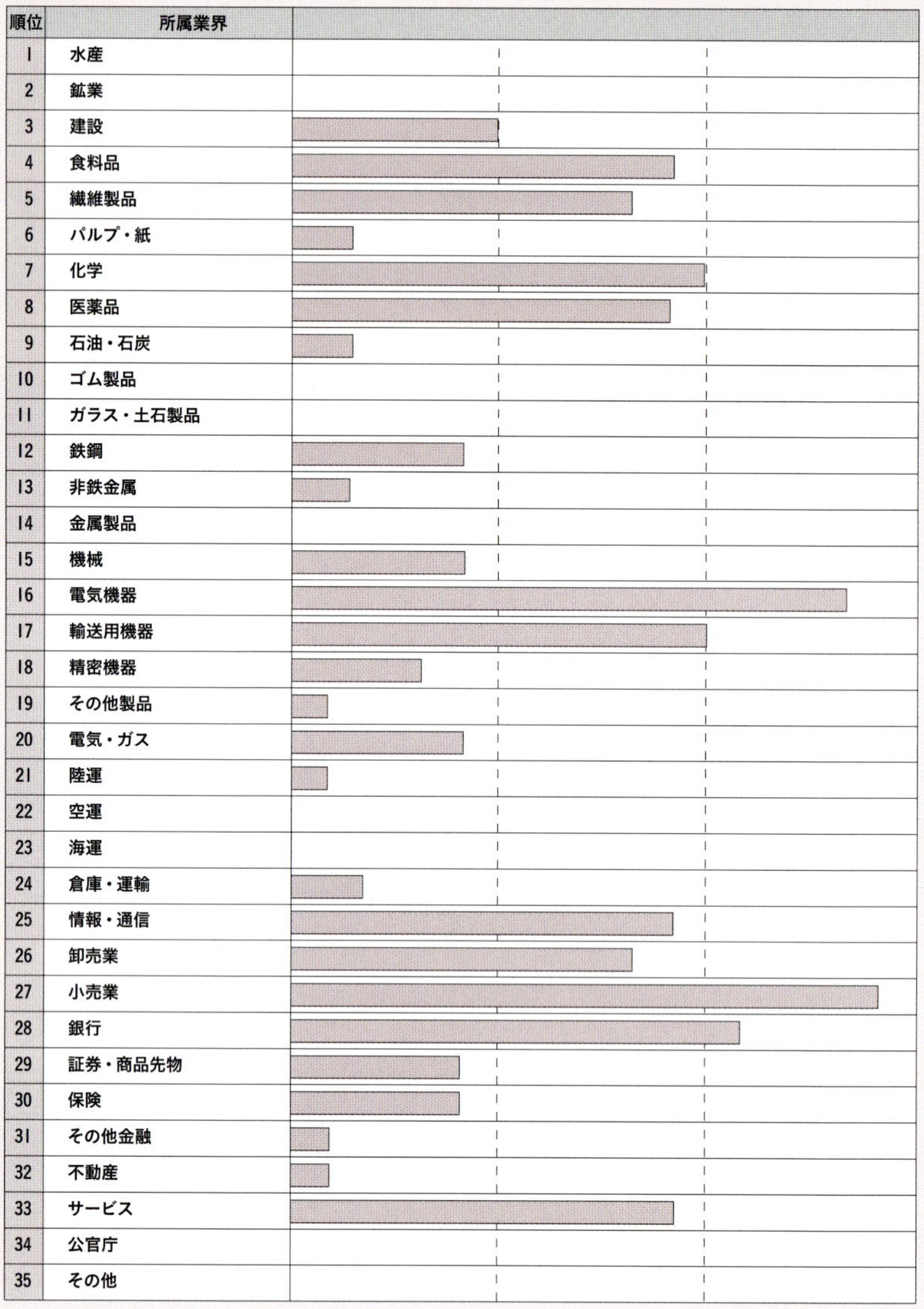

率が低くなっている。また、サービス業のなかでも、陸運、空運、海運、倉庫・運輸といった運輸業からの回答率はおしなべて低い。

これが、ビジネススクールやＭＢＡプログラムの経営教育に関心の高い業種の特徴であるとまでは言い切れないが、以下、最終消費者に近い産業の人事担当者の意識調査だという点に留意して解釈する必要があろう。一般に、ビジネススクールが企業や業種に依存しない一般的な経営知識を教育する機関であることを考慮すると、一次産業や素材メーカー、運輸業においては、相対的に一般的な経営知識の重要性が低いのかもしれない。こうした業種では、企業固有の知識や業界常識が、一般的経営知識よりも重要であり、企業間転職、異業種転職が比較的稀であるという仮説が成り立つ。

## 3-2　ＭＢＡ課程への派遣状況

この一五〇社の回答企業のうち、ＭＢＡプログラムへ社員を派遣している企業は、六一社（四一％）である（質問1）。

本調査のサンプルが、比較的大規模企業に偏っていることを考えるなら、残る六割の企業が、国内・海外を含めて、ＭＢＡプログラムへの派遣を実施していないという数字は意外である。サンプル外の企業まで考えるなら、まだまだ、ＭＢＡ派遣企業はごく少数にとどまっている可能性が高い。

派遣を実施している企業のうち、海外のビジネススクールへの派遣のみを行っている企業は一六社（二七％）、国内のビジネススクールへの派遣のみを行っている企業は二二社（三六％）、海外・国内双方のビジネススクールへ派遣している企業は二二社（三七％）であった（質問2）。

海外のビジネススクールへの派遣の場合、ほぼフルタイム・プログラムへの派遣ということになるため、費用面での負担が重い。

これに対して、国内ビジネススクールには、夜間や週末にクラスを開く定時制のプログラムもあり、就業しながらの通学が可能である。国内ビジネススクールへの派遣のみの企業数が多いのは、このような費用面の要因が影響を与えている可能性がある。また、グローバル化が進展したとはいえ、まだまだビジネス実務・商慣習はローカル

**質問1　MBA課程へ社員を派遣していますか？**

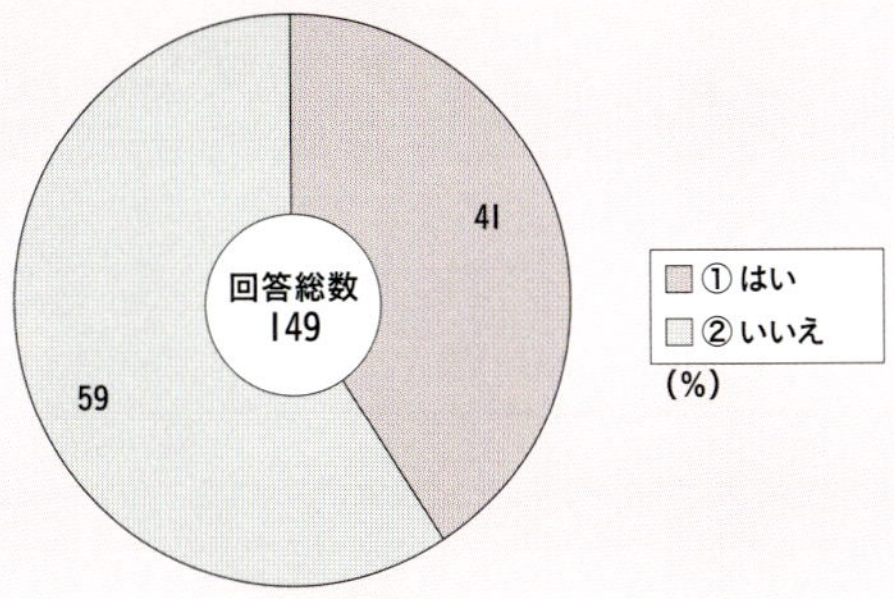


**質問2　派遣されている場合、派遣先は海外ビジネススクールですか？　日本国内ですか？**

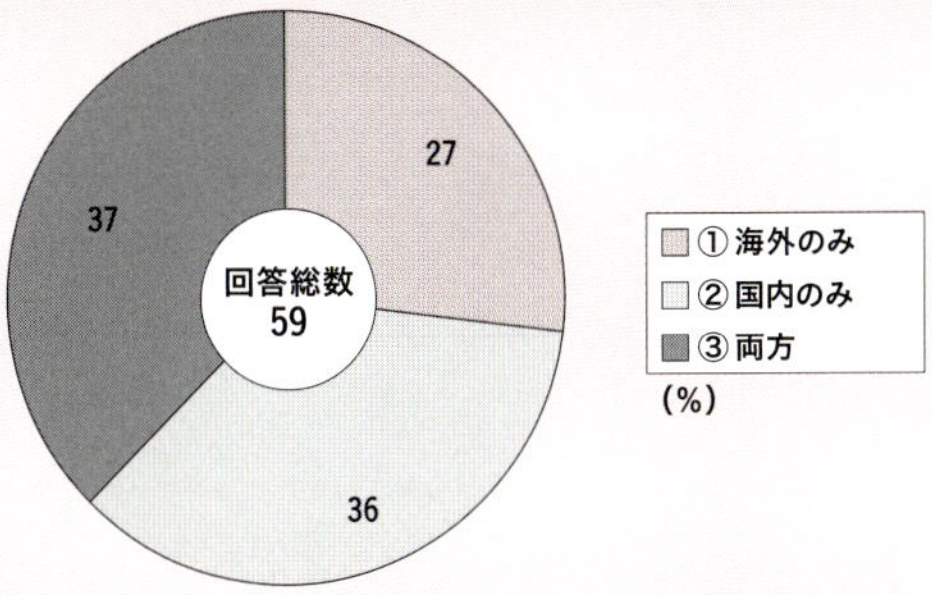


**質問3　直近3年間での派遣実績は？**

| | 人数（人） | | | 比率（％） | |
|---|---|---|---|---|---|
| | 国内 | 海外 | 合計 | 国内 | 海外 |
| 2007年度 | 77 | 47 | 124 | 62 | 38 |
| 2006年度 | 95 | 54 | 149 | 64 | 36 |
| 2005年度 | 84 | 55 | 139 | 60 | 40 |
| 2004年度以前 | 257 | 221 | 478 | 54 | 46 |

なものである。外国のビジネススクールで学んだ内容の多くは、日本国内のビジネスに直接的には役に立たないという理由もあろう。

MBAプログラムへ派遣している企業の派遣目的について自由記述をみると、多い順に「人材育成・経営幹部養成」が三一件、「グローバルな人材育成」が一〇件、「専門知識を身につけてもらうため」が九件、「総合的な経営能力を身につけてもらうため」が三件であった（重複カウントあり）。このほか「現在、MBA派遣を試行運用中」「社内公募による派遣制度があるため」という意見があった。

なお、専門知識については、「会計基準の国際化対応・対外投資管理・海外向IR（英文財務諸表作成）を遂行できる人材を育成するため」という具体的なコメントがある。会計基準のコンバージェンスが進み、外国人投資家比率が高まっている昨今、英語で自社の財務状況を解説できる人材に対して、強い需要があるのかもしれない。

他方、派遣していない企業が派遣しない理由として掲げたものの中には、「MBAは必要ない」が二一件、「費用がかかるわりに効果が薄い」が八件、「MBA派遣を現在検討中」が七件あった。このほか、「MBA以外のセミナーへ派遣している」（三件）、「社内プログラムがあるので十分」（四件）という声もあった。

派遣実績については質問3の表が示しているとおり、近年、海外ビジネススクールへの派遣人数は、減少傾向にある。海外派遣人数は、二〇〇四年度以前が二二一人（国内・海外派遣人数に占める比率四六％）、〇五年度が五五人（四〇％）、〇六年度が五四人（三六％）、〇七年度が四七人（三八％）となっている。これに対して、国内派遣人数は、〇四年度以前が二五七人（五四％）、〇五年度が八四人（六〇％）、〇六年度が九五人（六四％）、〇七年度が七七人（六二％）である。

全派遣人数に占める海外派遣人数の比率は、〇七年度に若干持ち直しているが、これは、派遣人数全体が〇六年度の一四九人から〇七年度の一二四人に減少するにあたり、国内派遣数のほうが大きく落ち込んだからである。趨勢としては、MBA派遣は、徐々に国内ビジネススクールへの派遣が優勢となりつつあるが、海外ビジネススクールへの派遣のほうが、状況変化の影響を受けにくい傾向がある。これは、おそらく、海外ビジネススクールへ社員を派遣している企業のほうが、相対的に大規模であって、派遣費用の重要性が低いからだろう。大規模企業にとって、MBA派遣のコストの重要性は低いので、状況変化の影響を受けにくい。

## 3-3 派遣の目的・学校選択の基準は何か

企業が派遣先校を選択する基準を、重要度の高い順に最大で三つまで選択してもらう設問（質問4）においては、国内校の場合も海外校の場合も「カリキュラムの内容」が一位となっている。ジェネラル・マネジメントか、ファイナンスか、マーケティングか、会計か、技術経営かといった特色が第一の判断基準となっているわけである。海外も

**質問4 御社が派遣先校を選択する基準は何ですか？**
**重要度の高い順に、最大3つまでお選びください。**

| | 国内校の場合 | | | | 総合順位 | 海外校の場合 | | | | 総合順位 |
|---|---|---|---|---|---|---|---|---|---|---|
| | 1位 | 2位 | 3位 | 得点 | | 1位 | 2位 | 3位 | 得点 | |
| ① 学校の知名度・マスコミなどでのランキング | 3人 | 3人 | 7人 | 22点 | 7位 | 11人 | 5人 | 6人 | 49点 | 3位 |
| ② カリキュラムの内容 | 34人 | 14人 | 8人 | 138点 | 1位 | 19人 | 14人 | 7人 | 92点 | 1位 |
| ③ 派遣される社員の希望 | 9人 | 6人 | 4人 | 43点 | 3位 | 16人 | 10人 | 4人 | 72点 | 2位 |
| ④ フルタイムかパートタイムか | 2人 | 8人 | 4人 | 26点 | 5位 | 0人 | 2人 | 0人 | 4点 | 9位 |
| ⑤ 教授・講師陣の充実度・顔ぶれ | 9人 | 18人 | 8人 | 71点 | 2位 | 2人 | 12人 | 5人 | 35点 | 4位 |
| ⑥ 学校側の営業・提案力 | 1人 | 2人 | 2人 | 9点 | 9位 | 1人 | 0人 | 0人 | 3点 | 10位 |
| ⑦ 以前に派遣した社員の成長と実績 | 4人 | 4人 | 9人 | 29点 | 4位 | 4人 | 3人 | 5人 | 23点 | 5位 |
| ⑧ 授業料などの費用 | 0人 | 7人 | 7人 | 21点 | 8位 | 1人 | 4人 | 10人 | 21点 | 6位 |
| ⑨ 所在地（自社事業所との近接性，治安など） | 4人 | 3人 | 5人 | 23点 | 6位 | 1人 | 3人 | 4人 | 13点 | 7位 |
| ⑩ その他 | 0人 | 1人 | 3人 | 5点 | 10位 | 2人 | 1人 | 3人 | 11点 | 8位 |

【得点の算出方法】
1位：人数×3点
2位：人数×2点
3位：人数×1点
の合計

【総合順位】
得点の降順で最高得点を1位とした順位

国内もトップスクールであれば、全分野満遍なくカリキュラムを充実させているのが普通であるが、それでも、伝統的にジェネラル・マネジメントが強い学校、ファイナンスが強い学校、マーケティングが強い学校というように、各自のスクール・カラーがある。

また、ケースメソッドを採用する学校と講義主体の学校など、同じ内容を扱っても、教授方法に違いがある。このような伝統とそれを反映したカリキュラムの内容が、もっとも重要な判断基準となるのは、ある意味で、当然かもしれない。

しかし、二位以下の選択基準は、国内ビジネススクールのケースと海外ビジネススクールのケースとでは、ある程度、異なっている。国内ビジネススクールの選択基準では、二位は「教授・講師陣の充実度・顔ぶれ」である。これに対して、海外ビジネススクールでは、「教授・講師陣の充実度・顔ぶれ」は四位にすぎない。おそらく、MBAプログラムということもあり、教員の学術的な研究業績の観点より、書籍・メディアを通じた一般的知名度が影響を与えているものと考えられる。海外のビジネススクール教員の場合、そもそも日本のメディアで取り上げられる機会が少ないので、重要性が低くなっているのであろう。

また、「学校の知名度・マスコミなどでのランキング」については、国内の選択基準としては七位にすぎないが、海外の選択基準としては三位につけている。これは、海外のビジネススクールについては、比較的多くの指標を取り込んだ多面的で信頼性の高いランキングが複数存在しているのに対し、日本国内のビジネススクールに対しては、人事担当者の人気投票のような素朴なランキングしかないという理由によるものと思われる。さらに、海外のビジネススクールは受験倍率が高く、一流校はクラスメイトの質が高いという事情もある。日本国内では、実質的に定員割れしている学校が多いため、ある大学のビジネススクールに入学したという事実は、本人の優秀さの証明になりにくい。いきおい、実質重視になる傾向が強いといえるだろう。

また、海外のスクールに対しては、「フルタイムかパートタイムか」という選択基準は九位にすぎないが、国内

**質問5 MBAに派遣している目的・狙いは何ですか？
重要度の高い順に、最大3つまでお選びください。**

| | 国内校の場合 | | | | 総合順位 | 海外校の場合 | | | | 総合順位 |
|---|---|---|---|---|---|---|---|---|---|---|
| | 1位 | 2位 | 3位 | 得点 | | 1位 | 2位 | 3位 | 得点 | |
| ①「総合的な経営の知識・スキル」の習得 | 49人 | 3人 | 0人 | 153点 | 1位 | 26人 | 13人 | 2人 | 106点 | 1位 |
| ②「特定分野の専門的知識・スキル」の習得 | 3人 | 16人 | 3人 | 44点 | 4位 | 2人 | 9人 | 3人 | 27点 | 4位 |
| ③ 人的ネットワークの形成 | 0人 | 18人 | 19人 | 55点 | 2位 | 0人 | 9人 | 17人 | 35点 | 3位 |
| ④ 昇進の要件としてMBAを習得させる | 0人 | 0人 | 0人 | 0点 | 9位 | 0人 | 0人 | 0人 | 0点 | 8位 |
| ⑤ 国際的なビジネス感覚・英語力の習得 | 2人 | 2人 | 2人 | 12点 | 5位 | 20人 | 13人 | 9人 | 95点 | 2位 |
| ⑥ リーダーシップの醸成 | 2人 | 17人 | 13人 | 53点 | 3位 | 2人 | 6人 | 6人 | 24点 | 5位 |
| ⑦ 当該社員の好成績への褒章 | 0人 | 1人 | 3人 | 5点 | 8位 | 0人 | 0人 | 0人 | 0点 | 8位 |
| ⑧ 他の社員への動機付け | 0人 | 0人 | 7人 | 7点 | 7位 | 0人 | 1人 | 7人 | 9点 | 6位 |
| ⑨ その他 | 3人 | 1人 | 1人 | 12点 | 5位 | 2人 | 1人 | 0人 | 8点 | 7位 |

【得点の算出方法】
1位：人数×3点
2位：人数×2点
3位：人数×1点
の合計

【総合順位】
得点の降順で最高得点を1位とした順位

**質問6 質問5で「②特定分野の専門知識・スキル」を選択された場合、
重視する専門領域は何ですか？ 重要度の高い順に、最大で3つまでお選びください。**

| | 国内校の場合 | | | | 総合順位 | 海外校の場合 | | | | 総合順位 |
|---|---|---|---|---|---|---|---|---|---|---|
| | 1位 | 2位 | 3位 | 得点 | | 1位 | 2位 | 3位 | 得点 | |
| ① 金融・財務 | 7人 | 1人 | 2人 | 25点 | 2位 | 3人 | 1人 | 0人 | 11点 | 4位 |
| ② 会計 | 1人 | 7人 | 0人 | 17点 | 4位 | 0人 | 2人 | 2人 | 6点 | 5位 |
| ③ マーケティング | 5人 | 3人 | 4人 | 25点 | 2位 | 2人 | 2人 | 2人 | 12点 | 3位 |
| ④ 技術経営 | 0人 | 2人 | 0人 | 4点 | 5位 | 1人 | 0人 | 1人 | 4点 | 6位 |
| ⑤ 人的資源管理 | 0人 | 0人 | 4人 | 4点 | 5位 | 0人 | 1人 | 0人 | 2点 | 8位 |
| ⑥ 経営戦略 | 6人 | 5人 | 2人 | 30点 | 1位 | 3人 | 3人 | 0人 | 15点 | 1位 |
| ⑦ 国際的経営能力 | 0人 | 0人 | 2人 | 2点 | 8位 | 3人 | 2人 | 2人 | 15点 | 1位 |
| ⑧ その他 | 1人 | 0人 | 0人 | 3点 | 7位 | 1人 | 0人 | 0人 | 3点 | 7位 |

【得点の算出方法】
1位：人数×3点
2位：人数×2点
3位：人数×1点
の合計

【総合順位】
得点の降順で最高得点を1位とした順位

のスクールに対しては五位と比較的重要視されている。海外派遣のケースでは、事実上、フルタイムの学生になるしか方法がないので、この基準の重要性は低い。しかしながら、日本国内のパートタイムのスクールで、キャンパスが勤務地に近ければ、就業しながら通学することが可能となる。できれば、パートタイムのプログラムに、社員を派遣したいという人事担当者の希望を表しているのだろう。

MBAプログラムへの派遣の目的については、質問5にまとめられている。国内・海外とも、「総合的な経営の知識・スキルの習得」が圧倒的に多い。しかし、二位以下となると、微妙な違いがある。国内では「人的ネットワークの形成」が二位にランクインしているのに対し、海外では三位となっている。有効に活用できる人的ネットワークという意味では、国内に集中して張りめぐらされた国内ビジネススクールのネットワークのほうに分があるからだろう。代わりに「国際的なビジネス感覚・英語力の習得」は、海外スクールへの派遣では二位に入っているが、国内派遣では五位である。これは、国内ビジネススクールが、日本国内で、主として日本語で教育を行う機関であることを考えれば当然の結果であろう。

質問6は、MBAプログラムへ派遣するにあたって、重視する専門領域を表している。国内校・海外校ともに、一番人気が高いのは経営戦略である（国内一位、海外一位タイ）。派遣元起業が将来の経営幹部候補教育の一環として、MBA派遣を行っていることを考慮すれば、経営戦略を立案できる人材に育って欲しいと考えるのは自然なことである。

このほかに比較的人気が高い分野は、マーケティング（国内二位タイ、海外三位）、金融・財務（国内二位タイ、海外四位）、会計（国内四位、海外五位）である。これらの領域は、比較的専門性が高く、習得した内容がただちに実務に役立つというイメージがあるからだろうか。なお、国際的経営能力については、国内八位であるのに対し、海外では一位タイとなっている。国際的能力・グローバルな人材の育成という意味では、海外校に対する期待が大きい。

### 3-4 MBA取得者に対する評価、費用、望ましい教育期間

MBA派遣が期待した成果をあげているかどうかを尋ねる設問（質問7・8）では、国内MBAに対して

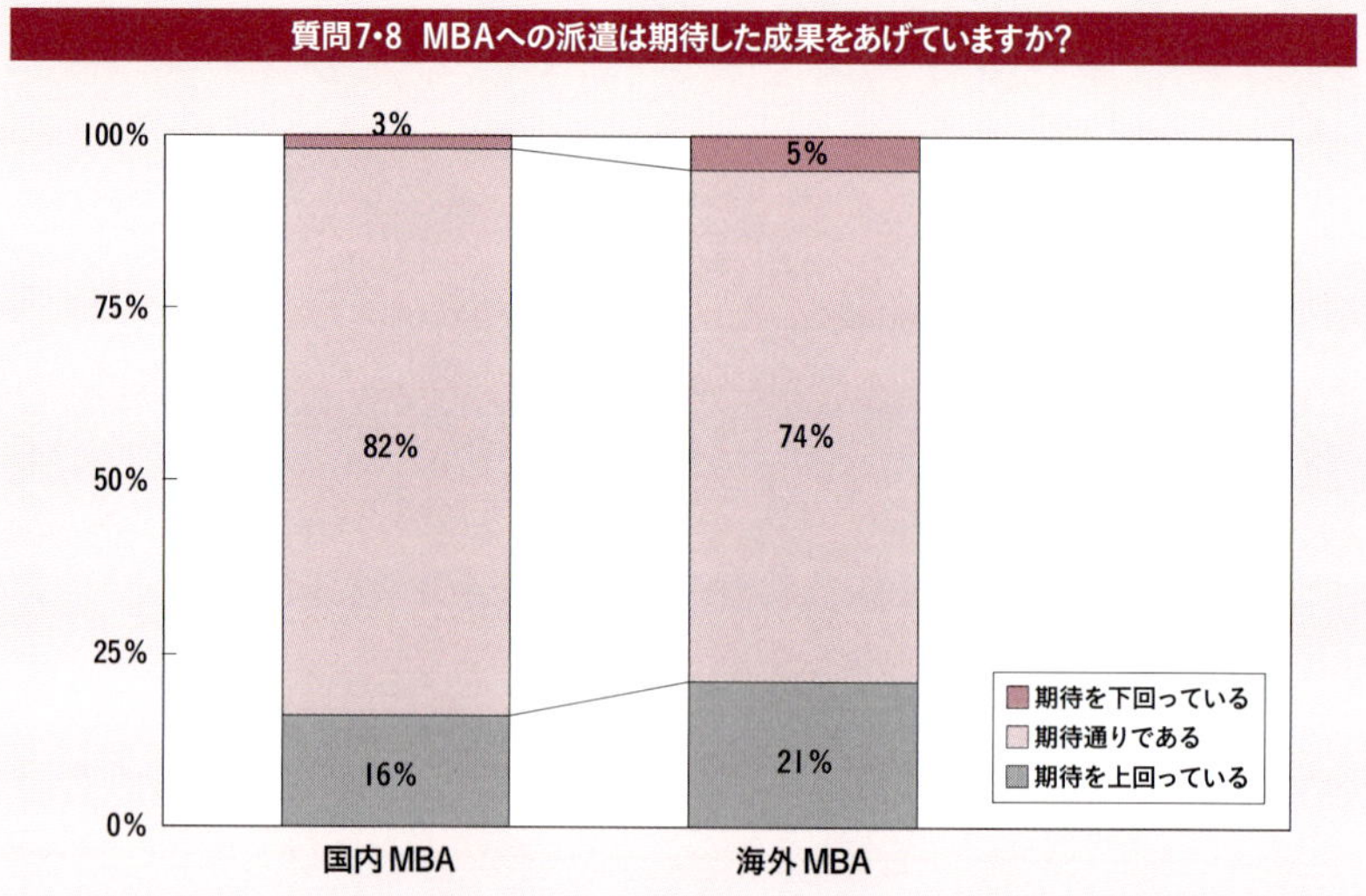


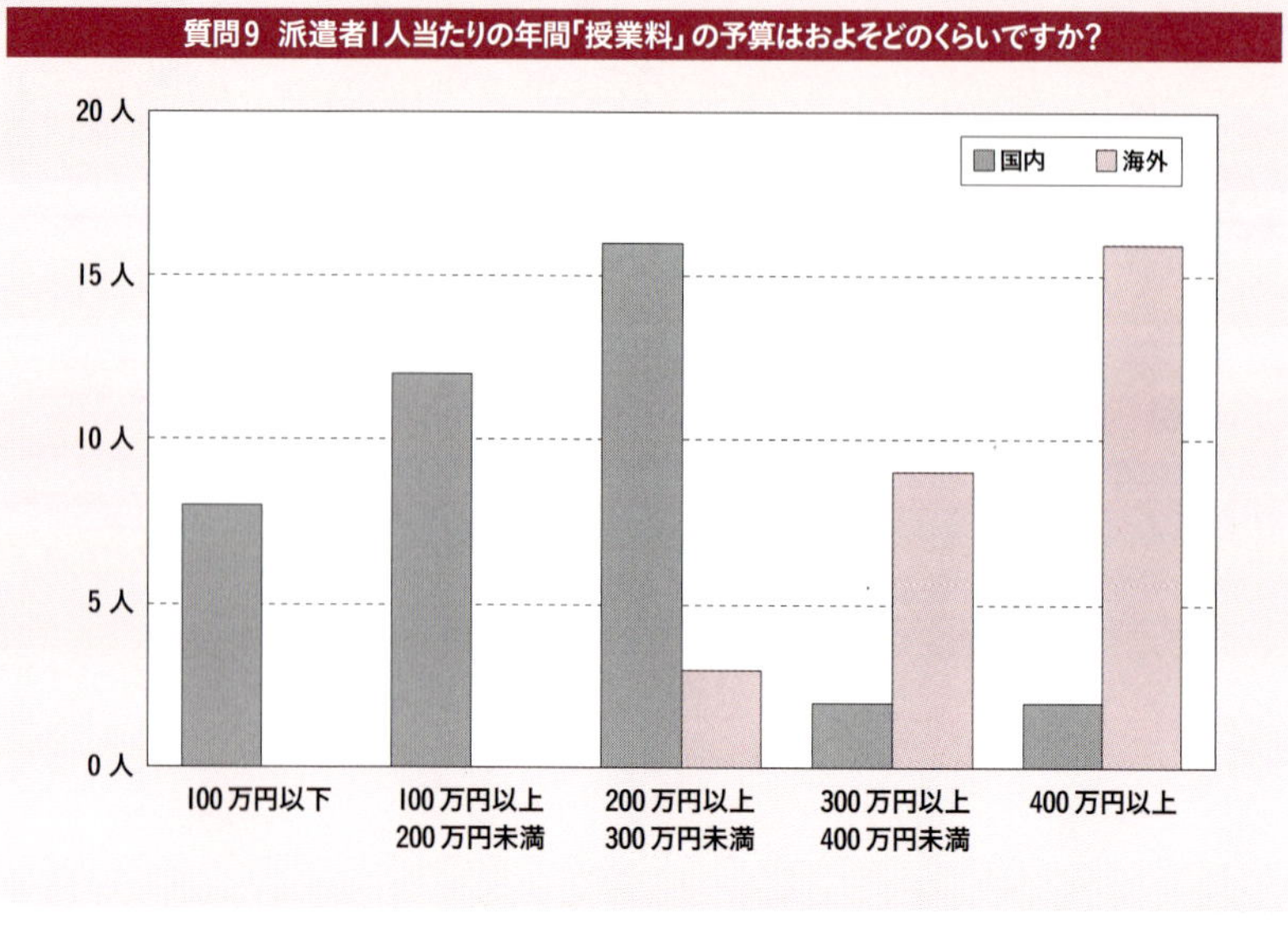

は、三%の回答者が「期待を上回っている」と答え、八二%の回答者が「期待どおりである」と答えているのに対し、一六%の回答者が「期待を下回っている」と答えている。海外MBAに対しては、五%の回答者が「期待を上回っている」と答え、七四%の回答者が「期待どおりである」と答えているのに対し、二一%の回答者が「期待を下回っている」と答えた。良い意味でも悪い意味でも、海外MBAは期待外の成果につながることが多く、分散が大きいといえそうである。しかし、国内MBAと海外MBAでは、そもそも期待水準が異なるかもしれない。

これは、派遣者一人あたりの年間授業料予算と関係している（質問9）。国内MBAの場合、三〇〇万円未満の金額を予算計上する企業が九〇%であるのに対し、海外MBAの場合、二〇〇万円未満の予算計上する企業は皆無であり、四〇〇万円以上の予算を計上している企業が五七%もある。大雑把にいえば、国内MBAのコストに比べて、海外MBAのコストは二倍程度である。したがって、一円あたりの効果が同じ程度であると仮定すると、海外MBAには、二倍近い効果が期待されていることになる。

実際には、一円あたりの費用対効果が同程度であるとはいえないが、少なくとも海外MBAに対して、高い効果を期待していることはまちがいないだろう。国内MBAはある程度効果が予測できる堅実な投資であるのに対し、海外MBA派遣は、企業の立場からはハイリスク・ハイリターンの投資案件であるといえそうである。

国内MBAへ派遣する場合、企業が最適な形態と考えているのは、フルタイムが二一%、夜間と週末のパートタイムが四八%、どちらでもよいとする企業が三一%あった（質問10）。明らかに、就業しながら通学できるパートタイム制を企業は好んでいる。また、最適な派遣期間としては、フルタイムの場合は一年（四四%）、パートタイムの場合は二年（四八%）と答えた企業が多い。日本の事情と同じであるとは限らないが、近年、カナダのビジネススクールが就学期間の短縮を図っているのは、こうした実社会からの要請に応えるものといえるかもしれない。このような事情を考慮すると、フルタイム二年制のMBAプログラムは、企業が望む以上の教育を施しているとも考えられよう。

企業の人事担当者が、ビジネススクールに対して、カリキュラム上さらに強化して欲しいと望む点については、

**質問10　社費で国内のMBAに派遣する場合、時間帯および期間については以下のどれが適切とお考えですか？**

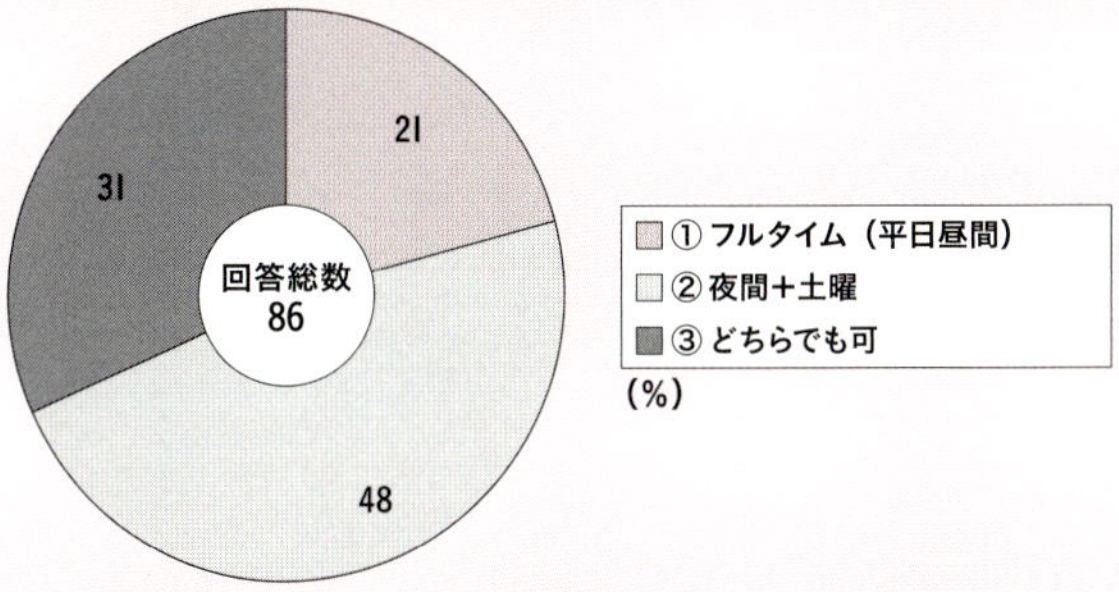


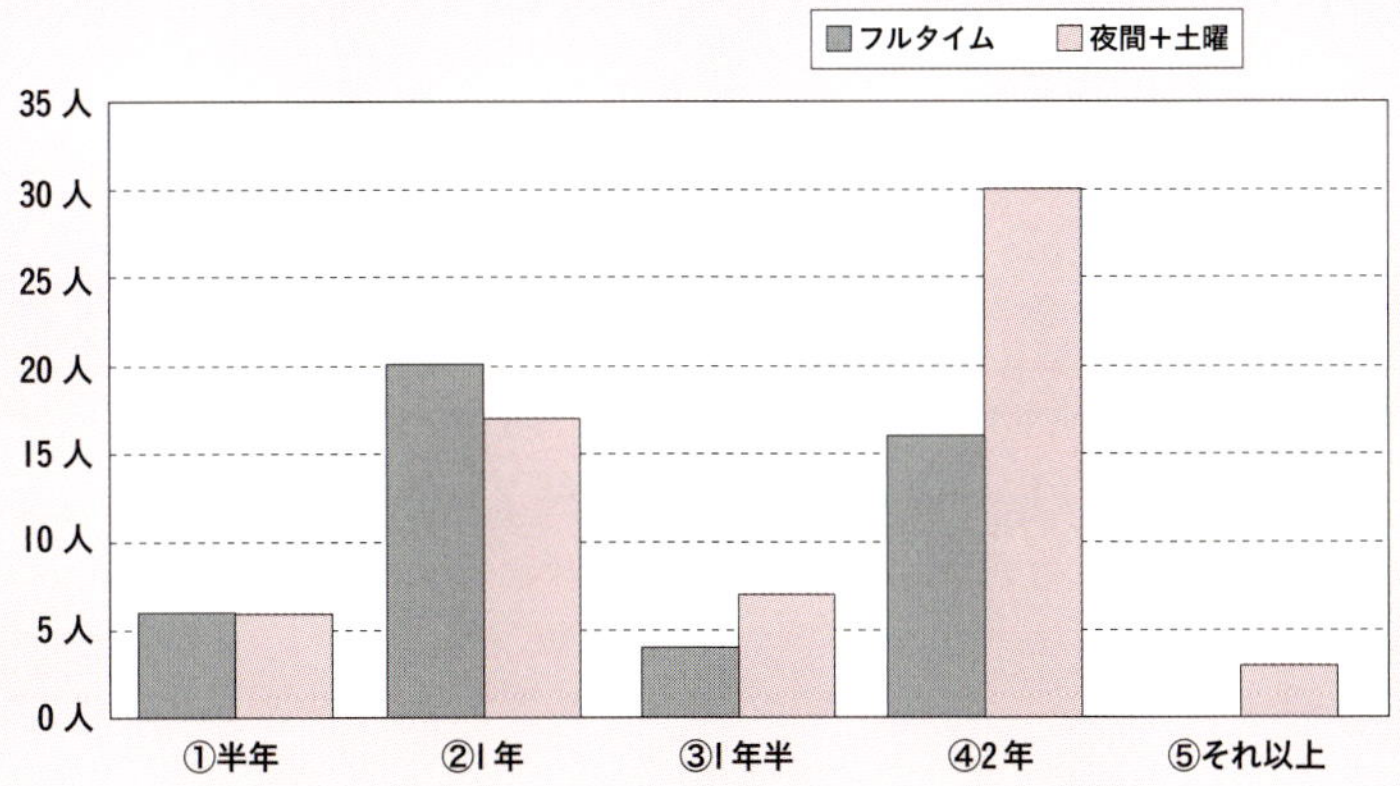


**質問11　ビジネススクールに対して、カリキュラム上さらに強化して欲しい点は？**

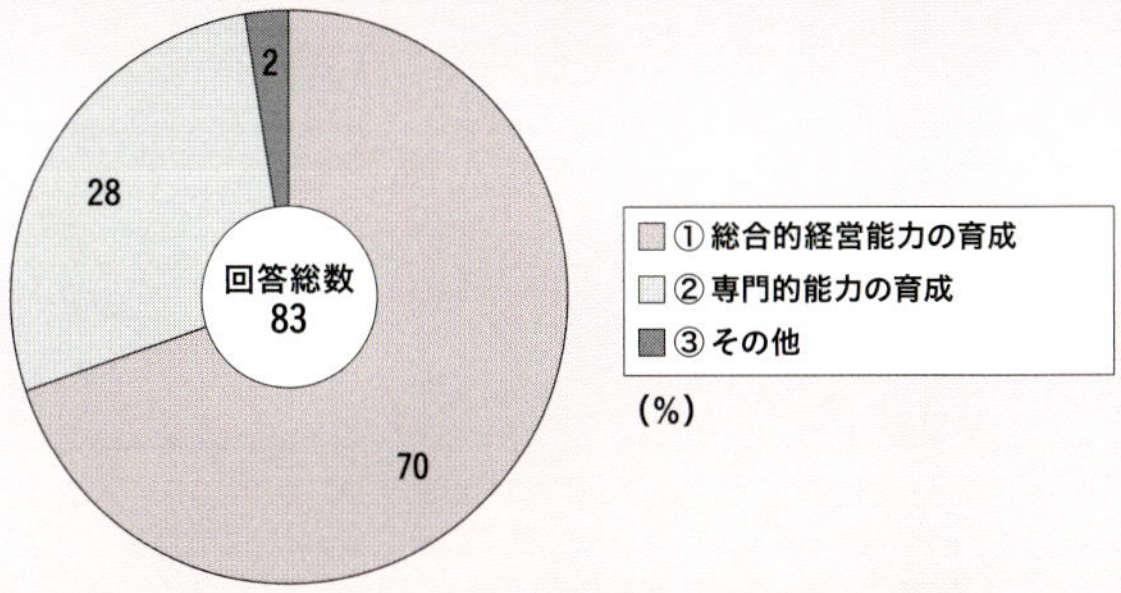

「総合的経営能力の育成」が七〇%で最多、ついで「専門的能力の育成」で二八%、「その他」が二%と続く（質問11）。企業としては、専門能力より、ジェネラリストとしての総合能力の育成に注力して欲しいと考えているようである。これは、派遣目的が経営幹部の育成という趣旨からすると、当然であろう。

なお、この質問に「専門的能力の育成」と答えた回答者に、どの分野の専門的能力を強化して欲しいかを尋ねたところ、①金融・財務関連、②技術経営、③マーケティング、④会計、⑤その他、⑥ビジネス英語力の順であった（質問12）。専門能力といえば、ファイナンス、MOTということである。ただし、回答企業に金融機関やメーカーが多い点に留意する必要はある。

派遣者の出身部門については、「特に部門を選ばない」（五五%）がもっとも多く、ついで、企画部門（二三%）、営業部門（一一%）、財務部門（四%）、技術・生産部門（三%）、人事・総務部門（三%）と続く（質問13）。特に、一定の部門から派遣されるというよりは、幹部候補者の所属する可能性が高い部門から派遣されているにすぎないようである。派遣後の配属についても、「通常の人事異動と同じ」（三二%）、「原所属に復帰が原則」（二一%）と、特にMBAで取得した知識を活かすために適した部門があるようには見受けられない（質問15）。

企業派遣によるMBA取得者に対する最大の批判は、MBA取得後、会社を辞めるという点にある。そこで、今回の調査では、復職後三年以内にどの程度定着しているのかを尋ねてみた（質問16）。結果は、八割以上が八〇%

**質問12　質問11で②専門的能力を選ばれた企業(23社)にお伺いします。強化を望まれる専門領域は何ですか？重要度の高い順に、最大3つまでお選びください。**

※得点（1位3点、2位2点、3位1点で計算）を降順で表示

| 順位 | 設問内容 | 得点 |
|---|---|---|
| 1 | ② 金融・財務関連 | 35 |
| 2 | ③ 技術経営 | 25 |
| 3 | ⑩ マーケティング | 24 |
| 4 | ⑤ 会計 | 19 |
| 5 | ⑥ その他 | 10 |
| 6 | ① ビジネス英語力 | 9 |

**質問13　国内外のビジネススクール(MBA)に派遣する場合、どの部門・分野(原所属)からの派遣が多いですか？**

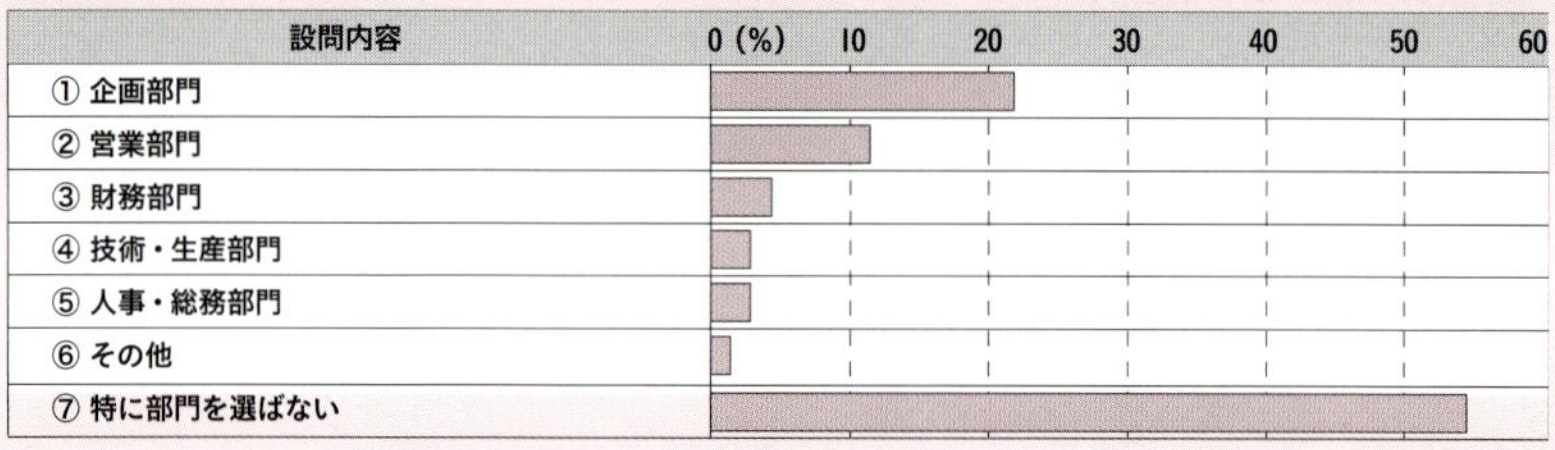


**質問15　派遣後の配置はどのように決めていますか？**

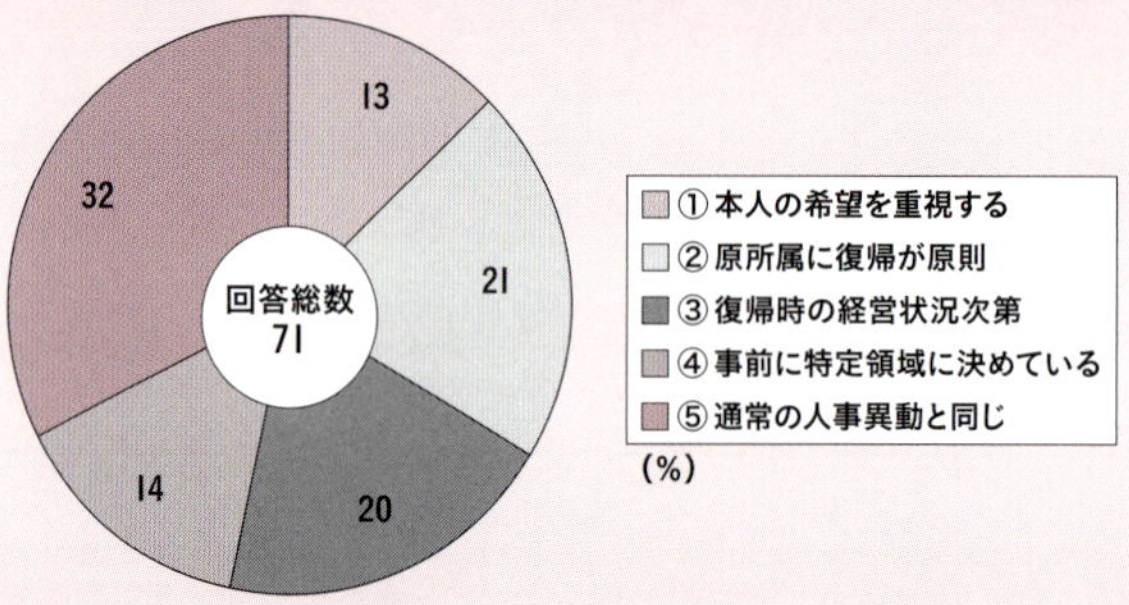


**質問16　復職後の定着率はいかがですか？(復職後3年以内での定着率)**

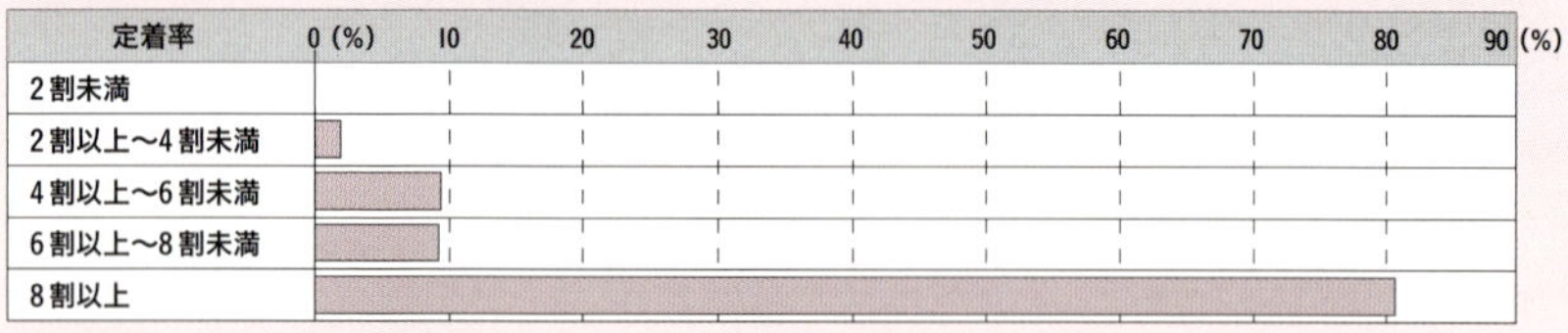


**質問17　現執行役員以上の経営幹部に占めるMBA保持者の割合はどの程度ですか？**

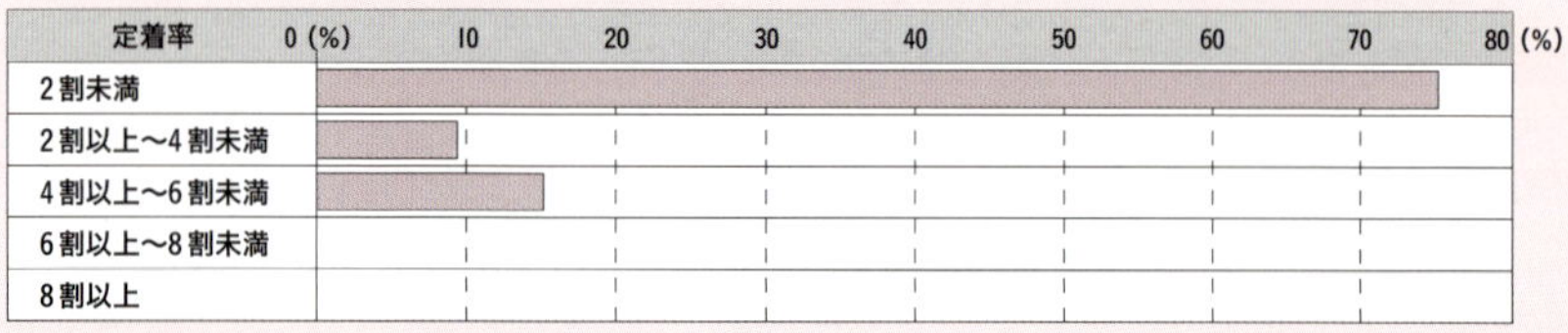

でもっとも多く、六割以上八割未満と四割以上六割未満が九%で並ぶ。二割以上四割未満と答えた企業は一社(二%)にとどまった。しかし、幹部候補として育成してきた人材の何割かが退職する可能性があるとすると、MBA派遣より、社内プログラムの充実や学位取得をともなわないプログラムへの派遣を考える企業側のインセンティブも理解できよう。

本調査に回答した企業は、相対的にビジネススクールやMBAプログラムへの関心が高い企業であると考えられるが、そうした企業においてすら、現経営陣に占めるMBA保持者の比率は高くない。現執行役員以上の経営幹部に占めるMBA保持者の割合は、二割未満(七六%)がもっとも多く、四割以上六割未満が一五%、二割以上四割未満が九%と続いている(質問17)。MBAプログラムが日本に定着してから、まだ日が浅いため、現経営陣の世代では、経営学の大学院進学者は稀であったと考えられる。

## 3-5 経営幹部候補の育成と中途採用に対する姿勢

経営幹部の育成において、どういった方法が採用されているのかを尋ねた設問(質問18)では、「内部で人材育成する(OJTと社内外講師による社内研修等)」が一位となった。これに、「外部の研修機関(ビジネススクール含む)へ派遣する」が次ぐ。「外部人材を中途採用する」のは、あまり一般的ではないようである。

今後、経営幹部の育成のために、外部の研修機関(ビジネススクール含む)への派遣を増やす意図があるかどうか尋ねた設問(質問19)では、一番多い回答は、「どちらともいえない」(三八%)であったが、「大いにある」(一三%)、「多少ある」(三四%)と積極的な回答が、「あまりない」(一四%)、「まったくない」(一%)と消極的な回答を上まわった。

しかし、本調査のサンプル自体が、ビジネススクールやMBAプログラムに関心の高い企業を多く含んでいることから、この結果を日本企業一般にあてはまると解釈することには慎重でなければならない。しかしながら、少なくとも、現在、外部の研修機関を利用している企業の多くが、外部研修機関の利用を増やしていく意向を持っていると推論することは許されよう。

一方、中途採用については、対照的な結果が得られている。今後、経営幹部候補として、MBA保持者の中途採用を増やしていくつもりがあるかどう

**質問18 経営幹部候補の確保について、下記選択肢の間で、現状の優先順位をお答えください。**

※得点(1位3点、2位2点、3位1点で計算)を降順で表示

| 順位 | 設問内容 | 得点 |
|---|---|---|
| 1 | ① 内部で人材育成する(OJTと社内外講師による社内研修) | 419 |
| 2 | ② 外部の研修期間(ビジネススクール含む)へ派遣する | 268 |
| 3 | ③ 外部人材を中途採用する | 173 |

**質問19 今後、経営幹部の育成のために、外部の研修機関(ビジネススクール含む)への派遣を増やしていくつもりはありますか?**

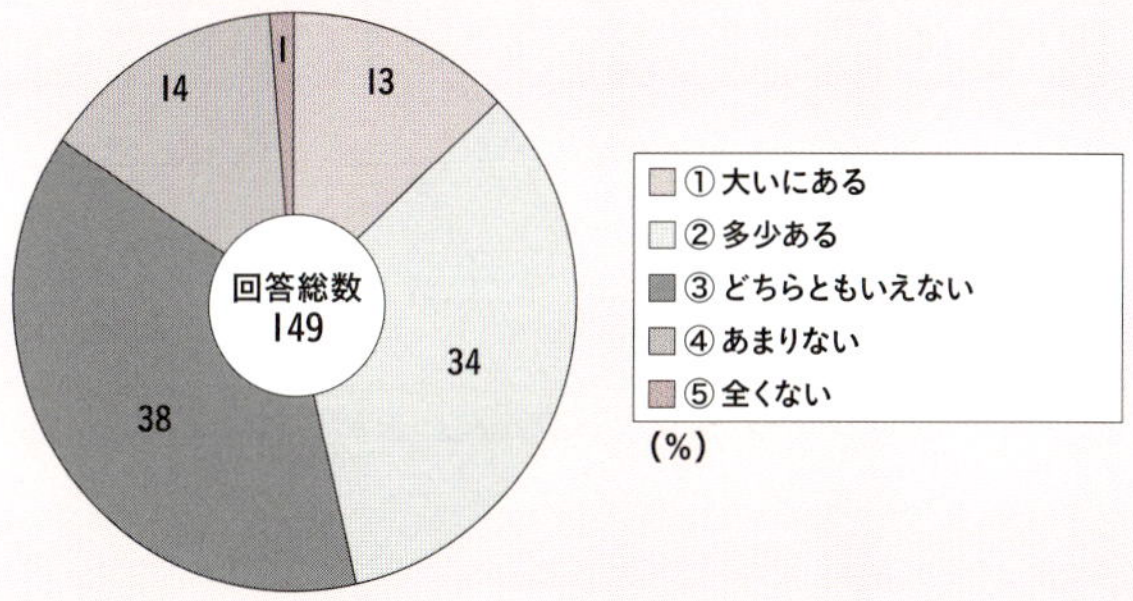


**質問20 今後、経営幹部として、MBA保持者の中途採用を増やしていくつもりはありますか?**

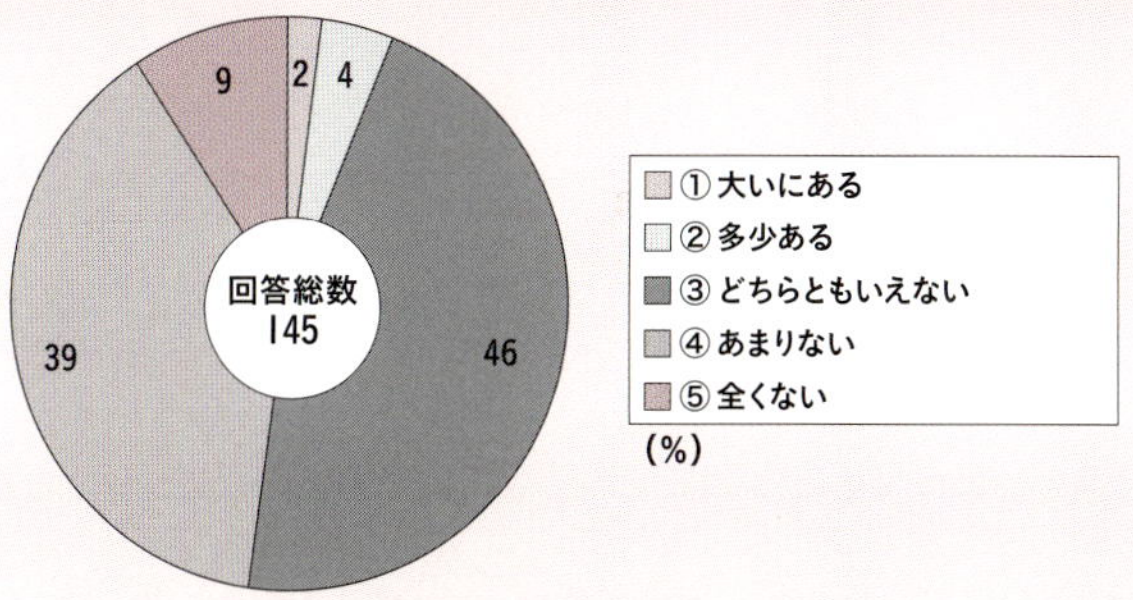

か尋ねた設問（質問20）でも、「どちらともいえない」が四六％ともっとも多いのは、質問19と変わらないが、「大いにある」（二％）、「多少ある」（四％）と積極的な回答が、「あまりない」（三九％）、「まったくない」（九％）と消極的な回答を下回っている。

企業は、内部人材の育成にあたってビジネススクールなどの外部研修機関を活用することには相対的に積極的なように見受けられるが、すでに外部でトレーニングを受けた人材を中途採用することには相対的に消極的である。企業が経営幹部候補のキャリア・パスの一環として、MBAプログラムを組み込んでいるという日本の特徴が表れている。

## 3-6 MBA保持者の新卒採用と中途採用に対する姿勢

近年、ビジネススクールの相次ぐ開校にともなって、学部卒業後ただちにMBAプログラムへ進学する学生も増えている。それでは、新卒者の採用において、MBA保持者であるかどうかがどれくらい考慮されているのであろうか（質問21）。結果は、学部新卒MBAに対して厳しい結果となっている。「意識的にMBA保持者は採用していない」とする企業がもっとも多く六六％にのぼる。この結果は、積極的に学部新卒MBAを忌避している企業が多いという意味にも解釈できるが、実際には、特に積極的に忌避しているというわけではないかもしれない。仮に実務経験のないMBAが積極的に忌避されているとすれば、学部時代の就職活動で、第一志望の企業へ就職できなかった学生が、ビジネススクールへ進学する傾向があるからかもしれない。また、自由記述欄には、「実務経験のないMBAは意味がない」といった厳しい評価も多い。MBAのような経営教育は、ある程度の実務経験を積んでから受けたほうが効果が高いというのが企業の評価なのであろう。

次に多いのは、「MBA保持者であるかどうかは考慮しない」（五四％）である。通常の学部新卒生と同様の扱いをするということであろう。「MBA保持者を積極的に採用している」「特定分野、特定の目標に充当する場合には考慮する」と答えた企業は、それぞれ三三％、三〇％にとどまっている。

しかし、このような傾向が将来も続くと考えている企業はむしろ少ない。将来の採用に関しては、「特定分野、特定の目標に充当する場合には考慮する」が七〇％で最も多く、これに「MBA保持者を積極的に採用するつもりだ」が六七％で続く。「MBA保持者であるかどうかは考慮しない」、「意識的にMBA保持者は採用していない」は、それぞれ四六％、三五％に減少する。つまり、現時点では、新卒者の採用において、MBAはよくて考慮されず、悪くするとマイナス材料になりかねないが、この傾向は将来は反転すると予測する企業が多いということである。今後は、実務経験のないMBAの労働市場における価値は高まっていくと予想できよう。

**質問21　新卒者の採用において、MBA保持者に対する貴社の採用姿勢（現在と将来）はどのようなものですか？**

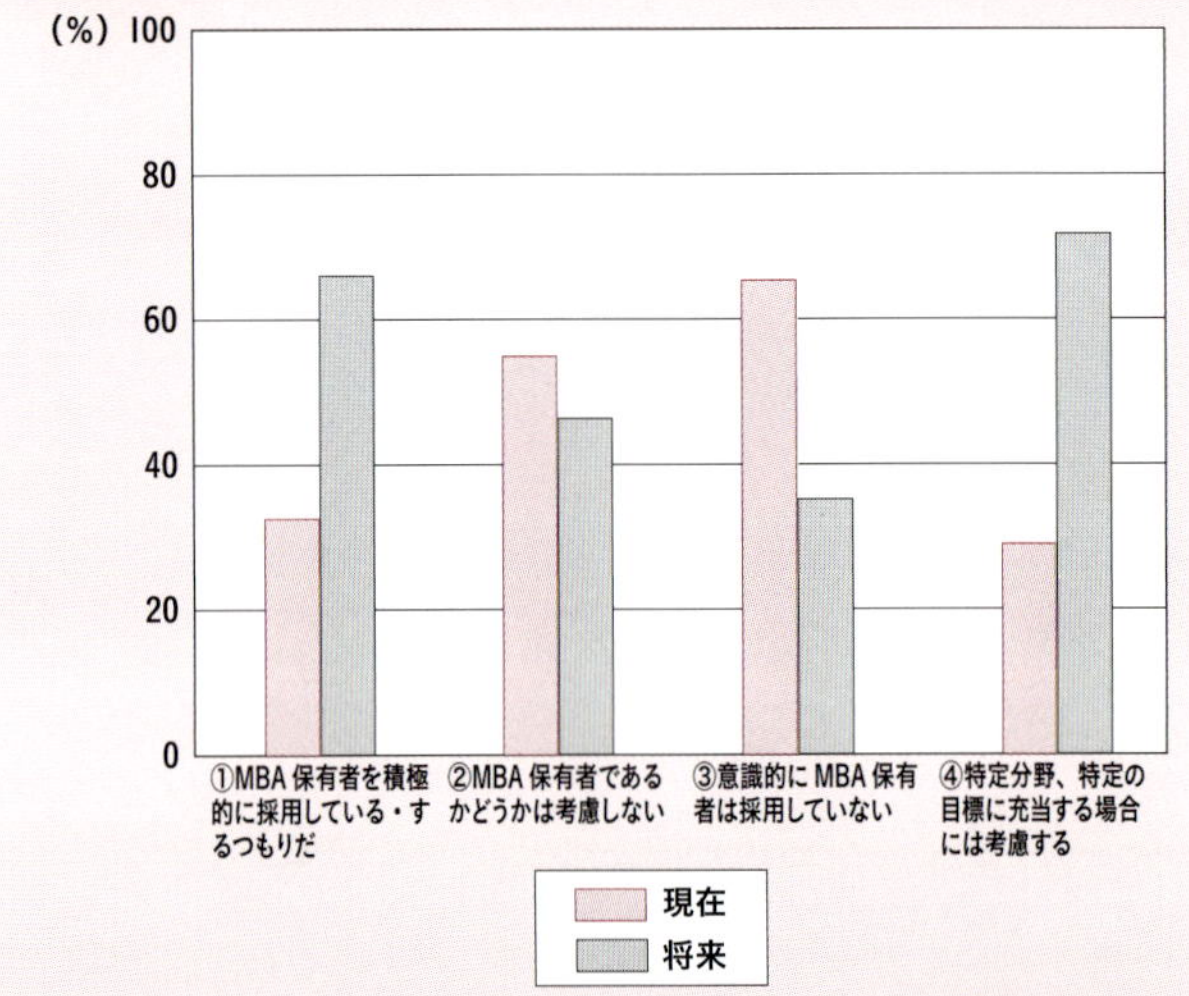


**質問22　中途採用において、MBA保持者に対する貴社の採用姿勢（現在と将来）はどのようなものですか？**

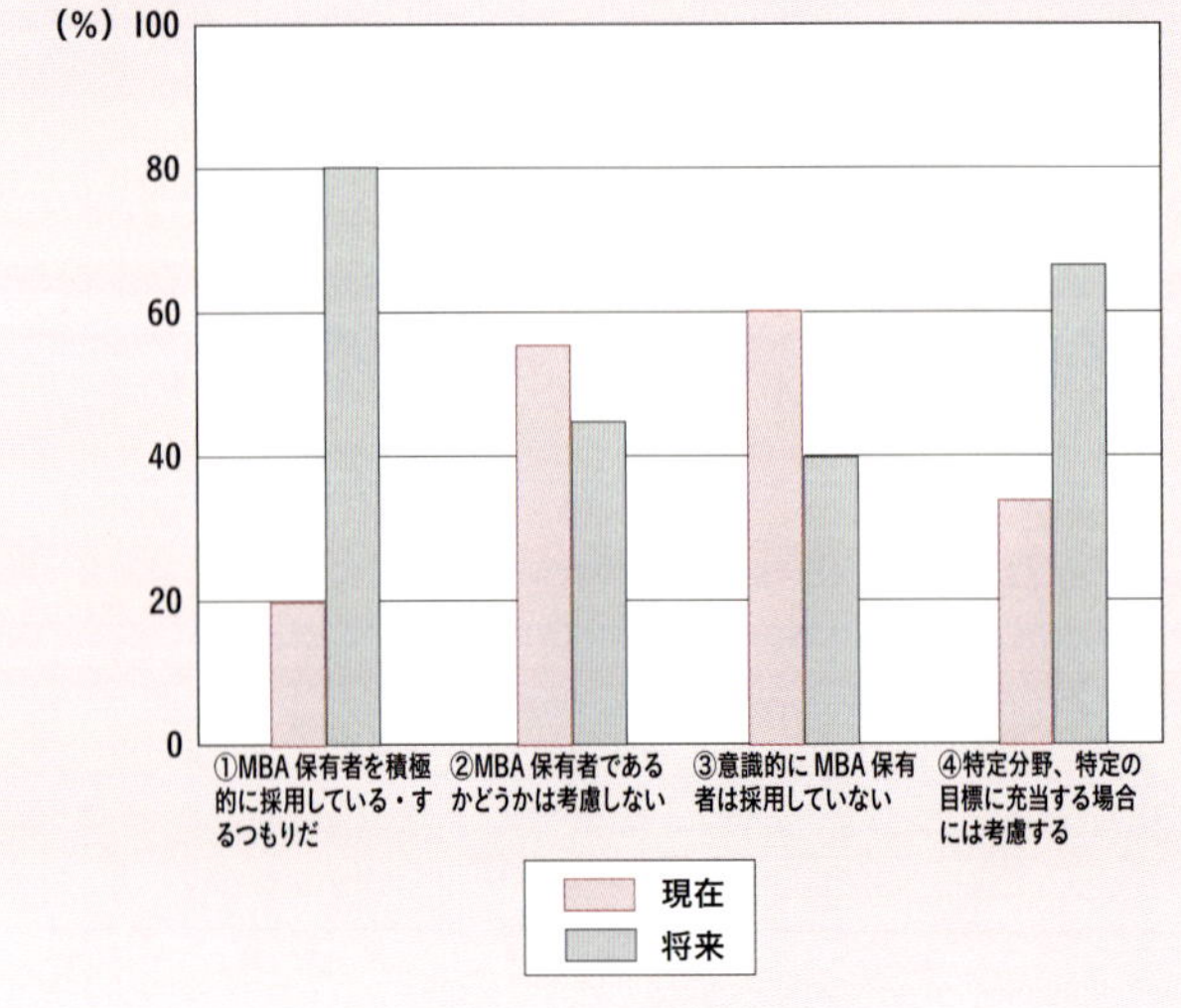

中途採用において、MBA保持者をどのように取り扱っているのかについての設問（質問22）の答えでも、やはり「意識的にMBA保持者は採用していない」とする企業が最も多く六〇％に達する。「MBA保持者であるかどうかは考慮しない」も五七％でかなり多い。その理由としては、「職歴重視」「人物本位」という記述が多く、中途採用市場においてMBAのプレゼンスが十分に高まっていないと考えられる。

　これに対して「MBA保持者を積極的に採用している」「特定分野、特定の目標に充当する場合には考慮する」と答える企業は、それぞれ二〇％、三五％にとどまっている。

　しかし、新卒者以上に、将来のMBAへの期待は大きい。将来「MBA保持者を積極的に採用するつもりだ」は八〇％にも達する。「特定分野、特定の目標に充当する場合には考慮する」と答えた企業も六五％あり、「MBA保持者であるかどうかは考慮しない」（四三％）、「意識的にMBA保持者は採用していない」（四〇％）を凌駕する。MBAに対する期待は、特に中途採用市場で将来高まると予測できよう。

# 4 二つのアンケートを踏まえて

　卒業生に対するアンケート調査の結果と企業の人事担当者に対するアンケート調査の結果を合わせて読むと、どのような点を指摘することができるのだろうか。ここでは、以下の四点について指摘したい。

## 4-1 企業派遣におけるMBA取得目的のギャップ

　MBAの取得目的を卒業生に聞くと、第一位は「総合的な経営知識・スキルの習得」で、この目的は人事担当者の派遣目的の第一位であり、卒業生と人事担当者との認識が合致している。また、MBA取得目的の第三位は「人的ネットワークの構築」であるが、この項目についても人事担当者の派遣目的の第三位であり、両者の認識は合致している。

　しかし、卒業生のMBA取得目的の第二位が「社内におけるキャリアチェンジ・キャリアアップ」であるのに対して、これに対応する派遣目的である「昇進の要件としてMBAを取得させる」という派遣目的を選択した人事担当者は、一五〇社中一人もいない。このことから、企業から派遣される学生は、MBAの取得前にMBAの取得が社内における何らかのキャリアアップにつながることを期待しているものの、人事担当者はMBAの取得を昇進の要件とは見なしていないという意味で、両者の間にはMBA取得前にすでに認識ギャップが存在していると考えられる。

## 4-2 企業派遣におけるMBA取得後の認識ギャップ

　一方、MBA派遣に対する評価を人事担当者に聞くと、結果として派遣が期待した成果をあげていると答えた比率（「期待を上回っている」「期待どおりである」と答えた比率）は国内MBAについては九八％であり、高い評価を得ているといえる。しかし、卒業生に対する調査結果をみると、MBA取得のメリットに対してデメリットを認識している卒業生は相対的に少ないものの、「昇格・昇進において考慮されなかった」「昇給において考慮されなかった」という項目が第一位・第二位にランクされている。

　このことから、企業から派遣された卒業生は、MBAの取得後に、MBAの取得が昇格・昇進・昇給に結びつくことを少なからず期待しているにもかかわらず、この期待が必ずしも実現されていないのに対して、企業の人事担当者はそもそもMBA取得を昇格・昇進・昇給の要件とは見なしていないために、結果としてMBAプログラムに対して期待通りの高い評価を与えており、両者の間にはMBAの取得後も認識ギャップが存在している現状が明らかになっている。

## 4-3 依然として強い経営幹部育成の自前主義

　さらに、企業の人事担当者に聞くと、経営幹部の育成はビジネススクールなどの外部の研修機関に派遣するのではなく、基本的には企業内部で行うと答えた企業が圧倒的に多い。これは、MBAの取得が経営幹部候補生としての能力開発・キャリアパスの一環として明確に位置づけられていると回答した卒業生が五〇％にとどまっており、派遣元企業がMBAの取得を戦略的に意識してその能力を活かしていると感じている卒業生が四四%にとどまっている調査結果と符合する。

このことから、多くの企業では、ビジネススクールへの派遣は、必ずしも将来の経営幹部候補生を直接の対象としたものではなく、またMBAの取得が昇進の要件ともなってはいない現実を考えると、広くホワイトカラー全般を対象とした人材育成の一環としての派遣ではないかと考えられる。

このような事実を前提に考えると、今後派遣企業においてMBA取得者をどのように処遇・活用すればよいのかという課題が存在している一方で、ビジネススクールとしても、派遣企業に対して、MBA取得者の活用法をどのようにアピールしていくかという課題を抱えていると思われる。

### 4-4 MBA保持者の中途採用の動向

MBA保持者の中途採用については、さらに消極的な結果である。企業の人事担当者に聞くと、今後、経営幹部としてMBA保持者の中途採用を増やしていくと答えた企業の比率は六%であり、増やしていく予定のない企業の比率は実に四八%に上っている。また、中途採用においてMBA保持者であるかどうかは考慮しないと答えた企業が五七%、意識的にMBA保持者は採用していないと答えた企業が六〇%に上っている。

これは卒業後に就職・転職活動を行った卒業生に対する調査結果と符合する。

採用時に就職・転職先企業の人事担当者がMBA保有者をこう使いたいという明確な意図を持っていたと感じている卒業生の比率は三八%と低い水準にとどまっており、さらに就職・転職した企業ではMBA取得者を戦略的に意識して配属している、能力を活かしていると答えた卒業生の比率も四〇%にとどまっている。

このような事実を前提に考えると、今後MBA取得者を中途採用する企業がMBA取得者をどのように処遇・活用すればよいのかという課題が存在している一方で、ビジネススクールとして、MBA取得者の活用法を、中途採用企業に対してどのようにアピールしていくかという課題も存在していると思われる。

ただ、卒業生アンケートの結果を見ると、二〇歳代で入学した若年層の卒業生や直近一〇年以内に卒業した卒業生の場合には、MBAの取得が就職・転職の際にプラスに評価されたと回答している比率が比較的高いことから、最近では日本のビジネス界でもMBAが次第に認知されるようになり、若年層の場合には採用時におけるMBA取得者の期待と採用企業側の実態とのギャップは、相対的に縮まる傾向にあることがわかる。

# 5 日本の企業社会におけるビジネス教育の役割

ここまでの節では、慶應義塾大学ビジネス・スクールの卒業生と企業の人事担当者に対するアンケート結果を要約して示した。そこで明らかになったのは、総合的な経営能力を高めるためにMBAを取得し、それを昇進・昇格・昇給に結びつけようとするMBA志望者の意識と、一般的な人材育成の一手段としてMBAプログラムを考えている人事担当者の意識のギャップである。

企業側から見たとき、MBA派遣は、社内研修の代替的手段であったり人事ローテーションの一環であったりする。また、生え抜きの人材をMBAプログラムへ派遣することには前向きであるが、スペシャリスト採用は別として、MBAを幹部候補として中途採用することには消極的である。

どこの会社の色にも染まっていない新卒学生を採用し、原則として、社内研修によって経営幹部に育てていくという日本企業のエリート・コースが垣間見える。

### 5-1 なぜ北米ではMBAが評価されるのか

これに対して、アメリカやカナダの大手企業の中には、経営幹部としてのエリート・コース(いわゆる「ファスト・トラック」)に乗るために、MBA取得が要件になっている企業が存在する。

学卒(大学学部卒)は、日本のかつての高卒者と同様の扱いである。もちろん、学卒者のなかにも優秀な人がいるので、こうした人材の昇進可能性が完全に否定されるわけではないが、原則として、将来の経営幹部の候補生は、MBAを取得していることが前提とされている。そして、このような企業の割合が増えれば増えるほど、ビジネススクールへ通ってMBAを取ることを当然のようにキャリアパスに組み込む人が増えていく。学卒の企業人も、もう一段のステップ・アップを図るためには、ＭＢＡ取得が必要だと考えるようになる。

　このように、北米の企業社会でＭＢＡが重要視されるのには、北米の学部出身大学が本人の優秀さの証明になりにくいという事情がある。たとえば、カンザス州で生まれ育った優秀な高校生は、普通は、カンザス大学へ進学する。ミシガン州ではミシガン大学へ、ワシントン州ではワシントン大学へ進学するだろう。そして、一つひとつの大学の規模が大きいので、ある大学の卒業生の中に、きわめて優秀な人材から凡庸な人物までが含まれている。つまり、出身大学情報が、本人の優秀さの指標としてはあまり意味をなさないのである。

　この場合、企業は、個別に面接をしたり、インターンとして受け入れたりすることによって、優秀な人材を個別に探さざるをえなくなる。手間暇をかけて評価すれば、その人物が自社にとって有用な人材かどうか正確に判定することができるが、大量に採用する場合、そのための時間とコストは無視できないほど大きくなるだろう。やはり、ある程度、有望な人材かどうかのわかりやすい目印があると、人材探索コストが削減できる。

　北米の企業社会においては、大なり小なり、ＭＢＡがこの目印として機能している。どこの大学のビジネススクールでＭＢＡを取得したかによって、大雑把には、その人がどれくらい優秀なのかを評価することが可能である。ビジネススクールの側も、ＧＭＡＴ（ＭＢＡ入学に必須の学力試験）の点数だけで入試判定することなく、過去のビジネス経験やコミュニケーション・スキルなど、多様な物差しで「企業人としての優秀さ」を測ろうとしている。「〇〇大学ＭＢＡ」というのは、その大学が品質を保証した経営幹部候補というわけである。

　しかし、日本の企業社会においては、卒業した学部の偏差値がこの役割を果たしている。たしかに、一八歳から二〇歳前後の時点で受けた知能テストによって、どれくらい企業人としての適性を的確に測定できるのかは疑わしい。実際、偏差値の低い大学を卒業した優秀な企業人はいくらもいるだろう。その一方で、ある人物の能力を評価するとき、どの大学のどの学部を卒業したのかという情報が、まったく役に立たないと断言するのも不当であろう。能力と偏差値には有意な正の相関が認められるからである。

　二〇〇一年にノーベル経済学賞を受賞したマイケル・スペンスが言うとおり、優秀な人物が高い学歴を得るための努力量（コスト）が十分に小さく、優秀でない人物が高い学歴を得るコストが十分に大きければ、たとえ大学教育・大学院教育がまったく無意味だったとしても、労働市場における人材探索コストを削減するという意味で経済的意義がある。学歴が能力のシグナルとして機能するからである。

## 5-2
## 日本におけるＭＢＡ教育の価値は何か

　それでは、仮に、日本では学部の偏差値が能力の目印として有効なので、

フジワラテクノアートは、
お客様に評価される
次世代の製品と
サービスを〈醸〉し続けます。

醸す。

醸造生産技術をコアにした
『世界でただひとつの企業』でありたい。
フジワラテクノアートのプロセスエンジニアリング、
プラントエンジニアリング、
そしてシステムエンジニアリングは、
原料穀物の熱処理技術、
微生物の培養醗酵制御技術、
固液分離技術など、
多くの要素技術によって成り立っています。

Fujiwara
いい顔で、こころ発信。
フジワラテクノアート　検索
www.fujiwara-jp.com
株式会社フジワラ テクノアート
〒701-1133 岡山県岡山市富吉2827-3
TEL.086-294-1200
FAX.086-294-1220

どこの大学のMBAかという情報に意味がないと仮定しよう。このとき、日本のMBAプログラムにはまったく意味がないのであろうか。

そんなことはない、と筆者は考える。いわゆるグローバル企業の経営者の多くは、標準的な経営学のツールを使って互いにコミュニケーションする。企業のマネジメント活動の多くはコミュニケーションに関わっているので、コミュニケーション・プロトコルが標準化されていることの効果はかなり大きい。

たとえば、投資プロジェクトを評価するにあたって、正味現在価値計算で採算判断を行い、買収案件を検討するにあたってどのような企業価値評価手法が採用されているのか理解し、製品価格の決定にあたって需要の価格弾力性を考慮し、市場調査の結果を標準的なマーケティングのコンセプトを使って理解する。

マネジメントに関わる誰もが経営学のツールに習熟していれば、マネジメント活動自体がかなり効率的になることが期待できる。

ビジネススクールでは、エンジニア、営業、人事、財務、経理といったさまざまなバックグラウンドを持つ、さまざまな業界出身の社会人経験者に、標準的な経営学を標準的な方法で教えている。それぞれの科目の水準は、その分野の専門家から見た場合、決して高いわけではない。金融機関出身者から見れば、ビジネススクールで学ぶファイナンス知識は入門的であるし、メーカーで製品マーケティングを担当していた人から見れば、ビジネススクールで学ぶマーケティングはごく基礎的な内容である。

しかし、エンジニアにファイナンスを教え、経理マンにマーケティングを叩き込む点にMBA教育の特色がある。MBAプログラムは、自分の専門分野以外のさまざまな分野について、少なくとも最低限の知識をもったバランスの取れた人材を育成する。

最低限の経営知識を共通のバックグラウンドに持つMBAが協調して経営にあたれば、企業経営における社内のさまざまな調整コストが大幅に削減できよう。

もっとも、ビジネススクールで学ぶ知識のほとんどはすぐに陳腐化する。経済学、会計、ファイナンスの基礎知識のように今後おそらく数百年変化しないだろうという知識もないわけではないが、そのような知識は少数であって、ほとんどの経営学の知識は流行りものである。毎年どこかで作られる流行のキーワードの賞味期限は五年から一〇年であろう。教育に用いられるケース自体、五年以上使われるものは稀である。しかし、こうした流行のツールがどういう局面で有効で、どういう局面では役に立たないのかを、ケース・ディスカッションを通じて実感し、そのプロセスで少しずつ体得する暗黙知こそが重要である。

変化の激しい時代というのは、過去の実務経験から得られた知識がすぐに役に立たなく時代である。経験が役に立たない環境になればなるほど、対象を突き放して分析的に理詰めで考えるアプローチが有効になってくる。このような能力を伸ばすには、ビジネスの最前線から一歩退いて、ビジネスを素材にディスカッションを繰り返すのが有効であろう。そして、このようなトレーニングを受けるには、ビジネススクールが最良の場所である。

ビジネスの各分野の最低限の知識を習得し、新しい経営課題に対する基本的なアプローチを身に着けるというのは、別にMBAに限らない。企業人のなかには、若いうちからビジネス書を読んだり、各種資格試験に挑戦したり、セミナーに積極的に参加するなどして、このような知識・素養を身に着けた問題意識の高い人々がかなりいる。

問題は、MBAを含めた意識の高い企業人が自分の能力を活かそうとしたときに、活躍する場が準備されていないということである。三五歳でトップ・マネジメントに加わり、四五歳でCEOとなるべく、研鑽を積んできた人材を満足させられるポジションが、伝統的な日本企業にはほとんどない。

これまでこのような人材は、外資系企業、とくに外資系金融機関や外資系戦略コンサルティング会社に職を求めるほかなかった。今般の金融危機によって、若い世代はメインストリート・ビジネスに戻りつつあるが、残念なことに、このような人材が走るべき「ファスト・トラック」が日本企業にはない。成果主義の導入が進みつつあるとはいえ、三〇代で取締役、四〇代で社長が出るような大企業はごく少数であろう。多くの場合、三五歳から五〇歳という能力的にピークの時期を、下積みに費やすほかないのが実状である。

日本企業の生え抜き重視・年功序列のシステムは、まだしばらくは崩れないだろう。おそらく、現在、五〇代の人は能力以上の給料を受け取ったまま逃げ切れる。しかし、四〇代の人が逃げ切れるかどうかは微妙であり、三〇代の人は逃げ切れないだろう。意識の高い若い企業人が取るべき道はかなり明確になりつつある。

# MBA教育は短期的見返りより長期的な投資効果に意味がある

アンケートの調査結果をキャリア開発、コンサルティング、人材紹介3分野のエキスパートに読んでもらった。彼らの目には、このアンケート結果はどう映ったのか。

アクシアム代表取締役社長／
キャリアコンサルタント
**渡邊光章**

ボストン コンサルティング グループ
シニア・アドバイザー
早稲田大学ビジネススクール教授
**内田和成**

慶應義塾大学総合政策学部教授
**花田光世**

# 「企業・学生が求める総合的な力を身につける道筋を示せ……花田光世」

最初にわれわれが運営している「キャリア・リソース・ラボ」について、簡単に説明します。このラボはSFC（慶應義塾大学湘南藤沢キャンパス）研究所の下に位置する研究組織で、完全に独立採算で運営されています。慶應のミッションや利害に反しないということであれば、比較的自由にいろいろな活動ができます。

ミッションは人的資源管理・開発、キャリアに関する研究活動ですが、慶應丸の内シティキャンパスと連携して、キャリアアドバイザーコース、人事プロフェッショナル養成コースおよび人事プロフェッショナルゼミナールなどのプログラムを提供し、企業の現場の方と真剣に向き合って、プログラムを提供しています。たとえば、キャリアアドバイザーはまだまだ成長過程にある職業ですから、職務開発を通じて、企業と一緒になりながら、キャリアアドバイザーとは一体どういう活動をするのかという新しい組織とその組織に見合う新人事サービスの提言・運営支援を実践しています。逆に言えば、私はこういったことは、ある意味、ビジネススクールがやるべき内容に近いことだと思います。

## スキル・知識だけでなくマインドをフォローする

そう考えると、ビジネススクールが既存のカリキュラムに限定したままだとすると、外界との接点が不足しがちではないかと懸念します。総合的に社会や企業で起こりつつある一番新しい動きに視点を置いて、企業と一緒になってその問題解決や新しい領域を開発していく。自分たちの宣伝ではありませんが、私たちはそのような形で活動しています。

大学の授業ひとつをとってみても、私たちSFCならではのいろいろな工夫をしています。たとえば本ラボの秋のセメスター（08年度）では、私が学部で「キャリア開発論」を、高橋さん（俊介教授）が大学院で「キャリア開発演習」を担当して、キャリア開発の実践的なことを教えている。ビジネススクールで参考にしてほしいのは、「プロフェッショナル・エシックス（倫理学）」と「企業の社会的責任と社会・経済の活性化」、それから春セメスターの「リスクマネジメント」などです。

「企業の社会的責任と社会・経済の活性化」では、弁護士、公認会計士、企業の法務部門の方や、医療分野の新技術開発の専門家の方々をお招きして、私とKBSの青井先生（倫一教授）とで授業をコーディネートしています。そういった外部の視点でどう企業倫理を考えるかという話をしていただきながら、ディスカッションをしています。キャリア開発論も、企業でキャリア

花田光世❖1971年慶應義塾大学文学部卒、1978年南カリフォルニア大学大学院Ph.D.-Distinction取得、86年産業能率大学経営情報学部教授、89年慶應義塾大学総合政策学部教授に就任、現在に至る。

ドバイザーを担当している方々に来てもらって、具体的な話をする。そういう形で現場における実態がどういうふうになっているかを、きちっとサポートできるような授業を行っている。

このようにラボの活動が外に向かって開かれて、いろいろな企業と接点を持ちながら、内部でも学生を対象としたさまざまな活動も行っています。たとえばインターンシップがそれに対応します。いま述べたようなテーマは、おそらくビジネススクールにあっても何らおかしくない。

では、私たちがラボにおける大学教育で、何を大事にしているかというと、一見細かなスキルを提供しているようにみえますが、私たちはここでスキル教育や知識教育を提供しているとは思っていません。知識やスキルを具体的に展開していくに当たって必要なマインドと、それから私は「キャリアコンピタンシー」と呼んでいるのですが、それぞれの分野で仕事をしていく上において非常に重要な基本的な力、人間力、これを大事にしています。それぞれの分野に興味を持ってもらい、それが面白いと感じて、のめり込むような気持ちになってもらう。学べて、実践できて、自分の力を伸ばしていけるよう授業が大事だと思っています。

この点は、実学に身を置くわれわれとしては非常に重要なところで、スキル・知識を重視するか、そのスキル・知識を使って実際に活動していくエネルギー、マインドをしっかりフォローするか。結論は当然その両方だと思うのですが、往々にして大学教育においてはマインドにかかわる部分がどうしても弱くなる。ですから、いろいろな現場の方に来ていただいて、マインドの重要性を感じながら、学んでもらうことに力を入れているわけです。

## キャリアアップよりもキャリアストレッチ

この点はやはりKBSやビジネススクールにつながる。アンケートを見て、企業が何を期待しているか、学生が何を学ぼうとしているかを、総合的に判断すると、スキルももちろんあげているけれども、優先順位としてはあまり高くはない。「総合的な力」という表現が強く出ています。ではその「総合的な力」とは何なのかといえば、物事に直面したときに、その物事の断片の情報を通して全体像を理解でき、どう対応すればよいかという決断力を磨いて、それを実際に乗り切っていく。そのようなリスクテイクができて、コミットができる力です。アンケートからは、それを求める声が如実に読み取れると思います。

MBAを取得したことに対する短期的な投資効果を求める声もありますが、すぐに希望通りの職種や希望通りの収入を得ることができるかどうかというと、必ずしもそうではない。しかし、より長期で見たときに、ネットワークができた、幅広い考え方ができるようになった、総合力がついた、キャリアコンピタンシーとか、リスクテイクをする力がついたということになれば、私は中長期的投資効果は必ずあると思います。

むしろ投資効果といったときに、このビジネススクールのMBAを取得すると、多様な可能性を持った人材が、専門的な領域や総合的な領域の中で、専門性・総合力を発揮しながら、将来にわたる動機付けを行い続けることのできるマインドセットが可能となる、そういうシナリオのようなものを、ビジネススクールが見せないといけないと思います。短期的に「どうだ、こうだ」ということを売り物にしている限りにおいては、そのモデルは崩壊するのではないでしょうか。

さらに言えば、「スキルアップ」とか「キャリアアップ」という言葉はあまり教育にはなじまないと思うのです。スキルアップとかキャリアアップというのは、専門学校やテクニカルスクールがやればいい。ここで言うアップとは何なのか。報酬が上がる、地位が上がる、職業的にソーシャルステータスの高い仕事に就くということであれば、それはみな外的な報酬です。むしろ外的キャリアと内的キャリアを考えたときに、最近の流れでは内的キャリアが重視されているので、私はキャリアアップという言い方よりも、「キャリアストレッチ」という言葉を使うようにしています。自らがキャリアというものを考え、自らの器が大きくなっていく、人としてのひだが増えていく。そういったようなもののために、やはり勉強を続けるべきだと思うのです。

ビジネススクールには実学的で専門的な要素がなくてはいけないのですが、それをスキルに矮小化すると、何々屋さんで終わってしまう。それよりも、高い授業料を払って大学院に来れば、いわゆる人間的な器が大きくなっていくとか、考える力がつくとか、そういった部分で、キャリアコンピテンシーが身につきストレッチができる。その部分に対応する教育やカリキュラムを、どれほど用意するかということも重要だと思います。（談）

# 「日本のビジネススクールはもっと卒業生の支援に力を注げ」

## 内田和成

アンケート結果を見て感じた第一点は、企業のニーズとＭＢＡ学生のニーズが、ミスマッチしているということです。

特に自費で来ている学生は、二年間という時間と高額の授業料を投資するわけですから、即リターンが欲しいと考えるのは当たり前です。ところが企業のほうは、結果から明らかなように、「若いうちから特別扱いする気はありません」と言い切っています。

また、企業が人材育成は社内育成が基本だと考えている点は、いまのビジネススクールが、どこまで企業の真の人材育成ニーズに応え切れるかという、なかなかチャレンジングなテーマだと思います。

第二点は、企業のニーズが明らかに、ベーシックなスキルから、もう少し実践的なものに変わってきているということです。いまのはやり言葉で言えば、アクションラーニング的な教育をして欲しいといった声が、学生にも企業の回答にもありました。

第三点は、選択回答の質問以外に書かれた自由記述のボリュームの多さですが、これはＫＢＳの財産だと思います。ＫＢＳがここに書いてあることをうまく取捨選択してこれからの経営に活かしてほしいと思います。そうしたら、ものすごくいいビジネススクールになるなと感じました。

### ビジネススクールを評価する三つの軸

私の持論では、ビジネススクールの価値は三つの軸で評価されます。それは入り口と中身と卒業後です。卒業後には、出口も含みます。

入り口とは、質の高い学生を集められるかどうか。どういうバックグラウンドを持った学生が欲しいのか、どういう人間は必要としないのかというスクリーニングのプロセスです。中身は、カリキュラムやその学校の教師陣です。卒業後というのは、卒業生がどの会社に就職したのか、どういう企業を興したのか、あるいは卒業した学生が派遣元の企業で活躍し、評価されているのか。卒業生が転職したり、キャリアチェンジした時に、学校側がサポートできているのか。そういう人たちがいろいろなビジネスを展開する場合に、たとえば同窓会や人的ネットワークが形成できているのかということです。こうした三つの要素が一緒になって、学校の価値は形成されると思います。

この点は、実はビジネススクールではなく、ＢＣＧ（ボストン・コンサルティング・グループ）という組織を経

内田和成❖東京大学工学部卒、慶應義塾大学経営学修士(MBA)。日本航空株式会社を経てBCGに入社。2000年6月から04年12月までBCG日本代表。2006年、米誌にて、「世界の有力コンサルタント25人」に選ばれる。2006年4月より早稲田大学商学研究科・早稲田大学ビジネススクール教授。また、2002年には慶應ビジネススクール同窓会会長も務める。

営して学んだことです。ＢＣＧの場合は、各自のビジネスキャリアを四〇年と考えた時に、長い人で一〇数年、短い人だと三年ほどしか在籍しない。そうすると彼らにとって、ＢＣＧは学校みたいなものではないかということに気がついたときに、ＢＣＧを変えていこうと思ったのです。

ＢＣＧを「出入り自由な組織」と標榜して、その組織の価値はアルムナイ（出身者・卒業生）の質で決まるのではないか、と。そうだとすれば、コンサル会社で過ごした人間が、その後ビジネスマンや経営者として活動している場合、それを全面的に応援する、お互いに協力し合うことがすごく大事ではないか、というように文化を変えていったのです。

これはおかげさまで非常にうまくいったと思っているのですが、ビジネススクールも実は全く同じではないでしょうか。アメリカのビジネススクールはアルムナイ・マネジメントに非常に力を入れていて、リクルーティング専門のディレクターに大きな権限を与えている。「自分たちの学生を、一番高い価値で売り出すにはどうしたらいいか」ということに対して、学校としてものすごく神経を使っています。

それに比べると、日本のビジネススクールは、出口マネジメントが手薄なのではないかということが、アンケート結果から読み取れると思います。

## 日本語で教育することの強みをもっと発揮すべき

では、企業側に社外の教育機関を利用して、人材を育成しようというニーズがないかというと、そのようなことはない。経営者育成、つまりＭＢＡより少し上の層を対象にするエグゼクティブプログラムに関しては、強いニーズが読み取れます。ただそれは、通常の平均年齢三〇歳ぐらいのＭＢＡ課程とは、別のコースになります。

さらに企業の側に、いわゆる実践的なことを学ばせたいというニーズがあるので、企業派遣に対しても対応の仕方はあると思う。たとえば「必要な科目だけ取る制度とか、一年間夜学で学べるコースがあったらいい」という要望が、結構、企業のアンケートには書いてある。そういうニーズは実は、自分たちがいままでやっているキャリア形成のやり方を壊さずに、しかし、実力はつけさせたいという意図ではないかと読むことができる。

もう一点、ＭＢＡに人材を送り込むことに価値を認めていないかというと、「帰ってきた人間は成長している」、「結構みんな力がついている」と明言している。派遣した効果が「期待通りである」と「期待を上回っている」を合わせると、約八割にも達しています。ところが面白いのは、力がついているから特別扱いしようとか、早く出世させようとか、幹部にするという回答は全くない（笑）。そこにＭＢＡ卒業生のフラストレーションの源泉があるような気がします。

卒業生に関しても、ＫＢＳで学んで「何が最も役に立っていますか」という設問に、いい意味で私の心にひっかかったことがあります。選択肢にあるさまざまなスキル以外に、「覚悟」とか、「意思決定力」とか、「勉強する習慣」とか、あるいは「自信」と答えている。要はこの三つ。私なりのキーワードで言うと「覚悟と自信と習慣」です。これはある意味では人間教育みたいなもので、すごく普遍的な価値です。要は陳腐化しない価値。ビジネススクールはそういう価値を身につけられるところだということを、もう少し意図的にアピールしてもいいのではないでしょうか。

この点は自分もそう感じます。たとえば私が習った三〇年前のファイナンスの知識は、いまは役立たないのだけれども、ファイナンスに対する基本的なスタンスや、意思決定の仕方に関しては、いまだに参考になる。それは普遍的な話だからです。そのような知識は、三〇代で生きるとは限らず、四〇代、五〇代になって、もっと生きてくる。その辺は、卒業生もきちんと理解しているという気がしました。

最後に言葉の問題について、私の考えを述べます。アンケートには英語教育を充実して欲しいという要望もありますが、私は日本のビジネススクールの最大の価値は、日本語でやっているから、ディスカッションの質がものすごく高いことだと思っています。日本人から見たときのディスカッションの質、理解、身につく度合いで言えば、やはり日本語で教育している強みというのはある。

ただ、日本語で日本の学生だけでやると、議論が同質化しがちなので、外国人教員を採用したり、留学生を受け入れる仕組みにすることによって、異文化コミュニケーションとかダイバーシティマネジメントは絶対に採り入れるべきだと思う。しかし、徹底的に英語だけで教育するということであれば、アメリカに行った方がいいし、その方が市場価値は高いということになってしまいます。（談）

# 「大学院生とMBAに対する理解がいまだに混在している」……渡邊光章

私どもは外資系、日系の大手企業、ベンチャー企業など約七五〇社のお客様（採用企業）とお付き合いがあります。一方、過去二六年にわたって、こういうサーチファーム（人材紹介会社）を経営してきましたので、MBAホルダー約三八〇〇人を含む一万四〇〇〇人の就職・転職活動のご相談に乗ってきました。その経験を踏まえて、主に採用側（需要側）の視点で、このアンケートを解釈してみたいと思います。

## MBAと大学院生に大きな差がない

アンケート全体の印象として、ビジネススクールの評価に関して、日本のマーケットにおいては、まだ二つの視点が混在していると思います。一つはMBAに対する評価、もう一つは経営学大学院に対する評価です。

アンケートの卒業生のコメントを見ても、企業側のコメントを見ても、それがうかがわれます。たとえば「MBAを取得して、プラスになりましたか」という質問に対して、「MBAを昇進とかキャリアアップにつなげる意図はない」という企業側のコメントがあったり、卒業生側には「MBAを取ってよかった。自分にとってプラスになった」というコメントがあったりします。いずれも、MBAそのものに対する評価や意識が明確ではありません。

また、卒業生に「就職した企業はMBA取得者を戦略的に意識して配属し、その能力を活かして使っていると思いますか？」と尋ねた質問がありますが、自費で学んだ卒業生、つまり転職をしている人のうち過半数が「全くそんなことはない」、「ほとんどそんなことはない」と答えています。これは企業側が、慶應ビジネス・スクール（KBS）のMBAだから採ったのではなく、有名校である慶応大学大学院の卒業生だから採用したのだということでしょう。

もとより海外では、ビジネススクールというのはプロフェッショナルスクールであり、経営や金融、マーケティングなど、ビジネスを行う上で、なんらかの領域のプロを目指している人が学びにいく、そういう位置付けが明確です。たとえばアメリカでは、投資銀行でワールドワイドに仕事をしたいときには「業務上、MBAが要求されるので、ビジネススクールに行きます」というような明快な社会構造が、企業側にも学生側にもあります。

日本はそうではなくて、大学生と大学院生の差はあっても、MBAと大学院生に大きな差はありません。アンケートを見ると、具体的に将来の就職・キャリア展望まで考えてKBSを選択しているようには見えません。入学することが目標になっているのでしょう。選択の理由に「マスコミでも有名だから」「カリキュラムがしっかりしている」「先輩からのアドバイスがあった」があがるのは、大学院の選び方です。「自分がこれをやろうというゴールがあるから、その手前にMBAがある」とは、なっていないということです。

ビジネススクールの評価に二つの視点が混在していると、採用に当たって、隔たりが生じてくることがあります。かたや有名大学院生が欲しいと言う企業にMBAホルダーを紹介しても「MBAはいりません。有名大学院生が必要です」となり、かたやMBAホルダーが欲しいと言っているところに「有名大学院卒です」とアピールしても、「いや、それだけじゃなく、大学院で何をしましたか」と問われるというように、齟齬が生じてしまいます。

では、今後どちらにシフトしていくべきなのでしょうか。労働市場の現実、日本の産業社会の変化から言うと、企業はいわゆる大学院卒よりもMBAのほうが欲しい。経営のプロが、まったく足りないからです。グローバル化への対応にも、日本の改革にも、新しい産業を興すにも、企業を再生するにも、MBAが必要になってきています。

いままでも「有名大学院卒」に対

するニーズはありました。が、いま広がってきているのは、普通の社員にはできないことを、経営者として実行してくれる人材に対するニーズなのです。その意味では、不確実性が高まり、先が読めなくなってきている時代の中で、ビジネススクール自身がどのような人材を供給していくのか。その点を明確にすることが、強く求められているのではないかと考えています。

## 次世代のリーダーとして MBAへの期待は高い

次に、個々の質問で興味をひかれた点をいくつかあげてみます。

卒業生に対して「KBSの教育では得られなかったもの、強化して欲しいこと」を聞いていますが、そこであがった「国際的なビジネスの感覚や英語力」、「企業とのネットワークの機能」、それから「MBAの地位向上のための情報発信」のトップ三つは本当にそうだと思います。それと六番目の「リーダーシップ」。ここは、KBSとして真摯に受け止めて今後に生かすと、大変にいいヒントになると思います。

それから気になるのは、ビジネススクールの選択に当たって、海外がいいのか国内がいいのかという点です。KBSを選んだ理由として、金銭的な問題を挙げている人と、英語力不足を挙げている人がいます。ということは、もしこの人たちに金銭的な問題がなく英語力があったとして、はたしてKBSを選んだかという疑問が湧きます。

もちろん、日本語で学んだ方が、スキルや知識の学習効果は高いでしょう。しかし、いま大企業はもちろんのこと、ベンチャーですら海外で事業を展開しており、外資系のMBAに対する需要は日系企業以上に強いものがあります。MBAに対するデマンドがどんどん広がってきている分野では、英語力が必要なケースが増えています。

日本語で学ぶことで質の高い学習効果が期待できるからといって、英語をギブアップする理由にはなりません。下手な英語でもいいから使えるレベルくらいにはなっておくべきです。卒業生たちが「英語でもっとやってほしかった」というコメントを寄せていることでもわかるように、デマンドはそちらにシフトしていると思います。

最後に、われわれの調査からわかったことについて少し述べます。弊社のクライアント七五〇社を対象に求人案件に関するアンケートを取ったところ、MBAが「必須」あるいは「なお可」という案件が、実に半数近くにのぼりました。それだけの企業がMBAを必要としています。

では、弊社に依頼があるMBAの求人は、何を目的としたものなのでしょうか。答えから言うと、経営や経営管理に関する求人が圧倒的で、まさにこれが、MBAが求められている理由なのです。たとえば、今回の金融危機に際して、不安になっている社員をきちんと正しくリードする経営者、そんな人材像が期待されているのでしょう。

MBAホルダーはやはり、次世代の経営者、リーダーとなっていく人たちです。長くその会社にいたのでは客観的・合理的に説明できないことを、きちんと説明することができる。数値的なものも判断しつつ、リーダーシップをもって「今後はこうなる」と提示する……そんな、未来に対してしっかり責任をもって意思決定する能力が、今のリーダーに求められているのではないでしょうか。

また、弊社経由で転職をされた人たちが、次の職で得た年収を調べてみると、MBAを持っている人と持ってない人では、年収に差がありました。MBAホルダーの方が、かなり高いというのも興味深い事実です。　（談）

渡邊光章❖大阪府立大学卒。留学カウンセラーを経て、エグゼクティブサーチのコンサルタントとなる。1993年に株式会社アクシアムを創業。MBAホルダーなどハイエンドの人材に関するキャリアコンサルティングを得意とする。人材育成を支援する活動に力を入れ、キャリア開発をテーマにした講演活動多数。

卒業生アンケートを受けて

# ビジネススクール改革の試み

## KBSのケース

**卒業生アンケートでは、ビジネススクールに対するさまざまな要望が寄せられた。ここではKBSを例にとって改革の試みを紹介する。**

慶應義塾大学大学院経営管理研究科教授
河野宏和

卒業生を対象としたアンケート調査の中で、ビジネススクールへの要望が数多く指摘されている(図参照)。その主なものをリストして、KBSのケースを中心に、どのようにそれらの要望に取り組み、日本のビジネススクールがどうその教育内容を改革していくべきかを考えてみたい。

### 国際性・英語力の強化と日本語で学ぶ深さの両立

一番多く要望として指摘されたのが、国際的なビジネス感覚・英語力であり、過半数の五五・七%の方から指摘されている。ビジネス社会のグローバル化が進む中で、英語力を中心とする国際ビジネス感覚は必須であるが、日本の多くのビジネススクールでは日本語によるカリキュラムであるため、英語力と国際感覚が指摘されるのは予想される内容である。

KBSでは、大半の授業科目は日本語で行われているが、国際単位交換プログラムの科目群として年間六〜七科目が英語により開講されており、他に訪問教授による英語科目(起業家論)も開講されている。

二〇〇九年度からは、国際感覚の教育を強化するため、従来第三学期(一月〜三月)に提供されていた国際単位交換プログラムの科目群を一〇科目に増強し、二学期と三学期の両方で提供する計画である。

KBS学生の海外提携校への一学期間の留学は、対象校を約三〇校に拡充して継続する。これにより、国際感覚を身に付けるチャンスが広がることになる。国際感覚や英語力を強化するために、すべての科目を英語で教育すればよい、という意見をよく耳にする。しかし国際感覚と英語力はイコールではなく、したがって英語で教育すれば(教育を受ければ)国際感覚が直ちに身に付くと考えるのは短絡的に過ぎる。

端的に言ってしまえば、教える側の英語力と学ぶ側の英語力の掛け算により、教育効果は左右される。したがって、不充分な英語による授業は、せっかくの教育効果を大きく損なう副作用を生じてしまう。問題は、教育の中身であり、教えたい内容を的確に伝えていくことであり、その点で、日本において母国語である日本語でビジネスを学ぶことのメリットは大きい。

さらに、海外からの留学生と共に英語で学べる機会があれば、同時に国際感覚も身に付けることができるだろう。その際、英語でコミュニケーションできる能力は、当然の必要条件となる。教育の中身・教育効果をどのように捉えるか、そしていかにして国際感覚を身に付けるチャンスを広げていくか、そこが「日本で」「どの」ビジネススクールを選ぶかに関わる重要な要因となる。

二番目に要望が多かった企業とのネットワーク構築(四〇・五%)は、企業の方を招いての特別講演、授業内講演、さらにはフィールドワークの強化などを通じて、教育面では着実に対応している。今後は、これまでにも実績を残しているが、もっと大きな規模で企業との共同研究を進めていくことが社会的ニーズとしてビジネススクールに求められている。

また、欧米のビジネススクールに見られるようなガバナンスに踏み込んだ企業との連携強化は、日本の大半のビジネススクールが、大学本体に所属する研究科の一つという形態を採っていることから、人事面や予算面での対応を並行して進めていく必要がある。したがって、将来的には対応が必要になるテーマであるが、直ちには実現しにくい側面を有している。

企業とのネットワークという点で

**図　KBSのMBA教育では得られなかったもの、あるいはKBSに今後もっと強化して欲しいこと**

| 順位 | 設問内容 |
|---|---|
| 1 | 国際的なビジネス感覚や英語力 |
| 2 | 企業とのネットワーク機能 |
| 3 | 日本におけるMBAの地位向上のための情報発信 |
| 4 | 特定分野の専門的知識・スキル |
| 5 | 就職支援サービス |
| 6 | 卒業生の組織化、交流会 |
| 7 | リーダーシップ |
| 8 | 人的ネットワーク |
| 9 | 総合的な経営の知識・スキル |
| 10 | 日本企業（社会）の経営に関する知識・経営能力 |
| 11 | その他 |

※複数回答につき、比率は各設問の人数／サンプル数で算出

は、二三・二%の人が指摘している就職支援サービスも大切な事項である。特に、KBSではここ数年、企業派遣の学生数が、学生数の約三分の一という水準で、横這いである。となると、残りの三分の二は卒業後に転職、あるいはすでに退職していて、就職する必要のある人となる。

キャリアサービスや人材育成を本業とする就職支援にかかわる企業と連携するなど、少しずつ改善に取り組んでいるが、同窓会との連携強化など、もっと積極的な取り組みが必要になると思われる。

三番目に多かった要望は、日本におけるMBA地位向上のための情報発信(二六・八%)である。KBSでは、ケース教材を作成して販売しているが、関心のある人は自らケースを購入できるものの、確かにビジネススクール全体としての情報発信は充分ではないだろう。このムックが企画された出発点も、編集にかかわるわれわれが同様の問題意識を抱いていたことにある。

MBAの「地位向上」という目的に対して充分とはいえないが、KBSでは、昨年から年に二回、授業公開日(オープンハウス)を設け、関心のある人はケースメソッドの授業を見学した上で、教員と懇談できる機会を設定している。平日に参加しにくい企業の人向けに、同様のイベントを土曜日にも開催している。

地道な試みではあるが、MBAの認知度の向上に向けた努力の一端である。こうした授業の公開以外に、組織としての研究成果の発信も、これからのビジネススクールに求められる事項になると考えられる。

もう少しMBAの地位向上という点に踏み込むと、日本企業の長期的雇用慣行という問題に直面することになる。加えて、ビジネススクールの数が近年増えたとはいえ、MBAが大きな資格として認知される規模にはまだまだ遠いといわざるを得ない。ここで雇用慣行の変革を主張するよりも、ビジネススクールがそれぞれの内容を充実させ、真に実力あるリーダーを輩出していくことが基本になるだろう。

そこに、ビジネススクールからの情報発信、卒業生とのネットワーク、さらにはKBSの同窓会が最近取り組んでいる他校同窓会との連携などが、相乗的に効果を発揮していくべきと考えられる。

## 総合力と専門性　そのバランスが重要

知識に対する要望としては、特定分野の専門的知識への要望(二五・四%)が、総合的な経営の知識・スキル(一二・二%)、日本企業の経営に関する知識・経営能力(一一・七%)をしのいでいるが、この点は、いわゆるジェネラリストとスペシャリストのバランスという難しい問題を内包しているといえる。一般的には、企業から派遣される学生はジェネラリストを志向し、転職や新卒の人は専門的知識を重視することになる。よって、それぞれのビジネススクールが、その学生比率も考慮してバランスを考える必要がある。KBSでは、専門科目の拡充、ゼミナール、修士論文により専門分野での知識ニーズに対応しているが、もう一歩踏み込んだ強化が必要になるかもしれない。

KBSでは二〇〇九年度から、両者のバランスを考慮した新たな科目として、一つの企業を深く分析する集中企業研究、独自のビジネスプランを具体化していく新事業創造体験という分野横断的な科目を開設し、総合性と専門性の両方を視野に入れてカリキュラムを強化する。専門性を身に付けただけでは真の経営者とはなりえない。しかし、特に若い年次では専門性を有していることが必要になる。

この点のバランスをいかに考慮していくかという点に、日本のビジネススクールの将来展望は大きく左右される。同時に、日本のビジネススクールを選ぶか、そしてどのビジネススクールを選択するかという問題も、両者のバランスをいかに考えるかという点と密接に関係している。ビジネスが変化していく限り、ビジネススクールのカリキュラムも改革し続けなければならないのである。

# 金融危機のいま米国流に代わる深い思想や価値観を提示して欲しい

三菱東京UFJ銀行
人事部採用・キャリアグループ次長
林 尚見
*HAYASHI Naomi*

**米国発の金融危機をきっかけに、金融のあり方やその社会的意義が根本から問い直されようとしている。国内外のビジネススクールははたして、そうした社会の要請の下でどのような役割が期待されているのだろうか。日本最大のメガバンク三菱東京ＵＦＪ銀行人事部次長、林氏に聞いた。**

**――人材の採用で重視しているポイントは何ですか？**

いろいろな意味で、汎用力（ゼネラリストとしての能力）の高さが必要だと思っています。金融危機の前後で、経営環境がこれだけ大きく変化する中、ある一定の環境で、ある一定の事業戦略、ある一定のビジネスにしか従事できなければ、自分で自分のクビを絞めることになるでしょう。したがって、新卒でも中途採用でも、どんな環境の中でも、柔軟かつしなやかに対応できる人物であることが、非常に重要なポイントになってきています。

**――汎用性のあるゼネラリスト能力はＭＢＡ教育の目指す人材像とも合致しますね。ところで、御行では内外のビジネススクールへ人材を派遣していますが。**

それは比較的早く、ＫＢＳがスタートした当初からすでに人材を派遣しています。もちろん、学費や教科書代、通学費用も会社が負担しますし、学校から遠いとなれば、近くの寮に転寮もさせます。年齢は入行五年目から三二歳くらいまで。指名と公募を含めて、毎年、一五名くらいを派遣しています。

内訳で言うと、現在は海外が一二～一三名、国内が二～三人。国内と海外、どちらのビジネススクールに通うかは、本人の希望に委ねています。

**――日本のビジネススクールが選ばれる理由は何でしょうか？**

国内スクールが選ばれる理由の一つは、やはり本格的にナレッジを習得しようとする場合、母国語による学習の方が、深く学べるという点でしょう。英語が基本言語になると、語学の勉強に主軸が移ってしまいがちであるし、本当に深い議論などはできなくなってしまう。

それに、頭の中での論理構成は、やはり日本語で行われるということもあります。

**――ビジネススクールに入学する上で実務経験をどう考えていますか？**

私もＫＢＳの卒業生ですから、その経験を踏まえて言わせていただくと、就業経験のないままビジネススクールに通うことには疑問をもっています。一度も働いた経験がない人がケースメソッドでケースを読んでも、中身を咀嚼して、意味のある議論ができるでしょうか。フィールドで闘ったことのない人間が、サッカーや野球の練習をやっただけで、その本質が理解できるか、という議論に似ていると思います。

**——派遣から復職した後、昇進・昇格や報酬面で優遇されるのでしょうか？**

特別扱いはしません。これは、新卒の行員にも必ず言うことですが、「MBAを持っているから経営者になれる、なんて思ったら大間違い」、と。経営トップたるリーダーの役割は何をどう資源配分するかを考えるマネジャーとしての知識と手法に加え、そもそも何が問題かわからない状態で、何を問題提起すべきかから、考えなければなりません。

ケースメソッドは、こうした問題発見のアプローチですが、「自分はこっちに行こうと思うけれど、どう思う？」と問いかけた時に、みんなが「わかりました、一緒に行きます」と言ってくれるようなリーダーでなければなりません。そういう魅力は、MBAという資格に必須の資質だと思っています。

## 人間としての深みが必要 もっとリベラルアーツを

**——では、現在のMBA教育には、何が足りないと思いますか？**

書物からだけでは学べない、人間としての深みの部分です。具体的には、哲学や倫理、歴史観などリベラルアーツのカリキュラムが、もっと必要だと思います。テクニカルな部分に関しても、消費財メーカーに関する議論は豊富ですが、生産財のマーケティングや金融機関、サービス業の議論は弱い。税金や法律に関するカリキュラムも、物足りないと感じます。

金融の業務には、単に法律で許されているからやってもいい、いけないというだけでなく、人間として許されるか否かという高度な規範や倫理観が求められます。ですから、銀行という狭い世界で出世してきた人間が、より自分を相対化し、客観視する力を養うためにビジネススクールという場があって欲しい。われわれがビジネススクールに期待しているのは、その部分です。

たとえば、「貨幣」という存在を前提にビジネスを考えるのと、「貨幣とは何か」という根本に立ち返ってビジネスを考えるのとでは、おのずと深みが違うはずです。そうしたフレームワークそのものを根本から議論したり、創造したりできる人材を育てるという意味において、現在のMBA教育をもう少し充実してほしいと思っています。

**——企業派遣に関してですが、約三万人いる正規行員のうち一五人といえば、選りすぐりのエリートです。復帰後にメリットがないとすれば、不満に感じて辞めてしまうケースもあるのでは。**

会社からそれだけ投資されているということを、本人がどう受け止めるかによるでしょう。よく、海外のMBAに派遣された社員が高額のオファーを他社からもらって退職してしまうという話を聞きますが、派遣の裏にどんなオブリゲーション（責任）を負っているのか、もっと冷静に考えるべきだと思います。

二年間ビジネススクールに通い、MBAを取っていきなり経営を任されても、失敗すれば二度とオファーは来ません。もしも、MBAを取った才能豊かな人材が、一〇年くらい必死に働いて、あとは多額の退職金をもらってのんびり余生を送るとすれば、そのシステムが、本当に世の中のためになっているのか、もっと問われてもいい部分だと思います。

**——改めて、国内のビジネススクールに要望はありますか？**

一つには、もっと発信力を発揮すべきですね。米国発の価値観がこれだけ世界に浸透したのは、ハリウッド映画やビジネススクールの果たした役割も大きかったと思います。

しかし、今回の金融危機をきっかけに、その価値観が「どこか間違っていたかもしれない」とみんなが思っているのに、それに代わる深い思想や価値観を、日本やヨーロッパのビジネススクールにもっと積極的に提示して欲しいと思います。

もう一つ、経営大学院は経営の管理ではなく、経営そのものを議論する場であるべきだと思います。経営そのものを議論するためには、価値観や理念が問われ、そのためには人間そのものや、文明論や歴史観も問われることになります。そういった学問体系と経営が表裏一体になっているという実感を経営層が持つことによって、あるべき経営の姿がより浮き彫りになるのではないでしょうか。

大学院教育がなすべきことは、お金の稼ぎ方なのではなく、世の中にとってお金は大切なものではない、ということを発信することなのだと思います。

# MBAホルダーだから評価されるのではなく結果が伴ってこそ評価される

ファイザー
組織人財グループ 統括部長
豊沢泰人
*TOYOSAWA Yasuto*

**世界最大手の製薬会社であるファイザー（本社・米国）では、一部の専門職を除き、原則として全社員が営業職（MR）からキャリアをスタートする。人材開発の基本は内部育成。国内で四七〇〇人いる社員の中から毎年、業務成績に応じて上位五％程度が幹部候補として認識され、その中から国内外のビジネススクールに派遣される。**

**——派遣人数はどの位でしょうか？**

二〇〇九年一月現在、海外三名、国内二名。それと、夜間だけのコースにも一〇名、派遣しています。選抜の基本は公募ですが、部門内で高い評価を受けていなければ、人事のリストにあがってくることはありません。ファイザーでは、「サクセッションプラン（後継者指名計画）」といい、部門長が「将来、後継者にしたい人材」を指名してリストアップしておく制度があります。基本的に、そのプールにない社員は選抜育成の対象になりません。

## 派遣の目的はマネジメント層の育成

**——ビジネススクールに社員を派遣する目的は何ですか？**

マネジメント層の育成です。グローバルで昇進していくための要素の一つに「部門を超えた経験」があります。経営を担う人材であれば、一部門だけではなく、複数部門に精通し、経営幹部としての判断ができるようになって欲しい。それについてはやはり、通常業務をこなすだけでは不十分で、部門横断的な視野が身につくビジネススクールでの教育が有効なのです。

**——MBAをとることが昇進や報酬で有利に働くことはありますか？**

特別扱いはしていませんが、もともと幹部になって欲しい人材をビジネススクールに派遣しているわけですから、戻ってきた人に、さまざまな機会やポストを与えるケースはあります。自分自身も、KBSで学んだ経験が、その後のキャリア形成に、プラスに働いたと考えています。実際には、ビジネスでの結果が伴わなければ、昇進や報酬アップの対象にはなりません。

幹部の選抜に限らず、当社では、基本的に学歴そのものを重視しないのです。インドの有名大学と東京大学を比べても、どちらが優秀かはわかりません。MBAにしても、世界各国にビジネススクールがあって、そのどれが優秀かは、客観的には比べられません。それに、米国の場合、ラインマネジャーでMBAを持っている人材はたくさんいます。MBA自体が高いバリューを持っているというよりも、やはり、本人の実力と実績だと思うのです。

**――MBAを取得してきた社員へはどういうチャンスが与えられますか？**

社費で派遣した人に対しては、それ相応の期待をし、オポチュニティー（機会）が与えられます。MBAを持っているということは、ゼネラリストの知識があるということですから、何かにアプライしたときに、こなせる可能性が高いと考えています。

しかし、だからといって、必ずしもいい結果が出せるとは限らない。MBAを持っていても、結果が出せなければ当然、辞めてもらうこともあります。それは、資格に伴って生じる責任です。そのくらいの覚悟が、ビジネススクールで学ぶためには必要だと思います。

**――MBAの派遣を経て、辞めてしまう社員もいるのでは？**

特別なケースをのぞくと、ロイヤリティーが強く、辞めずに在籍しているものがほとんどです。ただし、海外のビジネススクールに関しては、特有の問題があります。彼らは、卒業する際に、企業の経営層やコンサルティングなどの就職口を提示されて、破格の年収で就職していく同級生を見ています。一方、自分たちは会社に戻っても、すぐに昇進できるわけではなく、しばらくはこれまでと同じ業務をこなすわけです。本人たちと面接して必ず出てくるのは、このギャップです。

しかし考えてみれば、米国のビジネススクールの場合、一〇〇〇人単位の卒業生がいる中で、上位五％は信じられないような額のオファーをもらえるかもしれませんが、かたや就職口さえない人もいます。社内的なことをいえば、社費でビジネススクールに派遣する制度は、米国本社にはありません。テキスト代などを補助する制度はありますが、基本的にはすべて自費です。

これに対し日本では、学費もすべて会社が負担し、給与も出ます。夜学の場合、午後六時には退社できるよう配慮したりもします。そういう意味で、日本の社員は非常に恵まれています。授業料も会社が負担し、戻る場所が確保されている企業派遣は、米国人からすると、とてもうらやましく見えるかもしれません。辞めるか辞めないかは、その期待をどう受け止めるかという価値判断だと思います。

**――新卒採用や中途採用において、MBAは有利になりますか？**

新卒に関して言えば、MBAホルダーが営業職に応募してくることはありません。中途採用に関しては、MBAを持っているということはプラスになります。

たとえば、IT部門で部長職の人材を探していて、MBAホルダーとそうでない方が応募してきたとします。MBAホルダーであれば、ほかの分野の仕事もできる可能性が高い、というプラスの評価になります。ほかの職種でも、同じことが言えると思います。

しかし、重要なのはMBAの有無ではなく、あくまで求めるポジションにふさわしい経験と実績です。その経験が足りないと判断されれば、MBAがプラスに作用するとは言えません。

## 課題は時間帯と人件費そして異文化コミュニケーション

**――派遣先としてのビジネススクールの現状に対して何か要望は？**

ITの普及に伴いアジア各国も英語でのコミュニケーションが格段に進んでいます。日本のビジネススクールの場合、どうしても日本語が中心となりますので、ぜひ異文化コミュニケーションの能力開発を強化していただきたい。そうすれば、国内MBAに対する評価はさらに高まると思います。

実は、社内のタレントマネジメントでも、英語力では選別していません。帰国子女やネイティブが有利になってしまい、ほかの社員のモチベーションをそぐからです。とはいえ、最終的な幹部候補となれば、どうしても英語力が必要になってきます。これは、非常に悩ましい問題です。

ですから、日本のビジネススクールにも、海外のMBAに負けないような、英語での思考力やコミュニケーション能力を鍛える内容をもっと充実させてほしい、と期待しています。それと、夜間、都心で学べるコースをもっと増やして欲しいと思います。一人の人間をビジネススクールに通わせるには、授業料だけではなく人件費もかかり、企業としては負担が大きくなります。特に、役員クラスにより高度なことを学んで欲しいと思った場合、仕事をしながら通えるコース設定でないと、派遣は難しいと思います。

MBA経営層を対象にした高度な内容を、夜間、都心でというニーズは、非常に大きいと思います。そういったプログラムの多様性は、卒業生の一人として、これからのビジネススクールに期待している項目の一つです。

# 働きながら深い学びができる場を提供してほしい

リコー
人事本部 グローバル人事部長兼リコーグループ企業年金センター
山田裕治
YAMADA Yuji

**複写機やプリンターなどオフィス機器の販売とソリューションを手がけるリコーは、二〇〇八年から「グローバルブランドの確立」という経営目標を掲げている。そんな経営戦略の下、人事が取り組むのはグローバルリーダーの育成と強化。合わせて、買収した海外の企業を含むグループ全体に、「リコーウェイ」と称される文化・価値観を徹底させることだという。**

**――人材の採用において、ＭＢＡはどの程度重視されますか？**

新卒でも中途採用でも、決してマイナスにはならない、と思います。ただし、ＭＢＡ的な知識があっても、それを実際に使いこなせるだけの力があるかどうか、それが重要です。ＭＢＡホルダーであるという時点で、ある程度の知識ベースがあることは保証されているわけですから、むしろ、人物としてどうかという点を見ることになると思います。

**――ＭＢＡを持っていることは、昇進・昇格、報酬などに影響しますか？**

昇進や昇格、報酬に関しては実績重視ですので、基本的には資格は関係ありません。ただし、国による賃金報酬水準の違いというのはあって、それにどう対処していくかは、課題だと思っています。特に、その格差が大きいのはアメリカです。今回の金融危機で多少は緩和されるでしょうが、買収した企業の中にＭＢＡを持つ優秀な人材がいれば、彼らをどう処遇していくかは、グループ内のバランスの前に、現地の報酬市場を考えなければならないという悩ましい課題です。

ただ、われわれとしてはまず、報酬うんぬんよりもグループ全体が同じ目線で人を評価できているか、が大事だろうということで、その目線合わせのための仕組みや基準の整備と運営に力を入れているところです。

## 社内研修でＭＢＡのエッセンスを学ぶ

**――幹部候補はどのような方針で育成されているのでしょうか？**

将来の役員候補という観点でいえば、一つの職能だけではなく、複数の職能を経験して欲しいという考えは持っています。それと、小さくてもいいから子会社か関連会社で経営者を経験していただきたい。また、これだけグローバルな事業展開になってくると、ＭＢＡ的な素養が必要になっているのはもちろんです。さらに加えて必要なのは語学力、特に、英語だと認識しています。

リコーの場合、ここ数年、M&Aで多くの海外企業を買収してきましたので、海外の販売系に関しては、人材の八五%がもともとリコーに由来する会社の出身ではないという状況になっています。これまでは、日本で育った人材を海外に派遣して指導させるというやり方をとってきましたが、現地でもすでにリーダーとして活躍している人材が育っていますので、そのような方にさらなる成長の機会、活躍領域の拡大の機会を与えることに注力していきたいと考えています。

**――現在、ビジネススクールへの企業派遣はしていますか?**

派遣はしていない状況です。自分で休職して勉強する社員はいますが、その後の動向を見ると、転進される方が多い。つまり、休職明けで、そのまま「サヨナラ」というパターンが多いのです。したがって、現在は社内でMBA相当の研修プログラムを組んで対応しています。

四〇代以上のリーダー候補に対してはこの六年ほど、仕事をしながらMBAのエッセンスを学んでもらう機会を提供してきました。対象となる人材を業務日に集めて、一泊もしくは二泊くらいの研修を一年間に数回、定期的に繰り返しています。ただ、これに関しては、四〇代以上という年齢が果たして適当なのかという議論もあり、現在はより若手の方を対象とすべく、見直しを進めているところです。

というのも、四〇代はすでにリーダーとして活躍していただかないといけない年齢なわけですから、その年代でMBAのリテラシーを身につけるのでは遅いのではないか。もっと早い段階にリテラシーを身につけて、四〇代ではそれを存分に発揮していただく、もしくは、それ以外にリーダーとしての素養を磨いてもらうほうがいいのではないか、と。ですから、今年からは新たに、三〇代の若手を対象にした研修もスタートしたところです。

**――それはどのような研修ですか?**

三日間、事業戦略について学んでいただき、最終的には実際のリコーの事業に関して、どのような戦略を立てるのかプレゼンしてもらう、という内容です。

三〇代に関しては、MBAの何から何まですべて学ばせるというよりは、中身を絞って、その使いこなしができるかという確認と、それをどのような場面で使えばいいのかを習得してもらうことに重点を置いています。

## 世界展開に必要なのは歴史観、宗教観、哲学

**――現在のビジネススクールに関して、教育の質、時間的な問題、コストなどにおいて「こうしたら活用しやすい」という要望はありますか?**

会社としてはやはり、二年間休職するよりも、仕事をしながらそれ相応のレベルの教育が受けられる仕組みがあればいいな、とは思います。現在、われわれの持っているプログラムでは、MBAのさわりの部分しか教育できていないという認識は当然、持っています。ですから、ビジネススクールに夜間や土日、夏休み、冬休みを利用して、もう少し鍛えられるレベルのコースがあればいい。

コスト的なことをいいますと、たとえば二〇万円くらいのコースであれば、自分の部下に「これ、自費だけど行ってみる?」と勧められます。それが五〇万円、六〇万円になるとやはり、会社が負担してやらないといけないでしょうし、自分で一〇〇万円、二〇〇万円払うとなれば、どうしても見返りが欲しくなるので高額の年収が見込める会社に転職してしまう、ということになるでしょう。したがって、そこまでの負担は、会社としては難しくなります。

実は、先ほどお話しした四〇代の幹部に対しては、MBAとは別に、歴史や宗教、文化などを深く学べる研修にも参加させています。経営幹部と話をした限りでは、海外のビジネスマンと議論した時に、日本人がどうしても弱いのは、ディベートの芯になる歴史観や宗教観、哲学といった部分だと言います。したがって、この研修では、その芯をしっかり持っていただくことに重点を置いています。

ただ、理想を言えば、そういうリベラルアーツ的なものは本来、高校や大学の段階で身につけておくべきもので、会社に入ってから学ぶものではないのかもしれません。それでも、実際に研修に参加した社員の話を聞くと、ビジネスの上でも非常に大きな気づきがある、と言います。目線が変わったり、視野が広がったりするようです。また、参加者の上司から「研修に参加して以来、人物が変わった」という声も出ていますので、四〇歳を過ぎてリベラルアーツを学ぶことも、それなりに意味があると思っています。

# 海外留学させた社員の半数が退職　いまは社内研修による育成が基本

花王
人材開発部門 人材開発グループ課長
駒沢紀明
KOMAZAWA Toshiaki

**消費財メーカー大手の花王は現在、ゼネラリストを養成する目的ではビジネススクールへの企業派遣を実施していない。かつて、二〇歳代の若手を中心に米国や欧州などのビジネススクールに数多くの社員を派遣してきた花王がなぜ、パッタリと企業派遣をやめたのか。人材開発グループ課長駒沢氏が指摘するのは、派遣後のキャリアパスと、MBAホルダーたちが思い描いたキャリアビジョンとのミスマッチである。**

**――ビジネススクールに社員を派遣していたのは何年くらい前ですか？**

二〇年くらい前です。毎年一〇人くらい、アメリカやイギリスのビジネススクールに社員を派遣していました。当時は「とにかく若い社員に海外を経験させせろ」ということで派遣しましたが、結果的にはその半数くらいが辞めてしまいました。

## MBA教育のノウハウを部分的に社内研修に活用

**――なぜ、辞めてしまったのでしょうか？**

問題の一つは、あまりに若い段階で行かせてしまったことにあると思います。やはり、入社して一〇年くらい、職場で頼られる存在になるまで働いてもらい、社内の人間関係を把握して、十分にコミュニケーションがとれるようになってから行かせるべきでした。それを、業務はもちろん、社内のこともよくわからない若い年代で行かせてしまった。そこに原因があったように思います。

花王では当時、入社二年間はできるだけ販売の現場を経験してもらうようにしていました。入社間もない新人は、たいてい現場で洗剤などの特売品を陳列したり山積みしたりする仕事を経験します。

そうした現場の経験を踏むことで、販売データの集計・分析結果が何を意味するのか、読み解く力がつきますし、変化が一時的なものなのか、恒常的なものなのかの判断もつきます。

しかし、派遣された若手社員はそうした現場経験を積むことなく、職場を離れ、MBAを取って戻ってきました。いかに優れた経営理論やマーケティング理論を習得していたとしても、周囲の社員から見れば「目の前の仕事だってきちんと経験してないじゃないか」となってしまったわけです。

もう一つの問題として、派遣後の

キャリアのミスマッチがあげられます。派遣された若手社員からしてみれば、多くの刺激を受け、知識・スキルを身につけて帰国しました。それらを存分に発揮して活躍する夢を抱いていたはずです。

一方で会社は、通常のローテーションの一環として配置してしまった。そこでは特別な知識・スキルは要求されず、むしろ目の前の業務をしっかりこなせる人材を求めていました。互いに失望する結果を招いたことは、いうまでもありません。

会社は帰国後の配置を想定した上で派遣し、社員もその新たな配属先でどんなことを実現したいのか、そのために何を学びに行くのか、しっかりとしたイメージを持った上で留学する必要がありました。

そういうような不具合があちこちで生じて、最終的には派遣をやめてしまう結果になったと認識しています。

**――現在は、ビジネススクールにはまったく派遣していないのですか？**

国際法務など、どうしても専門知識が必要な分野に限っては派遣しています。ただし、その目的はどちらかというとスペシャリストの養成です。したがって、MBAを取るために二年間、仕事を休ませてスクールに通わせるということはしていません。もちろん、ビジネススクールのノウハウを部分的に活用し、社内研修としてアレンジすることはあります。

たとえば、世界各国からグループのグローバルリーダーを二〇人くらい集め、MBA的な素養を学ぶ研修を行い、最終的にはトップに対して事業戦略の提言をしてもらう。

ただし、その場合でも花王の文化や考え方を共有してもらうことが大事で、MBA的な知識はあくまで、その上で身につけて欲しいという位置づけになります。

**――採用にあたって、MBAを持っていることはプラスになりますか？**

最初から「俺はMBAだぞ」という態度で来られたら、まずは受け入れられないでしょう。花王は突出した一人の人間が、「俺の言うことを聞け」という感じで物事が進む会社ではありません。

花王には「花王ウェイ」に象徴されるような、机の上だけで仕事をするのではなく、現場に行ってお客様の声を聞いたり、汗をかいたりすることを大事にしてきた文化があります。

社員食堂に行っていただいたらわかりますが、食堂でごく普通に社長が社員と一緒に食事をしているのが花王であり、トップから末端の社員まで、同じ目線で議論することでクリエイティブになれると考えている会社です。ですから、たとえMBAという資格を持っていても、そうした社風になじめなければ、一緒に仕事をしていくことは難しいだろうと思います。

もちろん、こうしたことをよく理解した上で、ぜひ花王で働きたいということならば話は別です。知識・スキルを持ち、困難に打ち勝ってMBA課程を終えてきたという事実は大いにプラスに評価できると考えています。

## グローバル化に対応できる経営幹部の育成が課題

**――入社を希望している欧米のMBAホルダーたちをどのように感じていますか？**

彼らのキャリア展望と会社側の期待をどう擦り合わせていくかは、今後の大きな課題だと認識しています。グローバルで勝ち残っていくために、グローバルでマネジメントできる人材、グローバルで人とコミュニケーションできる人材、グローバルで戦略を立てられる人材が必要なのは間違いありません。

しかし、そのために花王の文化を壊すことはしたくないと思っています。ですから、そういう人材をどこで育成するべきかといえば、現在のところはビジネススクールではなく、社内がベストだと思っています。

グローバルリーダーの育成に関しては現在、トレーニーという形で海外のグループ企業で働いてもらう取り組みをしています。現地の人々がどういう思いで仕事に取り組み、どんなふうに相手と交渉するのかを、肌で感じてもらう。その間、夜間や休日に語学学校にも通ってもらい、グローバルリーダーに必要な英語力を身につけてもらう。

**――ビジネススクールに期待することは何でしょうか。**

アカデミックな場に期待するのは、単なるビジネス知識よりもっと底流にある人間としての土台を作る部分の育成です。

人間を一本の木にたとえるならば、もっと根っこにある部分を鍛えて欲しいと思っています。現在のビジネススクールには、そういう観点から、もっと骨太で、魅力的なプログラムを提供して欲しいと思っています。

## インタビューを終えて　編集部

企業の人事部の方々には、MBA保有者を採用する際の考え方や、企業派遣における課題に関し、忌憚のない意見を伺った。そこにはいくつかの共通したイシューが見られる。

まず、各企業は、グローバルな経営を担える経営幹部をどう育成するか、という課題に直面している。取材前の予想と違っていたのは、異口同音に経営のスキルを超えた社会や文化を理解できる深い人間性を涵養して欲しいという意見である。国境を越えて普遍的に通用する経営の理論やスキルは存在するが、それは各国の地域性や企業社会の成り立ちを反映して変容する。経営幹部候補には、汎用性と特殊性、その両方を理解する力を身につけてほしいということだろう。実は、冒頭の座談会に代表されるように、ビジネススクール教育の真髄は、人間性教育をも包含している点では、問題意識は共有されている。

第二点がビジネススクールの「使い勝手の良さ」にかかわる点である。これには「時間」と「コスト」の二つがある。日本企業がグローバルに激しいコスト競争にさらされているいま、企業としては、できれば就業させながら、学ばせたいという希望が強い。この点はアンケートでも確認できる。これに関連して言えば、社内教育において、企業はビジネススクールの機能をぜひ活用したいと考えている。その場合、必要なプログラムを必要なだけ提供してもらいたい。

ビジネススクールとしては、企業個々の教育ニーズにどういった形で応えることができるのか、ビジネススクールが目指す教育の質、必要な教育時間、そして教育提供の方法とコストをどう組み合わせるのか、一層の工夫が求められているといえよう。

最後に、MBA学位の保有そのものは、昇進や昇格には考慮されないという点だが、これはある意味当然の意見である。日本の企業社会の現実は、MBAホルダーの絶対数の少なさからわかるように、それを取得していない優秀な人材の比率が圧倒的に多いわけで、彼らに対する配慮が重要である。だから、MBAを取得しただけでは価値はなく、それを生かし結果を出してこそ意味があるという、ごく当然のことが指摘されている。それはMBA保有者には、潜在的に高い価値や期待があるという事実となんら矛盾するものではないだろう。

ビジネススクールは、今後も積極的に企業に対して情報発信を行ない、MBA教育がいかに企業の成功に資するかを、もっと深く理解してもらう努力をさらに続けていく必要がある。本誌の発刊が、多少なりともその意味においての情報発信に寄与することを期待したい。

©I DREAM STOCK/amanaimages

第III部

# 誌上体験ビジネススクール

ビジネススクールでは何を教え、
どのような人材を育成しようとしているのだろうか。
ここでは慶應義塾大学ビジネス・スクールを例にとり、
講義の全体像と基本的な科目の授業内容および
それを習得する目的・意義を紹介する。

ガイダンス
講義の全体像

慶應義塾大学大学院経営管理研究科教授
河野宏和

# 「T型人材」の育成を目指すハードなカリキュラム

**経営全般に関する幅広い知識と専門領域に関する深い知識。その両方を兼ね備えた人材こそが、変革を主導するリーダーの条件である。**

「ビジネススクールって、経営学を教えるところですよね？」。学部を出て数年の若い人から、あるいは他学部の先生から、よく聞かれる質問である。「違います、経営について学ぶところです」。では、経営と経営学は別のもの？ 「教える」と「学ぶ」とはどう違うの？ そんな疑問に答えるために、以下では慶應義塾大学ビジネス・スクール（KBS）でのカリキュラムを例にとりながら、ビジネス・スクールで何を学ぶのかを見てみよう。

## カリキュラムの基本構造

基礎科目、専門科目、ゼミ＋修士論文、これがカリキュラムの基本となる三本柱である。フルタイム、つまり、月曜から金曜までのデイタイム、朝九時から夕方ないし夜まで、丸々二年間大学院に通う中で、これら三つの柱をすべてこなし、必要な成績と単位数を修めた者だけに、経営学修士（MBA）の称号が授与される。

世の中では、ビジネススクールが一つのブームとなり、夜間や週末のスクーリングでMBAの学位を得られる大学院も多くみられるが、KBSのカリキュラムは、それに比べるとかなりハードである。経営を自ら学ぶためには、そのくらいの投入工数とエネルギーが必要、それでも決して充分とはいえない、という考え方が基盤にある。二年間の中での前述の三本柱の履修タイミングを、図1に示してある。

基礎科目とは、経営に携わる者がだれでも理解しておくべき知識と、その知識をどんな場面で、どう使いこなしていけばよいかを学ぶための科目群である。KBSでは、一年間を三つの学期に分けた三学期制の中で、一学期にマーケティング、会計管理、組織マネジメント、経営科学、二学期に財務管理、生産政策、経済・社会・企業、三学期に総合経営、という合計八つの基礎科目（八四ページ以下を参照）が設置されている。

これらの基礎科目は全員必修で、六科目以上に合格し、かつ一定以上の平均点を取らないと、二年生に進級できない。KBSには留年という制度がないので、成績が基準に満たないと、直ちに退学となってしまう。

専門科目とは、経営の機能別領域についての専門的知識、あるいは境界領域的な問題、経営の最前線のイシューを学ぶための選択科目群で、KBSでは、一部の非常勤講師による科目を含め、約五〇の専門科目が提供されてい

図1　カリキュラムの基本構造

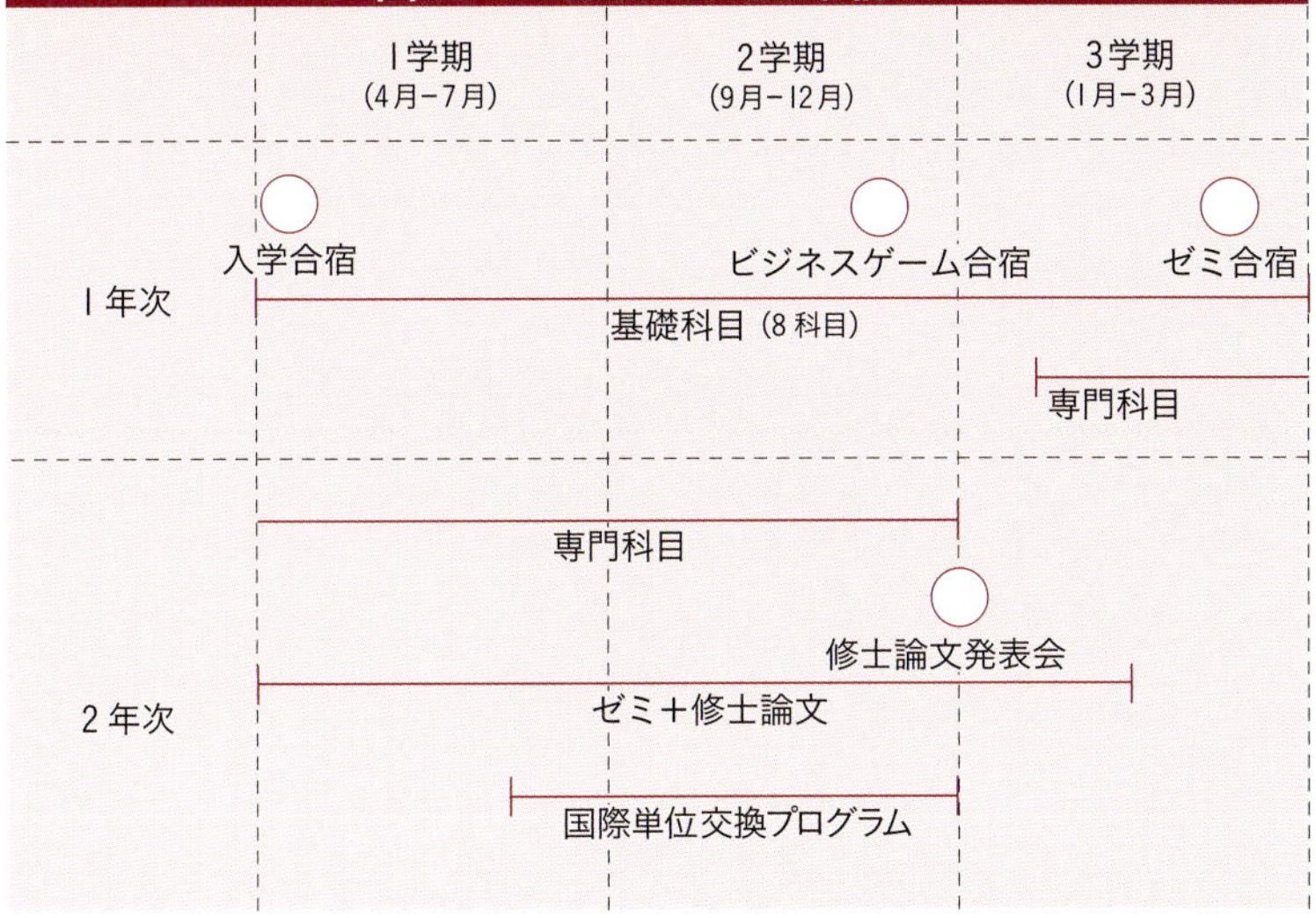


る。学生は、二年間で、基礎科目と専門科目を合わせて一八科目以上を履修することが卒業条件となっている。専門科目は、一年生の三学期から二年生の二学期に履修し、そこでは、フィールドワークやグループワークが多く採り入れられているので、一科目ごとのワークロードはかなり大きくなる。成績で一定以上の平均点が求められることは、基礎科目と同様である。

ゼミナールと修士論文は、欧米のビジネススクールには例が少ない、KBSならではの特徴である。二年生は、二七名いる専任教員のいずれかのゼミナールに全員が所属し、その指導の下で修士論文を作成し、一月にその内容を発表する。もちろん、ページ数だけでは論文の質を評価できないが、平均すれば一〇〇ページを超え、文献調査、課題設定、実証作業、考察を含み、一年近くをかけた研究作業である。一つのゼミは学生四人〜六人という少人数であるから、専門的な内容に深く入りこんだ論文作成が可能となる。また、そこでの人間関係はかなり濃密になるので、KBSの同期生に加えて、一生付き合う仲間がゼミで得られることになる。

自らの希望するゼミを選択するために、一年生の終盤である二月にオープンドアと呼ばれる期間が設けられ、学生一人ひとりが、自らの研究テーマを持って、候補となる教員と面談を行う。いいかえれば、学生の多くは入学時点から研究したいテーマを頭に描いている。この点は、教員主導で研究テーマが決められることの多い、他の大学院と大きく異なるKBSの特色である。

多くの学生が入学前から問題意識を抱き、それをベースに入学後に一年近くかけて深く考え抜いたテーマであるから、それぞれが生きた問題であり、ゼミナールでの議論や修士論文を書く中で学ぶ内容は、卒業後のキャリアにも深く関係することになる。

## どのような人材育成を目指すか

では、このように負荷の大きいカリキュラムを組むことのねらいは何だろうか。言いかえれば、KBSではどのような人材を育成しようと考えているのだろうか。

ビジネス社会は、言うまでもなく、日々刻々と変化し、その地域的、あるいは時間的な対象範囲も広がっている。したがって、ビジネスの世界で求められるリーダーは、常に社会の進むべき方向を見定め、さらにはその変化を先取りしてリードしていく人材でなければならない。そのためには、ビジネス社会を自ら先導していく気概、使命感、行動力、実践力といった素養を身につけていかなければならない。

KBSでは、タイトなカリキュラムに身を置くことにより、単に知識を学ぶだけでなく、他の仲間と切磋琢磨していく過程でリーダーとしての資質を磨き上げながら、そこに自らが体系化した知識を融合させていくことにより、知識を知恵として自ら活用できるリーダーの育成を目指している。

そのようなリーダーシップは、生半可なカリキュラムの中では、決して身に付くものではない。休む間もないくらいのハードなカリキュラムの中で、使命感や行動力といった資質を、知識と結びつけて体得しなければならない。実際の経営の場は甘くはない。そうした実務の場面で、単に生き延びるだけでなく、変革を先導していくためには、二年間のカリキュラムは当然にハードでなければならない。

KBSが重視している知識体系で生み出される人材は、あえて言い表わすとしたら、いわゆる「T型人材」ということになる（八三ページ図２）。T型人材とは、経営全般に関する幅広い理解（横軸）と、自らが得意とする専門領域に関する深く先端的な知識（縦軸）とをあわせ持った人材を指している。前者は、カリキュラム体系でいえば主に基礎科目によって、後者は主に専門科目とゼミナール・修士論文によって身に付くと考えられる素養である。

端的にいえば、何らかの専門知識だけに特化したスペシャリストでは、前述した変革リーダー、真の経営者となることはできないし、同時に、経営全体を理解しているだけでも、自らの強みとする専門領域がなければ、変革をリードしていくのは困難、ということである。個々人のキャリアプランによって、あるいは業界や職種によって、ジェネラリストの素養を重視するケースとスペシャリティを重んじる人とがあるが、ポイントは、両方を備えていることである。

近年、日本国内にビジネススクールが増えつつあるが、その多くが専門領域特化型で、ジェネラリストとしての側面が強調されていない点は、KBSの考えとは異なっている。KBSでは、単なる専門性だけでは、真の経営者を育成することはできないと考えている。このことは、KBSが自らを律している大切な規範である。これからMBAを目指す人たちにとっても、各校の教育理念や教育方針は、選択に当たっての重要なポイントであるといえよう。

KBSでは、授業方法として、「ケース・メソッド」と呼ばれる方法を採り入れている（第Ⅳ部参照）。学生は、企業の事例をまとめた「ケース」を事前に読みこなし、自ら分析してから授業に臨む。クラスでは、教員による一方通行のレクチャーではなく、学生同士、あるいは学生と教員とのディスカッションを通じて、双方向型の授業が展開される。

KBSに入学した学生は、卒業までに三〇〇～四〇〇のケースを学ぶことになる。まさしく、クラスは模擬的な経営の場であり、意思決定の場である。数多くのケースを毎日反復して学ぶ中から、判断力やコミットメントなど、前述したリーダーの素養を体験的に身に付けていくのである。

## フルタイムで学ぶ毎日の生活イメージ

ここで、こうしたカリキュラムをこなしていくと、毎日の生活はどのようなスケジュールになるかを見てみよう。

KBSのカリキュラムは、夜間や週末に授業を行うビジネススクールが多い中で、前述のように二年間フルタイムである。授業は、ウイークデーの月曜日～金曜日、朝九時～夕方六時を基本としている。したがって、企業で働きながらKBSに通うことはできない。一学年約一〇〇人の学生の内訳は、企業から二年間許可を得て派遣されている人が約三分の一、残りは企業を休職しているか、すでに退職してキャリアチェンジを行う人たちである。

学費は、私立であるため、一年間に約二〇〇万円が必要であるが、休職および退職の人たちは、それを自ら負担してKBSで学んでいる。このことから、学習意欲が高いのは、ある意味当然のことであろう。

話を生活イメージに戻そう。一年生のときは、基礎科目が中心となる。毎日、午前九時～一二時に一科目、午後一時～四時過ぎにもう一科目が配置されている。

九時に大学へ来ると、一時間～一時間半、一〇人程度の少人数に分かれてケースについて討議する（グループ討議）。続いて、階段状の教室に集まり、約五〇人で教師のリードの下に全体討議（クラス討議）を約二時間行う。午後にも別のケースでこれが繰り返される。授業の後、少しのまとめと復習の後、翌日の予習をすると、一つのケースの準備に三時間～四時間が必要になる。したがって、大学に残って一ケースの準備に夕方五時～八時を使い、家に帰って夕食をとり、もう一つのケースの準備に夜一〇時～午前一時を使う。少し複雑なケースだと、それが明け方までかかることも珍しくない。

二学期や三学期になると、そこに専門科目の準備やグループワークが加わり、二年生になると、基礎科目から解放される一方で、ゼミナールで深く議論する勉強がスタートする。

すなわち、KBSに在学している二年間は、まさに眠る間を惜しんで勉強し続けなければならない。しかし、そうしたハードな生活を共に経験した仲間とは、表面的な交流だけでは決して得られない、一生大切な仲間として、卒業後も交流が続くのである。

もちろん、グループワークなどが加わってくると、毎日のケースの準備を前週に先取りして行うなど、週末を活用して負荷のピークを平準化する努力も必要になる。入学者の平均年齢が三〇歳前後であることを考えると、勉強以外にも、結婚、出産、子育てなど、プライベートでも多忙な時期である。

しかし、そうした時期だからこそ、可能な限りお互いに助け合いながら、前向きのエネルギーで自らを奮い立たせて、勉学に励むのである。ビジネススクールとは、本質的にそういうエネルギーにあふれた場であり、そうあるべきではないだろうか。

## 海外校との単位交換プログラム

KBSのカリキュラムには、もう一つの大きな特徴がある。

それは、海外の有力ビジネススクールとの単位交換プログラムである。このプログラムに参加する学生は、二年生の二学期、約四カ月間を提携先の海外ビジネススクールで過ごし、そこで履修した卒業科目が、そのままKBSの卒業単位として認定される。

一方、海外のビジネススクールからは、現状では三学期に学生が来日し、KBSで提供される英語の専門科目（一つの学期に五〜六科目）を履修する。海外へ留学するためには、一定の英語力と学業成績をクリアし、面接に合格することが必要であるが、毎年、約二〇名の学生が留学している。

一方、海外へ留学しなくても、英語で開講される専門科目を履修することで、KBSにいながらにして海外から来る学生たちと交流して、国際感覚を身につけることができる。KBSでは、現在、アメリカ、ヨーロッパ、アジア各国の一流のビジネススクール二七校と単位交換の協定を結んでいる。

このプログラムは、今から一八年前、一九九一年に開設され、毎年一五〜二〇名の交換留学を継続している。グローバル化は時代の要請であるが、これだけ大きな規模で、単位交換形式の国際交流プログラムを実践しているビジネススクールは、国内では他に見られない。

図2　T型人材のイメージ

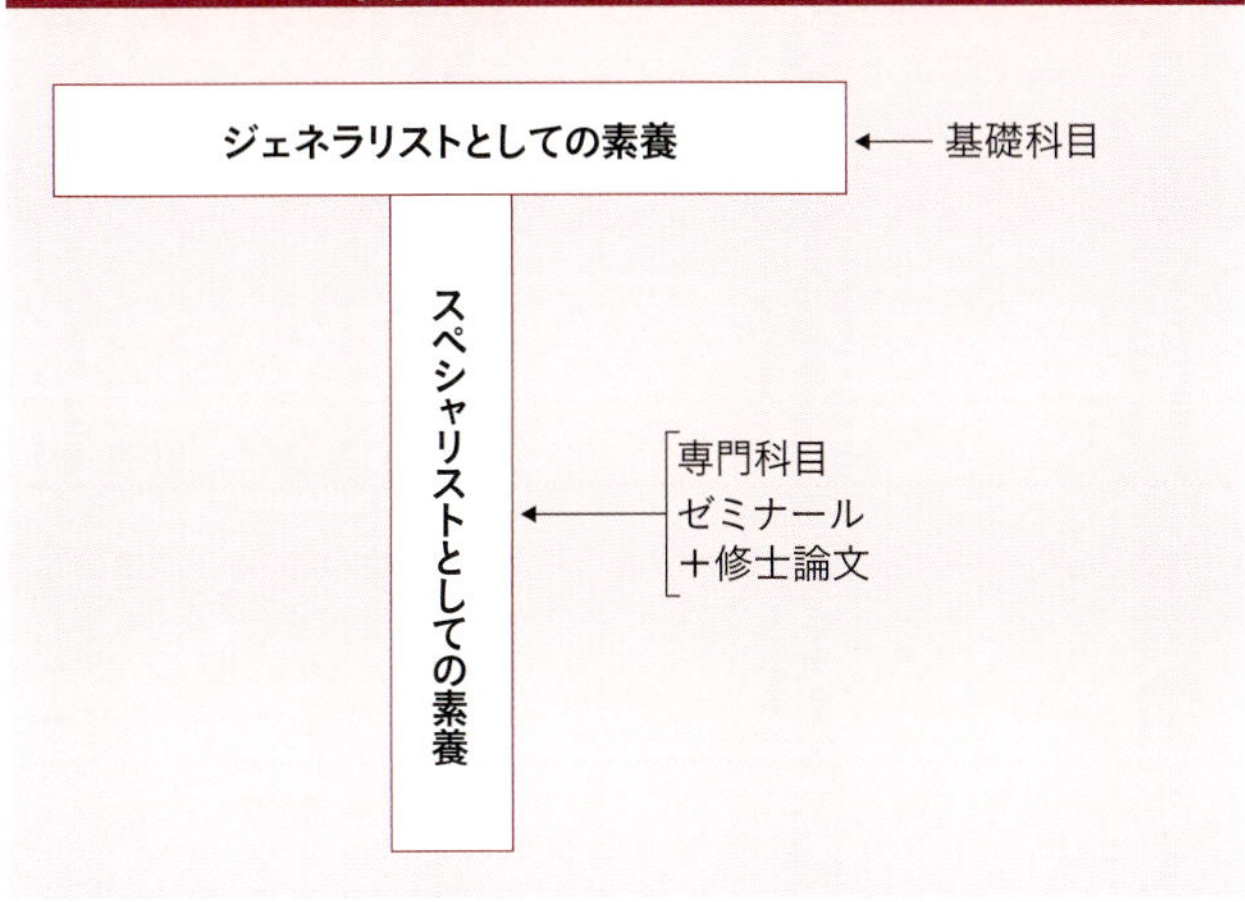


このプログラムで海外に留学する学生は、修士論文を日本にいる八月中にほぼ仕上げ、帰国後の一月以降に修正していくというタフなスケジュールを求められるが、追加の学費なしで国際交流を図れるこのプログラムは、KBSを志望する動機の一つとして高い評価を得ている。

これらの他にも、一年生の一二月に二泊三日の合宿形式で行われるビジネス・ゲーム、実務界の先端で活躍している方々を招いての特別講演や授業内講演も盛んに行われている。最近ではGEのジャック・ウェルチ元会長、トヨタ自動車の張富士夫会長、富士ゼロックスの小林陽太郎会長、さらには民主党の岡田克也副代表など、多様な講師を招いた最先端の講演により、大学院での二年間が机上の議論に終始しないように配慮されている。

こうした人的ネットワークの広さは、三〇年以上にわたる歴史と、ケース・メソッドやさまざまなセミナー・プログラムを通じて、実務界と常に密接なコンタクトを続けてきたKBSならではの資産である。

## 変化・深化を続けるカリキュラム

ビジネス界が日々変化していく限り、ビジネススクールのカリキュラムも安定的というわけにはいかない。

すでに、学生にとって充分に多様で負荷の高いカリキュラムであるが、さらにその内容を深化させ、多様なビジネス・ニーズに応えていく必要がある。そのため、新年度から、分野横断的な科目として、起業プランとビジネス・ディベロップメントを体験的に学ぶビジネスプラン科目、一つの企業を、複数分野の視点から深く分析する集中企業研究科目が開設される。

さらに、国際感覚の育成を強化するため、単位交換プログラムの期間拡大と提携校の増強が計画されている。また、特に欧州のビジネススクールで広まりつつあるダブル・ディグリー・プログラム（二年間で二つの大学からMBAを取得できる制度）を、フランスのエセック経済商科大学院大学（ESSEC）との間で新年度からスタートする。

KBSのカリキュラムはタフでハードである。そこで学ぶことで、自らが意欲をもって取り組めば、投入する工数の何倍ものリターンが約束される。しかし、教えてもらう、という受け身の姿勢では、リターンは決して得られない。確かに、働きながら大学院で学び、MBAを取る、そういうニーズもあるだろう。しかしながら、二年間フルに学んでも、経営の本質を見ぬく力はなかなか身に付かない。せっかく自らの貴重な時間を投入するのであれば、深く、広く、自ら積極的に学びとる。そういう意欲が、ビジネススクールに入学する上で、何よりも大切な要件である。

基礎科目 1

組織マネジメント

# 組織の行動と力学に影響を及ぼすスキルの獲得を目指す

**企業経営の根幹は「人」と「組織」。そのマネジメントは時代を超えた基本課題である。マクロ、ミクロ組織行動という二つの視点を通じて、この課題に取り組む。**

慶應義塾大学大学院経営管理研究科教授
高木晴夫
浅川和宏

## 授業の目的

企業経営の根幹をなすのは人と組織である。人と組織は経営の原点であり、それをいかにマネジメントするかが、どのような時代にあっても経営の基本課題として存在する。

この授業では「組織における人間行動（ミクロ組織行動）」と「経営における組織と戦略（マクロ組織行動）」の二つの視点からこの課題に取り組む。これを通じて、組織のマネジメントの基本を知り、さらには個人の組織行動と組織の力学に影響を及ぼすことのできるスキルを獲得して、経営のための意思決定とアクションに用いることを学ぶ。組織マネジメント領域のカバー範囲は、次ページの図に示されている。

具体的な目標は、（1）マネジメントに必要な人と組織に関する基礎的な考え方を知り、人とともに働き、人をマネジメントするときに必ず発生する課題の構造を理解すること、（2）組織上の問題の原因を分析する力と解決に必要な判断力・実行力を高めること、（3）人と組織の活動成果についての考え方を身につけ、それを高める方法を学習すること、さらに（4）経営組織の構造と組織過程に関するダイナミックな考え方を習得することである。

この授業のねらいは実践のための学習であり、単に知識を記憶することが目的ではない。学校の教室という制約はありながらも、できるかぎり経営の現実の考え方と判断、実際の行動のとりかたを重視していく。

## 授業の構成と進め方

コースは通常二つの部分から構成される。第一部「組織における人間行動」と第二部「経営における組織と戦略」である。授業は、ケース討議を中心に進める。また、必要に応じて教科書、ビデオ教材、新聞・雑誌の記事、論文などを用いた講義を行う。

授業は通常、一セッションとして、①六〇分のグループ討議、②一五分の休憩、③九〇分のクラス討議、④三〇分の講義あるいは質疑応答、で構成される。特に指示のあるセッションは、それに従った時間配分となる。

受講者は、事前に配布されるケースをよく読み、設問に対する自分の意見や考えを準備してグループ討議に参加することが求められる。

クラス討議では、マネジメントの視点からのケースの状況分析と必要な意思決定と対応行動についてクラス全員で議論する。

レクチャーでは、教科書と配布資料を参考にしつつ解説を行い、クラス討議をふまえた質疑応答を行う。

本コースでは理論面での教科書として、二点を配付する（参考文献参照）。教科書と直接的に関連する授業進行は少ないが、組織マネジメントの理論的補足をこれらの教科書を読むことで行ってもらいたい。

残念なことに、組織マネジメントの領域では、教科書に記載されている「理論」が、そのまま経営の「実践」に役立つことは少ない。これは、理論的な知識が重要でないという意味ではなく、実践で行う領域のほうが理論的知識の領域に比べてはるかに広く、多くの実践的英知が必要とされるということを意味している。

本コースでは、その英知を紡ぎだすことに主眼に置くので、理論的な知識の取得に興味を持つ人は、これらの教科書を読むよう奨励する。もちろん、特に重要で基本的な理論については、教科書や資料を用いて授業の中で講義する。

## 授業の日程と内容

授業内容は年により変更されるが、ある年度の講義内容を以下、参考までに要約したい。

### 第一部「組織における人間行動」

ここでは四つの単元に分かれ、九つのケースを扱う。ここでとりあげたテーマは、次のとおりである。

《単元1》組織を動かす

①会議の知的生産性、②（セッション1の継続）、③経営責任者の考え方とリーダーシップ（1）、④経営責任者の考え方とリーダーシップ（2）

《単元2》経営者のコミュニケーション

⑤経営者のコミュニケーション

《単元3》キャリアディベロップメント

⑥MBAとベンチャー企業、⑦家業を継ぐ

《単元4》日本企業の組織行動

⑧トヨタ組織での人間行動、⑨花王組織での人間行動、⑩中間試験

一例として、セッション5のケース「もののけ姫と宮崎駿」では、下記の設問に沿った討議を行う。

設問：（1）「もののけ姫」制作でのスタジオジブリの組織と宮崎監督の仕事ぶりには、どのような特徴があるか。（2）その中でも特に、宮崎監督は、自身と共に仕事するスタッフやクリエーターたちに向けて、どのようなコミュニケーションをとっているか。それはどのような考え方とねらいでなされているか。（3）宮崎監督の仕事の仕方、コミュニケーションの仕方の中で参考となる点があるか。

### 第二部「経営における組織と戦略」

組織マネジメント科目の後半は、組織をマクロな視点から捉えて分析する。全体を通して組織と環境とのダイナミックなかかわりを中心的テーマとする。組織構造とデザイン、組織の発展と衰退、さらには知識マネジメント、グローバル化、戦略的提携、企業買収、イノベーションといったさまざまなコンテキストにおいて、環境と戦略と組織構造と組織過程のありかたを考察していく。

後半においても九つのケースを扱う。取り上げるテーマは次のとおりである。

⑪組織構造と組織デザイン—事業部制、⑫組織構造と組織デザイン—マトリックス構造、⑬組織の発展と衰退、⑭知識マネジメントと組織の国際化、⑮研究開発の国際化における組織統合、⑯組織間の協調と戦略的提携、⑰企業買収後の組織間統合、⑱組織変革とイノベーション、⑲組織戦略と市場戦略—グローバル・イノベーションの課題、⑳期末試験

一例として、セッション⑪のケース「松下電器（ME）」では、以下の設問に沿った討議を行う。

設問：（1）当社の組織構造のメリット・デメリットは何か。（2）当社が今後とりうる組織構造について評価し、提言せよ。

## 革新を生み出す人と組織

経営の原点は人と組織のマネジメントにある。このことを再度述べて本稿の結びとする。経営とは絶えず変化する市場での競争であり、急激な環境変化に適応することである。このためにこそ、革新を生み出す柔軟で創造的な人と組織が求められる。この実現に向けていかなるマネジメントがなされるべきだろうか。

そもそも公式的な職制ラインによる仕事の達成が、どれほど完璧にマネジメントされていても革新は生まれない。革新は公式制度を超える人々の連携活動や、それを無視する新しい仕事のやり方、そして情熱や熱気のこもった集団から生まれる。本科目で使用する多くのケースは、このような現実のマネジメント課題を扱っているのである。

参考文献
❖S・P・ロビンス著（高木晴夫他訳）『組織行動のマネジメント』（ダイヤモンド社、一九九九年）
❖高橋伸夫編『超企業組織論』（有斐閣、二〇〇〇年）

# マーケティングの役割は将来の売れる仕組みづくり

**マーケティングの実践を念頭にケース討論。
マーケティングの計画・展開に当たっては、内的一貫性と外的一貫性の確保が重要だ**

慶應義塾大学大学院経営管理研究科教授
余田拓郎

「マーケティング」は、たいへん身近なビジネス用語になったが、企業や組織の中で正しく理解され実践されているかというと、必ずしもそうではないようだ。単に「営業活動」を置き換えたものであったり、市場調査のことを指したり、その内容はまちまちであるし、また、マーケティングが適切に実践されている企業を見つけるのは容易ではない。

マーケティングはどのように実践されるのだろうか。すべての顧客に製品を売ろうとしたり、サービスを提供しようとすると、きわめて効率が悪くなる。顧客のニーズは多様であり、十人十色であるため、一人ひとりにあわせた商品を提供しようとすると高いコストにならざるを得ない。他方、ニーズの異なる顧客に対して標準的な製品で対応しようとすると、個々の顧客のニーズからは乖離することになり、顧客の支持を得られなかったり、あるいは集客のために必要以上の販売促進費用を要すことになる。

これを避けるには、特定の顧客層に焦点を当てて、その顧客層に合った特徴のある製品やサービスを開発・提供し、この顧客層に向けて効率的な広告、販売促進を展開する必要がある。自社の経営資源や競合他社との競争を考慮しつつ、標的となる市場を決め(ターゲティング)、その市場ニーズに対応した製品開発や価格設定を行う、これがマーケティングの基本的な考え方である。

マーケティングというと営業や販売(セリング)と混同されることが多いが、基本的な考え方や役割は異なる。営業・販売活動がその日の糧を稼ぎ出す活動であるのに対して、マーケティングは将来の「糧」を稼ぐための仕組みづくりとして位置づけられる。つまり、マーケティングの役割は、将来にかかわる「売れる仕組みづくり」である。

このようなことが頭の中でわかったとしても、それがうまく実践に結びつけられるとは限らない。とりわけ日本の企業にはマーケティングがないと指摘されるのはなぜなのだろうか。それは、マーケティングを展開する上でのポイントがおさえられていない、ということを意味している。マーケティングとは、ターゲットを決めて、製品、価格、流通、プロモーション(マーケティングの4Pと呼ばれる)にかかわる複数の手法や活動を、ただ漠然と実行することではない。

## マーケティングの計画で留意すべき二つのこと

マーケティングの基礎コースでは、常にマーケティングの実践を念頭において、ケース討論が進められる。消費財はもちろんのこと、産業財やビジネス財であっても、なんらかの接点をもつ学生が少なからずいるため、討論はきわめて活発に行われる。ただし、ここで言う「マーケティングの実践」とは、自らの経験や消費者としての購入体験、あるいは当該ケース(企業や製品)についての情報を紹介することを期待しているわけではない。あくまでも討論では、ケースに記載されたデータや事実を多面的に分析し、置かれた状況においてどのような意思決定をするか、それはなぜなのか、といったことが問われるのである。

マーケティングを計画し、展開する上では常に二つのことに留意しなければならない(次ページの図参照)。

まずは、内的一貫性の確保である。マーケティングには統合という視点が欠かせない。統合とは、構成要素の単なる寄せ集めではなく、マーケティング要素間の整合性を確保することであり、これを内的一貫性と呼ぶ。

内部の一貫性は、４Ｐに限らずマーケティング目標、ターゲティング、ポジショニングなどマーケティング全般に関わる問題として捉えることもできる。たとえば、缶コーヒー市場で一位の市場シェアを獲得しようとするならば、缶コーヒーを飲む中心層である若い男性をターゲットから外すわけにはいかないだろう。一方、市場シェアではなく利益率を優先させ、多少プレミアムな缶コーヒーを中心に販売していく場合には、必ずしも市場の中心をターゲットとする必要はなく、たとえば年配のコーヒー好きな層をターゲットとするのも一案である。

このように、マーケティング目標とターゲットとの間には、整合性が確保されなければならない。その上で、ターゲティングやポジショニングと整合性が確保されるようマーケティング・ミックスを検討するのである。

マーケティング・ミックスの統合

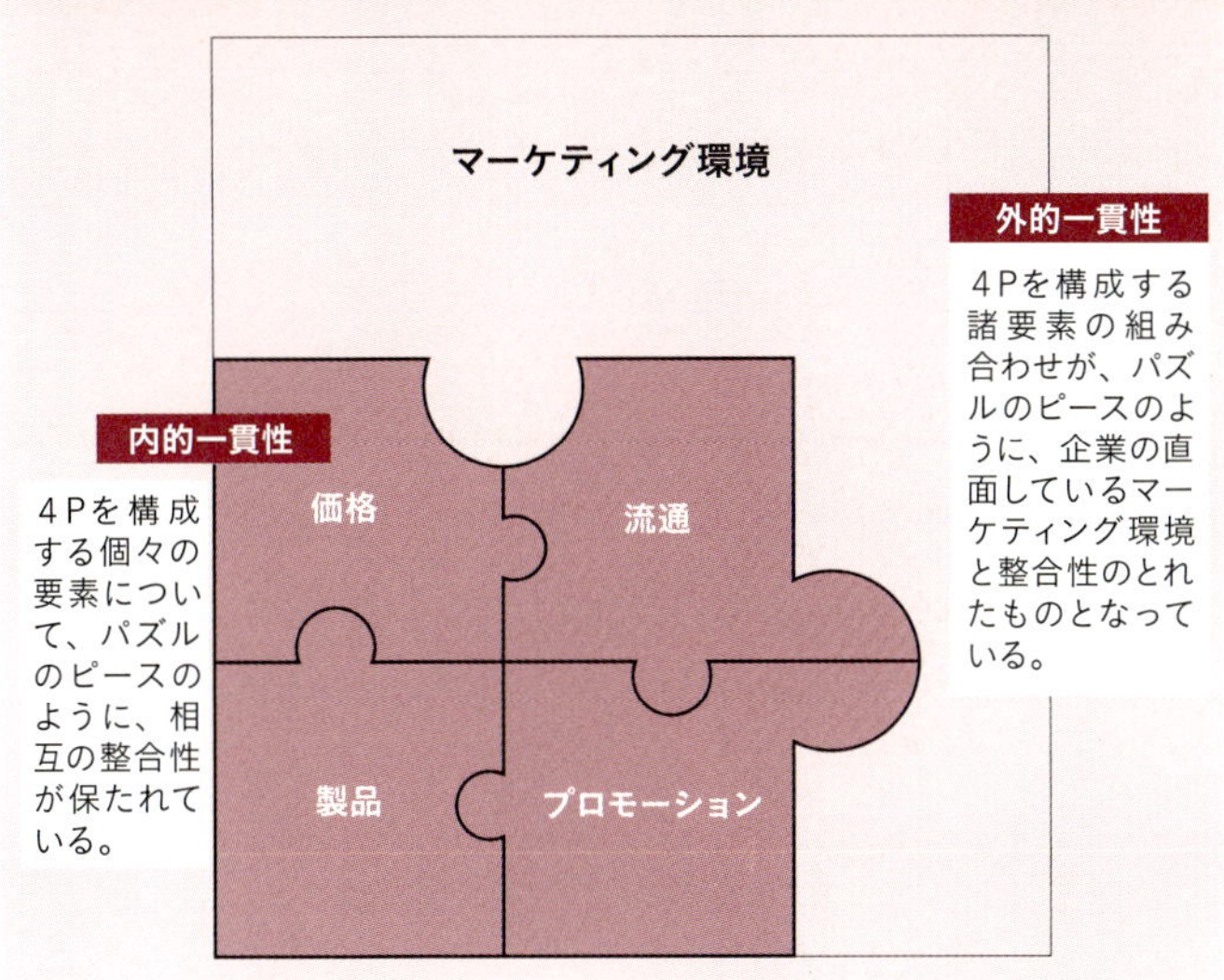
マーケティング環境
外的一貫性
４Ｐを構成する諸要素の組み合わせが、パズルのピースのように、企業の直面しているマーケティング環境と整合性のとれたものとなっている。
内的一貫性
４Ｐを構成する個々の要素について、パズルのピースのように、相互の整合性が保たれている。
価格
流通
製品
プロモーション

出典：『ゼミナールマーケティング入門』（日本経済新聞社）

マーケティングを展開する上で留意すべき第二の点は、外部環境との整合性である。マーケティング環境は多様であり、無数の要素が含まれるが、とりわけ重要なものが、消費、競争、取引、組織の四要素である。たとえば、消費者のニーズにマッチしたコンセプトをもつ製品でなければならないのはもちろんだが、消費者の知識水準や購買状況にあわせたマーケティングが必要である。たとえば、プロモーション一つをとっても、何がボトルネックとなって購入に至らないのか、ブランドが知られていないのか、それとも製品の理解が進んでいないのか、など消費者の状況を理解した上で、適切なプロモーションを展開しなければならない。

競争への対応も欠かせない。競合他社に対して競争優位をもつものでなければ、高い収益を期待することはできないだろう。競争対応でより重要なことは、競争優位を持続性のあるものにしなければならないという点である。一方、マーケティング・ミックスは、実行可能なものでなければならない。マーケティング活動は、自社の資源だけで行われるものではなく、販売チャネル、広告代理店、金融機関など、多様な取引が必要になる。

こういった取引相手の協力が得られる形で、マーケティングを展開する必要がある。さらに、策定したマーケティングプランが、研究開発、生産、物流、人材、資金などの経営資源や能力に適合したものでなければならない。取引や自社の組織を考慮したものでなければ、マーケティングプランを実行に移すことはできない。

## 学生のニーズを配慮したフィールドワークも

マーケティング基礎コースの授業では、こういった基本をおさえた上で、サービス財や産業財、あるいはインターネットをはじめとする新たなインフラや技術などを利用したマーケティングなどへとその対象は拡げられていく。

また、専門的なイシューやスキルを身につけたい学生には、消費者行動論、マーケティング・コミュニケーション論、市場戦略論、流通論などの専門科目が用意されている。これらの専門科目では、理論やモデルはもとより、優れた戦略・活動を展開している企業に関するフィールドワークも取り込み、参加する学生のニーズを配慮した上で授業が進められる。

また、より実務に近いところでマーケティングを実践したいという学生には、企業の協力を得て進められるマーケティング戦略論というフィールドワーク科目も設定されている。これまでにも、ベンチャービジネスをはじめとして、多様な業界のマーケティング課題が取り上げられている。

参考文献
❖嶋口充輝、和田充夫、池尾恭一、余田拓郎『ビジネススクール・テキスト マーケティング戦略』（有斐閣、二〇〇四年）
❖石井淳蔵、嶋口充輝、栗木契、余田拓郎『ゼミナールマーケティング入門』（日本経済新聞社、二〇〇四年）
❖池尾恭一、井上哲浩『戦略的データマイニング――アスクルの事例で学ぶ』（日経BP社、二〇〇八年）

基礎科目③

# 財務管理

# 問題はどこにあるかが問題 その問題を徹底的に議論する

**財務管理で大事なことは、コンピュータを使った解析能力ではない。柔軟で想像力溢れる頭脳とクラスメイトとの、闊達かつ建設的な議論である。**

慶應義塾大学大学院経営管理研究科准教授
小幡 績

二〇〇八年九月、リーマンショックが世界を襲った。米国の大手投資銀行の崩壊は、米国金融市場の崩壊を招いただけでなく、世界の金融市場を混乱させた。

しかし、事態はそれにとどまらず、日本の実体経済をもパニックに陥れ、トヨタ自動車までもが赤字転落となった。業種によっては、多くの企業が、新規採用、投資を見直しただけでなく、銀行借入れの継続ができず、倒産の危機に直面することとなった。

## シンプルに本質に切り込むことが目的

これらの企業経営者にとってみれば、何か直接的に過ちを犯したわけでもなく、また、業界自体に問題があったわけでもないにもかかわらず、破綻の危機が一気に訪れたのである。一体どうなっているのか。各企業レベルの経営者としては、どうすべきだったのだろうか。

慶應義塾大学ビジネス・スクールにおける財務管理という科目では、このような問題を考え、議論することが目的になっている。では、「このような」とは「どのような?」という質問が聞こえてきそうだ。

端的にいうと、このようなストーリーの中で、どこが本当の問題なのか、ということを議論することが目的なのである。問題はどこにあるかが問題なので、その問題を議論することがこの科目の最大の目的である。

まるで禅問答のようだが、シンプルに本質に切り込むことが目的だということである。つまり、リーマンショックで日本企業、それも製造業である企業Aの経営環境が悪化し、業績が一気に悪くなった場合に、悪くなったのは、リーマンのせいなのか、住宅バブルのせいなのか。米国が悪いだけなのか、世界が悪いのか、それとも、日本の政策的対応が悪いのか。あるいは、日本の金融機関のショックへの対応が悪かったのか。

いいや、それとも、これらのことは外部環境の変化の一つの起こり得るシナリオに過ぎず、当然、企業Aの経営者としては、事前に対応策を用意しておくべきで、結局、経営者の意思決定の誤りだったのか。

すなわち、企業Aの危機の本当の原因は何で、事後的にどう対処したらよいか、事前にはこれをどうしたらよかったか、ということが一番の問題となるわけである。つまり、根源的な問題はどこにあるかを発見すること、これが授業でのケーススタディにおける議論の最大の目的となる。

たとえば、日本の金融政策の誤りが原因であるとすると、それならば、それにどう対処すべきだったかということが議論になる。そして、企業Aには、国の金融政策を変えることはできないと考えるならば(ここも議論の論点になりうる)、あきめるしかないということになるか、金融政策が失敗することをシナリオの一つとして想定して、企業Aとして現金をため込んでおくべきだったかなど、どのような戦略的選択肢がありえたのかも、議論の対象となる。

ここの議論が最も重要で、何が選択肢としてありうるか、ということが現実の意思決定では(経営に限ったことでなく)全てとなる。それは、財務管理においても同じだ。ファイナンスの授業や勉強というと、与えられた計算問題をひたすら計算する、あるいはコンピュータで解析すると思い込みがちかもしれない。

実際、世界中の金融のプロたちもそう思い込んで、サブプライムローン証券化商品の価格付けをコンピュータで分析して、割安かどうか、あるいはリスクコントロールが可能かどうか判断して、絶好の投資機会と考えて買っていたのである。

彼らの誤りは、コンピュータのプログラムミスによるものでも、金融商品に格付けをつける格付け会社にだまされたわけでもないのである。

彼らが誤ったのは、格付け会社や投資商品を売っている機関の収益構造から判断して、金融商品のリスクを長期では見ていないことを軽視し、販売側の組織の意思決定（ここでは販売する金融商品のリスクを、どこまで顧客の立場に立って考えるか）の特性を考慮しなかったからである。販売側は売れる商品を売っているだけであることを、理解しなかったことに原因がある。

さらにいえば、サブプライムローンを出しているローン会社や住宅ローンを借りている個人の意思決定を理解しなかったことこそが、誤りの根源にある。つまり、サブプライムローン会社は、サブプライムローンを貸して回収することにより儲けるのではない。

貸したその債権を投資機関に売り飛ばして得た利益を資本として、多額の負債による資金調達を行い、新しくローンを出しまくることによるローン組成時の「手数料」で儲けているのである。

それゆえ、ローン会社は実際にローンが返済不能になることによって、貸出が回収できなくなり破綻するのではなく、金利が上昇し、負債による資金調達ができなくなること、債権を証券化して売れなくなることにより、破綻することになる。

## 重要なのは知識に裏打ちされた想像力

一方、ローンを借りている個人のほとんど全員が返済をあきらめ、デフォルト（債務不履行）する可能性が高くなる可能性は予測できた。なぜなら、米国では住宅ローンもノンリコースといって、住宅ローンで返済を放棄しても、その個人の信用の履歴が悪くならないからである。

つまり、日本の場合なら、ローンの支払いを免除してもらうには、一般的には自己破産をしなければならず、信用履歴にもその事実が残る。これに対して、米国では、その住宅さえあきらめてしまえば、あとは何も傷つかず、クレジットカードでも何でも、今までどおり使えるからである。

米国の場合、四〇〇〇万円のサブプライムローンを借りて、四〇〇〇万円の家を買った人は、その家の価値が、住宅価格暴落により三〇〇〇万円になったときに、三〇〇〇万円の家に対して残った借金四〇〇〇万円を返すことを選ばない。

もし仮に四〇〇〇万円宝くじで当たったら、三〇〇〇万円の価値しかない自宅は放棄し、それよりも一・三倍以上広い四〇〇〇万円の新しい家を買うのである。

こうなると、住宅ローン会社は新たにローンを提供することはできない。新たにローンを組んで住宅を買う人はいなくなり、既存の住宅は放棄されて売りに出され、住宅の需給バランスは大きく崩れ、住宅価格の暴落が加速する。

したがって、金融市場は、コンピュータによって制御されているのではなく、個々のプレーヤーの利害と意思決定により成立している。バブルの生成も崩壊も、個々のプレーヤーの行動の相互作用で成立することがわかっていれば、今回のケースに対する、金融機関、企業、投資家の行動は異なっていたはずである。

すなわち、すべてのプレーヤーの意思決定構造を考える。そして、彼らが作り出す市場全体、システム全体という状況を考え、この状況がどのように変化するか予測を立てる。ここで重要なのは、知識に裏打ちされた想像力となる。

直面する選択肢は、状況の変化によって変わる。しかし、その選択肢は、潜在的には予想が可能なものと不可能なものがあり、予想可能なものはきちんと予想できないといけないし、予想不可能なものを後付けで予想できたかのように議論してはいけない。

このような壮大な意思決定問題に、常に企業はぶつかっている。そして、それは、われわれのクラスルームでも同様に起こる。ここで必要なのは、最低限の知識と最低限の金融、財務の思考的フレームワークだが、極端に高度な専門知識や数学モデルではない。

最も重要なのは、コンピュータでなく、柔軟で想像力溢《あふ》れる頭脳と、それをかきたてるクラスメイトおよびクラスメイトとの、闊達かつ建設的な議論を戦わせる雰囲気なのである。これらを整えるために、学校は存在し、教師は存在している。

参考文献
❖リチャード・ブリーリー、スチュワート・マイヤーズ、フランクリン・アレン『コーポレート ファイナンス（第八版）上・下』（日経BP社、二〇〇七年）
❖井上光太郎、渡辺章博、佐山展生『M&Aとガバナンス―企業価値最大化のベスト・プラクティス（MBAコーポレート・ファイナンス）』（中央経済社、二〇〇五年）
❖花崎正晴『企業金融とコーポレート・ガバナンス―情報と制度からのアプローチ』（東大出版会、二〇〇八年）

基礎科目④
# 総合経営

# 経営者の視点から戦略的な企業経営のロジックを学ぶ

**戦略とはライバルと違ったことをするか、同じことでも違ったやり方をするか、のどちらかだ。**

慶應義塾大学大学院経営管理研究科教授
磯辺剛彦

総合経営では企業の経営政策や戦略について学ぶ。そして経営政策や戦略とは、「なぜある企業は成功しているのに、他の企業は失敗しているのか」という問題について考える領域である。つまり企業間の業績の差異や競争力の優劣について、その本質を解明することが重要な課題となる。その際、企業のマーケティング能力や技術力、組織力などの要因が考えられるが、他の分野の問題設定と大きく異なるのは、その視点が経営トップという点である。

次ページの図のように経営戦略は「全社戦略」と「事業戦略」の二つの階層に区分することができる。全社戦略とは多角化や垂直統合などのように「どの場所で競争するか」についての意思決定である。一方、事業戦略は企業戦略で決定した場所で、「いかに競争に勝つか」についての意思決定を行う。本稿では、後者の事業戦略を中心に話を進めたい。

## 事業戦略の第一歩は「ドメイン」の設定

事業戦略の策定は事業ドメイン（領域）の設定からはじまる。事業ドメインとは、自社が活動し競争する場所に関する意思決定である。このような事業ドメインは「顧客」「製品」「方法」の三要素で構成される。顧客とは自社が対象とする顧客グループ、製品とは顧客に提供する製品やサービス、あるいは顧客にとっての価値である。そして方法とは、そこでの競争力やビジネスモデルのことをいう。

たとえば米国の証券会社のエドワードジョーンズを例にして、事業ドメインの設定を考えてみる。一般に大手の証券会社は、東京や大阪といった大都市に営業所を構え、主に法人をターゲット顧客として株式を販売している。大都市に拠点を構えるのは、顧客の多くが大都市に集中しているためで、そのような法人に対して自前の営業部隊を使って大量の株式販売によって手数料を得ることが、ビジネスモデルの本質である。しかしエドワードジョーンズは、同じ証券会社でありながら、ドメインの設定が大きく異なっている。

この会社のターゲットは中小都市に住み、老後や会社の退職後の生活資金の確保を目的とした「保守的な個人投資家」である。このような顧客をターゲットするために、中小都市に小さなオフィスを構え、そこに一人の契約社員を配置する。そのような契約社員は、活動するコミュニティに精通した人物であることが求められる。

一見、とても非効率にみえる事業ドメインの設定だが、現在まで米国内に九〇〇〇カ所以上のオフィスを構えるまでに成長している。またエドワードジョーンズが拠点をもつ地域に他社が参入しようとしても、きわめて限定された市場規模の小さな商圏では大きな利益を見込むことはできない。要するに、事業ドメインそのものの設定が、高い参入障壁を構築している。

事業ドメインの設定は、企業の理念や存在価値に大きく影響される。たとえば島田伸介のＣＭで馴染みのある三浦工業は、小型ボイラの分野のリーダー企業だが、その事業ドメインは「ボイラメーカー」というよりも「お客様のボイラを守る」という言い方が的確である。ボイラという製品を販売する競争力は、技術力、品質、営業力、価格などが主要な競争力になる。しかし、ボイラを守るという価値でドメインを定義すると、これまでとは違った競争力やビジネスモデルが必要になる。

三浦工業が得意とするのはメンテナンス事業である。ボイラは過酷な環境で使用され、しかも部品の消耗が激しいために、定期的な点検や部品の交換が必要になる。そこで三浦工業は自社と顧客のボイラを回線で結ぶことによって、二四時間オンラインでモニタしている。もし製品にトラブルが発生すれば、二四時間体制で対応できるようにしている。同社のセグメント情報によると、製品の売上高は全体の六七%を占めるが、営業利益はメンテナンス事業が製品販売よりも大きい。

　このように製品販売後に出現するビジネスチャンスは「アフターマーケット」と呼ばれ、アフターマーケットは自動車販売、建設、医療機器、電力などさまざまな業界で注目されている。

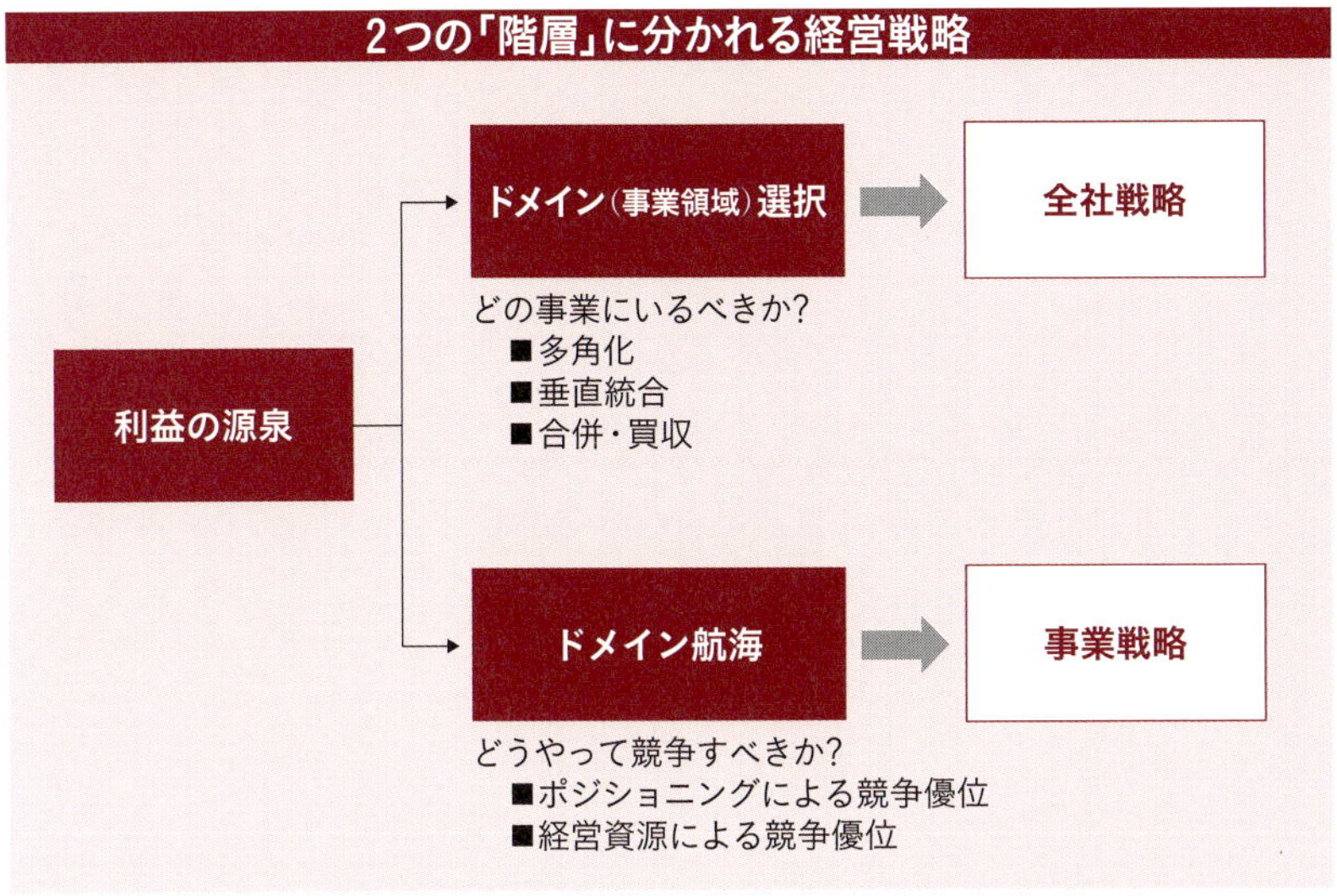


## 事業の組み立て方が競争優位を決定する

　他社と比較して卓越した経営資源をもつことは、企業の最重要課題である。このような経営資源にはブランド力、ノウハウ、スキル、技術力、営業力などがある。いわゆる「経営資源をベースとした戦略」が注目されるのは、こうした卓越した経営資源が企業の競争力と密接に関係しているからである。

　ただし企業がもつ経営資源と、そのような資源から価値を生み出すことは同じ意味ではない。経営資源についての企業の競争力は二つのタイプある。料理を例にすると、おいしい料理を作るには、新鮮な食材を調達する能力と、それを料理するという料理人としての能力が必要になる。つまりいくら卓越した経営資源をもっていても、そこから付加価値を生み出さなければ、宝の持ち腐れになってしまう。ここでは「資源化能力」と呼ぶことにする。

　ここでアート引越センターの事業展開を例にして企業の資源化能力について考えてみよう。「誰かが引越しするようだ」という情報から、どのようなビジネスチャンスが生まれるのだろうか。新居への引越しなどで生み出されるビジネスチャンスとして家具販売がある。ソファ、ベッド、テーブルなど、いわゆる「足もの」と呼ばれる家具の買い替え需要は、転居によって生まれることが多い。

　つまり、家具を買ってくれそうなお客様が誰なのか知っているのは、家具会社ではなく引越し会社なのである。そこでアート引越センターでは引越しの見積り時に、家具や家電のカタログを持参することで、新しいビジネスチャンスをとらえようとしている。

　事業ドメインによる競争優位にしろ、経営資源による競争優位にしろ、共通しているのは、差別化の本質は製品やサービスではない。競争優位の多くは「事業の組み立て方」にある。サプライチェーン、バリューチェーン（価値連鎖）、あるいはビジネスモデルの構築能力が競争優位を決定する。たとえばスペインのアパレルメーカー「ザラ」のサプライチェーンなどは、その代表的な事例である。

　東大阪で印章業を営む岩佐はバリューチェーンを変革することでリーダー企業となった。印章ビジネスのバリューチェーンで中核に位置するのは、印材へ文字を書き込む印鑑職人である。岩佐は印鑑職人を経由しないチェーンの構築に成功した。具体的には書体をデータベース化して、文字の書き込みを印鑑職人からオペレーターに移すことに成功した。

　また個人の能力を組織力に置き換えた企業もある。住宅メーカーの積水ハウスは、台所やトイレといった内装に関する営業方法を、組織営業に切り替えている。顧客が自ら体験して、自分がもっとも気に入った内装を選ぶことができる「納得工房」という施設を運営している。そして納得工房を体験した顧客の満足度はとても高く、その顧客が口コミで、次の顧客を紹介する好循環が生まれている。仕組みによる競争優位はきわめて強力である。

　このように事業戦略レベルでの競争優位は、いくつかのタイプに分類できる。

参考文献
❖マイケル・ポーター『競争の戦略』（ダイヤモンド社、一九八二年）
❖デビット・アーカー『戦略立案ハンドブック』（東洋経済新報社、二〇〇二年）
❖ジェイ・バーニー『企業戦略論』（ダイヤモンド社、二〇〇三年）

# 会計は経営の写像であり財務諸表は登山家の地図

**会計リテラシーはビジネス・リーダーに必須。
会計を通じて経営全体を把握する基礎力を養い、トップの立場で今後の経営展開を議論する。**

慶應義塾大学大学院経営管理研究科教授
山根 節

## 経済人育成には何が必要か 会計リテラシーと福沢諭吉

　変化の激しい時代である。こんな時代に求められるビジネス・リーダーの能力とは、どんなものだろうか。

　まず変化の潮流を読み取る状況認知能力。そしていち早く方向性（ベクトル）を組織の内外に指し示す力、つまり問題解決能力が必要である。加えて、その方向性を短い時間で、組織を説得し浸透させる能力＝高度な発信能力が求められる。

　これら状況認知能力、問題解決能力、発信能力の三つを、われわれは情報リテラシーと呼んでいる。現代のビジネス・リーダーは高い情報リテラシーが求められる。情報リテラシーのない実行力、行動力は意味をなさないのだ。

　何と今から一五〇年ほど前の近代日本の黎明期に、情報リテラシーの重要性を説いたのが、慶應義塾の創立者・福澤諭吉である。

　福澤諭吉は『民情一新』（一八七九年＝明治一二年刊行）の中で次のようにいっている。

「語に云く、智極て勇生ずと。……智とは必ずしも事物の理を考へて工夫するの義のみに非ず、聞見を博くして事物の有様を知ると云ふ意味にも取る可し。即ち英語にて云へばインフヲルメーションの義に解して可ならん」

　諭吉翁は、欧米列強の侵略によって植民地化された当時の中国の惨状を見て、産業立国によって、日本をいち早く先進国の仲間入りさせなければならないと考えた。そのために、当時のリーダーとなるべき人々に「世界に目を開け！　広い聞見を得て情報を極めれば、力と勇気が生まれる」と説いたのだ。

　この頃「インフヲルメーション」には適当な訳語がなかったが、後にこの言葉の訳語に「情報」という造語を当てたのが、森鴎外である。

　諭吉翁は経済人、つまりビジネスマン育成を目指した。諭吉翁は欧米を歴訪するうちに、経済人育成に何がまず必要かと問うた。そして会計の必要性を知った。

　早速アメリカの複式簿記の教科書を買いあさり、その中の一冊を翻訳して生みだしたのが『帳合の法』である（次ページ写真）。これがわが国に西洋式会計を導入するさきがけとなった。

## 写像という平面図から立体的な活動を再構成

　それでは諭吉翁がその重要性を説いた会計とは何だろうか。

　実は会計に対しては誤解が多い。会計とは「企業の経営活動を総合的に捉えるツール」である。会計のほかに、経営活動を総合的・統一的に捉える手段はこの世に存在しない。

　経営活動とは、企業で働く個々の人々の活動すべてを含み、モノやカネや技術やノウハウも含んでいる。これらは、本来とらえどころがない茫洋としたものの集合なのだ。しかし会計は、これらをまとめて捉えようとする。

　会計はまず経営活動に貨幣価値という光を当てる。光を当てると、反対側にある写像が投影される（次ページ図）。これがいわば財務諸表であり、会計情報である。これは一種の平面図である。それゆえ欠点も多い。しかし、おかげで経営活動をトータル、かつコンパクトに捉えることができる。

　われわれは少し経験を積むと、この平面図を見ることによって、立体的な経営活動を頭の中に再構成することができるようになる。この行為が「財務諸表を読む」ことである。財務諸表を読むことによって、企業をトータルに捕まえ、問題の全体像を把握することができる。

「ビジネス・リーダーにとっての財務諸表」はよく、「登山家にとっての地図」にたとえられる。

地図は例えば山を等高線で切り取って平面図に投影したものに過ぎない。地図には、欠点も多い。しかし地図は山の全容を捉える唯一のツールであり、登山家にとってなくてはならないものだ。地図の読めない登山家は、登山計画一つ立てられない。

企業家にとっての会計の役割も、同様である。全体像のツールである会計が読めない企業家は、経営全体を把握することができない。全体を把握できなければ、経営ができない。したがって会計リテラシーは、ビジネス・リーダーにとって必須なのだ。

## 財務諸表と格闘する授業
## トップの立場で経営を議論

KBSの会計管理は複式簿記の学習から始まる。しかしその時間は十分ではない。ある程度、会計の構造的な基礎が理解できた時点から、本物の財務諸表を使って経営を議論し始める。

われわれはそれを「財務諸表との格闘」といっているが、財務諸表からその企業の経営上の強み(成功要因)や弱み(問題)を読み取り、トップの立場で今後の経営展開を議論する。これがKBS「会計管理」の特色である。

財務諸表を睨み、財務諸表の裏側に潜んでいるリアルな経営像について、推理をめぐらせるのだ。具体的には、輝かしい業績を上げる企業や、逆に問題を抱える企業の財務諸表を取り上げる。たとえばトヨタ、NTTドコモ、ソニー、ソフトバンク、アサヒビール、セブン&アイ、三菱商事、任天堂……など。これらの企業のビジネス・モデル、それゆえの体質的な特徴と問題点、今後の経営政策などを読み取る力を養うことに主眼を置く。

KBSの学生諸君は、ビジネス経験を持つ人が多く、いろいろな業界から集まっている。こうした人たちと活発に取り交わされるリアルな議論は、ビジネススクールの醍醐味である。

会計リテラシーは、経営全体を把握することなので、他の科目を学ぶ上で基礎的な力を養うことになる。数字に関する知識は、企業経営全般に及ぶ必須の能力であることはいうまでもない。

企業の製造活動は原価(コスト)との戦いであり、会計そのものの力が必要である。採算性の観点を欠いたマーケティングは、意味がない。会計リテラシーのないマーケッターでは役に立たない。事業可能性を見通せない研究開発(R&D)は、開発者の自己満足に過ぎない。人件費効率に対する配慮を欠いた人事部門も、今どき生存できない。会計管理システムがわからない情報システム担当者というのはありえない。

このように考えると、会計管理の知識はすべての科目の基礎に位置するといって過言でない。基礎科目の初めに設けられているゆえんである。

KBSの会計管理は、会計専門学校の会計とは異なる。会計はあくまで経営管理のツールであり、会計を通じて経営を議論することを目的としている。無味乾燥な分析はKBSの視野にはなく、教員たちも発見に満ちた楽しい授業を心がけている。

### 日本に会計を初めて紹介した福沢諭吉

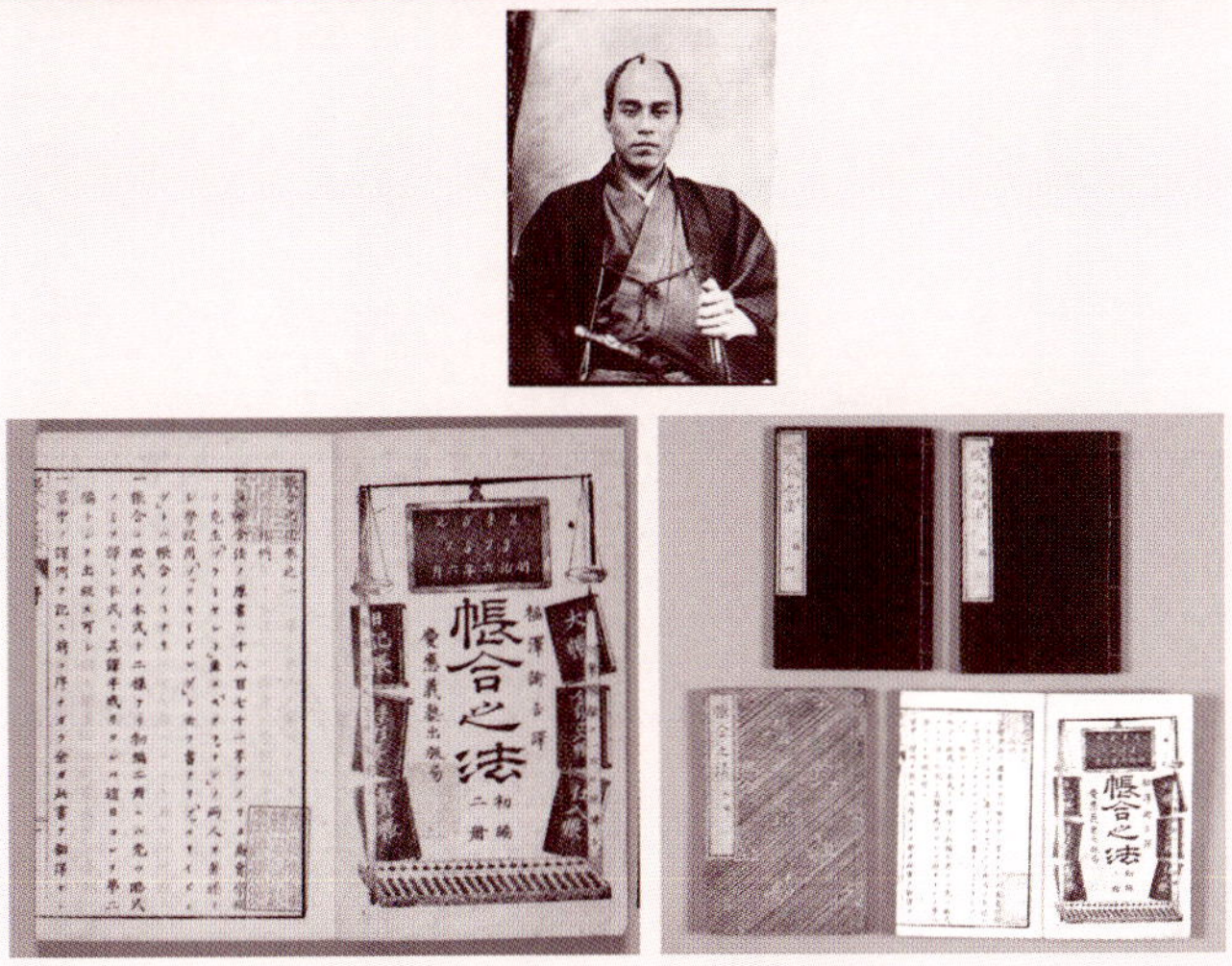

福沢諭吉「帳合の法」 1873〜74年(明治6〜7年)

### 会計＝経営の「写像」

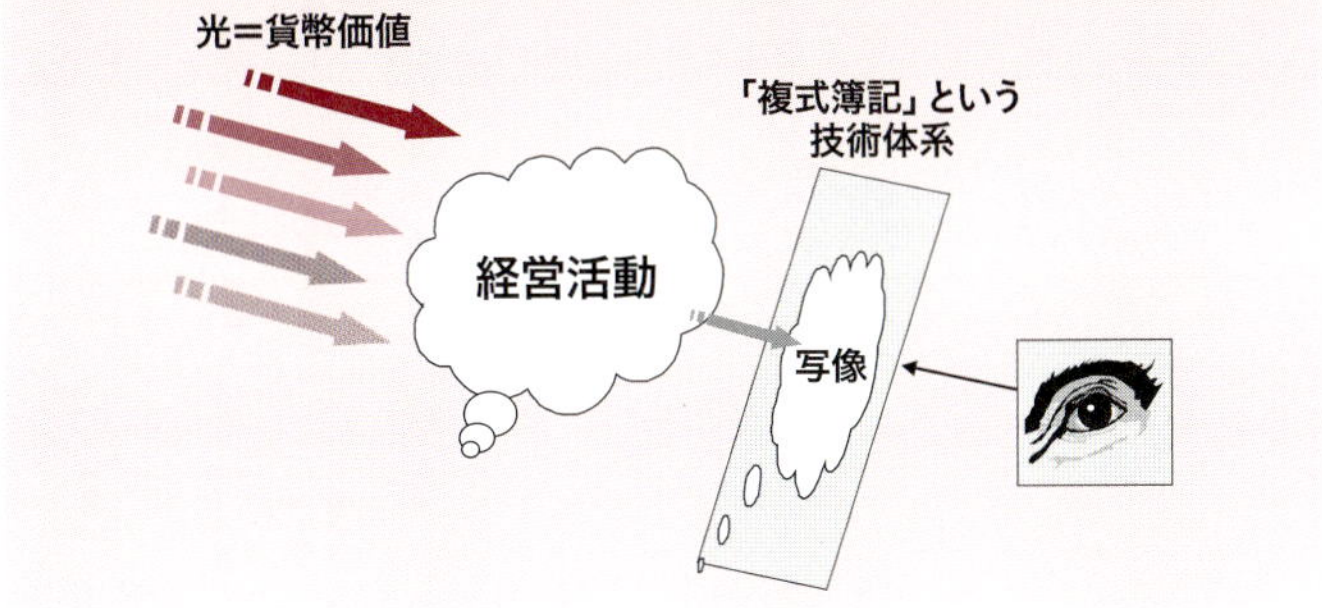


参考文献
❖山根節『新版ビジネス・アカウンティング』(中央経済社、二〇〇八年)
❖山田英夫、山根節『なぜ、あの会社は儲かるのか?』(日本経済新聞出版社、二〇〇六年)
❖山根節『経営の大局をつかむ会計』(光文社新書、二〇〇五年)

基礎科目⑥

# 生産政策

# オペレーション活動を対象として「現場」から経営の問題を考える

現場で発生する問題の解決をトータルな視点で検討。
他の科目を下支えするインフラ的役割を果たす。

慶應義塾大学大学院経営管理研究科准教授
坂爪 裕

企業活動において、生産といえば「生産管理」をイメージする場合が多いだろう。そこでまず初めに、なぜ「生産政策」という名称を使っているかを説明しよう。そこにこの科目の特徴が集約されている。

一般に、日本で生産管理というと、統計的な品質管理手法や在庫管理手法など、特定の手法・技法に焦点を当てた教育が行われる傾向が強い。しかし、生産政策では、特定の手法・技法に焦点を当てるのではなく、企業の「現場」で発生する具体的な問題を出発点として、その問題をいかに解決するかを総合的な観点から検討するところに最大の特徴がある。

もちろん、その過程で、特定の手法・技法が問題解決に有用であれば、それを取り上げて議論するが、まずは問題をいかに解決するかを考えることが主目的となる。

## 生産機能ばかりでなくトータルシステムに焦点

生産政策では、製品やサービスを提供するオペレーション活動を対象とする。その際、企業経営における戦略や計画の適否そのものではなく、戦略や計画をいかに実行するかという点に軸足を置いて、オペレーション活動のあり方を議論する。この点で、生産政策という科目は、他の基礎科目を下支えするインフラ的な役割を担った基礎科目であるといえる。

生産政策では、まず製品やサービスを顧客に提供するオペレーション活動が、どのような筋道で企業競争力に結びついているかという論理を記述・分析し、生産を含むオペレーション活動全般が、企業経営においてどのような役割を果たしているかを理解する。

ここでいう企業競争力とは何か。それは競合企業が提供する製品・サービスを含めた複数の代替品の中から、当該企業が提供する製品・サービスを顧客に選択してもらう際の魅力度を意味する。顧客にとっての魅力度は、一般にQ（品質）、C（コスト）、D（納期）、F（柔軟性）、S（サービス）という五つの要因から成り立っている。

また、生産政策といっても、単に製造企業の生産機能ばかりに焦点を当てるのではなく、営業・開発・購買・物流といった他の直接業務や、管理・間接業務も対象として、各業務機能が連携し、トータルシステムとしてどのような形で企業競争力を形成しているのかを考察する。たとえば、食品を製造する企業であれば、鮮度という一つの品質項目をとってみても、工場の生産工程だけでなく、鮮度の維持しやすい製品設計や、鮮度の高い材料の調達、温度管理の徹底した物流、きめ細かい在庫管理を可能にする情報システムなど、多様な業務機能が連携し、トータルシステムとして機能することで、はじめて高い鮮度の食品を顧客のもとに提供することができる。

さらに、対象企業は製造業に限らない。周知のように、昨今のサービス経済化・ソフト化という流れの中で、非製造企業のウエイトが非常に高くなっている。このため流通業や金融機関、医療機関も含めて、幅広くサービス企業一般のオペレーション活動についても考察の対象としている。

## 主に三つの観点でディスカッション

生産政策では、主に次の三つの観点からディスカッションを通じて理解を深める。

第一の論点は、記述・分析した実行段階としてのオペレーション活動が、果たして企業が狙っている戦略や計画

### 生産政策で扱う主な問題領域

**〈個々のオペレーションを中心としたミクロ・レベルの問題領域〉**

1.製造品質・サービス品質の向上を目指した改善
2.作業管理と設備管理を中心としたコスト改善
3.生産計画と日程管理を中心としたリードタイム短縮改善
4.フレキシビリティの向上を目指した改善

**〈企業全体のトータルシステムを中心としたマクロ・レベルの問題領域〉**

1.製品開発のマネジメント
2.生産革新活動など改善活動のマネジメント
3.サプライチェーン全体の設計と改善
4.海外生産と国内生産の国際分業に関わる諸問題
5.ものづくり企業としてのミッション

と整合的で一貫性を保っているかどうかという観点である。いかにすばらしいオペレーション活動でも、企業の狙いと整合的でなければ、顧客にとっての魅力度向上には繋がらない。

第二に、今後、企業が狙っていく戦略や計画を実現し、トータルシステムとして企業競争力を向上させていくためには、具体的に何をどのように変革していけば良いのかといった改善・改革の方向性について議論する。その際、各競争力要因間のトレードオフ関係を明らかにした上で、単に競争力要因間で静的なバランスをとる、つまり特定の競争力要因を高め、それ以外の要因は現状維持といったタイプの改善ではなく、トータルシステムとしてオペレーション活動をゼロから再設計することで、たとえばQCDを全て同時に向上させるといった、複数の競争力要因に関わるダイナミックな改善の可能性と有効性について議論する。

第三に、いわば実行段階のオペレーション活動を通じて、現場から生まれる戦略の可能性について議論する。一見すると目立たない日々の地道な現場レベルの改善活動を、コツコツと長期継続的に行うことで、現場にさまざまな知識・ノウハウが蓄積され、この蓄積を通じて競争相手に対する競争力格差を広げていく現場発の戦略は、一見すると大仕掛けの経営戦略ではない。このために、戦略とは呼べないもののように思えるかもしれない。

しかし、戦後、日本の製造業が蓄積してきたTQCやトヨタ生産方式などの生産システムのあり方を見ると、実はこのような戦略こそが、日本の国際競争力の確立にとって非常に重要であったことがわかる。生産政策では、このような日々の地道な現場レベルの改善活動を通じた戦略の可能性についても議論する。

生産政策では、以上の観点からディスカッションを行う際、基本スタンスとして、抽象的なあるべき論ではなく、できるだけ具体的で、かつ現実的に妥当性のある方策を議論する。これは生産政策という科目が、企業活動の実行段階に軸足を置いて、各企業が抱える経営上の具体的な問題を出発点として議論するからにほかならない。どの部署の誰が、どのような問題・課題に直面しているのか、問題を解決するまでの時間的猶予、考慮すべき組織的範囲、許される投資額など、さまざまな条件を明確にした上で、より具体的な解決方策を議論する。

以上の基本スタンスのもと、生産政策で取り扱う主な内容(問題領域)は表の通りである。

## さらに理解を深めるための二つの専門科目

基礎科目の受講後、生産政策分野をさらに深く学びたい学生は、次の二つの専門科目を履修することができる。

### (1)生産システム設計論

この科目の面白さは、製品やサービスを提供するオペレーション活動を改善するための手法や考え方を身につけるために、実習活動(フィールドワーク)を行うことにある。具体的には、個別企業の生産や営業の現場へ足を運んで、自ら課題を設定し、必要なデータを集めて現状のプロセスを分析して、現物に触れながら改善のアイデアを考える。そして最終的に、各学生が個別企業に対して、改善の方向性について提言を行う。

### (2)生産マネジメント

この科目では、ケースメソッドを中心に、生産政策に関わる意思決定問題について学んだ学生が、再度学んだ理論を体系的に整理し理解を深めるために、生産政策分野の代表的な教科書・基本文献の講読を行う。

以上、生産政策では、企業の「現場」で発生するさまざまな経営上の問題を出発点として、その問題をいかに解決するかをトータルシステムの観点から検討し、企業競争力の向上に結びつく方策を検討する。

参考文献
❖小野桂之介・根来龍之『経営戦略と企業革新』(朝倉書店、二〇〇一年)
❖藤本隆宏『生産マネジメント入門(Ⅰ)生産システム編』(日本経済新聞社、二〇〇一年)
❖藤本隆宏『生産マネジメント入門(Ⅱ)生産資源・技術管理編』(日本経済新聞社、二〇〇一年)

基礎科目 7

# 経営科学

## 経営課題の科学的解決を図り決定の質を高める方法を学ぶ

**現実に問題となっている対象を「モデル」によって表現し、合理的な意思決定を支援することを目指す。**

慶應義塾大学大学院経営管理研究科准教授
林 高樹

「経営科学(management science)」は、読んで字のごとく、経営上の諸問題に対して「科学的な」方法によって解決を図るものである。ここで言う「科学的な」方法とは、個人の経験や直感のみに基づく恣意的で伝達不能なやり方ではなく、データを踏まえての実証や、(経済学や自然科学・工学などの理論・方法論を起源とする)論理的推論・思考に基づくものであり、その意味で客観性を有し、他者に対して説明可能なやり方である。したがって、論理が成り立つための前提条件が成立する状況においては、説得性をもちかつ再現可能なやり方である。

そして、一般の科学分野と同様、経営科学的アプローチの中核となるのは、「モデル」である。現実に問題となっている対象を「モデル」によって表現し、それにより解を求め、その解を問題に対して実施し、それによってもたらされる結果を観察し必要に応じてモデルを再構築する、というプロセスが繰り返される(次ページ図)。

### 合理的な意思決定に必要な三つの要素

ところで、「経営科学」はもともとが学際領域であるため、その意味する内容やカバーする範囲は、人によって若干異なり必ずしも一つとはいえない。しかし、歴史的には元来が軍事作戦(オペレーション)のための科学的な研究であった「オペレーションズ・リサーチ」(OR)から出発したとされる。ORは、第一次大戦頃に始まり、第二次大戦中に、英米軍において実用化された。各分野の科学者が集まり、潜水艦の攻撃からの損害を最小にするような輸送船護衛艦隊の展開方法などについて研究し、軍執行部に助言した。

大戦の終了と共に、それらの科学者たちが一般社会に復帰し、経営問題において研究成果の平和利用を行ったのが、今日のORの始まりであり、経営科学の始まりである。なお、「科学的管理法」(一九世紀末~二〇世紀初に米国人技術者フレデリック・テイラーが創始)を起源とする「経営工学」とも重なる部分が多い。

今日の「経営科学」においては、伝統的なOR手法による構造が比較的明確で数量化可能な要素の多い業務上の問題解決という側面に加えて、戦略的な意思決定の支援という側面が重要である。すなわち、われわれは「不確実性」を有する経営課題に対して、戦略的な意思決定を「合理的に」行わねばならない。ここで、「合理的な」意思決定には、通常、次の三つの要素が必要であると考えられる。

すなわち、(a)目標を明確化すること、その際に、目標を達成したか否かを判断するための評価基準を定めること、(b)目標を達成するために取りうる選択肢を全て書き出すこと、(c)不確実性のもとに起こるシナリオを全て列挙して、それらのシナリオと(b)の選択肢との組合せによって起こりうる結果を、すべて予想すること、である。

そうすれば、(c)で予想された結果の中から、(a)で定められた評価基準を最大にするような選択肢を(b)の中から、選べばよい。ここで、「不確実性」とは何か、それをどう表現するかであるが、これらに関しては授業で扱う。いずれにせよ、意思決定の可視化・透明化、共有化の観点から、さまざまな定量的アプローチが存在する。

さて、KBSにおける「経営科学」の授業の目的は、得られる情報と論理的思考を駆使して、経営課題の解決や意思決定の質を高める方法について検討する、というものである。より具体的には、(i)良質な意思決定を行う上でのベースとなる数値計算や定量分析の具体的な方法論、および「合理的な」意思決定の方法論、さらには、(ii)(i)で学んだ方法論を実際に応用し、意思決定を行う総合演習から構成されている。

本科目の前半においては、特に(i)を学ぶことになる。取り上げられる具体的な方法論としては、確率統計、シミュレーション、線形計画法、スケジュール管理法／PERT、デシジョン・ツリー、階層的意思決定法／AHP、などがある。

後半における主要なテーマは、ゲーム理論に基づいた戦略的意思決定である。これは、自分にとって最善の選択が、他者の選択によって左右される状況における意思決定である。そのような状況では他者の行動を予想することが、質の高い意思決定をする上で重要となる。さらに、現実の複雑な状況における意思決定を問う総合演習(ii)が行われる。

問題解決の経営科学的アプローチ

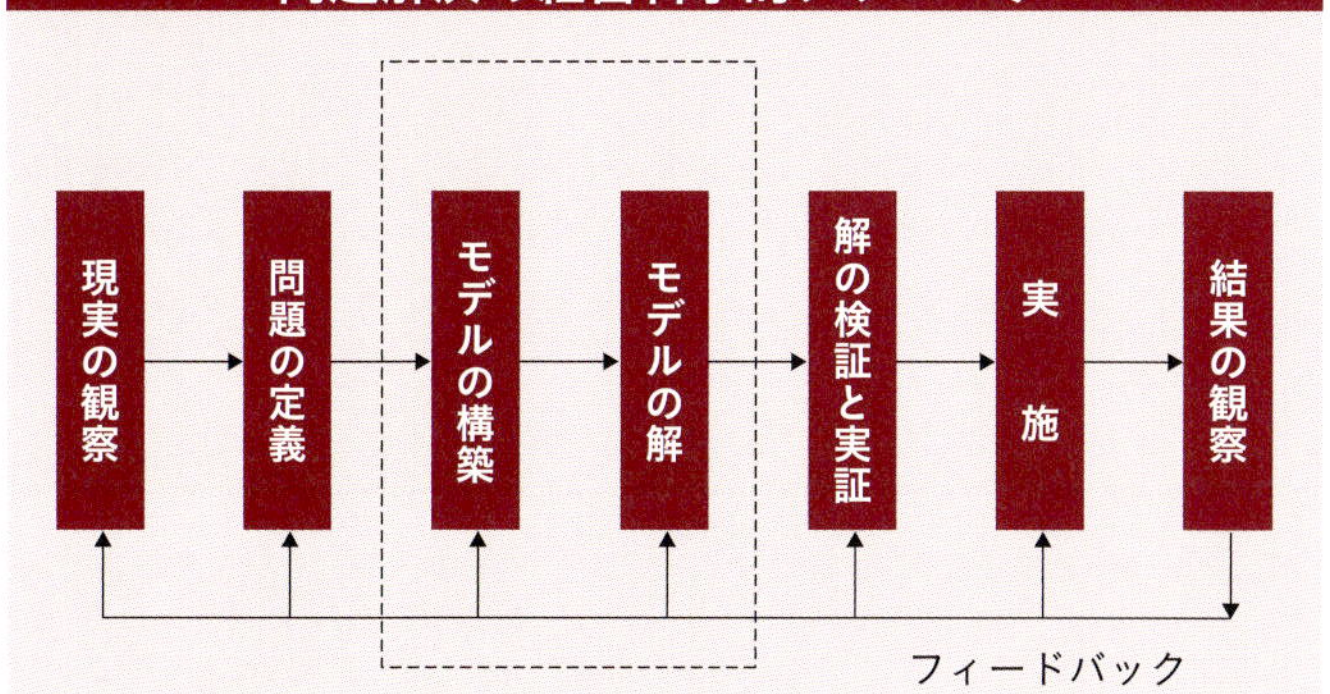
モデル＝現実のシステムの単純化した表現
（経営科学的アプローチの中核）


出所：宮川『意思決定論』132ページ、図5-1に一部加筆

## ケース教材を活用しPCを積極利用する

本科目においても、KBS教育の大きな特徴であるケース教材が活用される。ケース教材の使用が、(ii)のような実際の意思決定を問うような授業において用いられるのはもちろんだが、(i)のような経営科学の方法論を学ぶ際にも適宜使用される。これは、通常の講義を通じた授業では、講師から学生への一方向への知識の伝達に終わり、方法論の理解や習得にはつながらない可能性があるからである。

ケース教材とともに出される課題に対して、個人学習、グループ・ディスカッション、クラス・ディスカッションの三段階のステップで取り組むことによって、より効果的な学習が期待される。教材には、従来型のケース以外にも、確率シミュレーションや線形計画法の演習、価格競争や投資競争などの「ゲーム」演習などが含まれ、バラエティに富んでいる。もちろん、学生の持つ多種多様なバックグラウンドがこういった授業をより効果的なものにすることは、他のKBS科目と同様である。

本科目の、KSBの他の基礎科目と比較した大きな特徴としては、定量的、数理的アプローチを学習するということに加えて、(その必然的な結果としての)PCの積極的利用がある。とりわけ、Excelを活用する。当然ながら、Excelによる計算は、電卓と異なり、計算の過程を残すことができるため、あとで検証が可能である。より重要な点として、乱数の発生によるモンテカルロ・シミュレーションや、ソルバーによる線形計画問題の解の導出などが可能である。これらは、米国のビジネススクールでも教えられており、マネジャーとして、今後ますます必要な素養である。

なお、数学の基礎やPCの操作に不安のある学生のために、「経営・経済数学補講」が用意されている。内容としては、Excel基本関数の使い方(vlookup、ifなど)、モンテカルロ・シミュレーションのやり方、関数と方程式、統計の基礎、複利計算などである。補講への参加は任意である。

「経営科学」においては、経営判断の基礎となる定量分析の方法論や、合理的な意思決定の方法論について学び、同時に、補講の中でMBA課程(特に基礎科目)において必要とされる基本的な数学的思考、PCの操作スキルの確認を行うことから、本科目は他の全てのMBA科目の基礎と位置付けられる。一年次の一学期に行われることの意味はまさにそこにある。

基礎科目である「経営科学」の受講後、経営科学分野をさらに深く学びたい学生は、いくつかの専門科目を履修することができる。二〇〇八年度現在、「マネジリアル・エコノミクス」、「応用統計学」、「経営システム」、「決定分析」、「交渉論」などの授業が用意されている。同時に、「統計的方法論I」「統計的方法論II」によって、講義や統計パッケージの演習を通じて、統計的方法論の基本を学習する機会もある。

参考文献
❖宮川公男、野々山隆幸、佐藤修『入門経営科学』(実教出版、一九九九年)
❖宮川公男『意思決定論』(中央経済社、二〇〇五年)
❖デイビッド・ベサンコ、デイビッド・ドラノブ(奥村昭博、大林厚臣監訳)『戦略の経済学』(ダイヤモンド社、二〇〇二年)

基礎科目⑧
経済・社会・企業

# 企業・組織を取り巻く社会・政治・経済への理解力を養う

**経済、社会、市場、政府など、企業を取り巻く外部環境に対する理解がなければ、実社会に貢献できる真のリーダーにはなれない。**

慶應義塾大学大学院経営管理研究科教授
田中 滋
中村 洋

企業あるいはその他のさまざまな組織において、リーダーが意思決定をする際に必要とされるのはどのようなスキル、知識だろうか。

マーケティングや会計・財務、意思決定分析、生産、戦略・組織論などの他の基礎科目で扱う経営的スキル、知識の取得はもちろん重要である。

## リーダーにとって必要な外部環境に対する理解

しかし、忘れてならないのは、経済、社会、市場、政府など、企業あるいは組織を取り巻く外部環境に対する理解の重要性である。つまり、リーダーにとっては、企業やその他の組織における経営管理能力を超えた、社会、政治、歴史、経済、国際関係などの理解が不可欠となる。

このような諸要因が、日本や世界にどのような影響を与えるかについて把握していなければ、リーダーとして、企業・組織経営のみならず、実社会に貢献できるものではない。たとえば、サブプライムローン問題に端を発した世界的な金融危機の背景・構造の理解がなければ、適切な企業戦略の構築は困難である。

KBSで教育課程を無事に修了し、MBAを取得した大学院生は、やがては多様な組織を通じて、それぞれの出身国の社会と経済を導いていくことになるだろう。

それゆえに、仕事を通じて、自分が属する組織のみならず、その外側にも多様な影響を与える場面も多いことが、予想される。

基礎科目「経済・社会・企業」の目的は、企業・組織の経営において、単に経営的なスキルを身につけることだけではない。より広い視点、より中長期的な視点で、考える能力を高めることを目的としている。

つまり、リーダーにとって欠かせぬ知識と説得力を与え、社会と経済にかかわる問題を理解・判断する力、さらには意思決定力を養成することが、本科目の目的である。

## 四つのモジュールから構成される講義

この基礎科目は、大きく分けて前半の二つのモジュールと、後半の二つのモジュールによって構成されている。

前半は、企業のケースを使って、「環境問題と経営」、「外部環境変化と経営」をテーマに、以下の点に焦点をあてたディスカッションを行う。

・企業・産業を取り巻く外部環境変化をどう読むか?
・今後の変化を見据えて、どう対応するか?
・いかに外部経営環境の変化を先取りし、新たなビジネスモデル構築や企業・組織戦略を構築するか?

### (1)環境問題と経営

最初のモジュールでは、昨今、注目されている環境問題に対する企業経営のあり方について、議論を行う。

〈具体的なテーマ例〉
・環境問題と新規事業戦略
・環境問題とCSR〈企業の社会的責任〉に対する取り組み
・排出権取引にかかわる意思決定

### (2)外部環境変化と経営

次に、規制の変化、企業の社会的責任に対する注目の高まり、技術革新など、企業を取り巻く外部環境は大きく変化している。それらの変化に対する理解を深めるとともに、企業・組織経営のあり方について議論を行う。

〈具体的なテーマ例〉
・技術革新とビジネスモデル再構築：外部環境変化の先取り

・世界市場戦略とCSRに対する取り組み
・反トラスト法などの法的規制動向と企業の対応
・市場ニーズ・制度変化と新規事業戦略
・コンプライアンス対応に向けた組織体制の構築

また、これら前半の二つのモジュールで扱うケースには、経営にとって重要となるミクロ経済学の用語が頻出する。それらの用語を十分に理解することも、本科目の重要な目的の一つである。

後半は、よりマクロ的な視点から、マクロ経済並びに社会問題を扱う。

### (3)マクロ経済

このモジュールでのディスカッションは、最初に「経済」、「社会」、「企業」それぞれが、現在の日本では一体どのような状態にあるのか、なぜそうなのか、今後はどうなるかなどを、巨視的に捉えることから始まる。

その後、二〇世紀後半以降の日本経済の変遷、国際的な金融・経済問題などを分析するとともに、経済政策（金融・財政政策ほか）の目的・手法と成果を学んでいく。

具体的には、以下の金融・経済問題を取り上げ、発生要因ならびに政府の対応を理解する。

〈具体的なテーマ〉
・一九八〇年代の米国経済の苦境
・日本経済のおごり：バブル発生
・日本経済の苦境：バブル経済の崩壊
・一九九〇年代後半のアジア金融危機
・サブプライム・ショック

これらの問題の分析・考察を通じ、今後の経済動向の分析並びに企業・組織経営に向けた教訓を学ぶ。

### (4)社会問題

最後のモジュール「社会問題」の目的は、市場・政府・公益セクターがもつ機能と相互関係を把握し、自助・公助・共助・互助の現代社会における意味を理解することにある。

特に、「成功の評価指標が利益や株価ではない世界」におけるリーダーシップの修得を学ぶ。それを通じ、企業もその一員である社会システムに関しては、何よりも価値観・理念が大切であることを理解する。

また、企業の存続と成功は、社会の安定と改革の上にはじめて成り立つ以上、応分の貢献が欠かせないことの理解も重要となる。

〈具体的なテーマ〉
・少子化
・高齢化：年金
・高齢化：介護
・その他：グループ発表

ただ、「経済・社会・企業」の講義で扱うテーマは、セッション数の制約から限られている。

そこで、受講生自らが、グループ・ディスカッションを通じて、その他に重要と考えられる外部環境変化を発掘し、問題提起や（企業という立場を超えた）解決案の提示などを行う。

〈講義の進め方と準備の仕方〉

本科目は、ケースメソッド方式および文献・資料に基づく討論を中心とした講義方式を併用する。

他科目とは違い、特定の企業の視点にとらわれず、常に日本のみならず各国社会のあり方、そこに暮らす人々の幸せを主な目的として準備・討議することが求められる。

## 経済・社会・企業をより深く考察する専門科目

本科目は、全ての科目の土台となっている。その中で、十分な理解と活発な議論のためには、経済学の知識が不可欠である。

そのため、経済学をこれまで勉強してこなかった人のために、ミクロ経済学（科目名「経済理論Ⅰ」）並びにマクロ経済学（科目名「経済理論Ⅱ」）の科目が提供され、事前に履修することを、強く勧めている。

また、「経済・社会・企業」での議論を、個別の領域あるいは産業、テーマでさらに深めるために、以下の専門科目が提供されている。

・ヘルスケアマネジメント
・ヘルスケアポリシー
・技術戦略の経済学
・産業経済分析：ライフサイエンス産業
・経営法学
・日本の経営環境――機構と制度

最後に取り上げた科目「日本の経営環境」では、KBS学生が海外からのMBA学生と一緒になって、日本の経済・社会・企業について考察する。そこでは、英語で講義ならびにディスカッションが行われている。

その他、経済の動向の分析のみならず、企業・組織の戦略・経営分析など、あらゆるジャンルに役立つ統計に関する専門科目（「統計的方法論」）も提供されている。

基本参考文献
❖宮崎義一『複合不況』（中公新書、一九九二年）
❖マンキュー『マンキュー・マクロ経済学（入門編・応用編）』（東洋経済新報社、二〇〇三年）
❖スティグリッツ『ミクロ経済学』（東洋経済新報社、二〇〇〇年）

企業人向けセミナー・集中講座

# ケース・メソッドを中核に据え 専門的マネジメント能力を醸成

**マネジメント・リーダーの育成を目指す社会人向け講座は、ＫＢＳのルーツ。経営トップ層から中堅幹部向けまで、働きながら学べる多様な講座を開講している。**

慶應義塾大学大学院経営管理研究科教授
小林 喜一郎

一九五六年夏、米国のハーバード大学ビジネス・スクールは、アジアでは初めてのＡＭＰ（Advanced Management Program）をフィリピンで開催した。慶應義塾ではこの動きに呼応して、塾内にハーバード大学高等経営学講座委員会を設置し、財界トップの支援を受けながら、フィリピンセミナーで教えていたハーバードの教授二名に、その帰途日本に立ち寄ってもらうよう交渉した。

## ❖慶應ビジネス・スクールのルーツ

その結果、開催されたのが第一回高等経営学講座（一九五六年八月〜九月）であった。これが現在の慶應ビジネス・スクールの原点と言ってもよいであろう。

第一回は伊豆の川奈ホテルで開催され、当時としては破格の三万円の参加費であったが、六二社から六三名の参加者があった。当時よりケース・メソッドをその特徴とし、グループ討議とそれに続くクラス討議という構成であった。この講座は大変好評を博し、翌年も第二回講座が開かれた。

現在、毎年夏に開かれている慶應ビジネス・スクールのフラッグシップ・セミナーである高等経営学講座は、二〇〇九年で五四回を迎えるが、そのルーツは半世紀以上も前にさかのぼることができる。

その後も社会人に開かれたセミナーを毎年開催しながら、日本で初めての大学院課程に相当する本格的な経営専門家を養成するプロフェッショナル・スクールとして、一九六二年四月一日、慶應義塾大学ビジネス・スクール（ＫＢＳ）は設立された。

このように非常に長い歴史を持つ社会人向けセミナーは、ディグリー・プログラム（MBA,Ph.D）とともに、ＫＢＳの提供する教育コンテンツの重要な一角を占めている。

## 変化を見極める動体視力 創造力を生む知恵を磨く

ＫＢＳは、建学以来の「実学」の精神のもと、社会のニーズに合わせながら、種々の階層においてマネジメントに携わる方々のために、さまざまなタイプの社会人向けセミナーを提供している。これらのプログラムは今まで産業界を中心に多くの方から支援をいただき、すでに総数で約一万四〇〇〇名を超える修了生を輩出している。

本校の各セミナー・プログラムでは、ケース・メソッドを中心的な教育手法として採用している。そしてセミナー参加者がさまざまな地域・業界・時代の具体的事例（ケース）に触れ、考え抜くことによって、経営管理の基本や諸側面に関する理解を深めること、さらには変わりゆく環境において、変化を見極めるいわば動体視力と、創造力を生む知恵を磨くことをその目的としている。

戦後日本は、高度経済成長、オイルショック後の安定成長、バブル経済崩壊後の経済停滞とその後の長いトンネルからの脱出努力を経験してきた。しかし、昨今の世界同時金融不況の負の影響の大きさ、並びにその拡散スピードの速さに直面するに至り、新たな視点での危機管理システムの構築、新たな成長のためのビジネスモデルや、経営手法の確立の必要に迫られている。

このような状況では、経済活動のグローバル化やＩＴの発展はいうに及ばず、人々の価値観や規制環境の変化などの目まぐるしい変化の中で、自ら環境を切り拓き、変革を推し進めるイノベーション・リーダーの存在、およびそれを支える専門的マネジメント能力の重要性は、ますます高まってくるであろう。過去、慶應義塾大学ビジネス・スクールのセミナーは、日本企業

図1 セミナーの全体構成

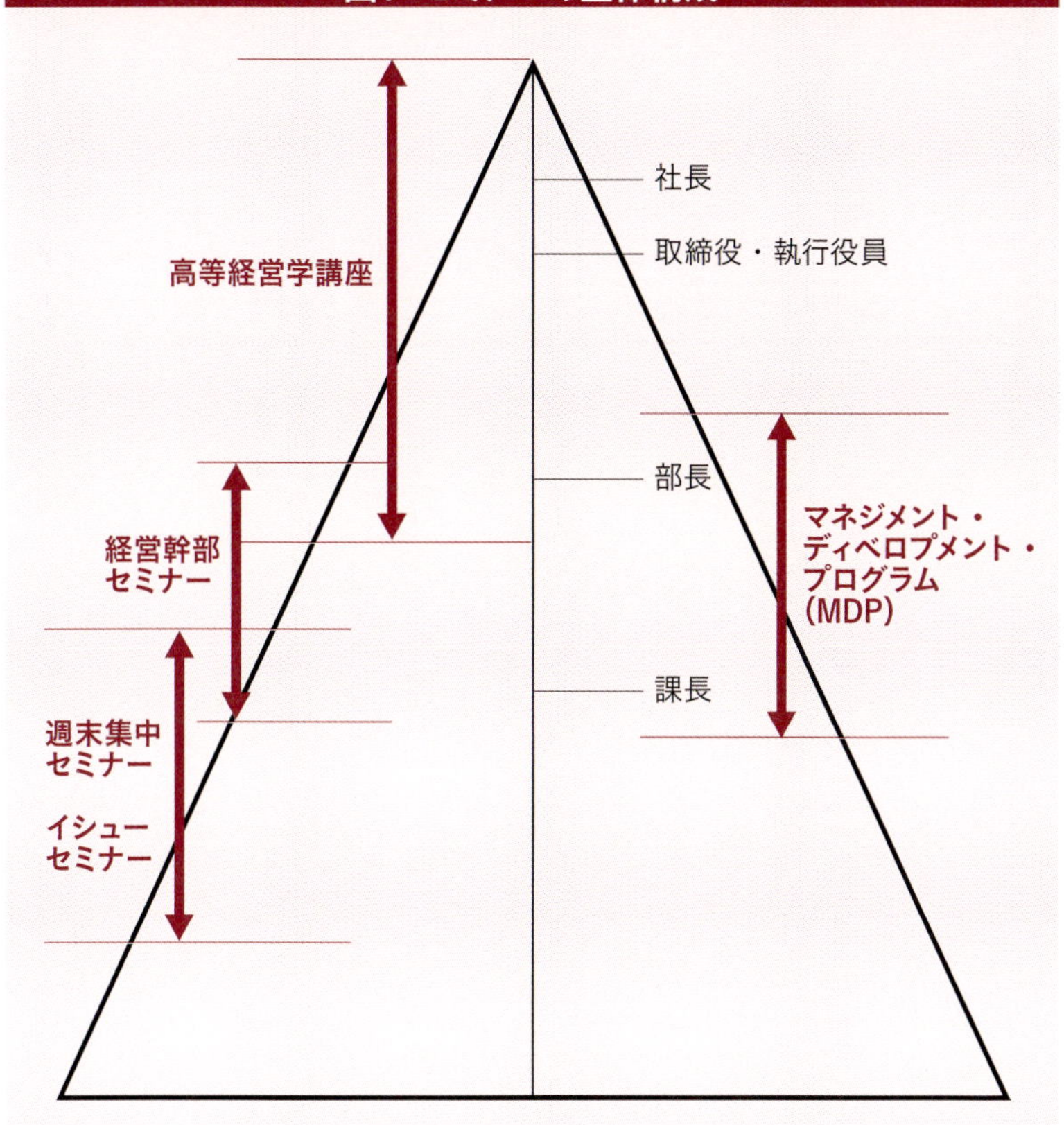


がおかれた環境の変化を背景に、その時々の産業界のニーズに応じて求められるマネジメント能力を再考し、プログラム内容に反映させてきた。

KBS講師陣のリードのもと、具体的マネジメント課題について、さまざまな背景をもった参加者の間で繰り広げられる、真剣かつ自由闊達な議論が行われている各セミナー・プログラムは、今日の激変する企業経営環境の中で、変革をリードするマネジメント・リーダーの育成に、必ずや貢献するであろう。さらには参加者相互の業界・企業を超えた人的ネットワークづくりにも、セミナーは一役買っていることを付け加えておきたい。

## 五種類で構成される社会人向けセミナー

慶應ビジネス・スクールのセミナーは、階層別に経営のさまざまな分野を網羅した総合的カリキュラムを、一定期間に集中的に学ぶ三種類の「エグゼクティブ・セミナー」と、特定の領域に的を絞った短期間の二種類の「インテンシブ・セミナー」とに大別される（図1）。

エグゼクティブ・セミナーは、主として企業の経営トップ、ミドルマネジメントの経営管理能力の向上を企図して開講されている。各講座のカリキュラムでは、企業経営を行うにあたって、必要な主要領域をカバーするようなカリキュラム体系（たとえばマーケティング、財務管理、戦略など）を共通して組み込んでおり、特に「基本」から「応用」へ、「個別」から「総合」へという流れに即してプログラムが流れるように構成されている。

一方のインテンシブ・セミナーは、特定の経営管理の分野（たとえば組織管理、会計管理など）、あるいは時宜にかなった経営上の重要な課題（たとえば技術経営、新事業開発など）といった特定のフィールドに焦点を当て、各分野の科目をまとめて受講する時間が確保できない社会人に対し週末を利用し、あるいは都心のキャンパスを使用して、提供されているプログラムである。

授業はケース・メソッドが中心ではあるが、短期集中型ゆえに各日の最後に講義を入れるなど、参加者の理解をより深める構成になっている。会社での日常業務を続けながら特定分野をより深く学び、社会人のキャリア発展の一助となることを目的としている。

### ❖エグゼクティブ・セミナー

まず三種類のエグゼクティブ・セミナーごとの狙い・特徴を説明する。

**1 高等経営学講座**（九泊一〇日、合宿形式で年一回開催）

毎年、トップ経営者にとって、その時に最も重要とされるテーマを選定し、そのテーマに沿って当校の講師陣が作成・選定した比較的新しいケースを中心に学ぶコースである。

最高経営幹部の養成及び再訓練を目的としており、一九五六年、このセミナーからKBSの社会人向けセミナーが始まった。以降、日本のトップ・マネジメント向けセミナーの先導的役割を担ってきた。当校の講師陣とともに、毎夏、ハーバード大学ビジネス・スクールなど海外の諸大学から一線級の外部講師陣を迎え、グローバルな視点から活気ある授業が行われている。

ケース授業のほかに、各界を代表するリーダー・経営者に登壇いただく講演会も組まれており、まさにKBSのフラッグシップ・セミナーである。二〇〇八年時点で五三回のセミナーが開催されており、受講者総数は三七三四名にのぼり、修了生は経営を担う人材として各方面で活躍している。

**2 経営幹部セミナー**（一二泊一三日、合宿形式で年三回開催）

企業の中堅幹部を主な対象としたセミナーで、(1)経営管理の基本概念・手法の理解とその応用能力の習得、(2)各経営機能分野、およびその相互関係の理解、(3)全社的・総合的視野に立った分析・判断能力と意思決定能力の習得、(4)自己見解の発表と説得能力の育成、(5)自己啓発意欲の醸成、を主たる目的としている。ケース・メソッドを中心に学ぶ二週間集中型のプログラムで、例年、募集開始早々に定員に達する人気セミナーであったため、二〇〇七年度からは、年三回の開催となっている。

**3 マネジメント・ディベロプメント・プログラム**（MDP、三カ月の通学による全日制プログラム、年一回開催）

三カ月の全日制集中プログラムであるMDPは、三〇名を上限とした小人数編成で終日授業を行っているため、教員や他受講生との緊密な交流が可能となっている。

ケース・メソッドによる学習に加え、仮想市場の模擬経営体験を行う「ビジネスゲーム」や、工場見学などのフィールド研究、特別講演会、実習等でプログラムが構成されている。さらに修了時点では個人研究テーマ発表会が設けられており、発表に向けてビジネス・スクール教員がアドバイスすることになっている。

授業はKSBのキャンパスがある日吉協生館五階エグゼクティブ・セミナールームで行われ、宿泊施設も併設されている。また慶應義塾大学図書館の文献、情報端末も利用可能で、三カ月間腰を据えて勉強をする環境が整えられている。

## ❖インテンシブ・セミナー

目的を絞った短期コースであるインテンシブ・セミナーには、現在二つのカテゴリーが存在する。

**1 週末集中セミナー**（八分野のセミナーで各分野三週連続の週末開講、年四分野ずつ開催され、二年間で全分野の習得が可能）

週末集中セミナーは、マーケティング、組織マネジメント、財務管理、会計管理、経営科学、生産政策、経営戦略、というMBAプログラムにおける基礎分野に、ヘルスケア・マネジメントを加えた全八分野のコースが提供されている。本コースは、これまで全ての分野の科目をまとめて受講する時間が確保できない社会人に対し、単独科目での受講を可能にしたところに、その特徴がある。

土曜日に提供する講座として大変好評を得ており、一年に四分野（たとえば二〇〇九年度は「経営戦略とマネジメントシステム」「会計管理」「ヘルスケアポリシー&マネジメント」「財務戦略」の四コースを開講予定）、二年間で経営の基礎となる八分野全てが提供され、一定期間内に八分野全て修了した受講者にはMDIP（Management Development Intensive Program）修了証が授与される仕組みになっている。

各コースともケース教材をもとにしたディスカッション授業（一日二ケース）が中心になっており、短期セミナーゆえ各日の最後に講義を入れて、参加者の理解を補っていくという形式になっている。

**2 ISSUE（イシュー）セミナー**（時代のニーズに応えた特定イシューを集中して学ぶセミナー、現在二コースを開講中）

時代の要請に応じた、特定のイシューについて、四日ないし五日間集中して学ぶセミナーである。

平日の夜間、あるいは都心会場を利用するなど、社会人が参加しやすい時間帯に組まれている。ここでは特定のイシューに対する関心を共有する参加者同士が交流するため、その関心事について必要な知恵と人的ネットワークを一挙に得ることができるというメリットがある。現在は次の二コースが提供されている。

まずは企業の経営者、研究開発担当者を主たるターゲットとした「MOTコース：技術立脚型経営を考える」である。本コースでは技術経営に関わるケース授業のみならず、そのケースに関わる企業の実務担当者・経営者をケース討議の場に招聘《しょうへい》し、参加者とともに意見交換をするというのが特徴である。そして技術を競争優位確立の鍵として事業展開する企業戦略を、立案・実行できる経営トップ層の育成を目標としている。

もう一つは「ライフ・サイエンス・マネジメントコース」である。当プログラムは、ライフ・サイエンス関連企業で、研究開発マネジメントに携わる若手幹部候補生、またはライフ・サイエンス分野で、新しいビジネスをおこそうとしている起業家予備軍をその主たる対象としている。

都心キャンパスで開催されている当セミナーには毎回、大手製薬企業ほか多くの関連分野の方が参加され、ケース授業に加えて実務家の講演などを中心に、活発な意見交換が行われている。ライフ・サイエンス分野における新たな技術を、事業に活かしていくための経営手法・能力を向上させることをその目的としている。

## 通常のセミナーでは一日二ケースを学ぶ

KBSのセミナーは、ケース・メソッドを中心的教育方法として採用していることが特徴である。では実際のセミナーはどのようなスケジュールで行われるのだろうか。まずは、代表的セミナーである経営幹部セミナーの一般的なスケジュールを見てみよう。

通常セミナーでは一日二ケースのケース授業が行われ、参加者は翌日のケース予習があるため、夕食後も忙しい。あえて職場を離れた施設で勉強に集中する環境が提供されているのも、じっくりと当事者意識をもってケース予習に取り組んでもらうためである。

また、時に自己の知見の及ばないことについては、同じセミナーに参加している他業種・他企業の勉強仲間のアドバイスも頼りになる。図2のモデルスケジュールにあるように、二週間缶詰状態で勉強に専念するため、参加者からは「大変ではあるがやりがいと達成感のある合宿であった」という感想が多く寄せられている。

図3では実際のセミナーの週間スケジュールが示されている。経営管理に必要なさまざまな分野がバランス良く配置された構成になっているため、二週間のセミナーであっても経営者が押えておくべき必要分野の知識が、ケースという実例を通して体系的に理解できるようになっている。

図2 1日のスケジュール

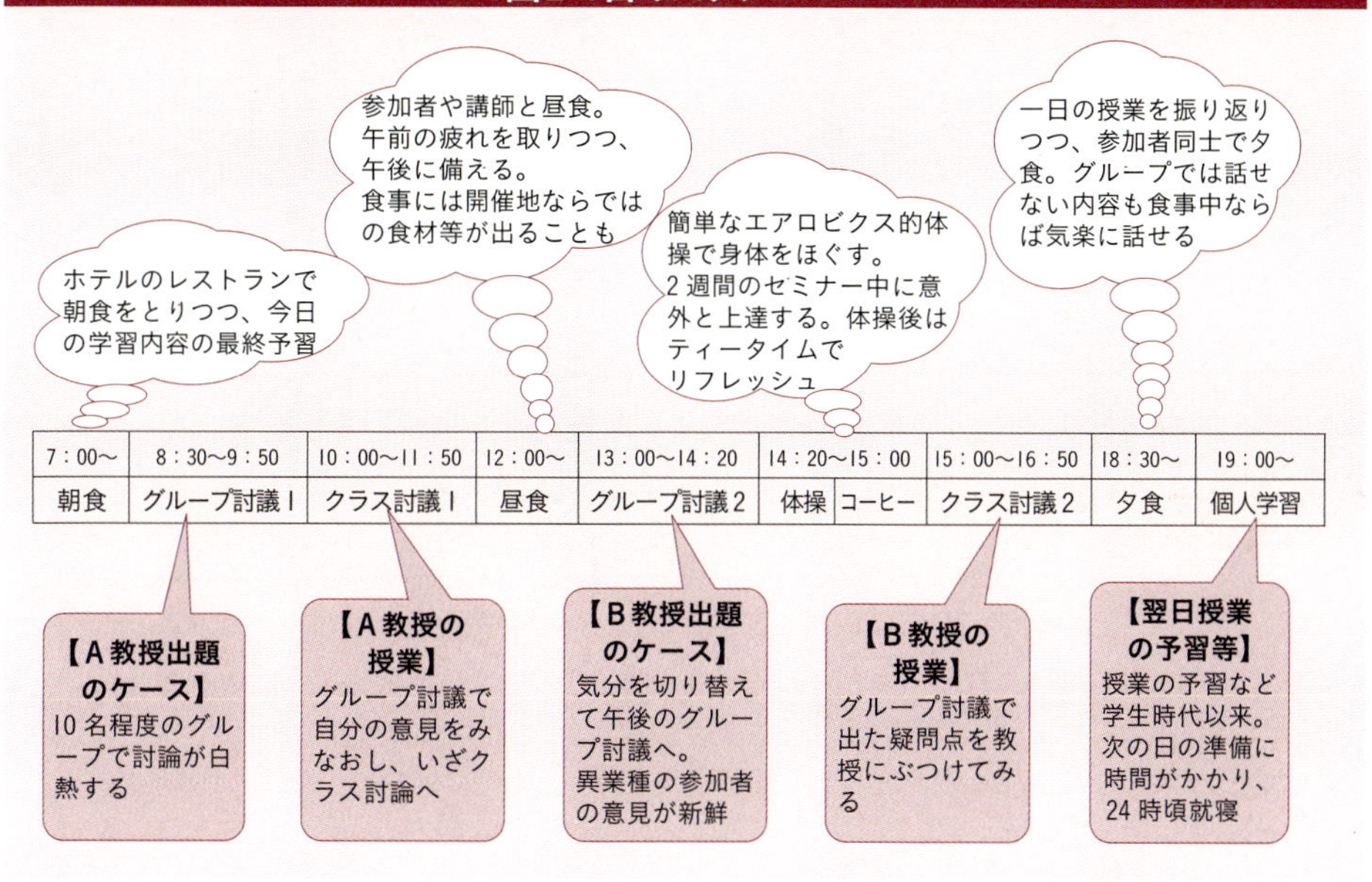
ホテルのレストランで朝食をとりつつ、今日の学習内容の最終予習
参加者や講師と昼食。午前の疲れを取りつつ、午後に備える。食事には開催地ならではの食材等が出ることも
簡単なエアロビクス的体操で身体をほぐす。2週間のセミナー中に意外と上達する。体操後はティータイムでリフレッシュ
一日の授業を振り返りつつ、参加者同士で夕食。グループでは話せない内容も食事中ならば気楽に話せる
7：00〜 朝食
8：30〜9：50 グループ討議1
10：00〜11：50 クラス討議1
12：00〜 昼食
13：00〜14：20 グループ討議2
14：20〜15：00 体操 コーヒー
15：00〜16：50 クラス討議2
18：30〜 夕食
19：00〜 個人学習
【A教授出題のケース】 10名程度のグループで討論が白熱する
【A教授の授業】 グループ討議で自分の意見をみなおし、いざクラス討論へ
【B教授出題のケース】 気分を切り替えて午後のグループ討議へ。異業種の参加者の意見が新鮮
【B教授の授業】 グループ討議で出た疑問点を教授にぶつけてみる
【翌日授業の予習等】 授業の予習など学生時代以来。次の日の準備に時間がかかり、24時頃就寝

図3 セミナーの週間スケジュール例

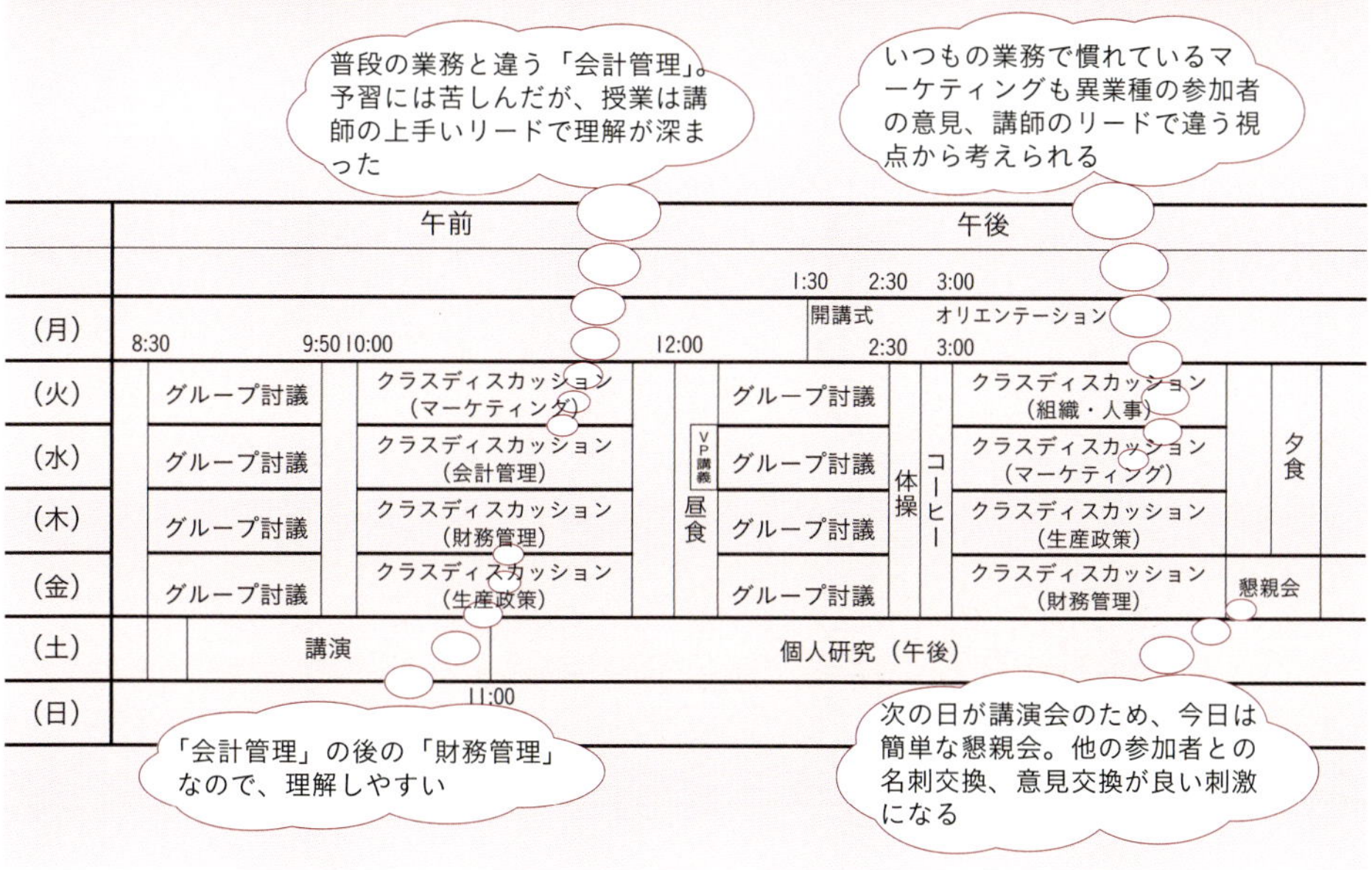
普段の業務と違う「会計管理」。予習には苦しんだが、授業は講師の上手いリードで理解が深まった
いつもの業務で慣れているマーケティングも異業種の参加者の意見、講師のリードで違う視点から考えられる
午前
午後
(月) 8:30 9:50 10:00 12:00 1:30 2:30 3:00 開講式 オリエンテーション
(火) グループ討議 クラスディスカッション（マーケティング） グループ討議 クラスディスカッション（組織・人事）
(水) グループ討議 クラスディスカッション（会計管理） VP講義 グループ討議 クラスディスカッション（マーケティング）
(木) グループ討議 クラスディスカッション（財務管理） 昼食 グループ討議 体操 コーヒー クラスディスカッション（生産政策） 夕食
(金) グループ討議 クラスディスカッション（生産政策） グループ討議 クラスディスカッション（財務管理） 懇親会
(土) 講演 11:00 個人研究（午後）
(日)
「会計管理」の後の「財務管理」なので、理解しやすい
次の日が講演会のため、今日は簡単な懇親会。他の参加者との名刺交換、意見交換が良い刺激になる

## ❖今後の方向性

社会人向けセミナーは、KBSの原点である。今後も時宜に応じたプログラム開発を続け、社会に開かれたプロフェッショナル・スクールとしての使命を全うしていくつもりである。

特別寄稿

# 慶應義塾大学大学院のニューフェース

# 「メディアデザイン研究科」の目指す姿を語る

慶應義塾大学大学院メディアデザイン研究科教授
岸 博幸
中村伊知哉

　KMD（慶應義塾大学大学院メディアデザイン研究科）は、二〇〇八年慶應義塾創立一五〇年に合わせて開設された大学院である。同大学院の二人の教授が、その特徴、教育内容そして目指すべき目標について語りあった。

## 四つの領域が融合

**中村**　KMDには二つの柱があります。第一はD（デザイン）、T（テクノロジー）、M（マネジメント）、P（ポリシー）という、メディアに関連する四領域を横断的にプロデュースできる人材の育成を目的とすること。

　第二はリアルプロジェクトで、産学官連携で社会とかかわりながら、新しいメディアを生み出していくこと。それ以外にも、多様性・国際性などが特徴として挙げられますね。

**岸**　ぼく自身のアメリカのビジネススクールでの経験と比較すると、KMDとビジネススクールは大きく違うと感じています。ビジネススクールは、職業訓練校的色彩が強くて、財務やマーケティングなど、ビジネスに必要なスキルを二年間で叩き込むところです。

　会社でやることの基礎知識を詰め込むけれども、具体的な技術やビジネスのダイナミズムを教えるという点は強いわけではない。現実問題として、卒業生で経営者として成功する人間があまり多くないというところに、ビジネススクールの限界がある。

　KMDの取組みは、ビジネススクールの限界を超えるものだと思います。

　KMDでは技術分野・政策を含めて、専攻にかかわらず全員が基礎科目として専門的なことを学ぶという点で、人材育成の観点がビジネススクールとは全然違います。

**中村**　ぼくがかつて属していたMITメディアラボは、デジタルアートとテクノロジーの大学院。ビジネススクールであるMITスローンは、マネジメントとポリシーだけが対象。D、TとM、Pは別々。スタンフォードにもメディアXがありますが、マネジメントとポリシー領域は対象外です。DTMPの四つを融合させた機関は、世界にも見あたらない。いま日本で取り組むというのは、世界的にも非常にチャレンジングで面白い。

　大学院で学ぶということは、これからの時代、大事なのはどういう分野なのかということを、ベーシックなところで見抜く力を養うこと。KMDが目指しているのは、二～三年先だけじゃなくて、一〇年、二〇年先にも役立つ力を身につけることなんです。

**岸**　そういう意味では、いま日本では、大学院ブームですよね、法科大学院、会計大学院とか。でも、結局は、職人育成が目的になってる。これからの時代には、DTMPの視点を持つことが大事なので、KMDはもっと広い視野を持った人材を育成することが目的。そういう意味では、流行の専門職大学院とは違いますね。

## リアルプロジェクト

**中村**　KMDの特徴として、リアルプロジェクトがあります。学校で座学で勉強するのではなくて、実際の社会、企業の中に学生が入っていって、プロジェクトを進めていくわけですが、岸さんはどう見てます？

**岸**　リアルプロジェクトは、まだ試行錯誤の段階。これからですね。そして、リアルプロジェクトを通じて、起業することを奨励している。さらに、大企業と一緒にプロジェクトを行う場合もある。これはビジネススクールでいうサマージョブを、年間を通じてやっているようなものです。

　起業したい若者が少ない、ベンチャーが少ないというのは、日本の最大の問題です。日本は政策として、多様なベンチャー支援を行いましたが、結果として何も成功してない。ライブドアの堀江さんと会った際に、「考えや想いはあるけれど、トライするチャンスが多くない、必要な人脈がない、というところで逡巡する若者が多い」と話していました。KMDは足りない部分を補完する機能を発揮できると思います。

**中村**　日本の大学は、プラットフォームとしての機能が弱かった。アメリカだったら、産官学連携の真ん中に大学が位置しています。大学が中心になって、人を集めて、新しいビジネスや政策を生んでいる。米国では、マイクロソフトやフェイスブックはハーバード、eInkや一〇〇ドルPCはMIT、googleやYahoo! はスタンフォード。デジタルの流れは大学生が生んできた。

　日本でデジタルの分野で勝負するのは慶應しかないと思います。学生には二四時間プロジェクトをやっているというくらいにコミットしてもらう必要がある。

**岸**　そういう面で、今の日本の学生は弱い。学生を厳しく指導するというところも必要ですよね。

## 多様性と国際性

**中村**　国際性という観点からみてKMDはどうでしょう?

**岸**　すでに、シンガポールにもKMDのオフィスがあります。それ以外にも、世界中の大学と提携を進めていく予定です。これも日本の大学にはない取り組みです。

**中村**　英語だけで卒業できるというのも特殊ですよね、授業の半分が英語。

**岸**　国際性、そして英語ができて当たり前の時代になっているということです。加えて、われわれのように外部出身の教員がたくさんいますよね。たとえば政策分野であれば、現場で実際に政策を作ったことがない人が、座学の延長で教えていると、学生がリアリティをもって理解をするわけがない。

**中村**　KMDは、多様性がありますよね。教員には、ぼくらのように政府にいた人もいれば、元マイクロソフトの代表取締役会長だった古川(享)さんのようにビジネスの世界から来た人もいる。インターネット技術で世界を牽引してきた人もいれば、大臣をやっていた人もいる。学生も、飛び級の子がいたり、会社の経営者がいたりする。女子アナや、おかあさんや、ニコニコ動画ラブのオタクもいる。留学生も、アジア、北米、ヨーロッパから来ている。ラオスのアイドルだとか、ヤオイのアニメを作ってネット配信しようとしている韓国人女性とか。

**岸**　若者の問題や今後の方向性については、どう考えてますか?

**中村**　ぼくらの大学のときは、出る大学や成績によって、どういう会社、省庁に行くとか、ヒエラルキーがしっかりとあった。でも、今は、そういうのが全部なくなってしまった。

　学歴は関係ない、大企業に入ってもどうなるかわからない、財務省に入ったからといって偉いわけじゃないし、外資系に行けば安全かというとそうでもない。ゼロから自分でグランドデザインしなきゃいけない。厳しいけど、羨ましいなあとも思いますね。

**岸**　ヒエラルキーが崩れたというのは、メリットとデメリットがある。メリットとしては会社名で仕事を選ぶことがなくなりました。デメリットとして、冷静に考えるベースとなる判断基準が全然なくなってしまった。

　たとえば、今、日本も経済危機に陥って、鳩山さん(総務大臣)は日本郵政に問題があると言ってますが、何が原因なのか。若い人は考えるベースすらなく、メディアの言うことを鵜呑みにしてしまっている。今の経済危機と、小泉政権のとき不良債権処理の時では、経済問題の構造は全然違います。

　ただ、その違いをちゃんと認識できている人は、ビジネススクールでも少ないのでは? というのも一般的にいって、ビジネススクールでは座学が多くて、実際の社会、企業がどのように動いているかについて、教えてもらっていないから。そのような視点は、座学でも企業でも、どちらか一方では得ることはできない。

　ヒエラルキーが崩壊している時代に、KMDのような大学院は、正しい視点を身につけるということを、きちんと訴えて構築する必要があります。

**中村**　ぼくらが幸せなのは、学卒で就職して、一〜二年で徹底的に鍛えられたこと。その時期にグンと伸びた。学部の時は、何もしてない。当時は、企業が新人を鍛える、人を長期的に育てるという仕組みが社会に組み込まれていた。今はそういう仕組みが崩れた。

**岸**　昔は企業に人を育てる余裕があったけど、今はないということ。ぼくらは役所で鍛えられて、基礎を作った上で、役所を辞めて日雇いになったわけですが。

**中村**　ぼくらにとっての最初のしごきに近い二年間の機能を、日本の大学院がきちんと果たさなければならない。スキルだけじゃなくて、ビジネスマインドと国際的なスコープも必要とされる。それは、座学では絶対に学べないので、そこを上手く機能させなければならない。

**岸**　KMDは、そういう部分を強化して、他と差別化することが大事ですね。

**中村**　慶應の中で差別化された大学院ということではなく、世界の中で差別化された一つのモデルを構築できるかということです。

**岸**　それがKMDの目指すところですね。

特別寄稿

慶應義塾大学大学院のニューフェース

# 「システムデザイン・マネジメント研究科」の理念と育成する人材像

慶應義塾大学大学院
システムデザイン・マネジメント研究科

### 慶應義塾一五〇年記念事業で開設

MBAに比べると、まだ知名度の低い「システムデザイン・マネジメント学」。日本ではまだ慶應義塾大学のみ。世界的に見ても米国のMITと、シンガポールのNUSにしか存在しない。しかも開設されたのは、昨年四月で、まだ一期生の卒業も見ていないのだから無理もない。

昨年（二〇〇八年）、創立一五〇年の節目を迎えた慶應義塾。その記念事業の一環として、この全く新しいタイプの大学院、システムデザイン・マネジメント研究科（以下、SDM）が開設された。SDMとはいったい何を学び研究するところか。その理念と育成する人材像を紹介する。

### 大規模複雑システムへの挑戦

戦後、さまざまな技術が高度に発展し多様化してきた一方で、社会のシステムはますます大規模で複雑化してきている。近年、その綻《ほころ》びを示唆する深刻な事件や事故が急増し、とどまるところを知らない。

これは、誰もが当初は良かれと思って作ったものや実施したことが、狭い範囲での最適化だけで意思決定され、周囲へ及ぼす影響を全体的に把握していなかったことに起因している。

また、現代社会は、グローバリゼーションが進み、民族、文化、言語、経済圏などが多様に影響し合う、新しい多極化社会へ向かう中で、日本のあり方が問われてきている。

このような状況を打ち破るために、本研究科では、現代の大規模複雑システムのデザインとマネジメントの能力を有し、多様な視点や価値観に対応できるリーダーを社会に送り出し、安心・安全で環境と共生できる新しい技術や社会の実現を目指している。

### 幅広い研究・教育分野

システムといっても、ここSDMで取り上げる分野は多岐にわたっている。商品やサービスもシステムだが、安全管理やエネルギーのオペレーションも、人々を取り巻く社会や環境の仕組みもシステムである。そのようなあらゆるシステムを研究・教育の対象とし、それをデザインし、マネジメントする能力を養う。

ここでいうデザイン能力とは、単なる商品の意匠や設計を意味するのではない。アイデアを創造的に構想する力、そこから戦略を構築し、システムとして統合していく力を意味している。今の日本にはそうした「デザイン力」のようなものが、決定的に欠けているのである。

### 「メルティング・ポット」

このような多様で複雑な対象に取り組むために、今までの大学院とは違った新しい試みがなされた。それが「メルティング・ポット」の形成である。

普通、大学院というと、ある特定分野の専門性の高い人間を集め、深い研究を行っていくところであるが、ここではあえて「特定分野」という壁を作らない。

文系か理系か、新卒か社会人か、業種は、職種は、といった制限はない。ここは文理融合にとどまらず、世代も経歴も、産官学や文化まで超えた、種々雑多な人材を融合させる実験場。まさに「人種のるつぼ」状態を作り出すダイバーシティーの試みである。

メルティング・ポットになっているのは学生だけではない。一二名の専任教員も出身はさまざま。ほとんどの教員が企業などで、立場の異なる社会経験を有しているのも特徴だ。

### 新次元リーダーの素養を育成

このメルティング・ポットの中では、多様な視点や違った考え方を持ちながら、課題設定、戦略立案、解決と効果の検証という、共通目標の達成に向け討議を戦わせる。おのずとコミュニケーション能力、問題発掘能力、創造力、チームワークなどが高まっていく。

とくに強調しているのは、多視点でのものの見方や考え方、変化への対応、

競争力と協調性など、グローバル社会で求められている新次元リーダーの素養の育成であり、次のふたつのタイプのリーダーが考えられる。

(1)システムズ・デザイナ

激変する社会や開発環境において、グローバルで多様な価値観・利害関係に対応し、新しい技術・社会システムを提案し実現化していくとともに、創造した新規マーケットで、事業を先導できるような創造的デザイナ。

(2)プロジェクト・リーダー

複雑・高度・大規模化した技術・社会システムの構想―設計―運用―廃棄のライフサイクル全般について、信頼性が高く革新的な管理運営を行うことができるプロジェクトマネージャ。

## 実践的なカリキュラム

こうした人材を育成するためには、座学中心の従来型教育は意味をなさない。グループ討議や演習を含む、実践的なカリキュラムが必要だ。

また、複雑なものを整理して考えるための基礎的方法論として、要求分析から分解・統合・検証と進む、システムエンジニアリングのいわゆる「Vモデル」を多くの授業や研究の中で使っていく。

カリキュラムの中で最も特色的なのは、約半年の間、デザインプロジェクトを体験するプロジェクト科目「ALPS」(Active Learning Program Sequence)だ。分野・立場の異なる五〜七人でチームを組み、現実社会の問題を掘り起こし、解決策を導いていく実践的演習プログラムである。

米国スタンフォード大学およびMITと連携し、講師がただ海外から来るだけではなく、カリキュラムの作成から、学生の評価まで、すべて三大学が議論を繰り返しながら進めている、世界で類を見ない三大学共同教育プログラムである。

初年度のALPSが、この二月に終了した。最終日にはシンポジウムを開催し、プロジェクトの成果報告会を一般公開するなど、イベント的「見せ場」も授業の一環として提供した。

社会・技術リーダーの育成

## 最先端の施設

こうしたSDMの活動を支えるのが、本研究科の開設に合わせて建設された、神奈川県横浜市の日吉キャンパス協生館に導入された、数々の最先端施設である。

特にその中心をなすのは、コンカレント・デザイン・ファシリティー(CDF)である。ここは最先端ハイエンドのITを擁したシミュレーションができ、ネットワークを通じて国内外の大学や研究機関、企業との連携や、遠隔eラーニングなどを行うことができる。

CDF室の中心には4Kプロジェクタ(ハイビジョンの四倍の高精細画素を映し出すディスプレイ・写真)を備えている。学生からの提案も入れながら、日々設備の発展をさせているのも、特筆すべきところであると考えている。

# ケース・ブック シリーズ

「ケース・メソッド」はもっと気楽に、ただし良く理解して活用するもの。本シリーズのケースは事例研究というより、教育の材料としてのケース、経営教育のための討論に用いるケースである。ケースは１人で読むだけでなく、クラスで多数の参加者が緊張感をもって「討論」してこそ、輝きを放つものなのである。

**◉教育・研修担当者向けに、弊社Web Siteから「ティーチング・ノート」(別売)を販売しています。**
授業導入部での話題提供方法、設問に沿った論点整理、授業を活性化させるための道具立て、板書の書き方など、いわば狙いどおりの学習効果をもたらすための手引書を提供します。

ケース・ブックⅠ

## ケース・メソッド入門

石田英夫・星野裕志・大久保隆弘 編著

A5判並製308頁　定価 3,360円（税込）　ISBN978-4-7664-1339-7

ケース・メソッド教育の導入・実践方法を解説すると共に「ローカル企業の展開」「流通・ロジスティクス」「ホスピタリティ・マネジメント」の3テーマ10ケースを収録。「いいちこ」の三和酒類など、個性あふれる企業・組織が並ぶ。

ケース・ブックⅡ

## 挑戦する企業

石田英夫・星野裕志・大久保隆弘 編著

A5判並製296頁　定価 3,360円（税込）　ISBN978-4-7664-1340-3

「アジアのビジネス」「グローバル経営」「起業家とベンチャー経営」の3章構成で、従来の枠組みを越えて果敢に、そしてグローバルにビジネスを展開していく企業や経営者たちを描いた10ケースを収録。

ケース・ブックⅢ

## 日本型HRM

石田英夫 著

A5判並製416頁　定価 4,410円（税込）　ISBN978-4-7664-1543-8

ケースで学ぶ戦後日本の人事労務・人的資源管理の歴史。高度成長期の組合対応、80年代の女性の社会進出、グローバル化にともなう海外進出、M&Aなど各時代のホット・イシューを取り上げ、人材戦略の変遷を一望する。

**慶應義塾大学出版会**　〒108-8346　東京都港区三田 2-19-30　Tel 03-3451-3584　Fax 03-3451-3122
◆ホームページ（http://www.keio-up.co.jp/）にてお申込みができます。

©Robin Jareaux/gettyimages

# 第Ⅳ部
# 実況中継 ケースメソッド

ビジネススクールで採用されている授業法の代表的なものに「ケースメソッド」がある。

これは単なるケーススタディや事例研究とは異なる。

ケースメソッドとは何かを解説し、ケースメソッドの実際を誌上で公開する。

慶應義塾大学大学院経営管理研究科特別研究講師
竹内伸一

# ケース教材は実戦さながら討議を通じ実践力を伸ばす

**2年間で300～400ケースをこなすハードワーク。
これによって、「どんな状況にも何とか対処する力」＝真の学習能力が身につく。**

大学とは伝統的に、学問の中心拠点となる学府である。そこでは学術的で学際的な教育が志向されるのであって、職能上の特定スキルの獲得を目指す職業訓練教育とは一線が画されてきた。もちろん、学問を修めることは、そのこと自体が特定の職務に直接的に結びつかなくても、職務能力全般を底辺で支える理解力、分析力、表現力などの基盤能力を涵養《かんよう》する。

しかし、ビジネススクールなどのプロフェッショナル・スクールが行う実践教育は、職務能力の向上により直接的に貢献することが期待されている。社会人がプロフェッショナル・スクールで学ぶのは、多額の学費を投資して（それと同時に、在学中に稼げる所得を機会費用として支出して）、卒業後の所得で回収する投資行為でもある。ビジネススクールで学んだが「役に立たなかった」ではすまされない。そんな要請から、ビジネススクールをはじめとして、社会人大学院を中心に、近年になって授業方法に関する議論が活発になっている。

ビジネススクールで学ぶことに興味を持っている社会人であれば、学校選びの際には授業方法も考慮に入れることをお薦めする。なぜなら、そこで身に付く実践能力は、そのビジネススクールが採用している授業方法によって形成されるからである。

以下では、慶應義塾大学ビジネス・スクール（KBS）のMBA課程が、基礎科目全てと専門科目の大半で採用している「ケースメソッド授業」について紹介する。

## 授業の最大の特長は学生相互の討議にあり

「ケースメソッド」という言葉は、英語標記では"case method of teaching"あるいは"case method of instruction"というフレーズで用いられるように、授業方法を表す教育用語である。この授業方法は、ハーバード大学のロー・スクール（法科大学院）で判例（ケース）をもとに学生が相互に討論する授業に端を発している。この授業形態をもとに、一九三〇年代に同じハーバード大学のビジネススクール（経営大学院）が、経営事例（ケース）について討議する授業へと発展させ、その後、世界中のビジネススクールで活用されるようになった。

一言で「ケースメソッド」と言ってもさまざまなスタイルがあるので、ここではKBSで行われているケースメソッド授業を基本に説明しよう。

この授業方法の最大の特徴は、学生が教員の講義を聞くのではなく、自分たちで相互に討議して学ぶことにある。討議のきっかけを与えてくれるツールとして、ケースメソッド授業では「ケース教材」と呼ばれる小冊子を用いる。ケース教材の標準的なボリュームは、本文が一五～三〇ページ前後であり、これに数ページの付属資料が添付される。ケース教材には、現実の問題状況が書かれており、読み終えた学生に「ここでは問題のある経営が進行している。何とかしなければ」とか、「この経営は一見、成功しているようにも見えるが、問題も潜んでいるのではないか」という読後感を与える。

KBSの場合、ケース教材は教員自身か、教員の指導によって現役の学生が作成することが多いが、そこに書かれるのは問題に関する客観的な状況の記述だけで、ケース作成者が考えた解釈、評価、解決方法は書かれない。ケース教材は、学生を悩ませ、考えさせるためのものであり、教科書のように何かを教えるためのものではない。

## 流れは個人予習、グループ討議、クラス討議

図1に沿って実際のプロセスを説明しよう。KBSで行われる典型的なケースメソッド授業では、授業の事前にケース教材とディスカッション設問（「この問題はなぜ生じたか?」「この問題を解決するために、あなたならどうするか?」などのシンプルだが奥深い問いかけ）が配布され、まずは学生が自分一人で考える個人予習を行う。この予習には一ケース当り三時間前後を要する。ケースメソッド授業では予習が必須であり、授業当日は事前準備が整った学生が参加しているという前提で、授業が進んでいく。

KBSでは現在、一クラスを約五〇人で運営している。この場合、最初にクラスを一〇名程度の小グループに分けて、個人予習によって各自がどのようなことを考えてきたか、自由に意見交換するためのグループ討議を行う。この場は教員が加わらないインフォーマルな少人数形式なので、一人ひとりが話せるチャンスも多く、比較的気楽に発言できる。ここでは問題の分析や対応策の検討について、グループの総意をまとめる必要はなく、むしろメンバー間でどのように意見が違うのかを知ることを大切にしている。

自分の考えを声に出してみることで、聞き手の反応を頼りに自分の発言の表現の仕方を改善したり、自分が用意してきた答えには、どのような強みがあるか、逆に何が足りないか、考え方の偏りはどうかを自己チェックする。また、ケース教材に書かれている内容には専門知識がないと理解しにくいものも含まれるため、グループの中で相互に教え合うことも推奨されている。グループ討議は約九〇分行われる。

グループ討議を終えた学生は、言わばウォーミングアップを終えた状態であり、教員が加わり全員が一同に介して行うクラス討議こそが学生たちの試合本番となる。クラス討議において教員は、五グループに分かれていた約五〇人全員で討議するための進行役を務める。ここでの教員の役割は、学生に主体的に討議させつつも、この討議を通して学生に考えて欲しいこと、学んで欲しいことを実現するために、討議の舵取りを行うことである。

ケースメソッド授業では教員が自説を教えることが主目的ではないので、筆者らはケースメソッドで教える教員のことを「ディスカッションリーダー」とも呼ぶ。ディスカッションリーダーに必要なスキルは一般的なレクチャースキルとは重ならない部分も多いため、ケースメソッドで教える教員は、この授業方法に必要な考え方やスキルに関する研鑽を積んで教壇に立っている。

このようにしてクラス討議が終わる

図1　授業プロセスと学習効果の発生プロセス

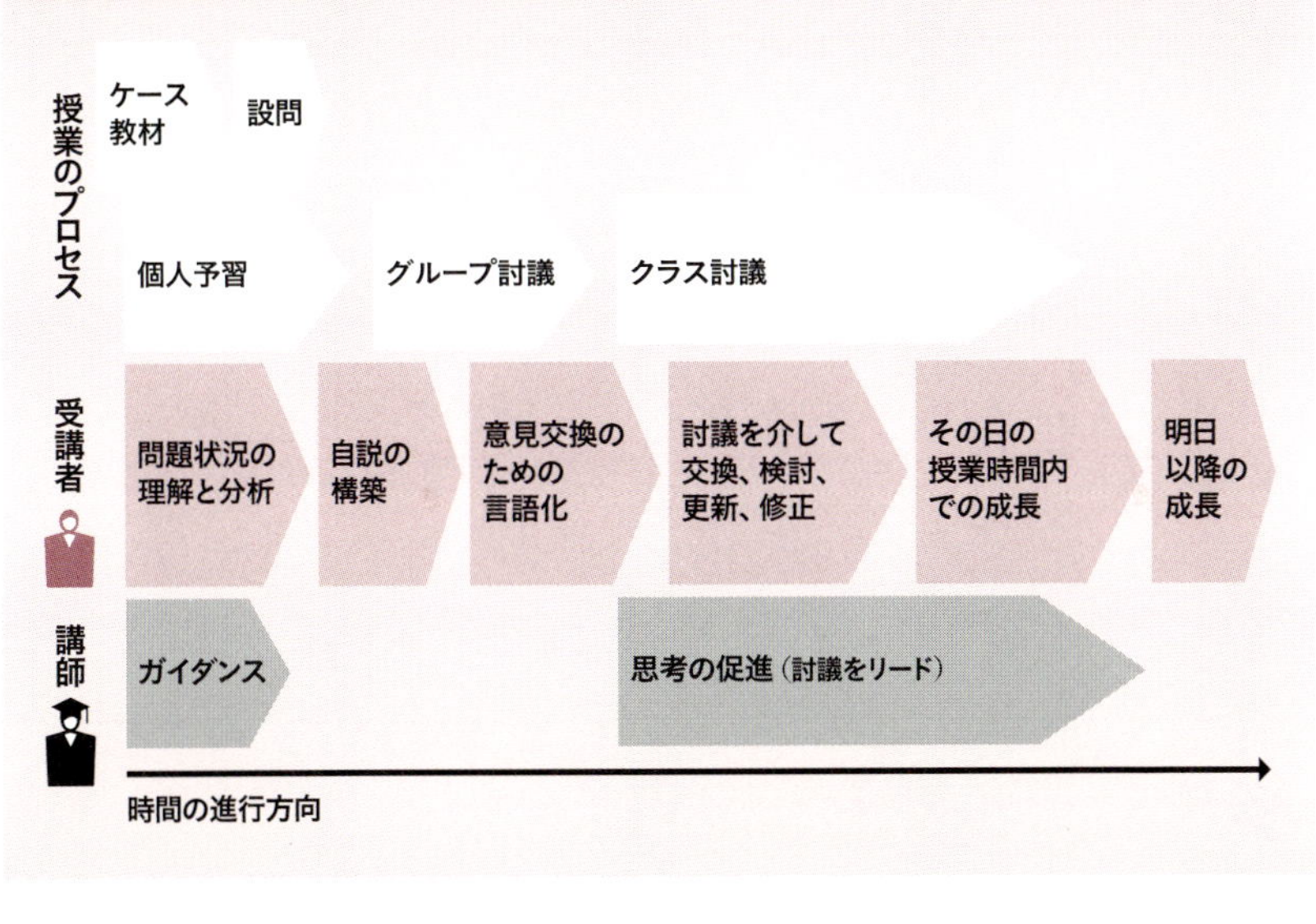

までに、学生は一つのケース教材について、約三時間の予習、九〇分程度のグループ討議、同じく九〇分程度のクラス討議と、計六時間程度を費やす。KBSでは一年生の入学直後には一日に二ケースのペースで授業を行うので、一日に一二時間という学習時間が必然となり、ワークロードはかなりきつい。もちろん教員も相当量の時間を投じて入念に準備し、授業に臨む。まさに大人の真剣勝負である。

### 講義型授業との違いは何か

一般の人々がこれまでに慣れ親しんできたレクチャー授業（講義型授業）と、ここで述べているケースメソッド授業（討議型授業）の、教育効果の発生過程の違いを図2に示した。

レクチャー授業では、教える側が伝え、学ぶ側がそれを受け取ることで「知の移転」が行われ、移転が起こるつど、学ぶ側の知識が量的に増加する。教科書を用いたレクチャーを想定するならば、学習内容は教科書の紙面に文字化されていて明確である。学ぶ側はそれを正しく受け取り、理解し、記憶する。

一方のケースメソッド授業では、ケース教材をもとに学生が相互に意見交換をすることで、問題を分析・検討する。ここでの主体者は教員ではなく学生であり、自分たちで相互に学び合う。ケース教材はあくまでも討議学習の起爆剤であって、学習内容はケース教材に書かれている事柄そのものではない。ケースメソッド授業で学習すべきものは、討議の末に学生個人がつかむ叡智《えいち》である。叡智とは、「個人の入念な検討を経て、磨かれ、作り上げられる、深みのある知恵」のことを言う。

討議中に相互に問い合い、確かめ合い、時には正し合うことを通して、一人ひとりの意識下にある過去の経験や持論の断片が、切磋され、統合されて、叡智に昇華する。またその過程で、学生は、思慮深さや高潔さも身に付けていく。

## ケースメソッドが有効な五つの理由

ケースメソッドの有効性について、筆者なりに次の五点を述べたい。

### （1）ケース教材は実践さながらの統合的問題状況をそのまま扱える

経営に限らず、現実問題はいつも統合的な問題状況を呈している。そしてもちろん、経営の現場は科目に分かれていない。しかしながら、大学教育は、研究者による探求の便宜上、そして教育提供の便宜上、それぞれの科目に専門分化されている。このギャップを埋めつつ、大学院ならではの高度な専門教育が実現されなければならない。

ケース教材には、ある時期にある組織で生じた問題状況が、ほぼ丸ごと記述される。だから、専門研究領域に特化させるために問題を単純化することなく、統合的な問題状況をそのまま扱うことができる。

ケース教材が提示するものは、その科目の教科書に出てくるフレームワークを用いれば、きれいに解けるように作られた演習問題ではない。討議は主にその授業科目の視点には立つが、他の科目の知見も総動員しながら問題の解決を目指す授業である。経営者の皮膚感覚にも近く、多くのビジネスパーソンが「生々しい授業」と感じてくれるものとなる。

このようなわけで、同じケース教材が異なる授業科目で同じ年度内で教えられることもある。問題の複合度合が高いケース教材であればある程、異なる角度から幾重にも光を当て直すことで、何通りにも議論できる。

### （2）得意領域を伸ばしつつ、弱点の補強が進む

MBA課程への入学前にビジネス経験を積んでいる学生はだれでも、ビジネスに関する興味関心の中心領域を持っていて、入学当初はそれを拠りどころにして討議に参加する。ところが、他の学生と議論しているうちに、実は限られた領域しか視野に入れずに、仕事をしていたことに気づいていく。

新学期が進行し梅雨が明け夏に入る頃になると、多くの学生たちにとってそのことが次第に恥ずかしくなり、それまではあまり自分の視野になかった事柄に意識して目を向ける努力を始めるようになる。このような努力は、その人の思考力をストレッチし、多面的に補強することにつながる。

もちろん、もともとの興味関心領域に向かう洞察力も磨かれるので、骨格がひとまわり大きくなり、その周りに新しい筋肉が付くという感覚になる。新たな筋肉を得た身体は、第一の関心に学習興味が置かれていることに変わりはないが、よりバランスの取れた考え方を身に着けている。学生たちはそのような感覚を卒業後に職場で実感できる。

### （3）訓練の時間効率が高いので、訓練量が稼げる

経営教育においては、その局面で必要になるマネジメントが「自分でできる」ようにならなければならない。できる人の話を聞くと大いに勇気づけら

れるが、それだけで自分ができるようになるわけではない。自分だったらどうするかを来る日も来る日も考え抜いた結果、少しずつできるようになっていくのである。

これは実務を通して実践力が身に付いていくプロセスとまったく同じである。二年間で三〇〇～四〇〇ケースと戦って考え続けた訓練効果は、想像以上に大きい。ケースメソッド授業なら、異動することなく他部署の視点を学べ、転職することなく他業界の課題に直面できる。毎日二ケースというのは、実際に企業組織に勤務する場合の数十倍のペースで、さまざまな課題に直面し、何らかの判断や対応を考え続けなければならないことを意味している。

**図2　学習効果の発生過程**

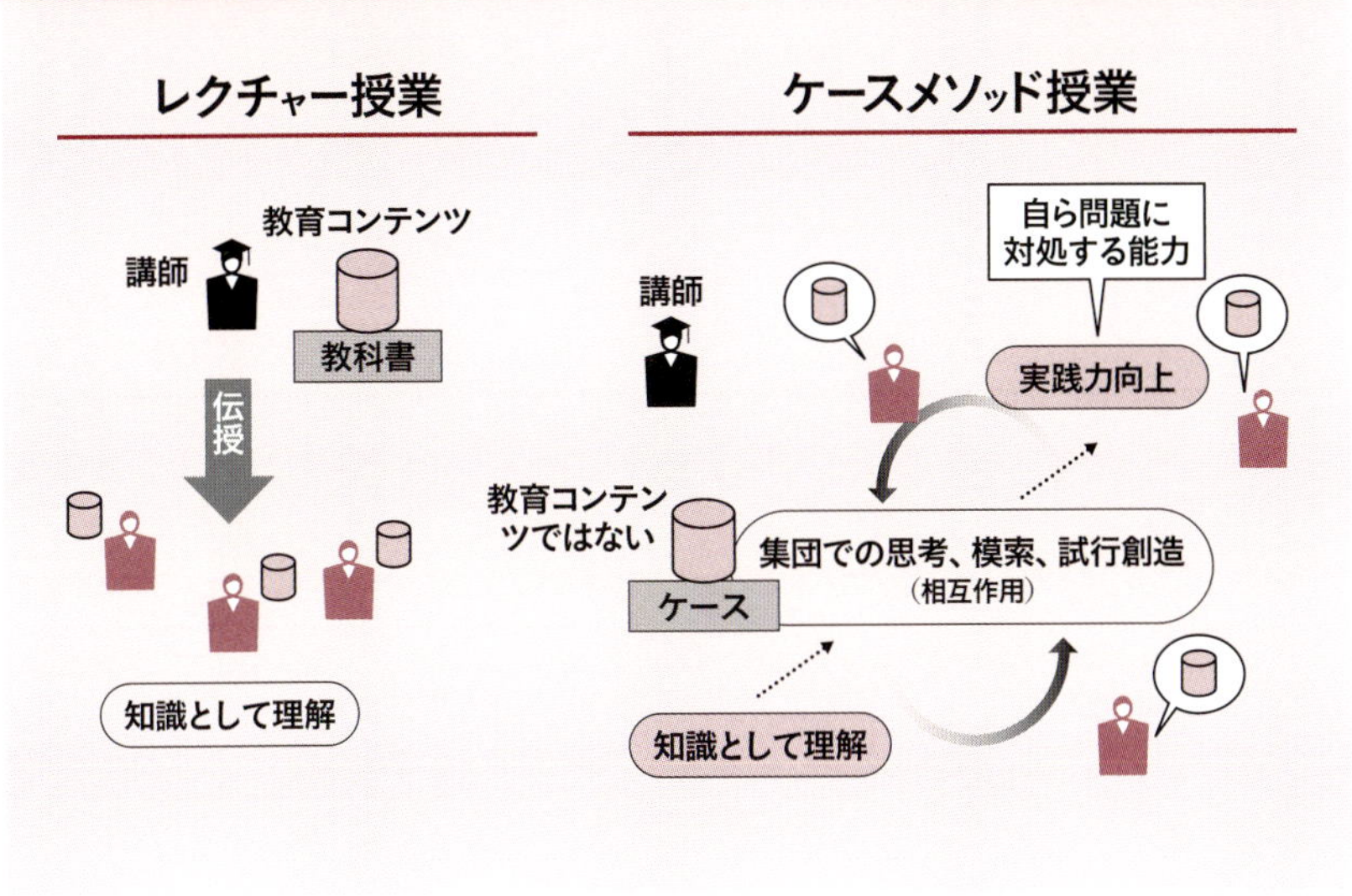


### (4) 精神力が鍛えられ、人間的成長が促される

来る日も来る日も考え続けるためには、相当な意志の強さが必要だ。明日の授業に出るためのケースの予習から逃げ出さずに、毎晩深夜まで勉強し、規則正しく登校し、果敢に発言することを繰り返すプロセスで、ビジネスリーダーに必要な"tough mindedness"(知的能力の強靭さ、精神の頑健さ)がおのずと養われる。

また、クラスへの積極的な参加貢献は、実務への貢献とほとんど変わらないメカニズムで動く。職場で上司・同僚・顧客からの支持を得てきたビジネスパーソンは、ケースメソッド授業の教室でも支持を集める。それと同様に、厳しいことではあるが、その逆も成り立つ。

毎日の発言からにじみ出る人間性やものの考え方が、発言のつど、(明示的あるいは非明示的に)周囲から肯定されたり否定されたりする。そのような場に身をおけば、誰でも自分を人間的に成長させることに熱心になる。

人間社会の縮図の中で学ぶことになるケースメソッド授業では、その学習効果が「発言時の言語表現力が磨かれる」といった表面的な向上に留まらず、「人間的成長」の貴重な実現にもなる。

### (5) 真の学習能力が身に付く

ケースメソッド授業では、教員側から明示的に教えることは控えられているため、学生たちは自分たちで学ぶ姿勢と能力を身につけていく。教員はもちろんそれを全力で支援する。経営には、事前の備えが十分でないのに対処しなければならない、前に進まなければならない場面がいくらでもある。そうすると、事前には備え切れないがゆえに、「その場で何とかする力」が重要になる。

この種の力は人から短時間に授かる類のものではないため、自分で作り上げていくしかない。またこの種の力は属人的で、その人のものの見方や価値観とも密接に関係している。したがって、自分に向けて自分で作り上げていくしかない。それは、授業のつど、自分で気づき、自分に言い聞かせていくということだ。

ケースメソッド授業に二年間連続的に参加していると、真の学習能力、すなわち「どんな状況にあっても何とかする力」がだんだん身に付いていく。ここで言う学習能力は、討議という協働作業を経て形成されるため、その中核にはコラボレーション能力が含まれる。この能力はパフォーマンスの高いチームを作るための能力に直結するものである。

## 実践力の育成により大きな焦点

ここまでに述べてきたことを総括して図示すると図3のようになる(出典：KBS教材「ケースメソッドによる経営能力の育成」)。経営能力には二つの軸があり、横軸のものを専門知識、縦軸のものを実践力としている。ケースメソッド授業が育むのは縦軸の力であり、「実践力」(その構成要素は、洞察力、統合力、戦略力など)である。

もちろん専門知識を横軸方向に短時

間で効率よく伝授するには講義型授業が有効だが、縦軸も見据えた経営能力の向上を目指すと、講義型授業には限界がある。ケースメソッドを授業方法の中核に置くKBSは、縦方向の実践力により大きく焦点を当てている。

それでは横軸方法は軽視してよいのか。答えはもちろんノーである。逆説的ではあるがケースメソッド授業で学ぶと、日々のケース討議によって問題意識が旺盛かつ明確になり、専門知識面での自分の弱点もよく自覚するようになるため、専門書の読書量も結果的に多くなる。KBSの学生はやはりかなりの量の勉強をしている。ケースの予習と専門書の読破を二年間熱心に続ければ、教育訓練効果は当然高いレベルになっていく。

### 授業の成立条件

ここまでケースメソッド授業の長所ばかり述べたが、もちろん難点もある。ひと言で言えば、学習を成立させるための条件が厳しいことである。

ケースメソッド授業は次の四つが揃ってはじめて、実りある授業方法として機能する。その四つとは、①価値ある教育訓練主題を含んだケース教材、②討議を通して学生の自律的な学習を促す技能を持った教員、③教わることを期待するのでなく、発言することで自ら学ぶ準備のある学生、④学校をあげての授業方法の維持と改善の努力、である。KBSは開校以来、①②④を満たす努力を続けてきたが、それでも改善余地はまだまだある。そして、その改善努力を続けることが、③をより多く引き付けることにつながる。

ケースメソッド授業は、学ぶ内容とそのプロセスに関して、教える側と学ぶ側の双方が責任を持つ必要のあるユニークな授業方法である。その実践には難しさも含んでいるものの、この授業方法は真の経営教育には必然であると筆者らは考えている。

## 切磋琢磨する「共同体型」の学習空間

KBSが開校した当初のケースメソッド授業は、ハーバード・ビジネス・スクールからの直輸入スタイルだった。当時のケース教材は米国で作成された米国企業を題材としたものの翻訳で、その経営原則は株主至上主義、トップダウン、高度に分業化された機械的組織活動である。米国のMBA学生ならば、これらのケースをもとに豊かで充実した討議を展開する。

一方で、日本企業での実務経験を持つ学生たちの討議は、その基本に協調・協創があり、他部門との、また部門内での有機的な役割連携活動を志向しようとする。教室の雰囲気も、一種の競争社会となる米国の教室とは違い、相互に尊重しながら切磋琢磨する共同体型の学習空間となり、それがKBSの授業スタイルになった。ケースメソッドは海を渡り、日本化したのである。

KBSでの実践の積み上げとともに、日本企業を題材としたKBSケース教材の開発と蓄積も進んだ。これらの教材はMBA課程の学生のみならず、現役のトップマネジメントや幹部社員を対象とした、中短期のエグゼクティブ・セミナーでも絶えず使用され、彼らによって討議されることで、日々磨かれている。このようにKBSのケースメソッド授業はすでに「日本化」「KBS化」され、「慶應型ケースメソッド」として確立されている。

ケースメソッド授業は、筆者らが重視する「大人の学習の三原則①主体性を保証する、②現実物を扱う、③発言機会を充実させる」を高度に満たした授業方法である。この授業方法がわが国で広範な教育領域に広がりつつある理由も、そこにあるのだろう。ケースメソッド授業は、今後ますます多彩な教育領域で用いられることで、実践的授業方法としてさらに磨かれていくはずである。そのことが、KBSにおける経営教育方法の高度化に結びつくよう、KBSは努力を続けていく。

**図3　ビジネス能力を構成する2つの要因**　高木（2003）を筆者らが編集

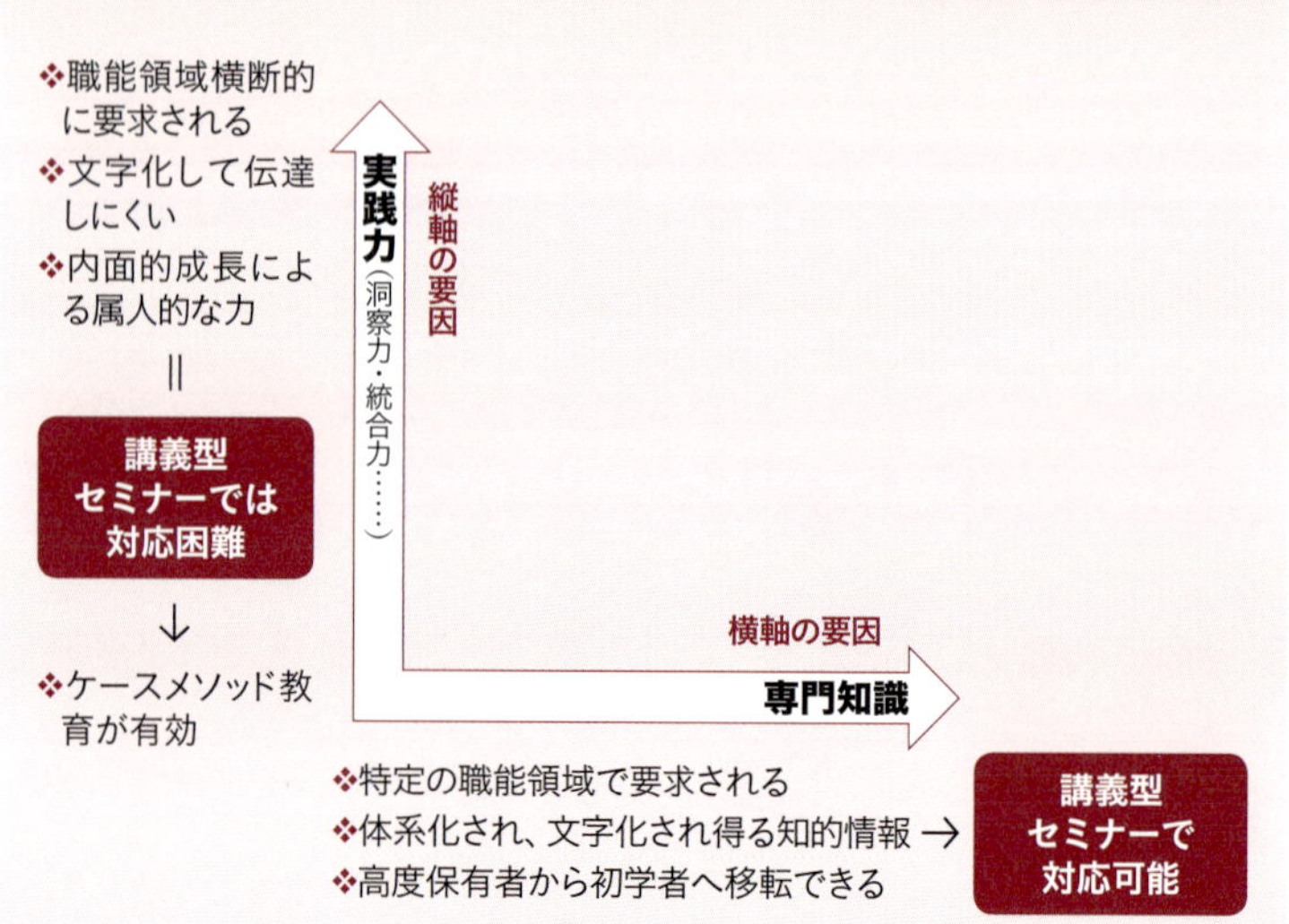

誌上で体験
クラス討議

# ケース＝レリアン株式会社
# 「感動と興奮のリーダーシップ」

慶應義塾大学大学院経営管理研究科教授
髙木晴夫

## このケースのねらい

レリアンは、婦人服の小売チェーン展開をしている会社である。非常に標準化された商品を、非常に標準化された売り方で売っているにもかかわらず、現場の店長・店員は、きわめて動機付けが高く、工夫と熱意を持っている。通常、標準化されたものを標準的に売ると、現場はロボット化を起こすのだが、レリアンでは、許された狭い範囲の自由度の中で皆めいっぱい創意工夫をするよう動機付けられている。

一九八四年当時、その動機付けの中心にいたのが、小林栄子氏である。リーダーである小林氏は店長、店員の中に、相互にやるべきことを理解し、〝自らも努力しよう〟という意識の共振[i]を起こすことに成功していた。また、その気持ちや興奮が自己強化的にさらに強くなる状況「エスカレーション[ii]」を生み出していた。興奮を共有させることで、レリアンのマネジメントは行われていたのである。

ここから何か一般法則が見つかるのか。小林氏のリーダーシップ技術の中から、他の場面でも活用できるものを探し出す。

i 共振　お互いの業務内容を理解し相互に努力しようという意識の共有化。
ii エスカレーション　気持ちの高揚感が参加者の間で自己強化的に循環し、さらに強くなる現象。

## 設問

**設問1　状況を把握する**

レリアンの事業コンセプトはどのようなもので、どのような強みを持つように工夫されているか。

**設問2　「リーダー小林栄子氏」の立場で考える**

小林栄子氏のリーダーシップはどのようなねらいのもとに、どのような工夫を持って展開されているか。

**設問3　「リーダー小林栄子氏」の立場で考える**

共振とエスカレーションを生じさせるためには、どのような組織的な条件設定が必要だろうか。

**設問3の意図**
一般的な企業でも、小林氏の使うリーダーシップの中に何か使えるものがあるか。

**設問4　「経営者」の立場で考える**

共振とエスカレーションを生じさせるために、カリスマ型のリーダーは必要か。

## ケース教材
## レリアン株式会社／一九八四年の小林栄子

ライトが消え、場内は静まり返った。「発表します。今年度最優秀賞は……！」

営業本部長が大きく息を吸い込み、一気に読み上げた。「○○県△△店！」場内に「ひゃあっ」という悲鳴が上がり、スポットライトのあたった店長（注：今年度とはケース時点の一九八四年度のことである）。は両手で顔を覆いながら泣き出した。彼女が壇上で賞状と商品を手渡されたその瞬間、高らかに流れるファンファーレのボリュームは最大になり、割れんばかりの拍手が会場に鳴り響いた。

商品開発責任者である小林栄子の率いる婦人服販売会社「レリアン」では、このセレモニーが毎年繰り返されていた。それは社員たちの日頃の成果の結集であった。当時の低迷する業界にあって創業以来発展拡大を続け、〝専門店の奇跡〟とまで言われたレリアンの快進撃にはどのような仕組みが働いていたのだろうか。

### ◆会社の沿革

レリアンは、一九六八年四月、レナウンを筆頭に伊藤忠商事と三菱レイヨンの共同出資によって設立された既製婦人服の販売会社であった。婦人服は、レリアン本社内にある商品企画室でそのほとんどが企画され、四、五社の取引先メーカーに発注・製造されるという、いわばマスプロ（大量生産）標準品の形態をとっていた。

一九八四年度決算では、総売上高は三八九億円（前年比一一・四％増）、経常利益も前期比五七・六％増の増収増益を計上した。この中で、婦人服販売はレリアンの総売上の約九三％を占め、金額にして三六二億円（前期比一七・八％増）、経常利益三一億五五七〇万円（前期比五三・三％増）と好業績を上げていた。創業以来赤字決算は初年度のみであり、発展拡大の一途をたどるレリアンは、〝専門店の奇跡〟とまで言われていた。

レリアンでは、百貨店へのテナントを中心に出店していた。全国合計店舗数は一九八四年末現在で二六三店あり、過去七年間で平均一四店舗を出店してきた。一九八四年は、二五店を出店し、次年度も最低一八店は出店計画が立っており、急激に販売網が拡大していた。

一九八四年当時の消費者性向は、生活必需品的分野からファッション衣料、教養・余暇関連商品分野へと比重がシフトしつつあった。

消費者ニーズが細分化したと同時に情報技術の進展が不可欠となった環境の中で、専門化された業態におけるチェーンオペレーションにおいては、データ処理と体系的操作をルーティン化・標準化し、徹底的に効率を追求する必要があった。そして、徹底した顧客志向に組織全体が対応できるように管理され、マニュアル化されていることが成功の条件であった。その点において、店長が直接仕入れをすることで成り立つ「支店オペレーション型」のチェーンオペレーション経営を行っていた他者が売上高一〇〇億円の壁で低迷していたのと、レリアンのような「販売集中型」のそれとで売上高に大きく差がついたことは、実に対照的な例であった。

### ◆販売システムの三要素　女性戦力の活用、商品企画力、事業部の確立

「すべてが店頭にあり」――それがレリアンの基本方針であり、あらゆるシステムノウハウは販売に集約されていた。専門店の企業命題は「一枚でも多く売ること」であり、主役は店長と販売員であると考えられていた。本社によるマネジメントとマーチャンダイジングはそれらを支える裏方に過ぎなかった。彼女らの労働意欲を高め、最も効率よく発揮させること、そのことを常に念頭に置いた経営方針によってレリアンの「店長産業」は発展した。

そこには、設立の発案者である尾上清レナウン理事長の経営理念に基づいて、確固たる方針が終始貫かれる体制が整えられていた。「企業は人なり」が尾上の経営哲学であった。尾上自身の斬新な基本構想は、素人女性店長を中核とした女性戦力の活用、商品企画力、事業部（レリアンの社内用語、仕入先メーカーのこと）の確立という、三要素が織り成すメカニズムであった。

この仕組みを機能させる最も中心的な役割を果たしたのが商品企画責任者の小林栄子であり、彼女はいかんなくそのリーダーシップを発揮した。

尾上理事長の打ち出した基本構想の第一番目に挙げられる「女性の戦力化」は、レリアンの典型的な特色であった。実際レリアンでは、店長・販売員をはじめとして、営業や企画の責任者に至っても、ほとんどが女性であった。特に、営業の最前線である店長は、育児が一段落し、子離れが済んだと思われる素人のミセスが採用された。「平凡な主婦が店長という生きがいを見出し、売場でサロンづくりを行う。自らが働くモデルとなって固定客づくりにいそしむ」というコンセプトの徹底が図られた。

レリアンの服は主にミセスを対象としており、エレガントで時々の流行をほどよく取り入れ、年齢に関係なく安心して着こなせる服として定評があった。レリアンの商品は九八%がオリジナルであり、商品企画責任者である小林栄子によって、トレンドを巧みに消化した抵抗感のないレリアンカラーに統一されていた。

ターゲットにしていた主力顧客層は、おしゃれへの意欲とお金と時間を持ちながら、実は着こなしに自信がない、保守的なアッパーミドルであった。小林は企画プロセスにおいて、徹底して丁寧な手作りにこだわり、〝女性のために女性がつくるち密さ〟が反映されるような商品開発を心掛けていた。

強力な商品企画力を実際に製品に反映させるには、製造メーカーとの協力体制が重要であった。レリアンの企画室で生まれた九八%のオリジナル商品は、四、五社のメーカーに発注された。これら各メーカーには、レリアンの商品だけをつくる専属部門、「レリアン事業部」と呼ばれる組織があり、この事業部の協力を得ることでオリジナルをシーズン最盛期前に消化できるよう、品ぞろえ対策が整えられていた。これにより、一九八四年度決算の値下げロス率は売上高三六二億円に対し、わずか二〇九万円（〇・〇〇五八%）にとどまるという脅威的な数字を記録した。

### ◆採用方針と実力主義・褒賞金制度

採用方針もまた大胆かつ明解で、採用基準は「三〇歳以上」という条件だけであり、学歴や職歴は一切関係なく、筆記試験もなかった。「声が大きく、笑顔が良くて、朗らかな」人を採用した。ただし、あえて一点だけ挙げるとするならば、〝客層に合致するよう、上品な雰囲気を持つ人物であること〟であった。こうして新聞の求人広告で中途採用した三〇歳以上の素人女性をいきなり〝店長〟という管理職に登用した。

他社と全く異なる採用方針は、大胆のようで、実にレリアンの経営目的にかなった合理的なものであった。実力次第で、店長から取締役店長、営業部長への昇進ルートが開かれており、営業本部長専務といったさらなる上の職務に就いた女性もすでに存在していた。

販売員も同様に実力次第で最短は二年で主任へ、その後四～五年の主任経験の後、実力と適性による店長への登用もあった。実際、現在店長の三割は販売員からの昇進であった。能力と実力があれば、いわゆる通俗的な組織論は無視するのが同社の「公正な人事」と考えられていた。

給与制度は、完全な能力給であった。社歴が評価対象にならないことから、入社後数年の店長が一〇年以上の先輩店長より高い給与を得るという逆転現象も頻繁に起こっていた。

加えて特徴的なインセンティブとして「褒賞金制度」があった。報奨金ではなく、〝褒めたたえてほうびの品として与える〟という意味からあえてこの字を使用していた。これにより、成果を上げればその努力に見合った金額が還元された。入社したての若い販売員であっても優秀店に配属されれば、月額給与のほかに褒賞金としてプラスアルファが得られた。また、もう一つ別に創業以来実施している制度として「特別賞与」があった。年二回の定期賞与とは別に実績だけで評価する能力給であり、全社的に実施され、社歴に関係なく、入社一年目の者も一〇年目の者も実績のみで査定された。

### ◆店長会での表彰

店長会は、毎月上旬に東京のレリアン本社および大阪のレナウン支社において二日間にわたって行われた。毎年一月には「全国店長会」として全国の店長が一堂に会し、前年度の決算報告や優秀店の表彰式が行われることになっていた。ホテルの宴会場を借りきって行われるこの「全国店長会」は、レリアンのハイライトイベントであった。

通常の店長会のスケジュールは、午前中が営業部門、午後が企画部門の二部構成が基本であった。まず、営業部門の会議では、前月の査定に対する表彰式と決算報告が行われた。会議室の最前列に幹部が一列に並び、営業本部長が司会進行役を務めた。全社的な実績報告の後、売上高の多い順に店名が読み上げられていった。査定をクリアした店舗の店長はその都度返事をし、いすから立ち上がって社長の前へと進んだ。前月の実績金額、達成率、対前年比等が発表され、表彰状が社長から直接店長に手渡された。会場には緊張感がみなぎり、各店長とも報告されている数字に耳を傾けた。

小林は必要に応じて表彰式に出席し、中でもフェア終了の翌月の店長会には必ず出席した。フェアの表彰基準は、①フェア期間中（一〇日間）の売り上げが、前年比一〇五％以上であること、②基準売上対比が二〇〇％以上であること、③月トータルで、月間予算を達成することの三点であった。

### ◆素人をプロ化する教育体制

素人をプロ化する教育手段としてレリアンでは、「パンフレット」という名の販売用虎の巻が採用されていた。これを徹底的に遵守することによって誰でもレリアンカラーのコーディネートをつくることを可能にしていた。「パンフレット」は、フェア開催の前月の店長会で各店長に一冊ずつ手渡された。「パンフレット」二六三冊は、カラー写真約一六〇〇枚を使用し、厚さは一万八〇〇〇ページに及んだ。しかもこれは、すべて小林を中心とした企画室の手づくりであった。

そのフェアで使用される「パンフレット」の中身は、フェアでの取り扱い商品群のラインナップにはじまり、それらがどんなコーディネートによって、どのように店内ディスプレイされるべきか、ふんだんに使われた写真と文章でわかりやすく説明されていた。一品ずつ完璧にコーディネートされディスプレイされた商品のカラー写真は、マジックペンを使って小林の「話し言葉」による手書きの書き込みがびっしりなされていた。

「ここをよーく見てね！」「こうすると雰囲気がとってもステキでしょ！」特に注意するポイントには赤マジックによる線引きや丸で囲む等のアクセントがつけられており、傍点や感嘆符が氾濫《はんらん》していた。その丁寧な指導ぶりは、まるで子供に教えるような調子であった。

### ◆販売員研修会

レリアンのハイライトイベントである「全国店長会」と対をなすもう一つのハイライトが「販売員研修会」であった。販売員研修会は、年二回のフェアが開催されるおのおの前月に行われた。これは、店長会の約二週間後に設定されており、店長から指名を受けた販売員が教科書である「パンフレット」を手に上京し、研修会に参加することになっていた。各店舗から誰を研修会に参加させるかは、店長の判断にゆだねられた。

一九八四年八月二一日、東京新宿住友ビル三二階レリアン本社大会議室で行われた「販売員研修会」の模様を紹介しよう。

会議室のいすは正面演壇に向かってU字型に並べられ、東日本地区から参集した一三三名の販売員たちは、レリアンファッション風に制服を着こなし、緊張の面持ちで席に座っていた。

午後一時からの研修会は、小林栄子の登場で始まった。小林が演壇に上がると、ライトがともり、ビデオカメラがまわり出した。わかりやすい語調で小林は語り始めた。具体的な例を挟みながら、ヨーロッパのファッション情報、今年の流行等バラエティー豊かに話が進んだ。クーラーが効いているはずにもかかわらず、演壇で立ちっぱなしでしゃべり続ける小林の額からは汗が光り始めた。「どお？　疲れました？」と小林が全員に問いかけると一斉に「いーえ」と返事が返ってきた。

進行はプログラム通りきっちりと、時間通りになされるというわけではなく、すべて研修参加者の反応に合わせて進むという形態がとられていた。参加者の自発性を少しでも促し、柔軟に進行することが重要だと考えられていた。この日もビデオを見せる予定にしていたが、「ハイ、次はビデオを見ましょう」という機械的な進行は一切行われなかった。「今日は時間がないんだけれど、松山のビデオ見ますう？」とどちらでもいいといわんばかりに小林が全員の顔を見ながら聞いた。すると「はあーい」と一三三人が子供のように声をそろえて答えるといった具合であった。

小林の背後には、テレビモニターが設置され、大成功を収めた販売店の録画や先立って行われた店長会の様子を販売員が見ることができるよう備えられていた。これにより、つい二週間ほど前の店長会において自分たちの店長がどのような様子で参加していたのかを見ることができるようになっていた。

## ◆コーディネート実習と栄子賞

研修会では、先の小林の話のあと休憩ののち、ディスプレイ研修やコーディネート実習が行われた。コーディネート実習は、コンサルティングセールスを看板とするレリアンにとって、最も重要な研修項目の一部であった。

小林は「栄子賞」という賞をこの研修会の中で個人的に設けていた。ディスプレイやコーディネートの実演を自ら進んでやり、小林が頑張ったと評価する販売員に対して授与するのであった。リボンのかけられた白い小箱の賞品は、アクセサリーや財布といった小物であり、すべて小林が自ら選んだ品物であった。販売員たちはこれを競って獲得しようと、必死に実演を行った。汗だくになった販売員たちの懸命のスピーチ、拍手、爆笑と熱気と興奮に会場は包まれた。小林の批評は次のようであった。

「ちょっと、みんな、見てえ！　この色づかいすごくいいわ。若いって素晴らしいわねえ」

「あなた、ほんとによくわかってるわ、いいわよ。見て、これ！　ミラノファッションそのものよ。最高！」

「とってもいいわよ！　でもね、上がツートンのジャケットの場合は、下は無地を着るのよ」

小林は、良いところはほめちぎり、修正点は指摘してその場で直させた。完璧な仕上がりになったところで、販売員はマイクを持ち、自分の勤務する店名と自分の名前、勤続年数などと一緒に短い感想を述べることになっていた。その姿は写真に収められ、小林は次のようなコメントを添えた。

「今のお写真を送るから、反省してよく見てね。彼女は今後、期待ね」

入社後数年の社員は、ほおを上気させ、手が震えていた。

「はい、あなた、とても頑張ったから栄子賞ね。はいあげて！」と小林が言うと、営業部長が「よかったね」と声を一段と強めて賞品を渡した。場内から大きな拍手がわいた。

コーディネートの悪さで最終的に四人が栄子賞を受賞できなかったのだが、小林はその四人を壇上に並ばせ、一人ずつに感想を述べさせた。四人とも悔しさと恥ずかしさ、ばつの悪さでモジモジと下を向いていた。おずおずと一人ずつ前に出て、うまくできなかった反省とこれからの努力の決意を語った。

「そうよ、そういう気持ちで頑張ればきっとうまくなるわ。もうこれで、フェアは乗り切れるのよ。今日、本当に頑張ってくれてみんなの顔が素晴らしかったわ。今、この場で飛んで帰って店長に報告したいって感じでしょう？　本当は来月の分だけど、この子たちにあげたいって気持ちよ。どう、みんな？」

会場から一段と大きな拍手がわいた。こうして栄子賞を受け取った四人は、全員泣き出した。小林も教育部長の山本も胸を熱くして感動していた。そして山本が研修会の締めくくりの言葉に入った。「今日はいい一日でしたね。なんか私、じーんときちゃって」。声を詰まらせながら、レリアン標語の唱和の音頭をとった。「レリアンは、一つの心、それが一つの輪！」。続けて、フェアに向けてのエールが叫ばれた。「売って、売って、売りまくれ！」。

小林が感激の面持ちで「今日はどうもありがとう。企画室は全部上がってらっしゃい」と声をあげ、ほとんど全員女性の企画室スタッフは、壇上にずらりと並んだ。「あなた方がお仕事できるのも、この裏方の人たちがいるからこそなんです。どうぞこの人たちに拍手をしてあげてください。あなた方は一生懸命やれば褒賞金いただけるわけね。でも暑い真夏に冬物をつくったりするこの人たちの努力があってこそなんです。どうか感謝の気持ちを忘れないでね」。努力はしたがダメだった者、人知れず裏で苦労している者などを小林は必ず中央に引っ張り出すのであった。さらに小林が、「事業部の人たちも来て！」と生産委託メーカーのスタッフを引っ張り出した。

結局、会場でこの日の参加者すべてに拍手とスポットライトがあてられた。鳴りやまぬ拍手の中で研修会は閉会となり、興奮冷めやらぬ参加者たちは全員近くの高級ホテルの宴会場へ移動し、懇親会（食事反省会）となった。

## ◆食事反省会

販売研修会の後にセットされた「食事反省会」は、高級ホテルの宴会場を借りきって行われる豪華なビュッフェパーティーであった。店長は、毎月の店長会において本社との接点を持つことができたが、店舗ごとに採用される販売員にとって、小林栄子やそのスタッフと顔合わせする機会はこの時をおいてはほかにほとんどないに等しかった。この状態で士気と和を保つのは至難の技であった。店を一体化させ、同質化させるためには、レリアンという企業の精神と体質、〝レリアンイズム〟を店長同様販売員にも浸透させなくてはならないのであった。店長を通じてしか会社を知らない彼女たちに、レリアンという立派な会社の社員だという自覚と誇りを持ってもらうためにも、この豪華な「食事反省会」は重要な役割を果たしていた。

予定時間を過ぎて始まった「食事反省会」で、研修会時のあの拍手と涙の感激と興奮状態はまだ続いていた。全員でレリアンイズムを分かち合えた喜びで小林は興奮していた。

幹部のあいさつが終わったところで、小林がステージに立ち、「ねえ、このへんで誰か言いたいことある人いない？」と場内を見回した。研修会の最終のこのイベントにおいて、レリアンイズムがどれだけ浸透しているかが測られるまさにその瞬間であった。しかもそれは販売員たち次第でもあった。

まず入社三カ月の若い新入社員が手を挙げた。ほおを紅潮させたその社員は、ステージに上がって店名と氏名を告げ、震える手でマイクを握り締めて「とにかく、今日は研修会に出て良かったと思います。ありがとうございました」とうわずった声で一言そう言うと、感極まって涙で声を詰まらせた。その後販売員たちは次々に壇上に上がり、同じように涙で声を詰まらせながら感謝と感激と決意の言葉を続けた。研修会の最終プログラムは再び涙と感激に包まれて、今や最高潮を迎えた。

小林は再び、「みんなステージに出てもらいましょう」と声を掛けた。壇上に上がったメーカーの社員は神妙な面持ちであいさつを始めた。「今日までレリアンさんの服を漫然とつくっていました。でも、今日の研修会を見て、これからは心から大切につくってゆかねばと思いました」。すでに食事をしているものは誰もおらず、全員がステージの下に集まってきており、先ほどの本社での研修会と同様の雰囲気になっていた。「最後に、私たちを支えている男性陣たちにも感謝の拍手を送りましょうよ！」という小林の掛け声で、幹部から営業マンまですべての男性が壇上に上がってきた。会場内の女性陣から盛大な拍手が送られると、今度は男性陣が拍手を送り返すというやり取りがあり、最後に威勢のよい三本締めでようやく懇親会は閉会となった。この夜、この高級ホテルではツインルームが予約され、遠方からの販売員が投宿した。

この研修会の成果が高じ、今期のフェアは大成功に終わった。

二日間にわたって行われた販売員研修会を収めたビデオは、小林自身の手で一時間半に編集された。レリアンで働くことの〝生きがい〟がここにぎっしり詰まっていた。このビデオは、次回の店長会だけでなく、その後もフル活用された。


**参考文献**

❖『日経流通新聞』（一九八六年六月三〇日付）
❖日経新聞社小売業調査（一九八五年五月〜八六年四月）
❖「八〇年代の流通産業ビジョン」（通商産業調査会、通商産業省、一九八四年）
❖守田梢路著『レリアン成功物語―主婦が重役の椅子に座るとき』（商業界、一九八五年）
❖渡部和仲著「チェーンオペレーションによる内発的動機づけ」（慶應義塾大学ビジネススクール、一九八七年修士論文）


❖このケースは、慶應義塾大学ビジネス・スクールの許可を得て本書に掲載するために同名の原ケースを短縮したものである。原ケースは、公開情報をもとにして、クラス討議の資料として用いるために作成された。


原ケース著作権©慶應義塾大学ビジネス・スクール、一九九八年


**ケースを読むときの注意点　再確認してください**

- **ケースは読んで学ぶものではない。**
- **学習者は自分自身を登場人物の立場に置いて読まなければならない。**
- **自分自身に意思決定が迫られていると考えながら読まなければならない。**

## ディスカッション クラス討議

### 設問 1 状況を把握する
レリアンの事業コンセプトはどのようなもので、どのような強みを持つように工夫されているか。

**高木** レリアンがどんな会社かまとめてみて。

**B** レリアンのビジネスは、販売中心型のチェーンオペレーションです。仕入れは本社で一括して行って、お店は販売のスキルを上げることで売ることよりも、お客様との関係構築、コミットメントを上げることで売っていく。

本社は、そのサポートに徹しています。サポートの一環として、一括仕入れが行われています。地域にかかわらず同じ商品を提供し、商品の地域差をなくしています。

**高木** そうです。本部が標準品をつくって、全国に出していますね。

**C** 対象顧客は、おしゃれの意欲とお金と時間を持ち合わせたアッパーミドルです。なおかつ着こなしに自信のない女性層ということで、これは比較的価格設定を高くできることが予想されます。

売り方は、コンサルティングセールスということで、「レリアンに行けば、私のことを全部わかってくれて、いい服を全部紹介してくれるわ」と、顧客の固定化にもつながっていく。

**高木** お客さんのニーズというか、悪口を言うと、どうやっておしゃれしていいかわからない人たちが多い。そういうニーズ。

**D** 店長には、ターゲットである女性のアッパーミドル層に合わせた人を採用しています。また、素人の女性を採用してその人たちをすぐ店長にして、中核に据えています。

**高木** 素人さんを店長にする。それはどういうねらいと理解しますか？

**D** 一つは、恐らく育児も終わって勤労意欲に燃えた人を雇うことで、全く何の色もついていなく、染めやすいというか……会社に対してコミットメントを持たせやすい、というのがあります。あと、皆同じようなバックグラウンドを持っているので、和の精神、チームワークを持たせやすい。

**高木** お店の和が出てきます。古典的な日本の和という意味合い。「みんなで一生懸命一緒にやろうね」という意味ですよね。

じゃあ、もうけの仕組みはどうなっている？ どういうビジネスモデルといえるかな。収益が上がる構造ってどうなっている？

**F** 商品の委託製造を合理化することによって、服の原価をかなり下げていると思います。売っている顧客層というのは、いわゆるおしゃれに自信のない、未熟な消費者ですよね。ということは、彼女らに対しては比較的高い価格で売れると思うんです。

**高木** 未熟な消費者？ 言わんとしていることはどういうこと？

**F** 製品自体は安いのにそこにサービスを付加して高価格で売る。そこで利ざやがとれる。

**高木** なるほど。低価格な商品を高価格で売る。当然もうけが、利幅が出るという仕組みはありますね。ほかには？

**H** 消化率がめちゃくちゃ高いのが一番大きなもうかる仕組みであることは、たぶん間違いないですね。

**高木** 消化率って何？

**H** 消化率っていうのは、一〇〇着つくったときに何着売れるかのパーセントです。

通常、六〇%売れたらヒットって言われるんですね。すなわちそれでも商売が成り立つぐらい原価が安いんです。大手の場合でも、大体二〇%から二五%ぐらいなんです。レリアンでは、一〇〇%に近い。それだけすごい販売力だというのが、もうけの源泉なんじゃないかと。

**高木** 非常にというか、これは異常に高いと言っていい。

**H** まずあり得ない消化率じゃないかなと……。

**高木** でも事実だよね。安くつくっておいてサービスを付加して高く売る。同時に、全部売る。それはもうかる。

彼女たちはどんなふうに動機付けされている?

**K**　能力主義で昇進ができます。報酬が実績ベースになっている。

**高木**　「どれくらい売ったか」によって決まる。

**K**　それに標準品販売なので、ほかの販売員と比較がしやすいと思います。

**高木**　同じ会社の中でね。ほかの人と比較ができます。そうすると……。

**K**　言い訳ができない。売れないときに商品が悪いんじゃなくて、同じものを売っているのだから、悪いのは自分だと。売れない理由は……自分にある。

**高木**　自分にある。そういうのを〝自責〟というんですかね? 自分責任とか他人責任とかいう意味で。

　普通はレリアンと違って、売れなかったときは、自責にはならないそうです。売れないときには他責になります。他責で売れない理由を言った経験のある人、ここにいませんか?

**L**　はい、いつも他責です。まず、天気が一番の理由で……誰にも迷惑かけないので(笑)。「天気が悪いのでお客さんが来ませんでした」と。あと、レリアンのように個店で言うなら、デパートみたいな大きな店舗に商品が集まっちゃって、自分のところにあまり来なかった、というのがたぶん言い訳になるかと思います。

**高木**　なるほど品不足のせいにするんだ。あとは? いくつか言ってごらんよ。いっぱい言えるよ。

**M**　値段が高い。

**N**　ブランド力がない。

**高木**　要するに、客が隣のブランドのお店に行っちゃった、ということだね。

　これだけの理屈を、お店の責任を持たされているおおかたの人は、売れないときに言います。

　レリアンの店長さんだったら、なんて言うと思う? レリアンの女性たちは、自分たちの努力不足へもっていくんですよ。レリアンとしてはそうなってもらいたいんだよね。

　ないしは売る仕組みに「販売に専念させる」とあるけど、彼女たちは、販売に専念させられているというふうには考えないんだよね。販売に専念「させられて」いると、「他責」が出てくる。だから、彼女たちは、販売に専念「している」というふうに考えているはずです。

　そこに小林栄子さんの話が出てきます。

### 設問 2 「リーダー小林栄子氏」の立場で考える

小林栄子氏のリーダーシップはどのようなねらいのもとに、どのような工夫を持って展開されているか。

**高木**　標準品をたくさんつくり製造原価を下げて、たくさん売る。組み合わせしやすいものをデザインして、ターゲットにしたお客さんに、たくさん買ってもらう。そういうビジネスモデルだね。

　あまりセンスが良くない人に向けて商品を選んであげて、「まあ、奥様すてきですね!」って言い続ける仕事を延々とやってもらわなければいけない。そういう社員をたくさんつくらなければいけないときに、小林栄子さんのリーダーシップ上の工夫には、どんなものがあるんだろうか。

　小林栄子さんのリーダーシップを見ていて、何を考えますか? どういう仕組みが働いているんだろう?

**A**　パンフレットの話からまず入ってきます。春夏とか秋冬のフェアの商品すべての組み合わせをぶ厚いパンフレットにしてしまう。それ一つひとつに、コメントを書いて、実際に会議で、「これはいいものだ」「この組み合わせはいい」というコミットメントを持たせてしまう。

**高木**　そうだ。コミットさせるんだね。どうやってコミットさせるかっていうのも考えよう。

**B**　どうやってコミットさせるかなんですけど。彼女が、店長なり店員なりに向かって話しかける口調が、命令口調とかそういうのじゃなくて、語り掛けるような、どんどん相手を巻き込んでいくような語り方をする。場に一体感をもたせる演出もしていて。みんながコミットせざるを得ない雰囲気にしてしまう。

**高木**　場の一体感? 場の一体感って、どういう工夫?「閉じこめちゃう」とか。

B　閉じこめちゃうという意味もあります。

高木　場の一体感。話し掛け方。それから？　コミットさせるコツは？

C　この人はまめにほめる人だと思うんですよ。自分がすごいなと思っている人にほめられることによって、従業員のコミットメントは高まっていくはずです。あくまでも、個人の自主性を促すための配慮というのが、その中にされていて……。自主性を誘導していくというか。

個人予習に次いで行われる少人数でのグループ討議

高木　自主性って誘導できるんだよな。大変なことだ。

K　栄子賞をもらうときに、店員が壇上に呼ばれて、その時に泣きますよね。あれはサクラじゃないんですよね？　われわれのグループでは、エスカレーションを起こすのに泣く、店員が泣くというのがすごい影響力があるという議論をしました。あれがもしサクラだとしたら、ものすごく使える手法なんじゃないかと。

高木　泣くことの伝染みたいなところ？　彼女たちはサクラじゃないみたいですよ。

L　人はサクラじゃないにしても、壇に上らせるというのは一種の演出だと思うんです。

高木　壇に上げる効果は大きいですよ。やはり泣いてしまう。あれは、マイクを持って壇の下に降りてって「いかがですか？」って聞いてもいいわけ。でも、それじゃあ泣かない。そうじゃなくて、壇の上に上げてスポットをあてて栄子先生から「よくやったわね！」と言われるとその高揚感で泣いてしまう。泣くこと、エモーショナルな部分が働いたときに、このカリスマに対するコミットメントも強くなるんだ。

**設問 3 「リーダー小林栄子氏」の立場で考える**

共振とエスカレーションを生じさせるためには、どのような組織的な条件設定が必要だろうか。

C　どうやったらエスカレーションを起こさせられるのかなと非常に興味があるんですが。どういうメカニズムか知りたい。通常の階層型組織の中でどういう仕組みを設けたら、エスカレーションが機能するのか。レリアンみたいに研修という名のセレモニーのような場を設けない限り、なかなか日常では難しいのかなと思います。そうしないと、なかなかエスカレーションというのは生まれないのかな……と。

高木　おおかたの会社では、何か場をつくって演出するということを、あったりはずれたりしながらやっているよね？　全くない組織というのもない。場はあるんだけど失敗したりとか、演出はあるんだけどはずれたり、ということなんだろうか？

みんなの、自分の経験の中で、場が必要だという意味で、レリアンふうではなくても、ものすごく盛り上がって努力が集中していったような仕事の経験ってありますか？　それをいくつか取り出してくると、規則性が出てくるかな。

**D**　仕事じゃなくて、私はボーイスカウトのリーダーをしていまして、毎年、子供をキャンプに連れていくんです。キャンプに連れていくということ自体が、子供たちにとって、いろいろなことを詰め込むにはいいチャンス。そういう場を使うことによって……。

**髙木**　非日常ならではですね。

**D**　まさにその非日常というか、隔離された場。ほかの情報がたくさん入ってくるようだと、洗脳にはならない。われわれが行くところは、ほかのキャンプの人がいないところを選びます。

**E**　私は役所にいたんですけど、場という意味だと、予算編成かな。予算編成は、一つのピークなんです。予算編成に向かって仕事がクライマックスに向かって。それが議会を通るというのが一つの場になると思います。

**髙木**　予算の話もそうでしょうけど、期限の決まっている仕事で、いつまでにやらなきゃいけないとか、今まで自分の部署であったことのないような事態に遭遇したりとか、そのような非常に不安定な状況で、プロジェクトチームができて、隔離されたりすると、それに向かってガーッと盛り上がってきちゃうことがあるよね。

## 設問 4　「経営者」の立場で考える

共振とエスカレーションを生じさせるために、カリスマ型のリーダーは必要か。

**A**　レリアンのケースを読んでいて違和感を覚えたのは、うがったものの見方かもしれないんですけれども、この人たちは、本当に会社全体のことを考えて行動しているのかどうか。根底にあるのは褒賞金制度とかいろいろ書いてますけれども、結局お金と名誉的な部分が非常に強くて、それに、プラス自分たちは美しいことをしているという自己陶酔の世界というのがあるのではないかと。

**髙木**　言ってみればのせられているみたいな意味ですか？

これ、美しい言葉を今から使います。本当に自分からやっているの？　真に「自己実現」なの？　っていうヤツ。はたから見ていると、彼女たちは「のせられている」って感じるんだけど、本人たちは「自己実現だ」と言いますね。それをまたはたから見ていると、「いや、それはのせられているね」と。そういう違和感がある。

じゃあ、手を挙げてみると雰囲気つかめると思う。「こういうスタイルの職場で働きませんか？」従業員としてね。レリアンでなくてもいいです。「こういうメカニズムが作動する職場で働きませんか？」と言われたら。「はい」と「いいえ」、どちらかで手を挙げてごらん。そうすると、この雰囲気が分かります。

「はい」は？　三人。これだけか。

「いいえ」は？　ほとんど全員だ。そうなんだよね。

それは、魂抜かれちゃうみたいな気持ちがどこかにあるのか、ないしは人が人をコントロールしちゃうことに対して、拒絶感みたいなものがあるのか。ある種の防御心というのかな。そういう抑制がきっとディスカッションの場にいる今のみんなに働いている。

じゃあ、反対に、自分がリーダーだとしたら、どうかな？　ベンチャービジネスの立ち上げとか、プロジェクトチームを組んだときとか、それに向けてどれぐらい役に立つものなのか。こういうものってどれぐらい効果があるのか。

ある限られた期間に一気に成果を上げなければいけないときに、みんなはこのやり方を、「使えると思う、ないしは使ってみたい」のか？　いや、これは良くない方法だ、だから使うべきではない……とどちらかに分けたとする。極端な分け方だけど。

「イエス」か「ノー」でいいですよ。

「使いたくない、ないしは使わない」側に手を挙げるひとは？　（数人が挙手）これしかないか。

「使ってみよう、興味はある」は？　うん、かなり多いね。

では、「使われるほうはイヤだけど、使う道具として考慮に値する」という議論をしてみましょう。

想定する場面は、例えば新商品の開発です。その商品づくりをリーダーとして担当する。ある予算と期間の間に商品を出さなければならない。そういう動きが要求されている。

グループ討議の後、全員集合してクラス討議の開始

もう一つは、ベンチャービジネスの立ち上げです。数人の人間が、ものすごく短期間の間に、ある業務を安定的な状態までもっていって、売り買いと資金の回転でプラスに向けていくというのは、すごい仕事量なんです。だから、意識の混濁も起きるかもしれないし、ものすごいエネルギーがわくのかもしれないけどね。

そういうふうに、このメカニズムが、わりと、もともと人間たちが持っている特性かもしれないんですよ。それを使う側に回ったときに、使えるか。どうやって使うか。ないしは、使えないだろうか……みたいな議論を。

使ってみたいという人が大多数でしたよね。意見交換をしましょう。

**B**　使いたいんですが。そのメカニズムを使ううえで、小林栄子さんみたいな伝道師なり教祖的な人材がいるかどうか。自分が教祖になれればいいんでしょうけど。

たとえば自分がなれない場合、そういう人材を組織の中で見つけないといけない。もしくは外部から連れてこなきゃいけない。仮に、このメカニズムがそういう伝道師なり教祖をつくらない限り有効に働かないんであれば、それがネックになると思います。

**髙木**　こういうのは、何リーダーっていうの？　小林栄子型のやり方ができる人。カリスマリーダーって言うのかな。そういう人がいなかったら使いたくても使えないのかな？

**C**　私が実際に新製品の開発をしたときには、突出したリーダーっていうのは、残念ながらいなかったんです。ただ、すごく短期間にいろいろな作業をしなければいけないというプレッシャーがものすごくあって、一人が休んだだけでも絶対これは成功しないというミッションがあったので、組織的にものすごく緊密感が出て、アウトプットはたぶん、普通に働いていたときよりも、その期間のほうがずっとずっと大きかったと思うんです。お互いが手助けをする。自分がちょっとでも暇になったら、ほかの人のサポートにどんどんまわってという形で。

私たちがその時に、へろへろになって何を得たかというと、短期間でこれだけやったね、という達成感でしかなかったけれども、でもそれはすごく大きかったと思うし、このカリスマ的リーダーが必ずしもいなくてもいいんじゃないかと思いますね。ただ、その時には、短期間であることと、プレッシャーが強いという条件が必要じゃないかと思うんです。

クラス討議をリードする髙木教授

**髙木**　短期間とプレッシャーがあれば、カリスマリーダーがいなくてもメカニズムが作動する。

**F**　さっきからずっと考えていてわからない部分があるんですけど。メカニズムのところに創造とか革新がなかなか出にくいというのがありますよね。それについて、私はこのレリアンの部分では賛成なんです。

なぜかというと、本当に自律性があるような人間が来ていなかったと思うからです。

**髙木**　ああそうか、レリアンの店長、店員の場合、真の創造業務でないんだ。

**F**　レリアンはこの仕組みに合う人間を採用していたと思いますし、自分で考えようとする人は入れなかったと思うんです。それで、創造とか革新性は出ないで良いという形ができたと思うんです。

逆に言うと、ベンチャーとか新規事業っていうのは、それぞれ個々人の創造性とか革新性とかが非常に重要で、そこがキーだと思うんです。ベンチャーとかにもこの理論を適用するとなると、相反すると思うんですけど。必ずしもこれがうまくいくかなと……。

**髙木**　素材になるというかメンバーになる人は、レリアンの場合だったら、白紙の、普通の、町の中年の女性たちですよね。だから彼女たちの猛烈な働きぶりばかりが出るような作動の仕方をしたよね。

**H**　レリアンと、ベンチャーと違うのは、レリアンのほうは強いエンジンを持っていない人がいっぱい来て、動かしてあげるところから小林栄子さんがやる必要がある。そういう人が集まっているところでは、そういうカリスマ的な人がいないと動かないと思います。

ベンチャーのほうの人たちは、もともと行きたい方向があって、エンジンもあって燃料もあって。そういう人たちの場合は、方向だけちょっと押してあげるとか引いてあげるとか、そういうことをやるやり方で導いていってあげればいいんじゃないかなという気がします。

**髙木**　方向付けというのは、一つ大事なやり方。それが理念とかそういう種類のものなんだろうか。目的意識とか。

**H**　僕はそう思うんですよ。方向付けは理念があって。マイクロソフト社の

NT※iの開発では、ある程度自律性のあるエンジニアたちが、ものすごい目標に対してやっていったわけですよね。その人たちも、カトラー※iiっていうリーダーがいたじゃないですか。

**髙木**　小林栄子さん以上のね。

**髙木**　じゃあ、これで最後の発言にしましょう。

**I**　小林さんというのは、組織に求心力を与えたという意味では優秀な経営者であったと思うんです。ただ、ちょっとこの場で私が違和感を感じたのは、小林さんというのが創業者でもなければ社長でもないということです。この手法を実際使っていたのは誰かというと、もしかしたら小林さんというのは教祖としてかつがれただけの存在で、実際に使っていたのは社長なのかなとも思うんですが。

**髙木**　その背景はケースに書かれていないですね。実際は尾上理事長さんだそうです。

　最初に尾上さんがこのビジネスモデルを考えてスタートした。でも、売り上げが立ち上がってこなかったそうです。それで、自分の理念をどうやって実現したらいいのかということで、小林栄子さんを引っ張り出した。それで、小林栄子さんがすごく一生懸命やったんです。もともと彼女自身が、カリスマ性のあるデザイナーだったんだそうです。

## ◆この授業のまとめ

　さて、このメカニズムを作動させるためにいろいろな工夫がありました。工夫してもうまくいかない人もいます。だから、工夫する人の、ある種の適性というのはあるかもしれない。だから小林栄子さんには適性があった。ノウハウ化された、文字化されたマニュアルを読むだけでこういうことができるとはとてもいえない。何かもって生まれた天性のものが必要なのかもしれないですね、という議論は十分あると思います。

　ひょっとして、このクラスのこれだけの人数がいたら、自覚はないけど実は自分が後になってみるとできちゃう人になっている人がいるかもしれない。議論しただけだけれど、ある程度みんなの頭の中に意識化されたんだったら、なんだったら明日からのグループ討議に仕掛けてみようか、と実験する人がいるかもしれない。

　以上です。今日の授業はこれで終わり。

※i　NT　ウインドウズNTのこと。マイクロソフト社のサーバー用OS。従来ユニックスが使われることの多かったネットワークサーバー用途を前提に設計され、当時のウインドウズ95に比べて安定性、セキュリティー、大容量の処理能力などの面を重視した構成になっている。

※ii　カトラー　ディビット・カトラー　伝説のプログラマーと呼ばれたOS開発の第一人者。NT開発のために、ビル・ゲイツにスカウトされた。二五〇人ものNT開発チームを引っ張り、成功に導いた。

# 戦略とは何か？

## —本質を捉える4つのアプローチ

リチャード・ウィッティントン 著／須田敏子・原田順子 訳

A5判並製240頁　定価 2,940円（税込）　ISBN978-4-7664-1557-5

個体群生態学、カーネギー学派、産業社会学など多様な議論を吸収し、HRMやマーケティングなど幅広い分野に適用可能な一味違う戦略論テキスト。原著の初版は第1回イギリス経営コンサルタント協会賞受賞(1993年)。組織は、実際のところ、何に従っているのか？

# イノベーション創発論

## —セイコーエプソン・機器デザインセンターの挑戦

佐藤剛 著

四六判上製272頁　定価 2,520円（税込）　ISBN978-4-7664-1551-3

イノベーションの偶発性をいかにマネジメントするか！　エプソンが取り組んだ3つの組織変革と1つの成功事例を通して、イノベーションの本質とは何か、イノベーティブなマネジメントとは何かを考える。

# 組織自律力

## —マネジメント像の転換

佐藤剛 著

四六判上製244頁　定価 2,940円（税込）　ISBN978-4-7664-1307-6

組織は管理できるのか? 全体を把握し、的確に命令を下すマネジャー。そんな幻想を捨てたとき、自律した個々人が一つの目標に向かって協働する躍動的な組織の姿が見えてくる。事例を踏まえ、新たなマネジャー像とその役割を提示。

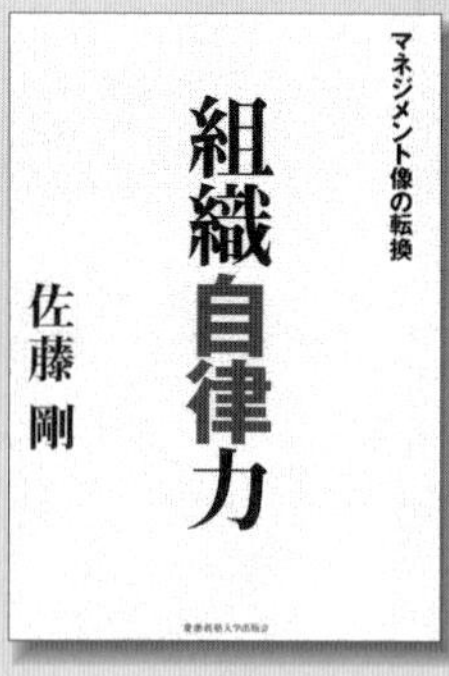

# HRMマスターコース

## —人事スペシャリスト養成講座

須田敏子 著

A5判並製368頁　定価 3,360円（税込）　ISBN978-4-7664-1207-9

グローバル化時代に活躍する人事スペシャリストを目指す人のための本格テキスト。ビジネススクールで学ぶ人材マネジメントの専門マスターコースがこれ一冊で理解できる人事制度設計・労務管理担当者の必携書。

**慶應義塾大学出版会**　〒108-8346　東京都港区三田 2-19-30　Tel 03-3451-3584　Fax 03-3451-3122
◆ホームページ（http://www.keio-up.co.jp/）にてお申込みができます。

©Robin Jareaux/gettyimages

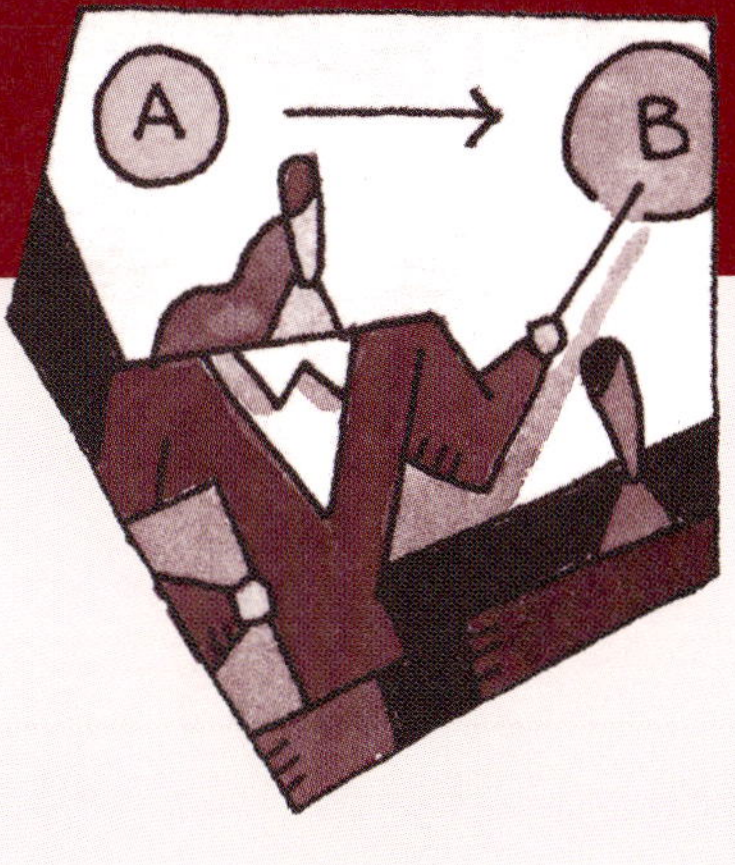


# 第V部
# 研究者が読み解く12の最新イシュー

いまや世界は同時不況に陥っている。
日本は少子高齢化など構造問題も抱える。
経営学は実践の学問。気鋭の経営研究者が最新の研究成果を踏まえて、
いま日本社会や日本企業が直面している課題を読み解く。

慶義塾大学大学院経営管理研究科准教授
小幡 績

# 「リスクテイクバブル」崩壊　政府が採るべき対応策を考える

**意思決定の誤りは選択肢のレベル設定の誤りに起因する。
組織の目標設定を、現実のアクションと関連するレベルの目標にまで落とし込むことが必要だ。**

二〇〇八年九月に起こった、いわゆるリーマンショック以降、日本の金融市場は、世界の金融市場とともに大混乱し、これは実物経済にも波及し、不況が一気に深まった。

ここでは経営的観点から、今回の世界的な金融危機への政策的対応を、論じてみる。すなわち、日本政府を一つの企業と捉え、世界経済を市場と考え、日本政府の目的を日本経済の長期的な生き残りと設定して、この世界金融恐慌および経済大不況の荒波に、日本政府がどう対処するべきかを、ケーススタディ方式で考えてみたい。

## 世界金融危機に対する認識は誤っている

現在（二〇〇九年一月）、日本政府が採ることが可能な選択肢にはどのようなものがあるだろうか。議論を始めると、ただちに問題となるのは、選択肢とはどのレベルか、である。選択肢としては、たとえば個人の所得税を減税して国内の個人消費を刺激する、あるいは、金融市場における銀行の機能を回復するために大手銀行に資本を注入する、このどちらがいいだろうか？というような議論になりがちだ。しかし、これではいけない。個別の政策の議論のレベルで考えてはいけないのだ。選択肢のレベル設定の誤り、これが、企業、政府、すべての組織そして個人の意思決定の誤りのほとんどを占める。

ここでは、個別の政策あるいは対策を考える前に、目的をもう一度設定し直さなければならない。確かに、目的は、日本経済の長期的な生き残りと設定した。しかし、そのためには、どのような考え方、フィロソフィーで臨むべきであろうか。まず、この問いに決着をつける必要がある。すなわち、対策というが、何への対応策なのかをはっきりさせる必要がある。つまり、組織の目標設定を、現実のアクションと直接、関連するレベルの目標にまで落とし込むことが必要だ。

「日本経済の長期的な生き残りのためには、長期的な財政の健全性、人材の育成などは重要だが、それは二の次で、いま、この瞬間に、不況にならないことにすべてをかける必要がある。したがって、来年度のGDPがプラス成長にならなければならない」。こういう考えに基づけば、政府の目的は、来年度のGDPプラス成長となる。対策は、このGDPプラス成長をどのようにして達成するか、ということに絞って立案することになる。

現実の日本政府は、これに近い暗黙の前提をおいて行動しているようにも見える。すなわち、なんとなく暗黙にGDPをプラスにするという目標を置きながら、しかし同時に、長期の成長を目指すポーズも取り、そして選挙対策のために、有権者に受けそうな対策も羅列する。この目標の混乱あるいは目標設定の放棄から、すべての政策は中途半端となり、政策は失敗する。これがひとつの現実の解釈だ。

では、理想的な政府であれば、どのような目的を設定し、その目的に応じてどのような政策を打つべきであっただろうか。そのためには、リーマンショック以後の世界および日本の金融市場と、実物経済の状況を的確に把握する必要がある。

今回の世界金融危機は、二〇〇七年八月の「パリバショック」が始まりであると捉えられている。パリバショックとは、フランスの大手金融機関であるBNPパリバが、サブプライムローン債権証券化商品のファンドを凍結したことがきっかけとなり、欧州金融市場および世界が大混乱に陥った事件を指す。

米国サブプライムローンとは、信用力のない借り手に対する住宅ローンで、総額約一・六兆ドル程度あったといわれていた。問題は、このローン債権が証券化されて、世界中の金融機関や機関投資家に売りつけられたために、被害が世界中に撒き散らされたことにあるといわれている。しかし、この認識は誤りだ。この認識の誤りが今回の世界金融危機の理解を誤らせ、政策対応においても混乱を生じさせた。

なぜ誤りか。まず、米国サブプライムローンは一・六兆ドル。しかし、世界の金融機関の損失は確定した分だけで、その当時、すでに一・五兆ドルに達したといわれた。そして、その後も損失は拡大し続け、〇八年一月から世界の金融市場は三月にかけてパニックに陥る。さらに〇八年九月に、リーマンショックが起こり、〇七年八月以来、世界金融市場は三度めの機能停止に陥ったのだ。

明らかにサブプライム以上のショックが、世界の金融市場を襲っていたのだ。すなわち、問題は、サブプライムショックにより世界金融市場が混乱に陥ったのではなく、世界中の金融市場がバブルになっており、そのすべてのバブルが一気に崩壊したことにある。そう考えれば、損失はサブプライムローンの総額をはるかに上回って当然であり、米国だけではなく、欧州の金融市場がパニックになり、ニュージーランドやオーストラリアの通貨が暴落するのも不思議ではなくなる。

## 回復には長期の時間を要す 長期戦を戦う政策が必要

つまり、〇三年以降、世界経済はこれまでに類を見ないほど成長した。それはとりわけ、新興国と呼ばれる国々で起こった。中国、インド、ロシア、ブラジルのいわゆるＢＲＩＣｓを始めとして、ハンガリー、アイスランド、中東、南アフリカなどあらゆる国の経済が急激に成長した。世界の成長を受けて、西欧も米国も成長し、世界中が好景気に酔った。

この中で、金融資本は、実体経済以上に膨張した。なぜなら、金融市場は将来の成長を織り込むので、将来の成長見込みが急上昇した分も株価などに織り込まれ、急騰するからである。この結果、金融資本はますます膨張し、実体経済に比して余るようになってしまった。こうなると金融資本は、投資機会を求めて世界をさまようが、投資先が見つからない。となると、行き先は、金融市場の自己膨張しかなく、金融市場におけるリスク資産にリスクテイクする金融資本が殺到し、バブルとなった。これを私は「リスクテイクバブル」と呼んでいる。

リスクテイクバブルになると、ますます金融資本は膨張する。なぜなら、ほかに行く先がなく、リスク資産に金融資本が殺到するから、当然、リスク資産の貨幣価格は上がる。その結果、リスクがあるからリスク資産であったはずが、必ず値上がりするリスクのないリスク資産になってしまったのである。こうなれば、ますます金融資本はリスク資産に殺到し、バブルは極限まで膨らむのである。

世界はこのリスクテイクバブルにまみれていた。そして、そのバブルが、パリバショックをきっかけにすべてはじけた。金融資本を投資した人々はバブルとわかってそれに乗るために投資しているから、何かのきっかけがあれば一気に逃げ出す。いままでの価格など関係ない。そうなると、売りが殺到するから、価格も暴落する。それゆえ、ますます投資された金融資本は、出口を求めて殺到する。この崩壊過程が、〇七年八月から現在まで続いている。

これはバブルが膨大だっただけに、長く続き、景気循環でも、調整過程でもなく、崩壊し続けることとなる。結果、実体経済の回復にも長期の時間を要する。世界経済はグローバル化し一体化しているから、当然、日本経済も長期にわたって大不況、停滞が続く。

この状況を前提に、日本政府は、政策を打たなければならない。人、カネなどの資源が限られている中で、人々の経済生活を守るためにはどうすればよいか。長期にじっくり構えるか、それとも短期決戦で一気に回復を図るか。

前述の状況認識が正しければ、後者はない。長期に安定した経済に復帰するために、長期戦を戦う覚悟が日本政府には必要である。したがって、目標設定は長期に持続的に安定した、人々が安心する社会を作るということになり、金融に絞れば、そのための金融機能を維持、保全するということになる。

このように具体的な中レベルの目的を設定した後に、目的を遂行するための手段を具体的に議論することははじめて可能となり、さまざまな対策を議論することが可能であろう。

金融市場の改革や政策についても、企業の経営における意思決定と同じであり、的確な目標設定、そのための現状分析、その結果出てくる可能な選択肢のリストアップ、そして、比較検討、このようなプロセスを踏む必要がある。また、これを適切に行えば、それほど複雑ではなく、問題のほとんどは解決するか、あるいは解決できないことが明らかになるのである。

慶應義塾大学大学院経営管理研究科准教授
高橋大志

# 伝統的な資産価格理論を超えるエージェントベースモデルとは

**コンピュータサイエンスの発展によってもたらされた新たな資産価格理論は、現実の市場構造や投資家の行動を、積極的に織り込んだ予想を可能にしつつある。**

株式などの金融資産の価格に関する理論は、主にファイナンスの分野において盛んに研究が行われており、これまで、数多くの優れた理論が報告されてきた（Markowitz［1952］，Sharpe［1964］，Black/Scholes［1973］）。

伝統的資産価格理論においては、合理的な投資家や理想的な市場などの仮定をおき、解析的手法により資産価格の導出が行われているが、その一方で、そのような議論に対し疑問を投げかける報告も行われており、とりわけ近年、心理学の成果を取り込んだ行動ファイナンスと呼ばれる分野が関心を集めている（Shleifer［2000］）。

行動ファイナンスにおいては、（1）意志決定におけるシステマティックなバイアス（たとえば、損失を過剰に見積もる傾向のあることなど）の存在、（2）割安なものを買い、割高なものを売り無リスクにて利益の獲得を試みる裁定取引の限界などの要因から、伝統的資産価格理論における中心的な仮説である市場の効率性は、必ずしも達成されないとの指摘が行われている。

ただ、行動ファイナンスの示唆する投資家行動は、一般に伝統的資産価格理論において想定されている期待効用最大化に基づく意思決定などと比べ意思決定のルールが複雑であり、そのため投資家行動が価格に対し与える影響を解析的に導出することは困難な場合が多い。このような背景から、より現実的な条件下における価格変動のメカニズムの解明に向けて、新たな分析手法による研究の必要性は高まっている。

## 「エージェントベースモデル」の成果

一方、コンピュータサイエンスの分野において、ミクロのルールとマクロな挙動の関連性を分析する強力な手法としてエージェントベースモデル（Agent-Based Model）と呼ばれる手法が提案されている。このアプローチは局所的なルールから系全体のマクロな挙動の説明を試みるボトムアップのアプローチであり、自律的に行動する主体（エージェント）が多数集まったマルチエージェントシステムを分析するのに適した手法であり、幅広い分野において応用されている。

たとえば、金融市場を例にとると、このアプローチは、個々の投資家に焦点を当て、個々の投資家行動およびそれらの相互作用から、市場全体の動きの分析を試みる。

通常のシミュレーションにおいては、マクロな挙動の分布（例：価格変動の分布など）をあらかじめ定めておくのが一般的である。これに対して、エージェントベースモデルにおいては、マクロな挙動はミクロなルール（例：投資家行動など）およびその相互作用の結果として生じるものであり、あらかじめ外生的に与えるものではない点が、大きな特徴の一つとなっている。

エージェントベースモデルを社会科学の分野に応用した報告も数多く存在し、たとえば、Epstein/ Axtell［1996］らは、取引主体がコンピュータ上のフィールド内を移動しながら、近くにいる他の主体と砂糖やスパイスなどの取引を行う人工社会を構築し、人工社会における分析を通じ「市場機構という仕掛けに任せておきさえすれば、自動的に均衡価格がもたらされる」という自由放任主義的な経済政策の理論的立場は、苦しくなるとの指摘を行っている。この分析は、実際の株式市場の条件とは異なるものであるが、示唆に富む興味深い結論を導出したものとなっている。

金融市場に関する報告事例としては、人工市場に基づく分析をあげることができる。たとえばArthur 他［1997］らは、人工市場内に適応的に投資行動を変化させる異質な投資家を設定し、価格変動の分析を行っており、その中で

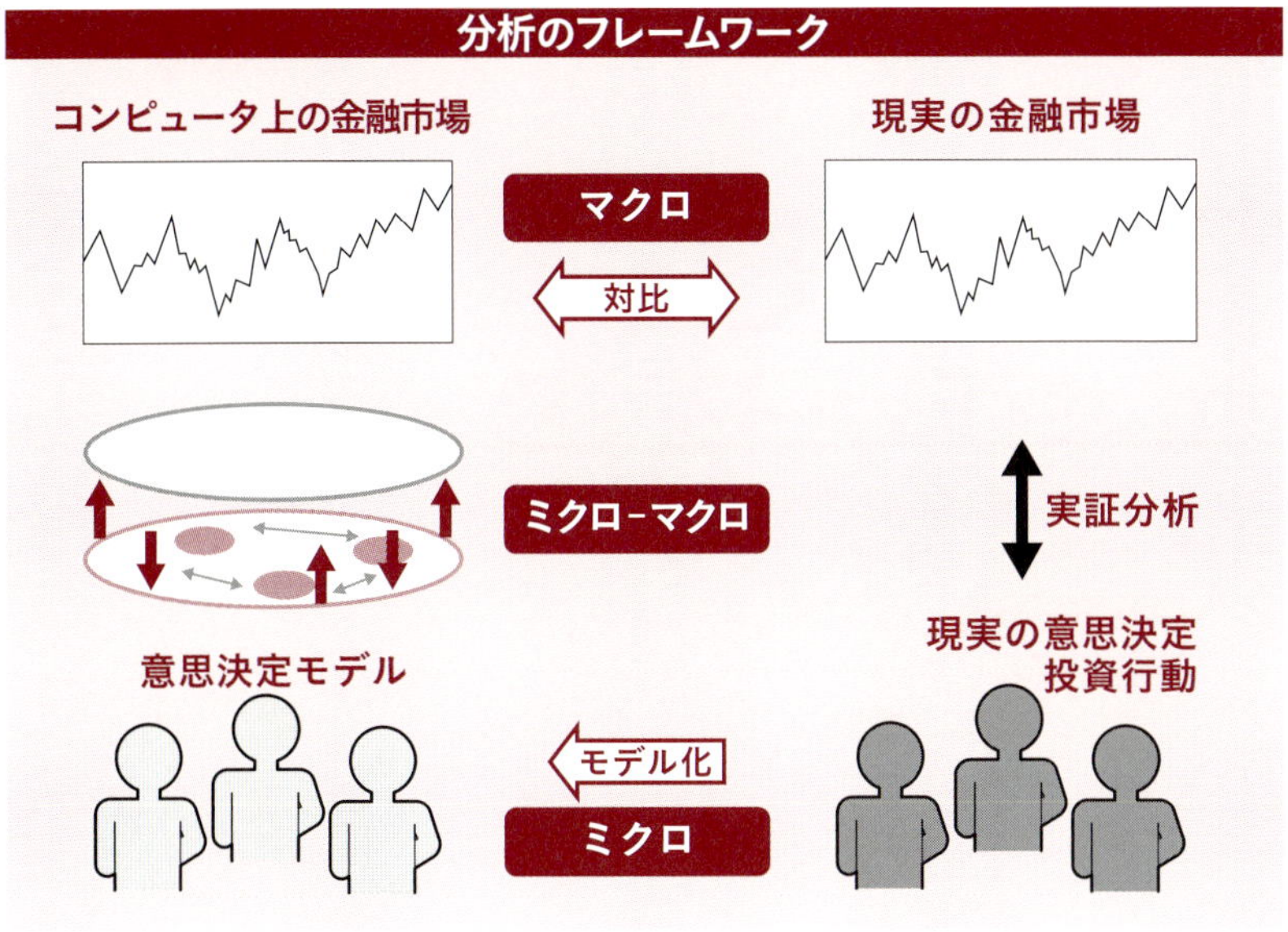


資産価格のバブルやクラッシュが生じることや、ファンダメンタルバリューから取引価格が乖離する現象は、頻繁に生じるとの報告を行っている。

従来のエージェントベースモデルに基づく分析の多くは、エージェントの行動を極力簡潔に記述しようとするKISS (Keep It Simple, Stupid) 原理に基づき記述しており (Axelrod［1997］)、その意味で、エージェントの行動は現実の投資家行動とは異なるものとなっている。これに対し、現実の投資家行動を反映した分析を行うため、心理学などの成果や現実の市場参加者行動を取り入れた分析も行われている。

図は、エージェントベースモデルによる、金融市場における投資家行動と価格変動の関連性の分析のフレームワークを示したものである。図の右側は現実の金融市場を表し、図の左側はコンピュータ上の金融市場を示している。このフレームワークでは、（1）投資家行動のモデル化、（2）市場環境のモデル化、（3）コンピュータ上の金融市場における実験の手順にて分析が行われる。

（1）投資家行動のモデル化においては、たとえば、企業のファンダメンタルズに基づく投資を行う投資家に加え、トレンドを基に投資をする投資家や、現実の機関投資家が採用している投資手法などを元にモデル化を行うことも可能である。また、（2）市場環境のモデル化においては、取引可能な資産や空売り規制、リスク管理基準など、市場制度などに関するモデル化を行うことが可能である。

## リスク管理、運用手法への学術的・実務的な貢献

当アプローチにより金融市場に関する数多くの興味深い分析を行うことが可能となる（高橋［2004］）。

たとえば、バリューアットリスク (Value at Risk) やポートフォリオインシュアランス (Portfolio Insurance) などのリスクマネジメント手法が、市場全体にもたらす影響に焦点を当てた分析においては、リスクマネジメントの有効性を確認すると同時に、リスクマネジメントが市場に対し、悪影響をもたらすことも見出しており、その中で、各投資家のリスクを限定するというミクロなレベルの目的と、資産価格の適切な価格付けといったマクロなレベルの目的が必ずしも両立しないことを示唆している。

その上で「現実の市場において、有効に機能するリスクマネジメント手法を確立するためには、このような現実の市場の特徴を考慮した分析を行う必要がある」との指摘を行っている。このように、投資家行動というミクロな視点と、価格変動というマクロな挙動の関連性を分析できる点が、このアプローチの大きな特徴の一つとなっている。

さらに、機関投資家において広く採用されている投資手法であるインデックス運用に焦点をあてた分析なども行われており、インデックス運用の有効性や問題点の指摘、近年、資産運用の分野において、新たに提案されているインデックスについての分析などが行われている。このように、従来より行われている投資手法の検証などに加え、資産運用の現場において現在直面している課題に対し取り組んだ分析なども行われており、これら分析の学術的および実務的意義は大きい。

このように、エージェントベースモデルの分析を通じ、数多くの興味深い研究が行われている。この分野は、今後、より一層の進展が期待される分野となっている。

近年、今般の金融危機などを背景とし、従来の金融工学の議論はさらなる進展を迫られている。伝統的資産価格理論に加え、心理学の成果を取り入れた行動ファイナンス、コンピュータサイエンスなど数多くの分野の成果を融合することで、今後ファイナンス分野の議論が活発になることが期待される。

最新イシュー……③ 戦略的人材マネジメント

一橋大学大学院商学研究科教授
守島基博

# 企業経営の根幹としての人材の戦略的確保と活用

現在、人材マネジメントは、企業の戦略達成を支援し、競争力を維持するための活動として、大きく変革を遂げている。戦略的人材マネジメントの誕生である。

企業が戦略目標を達成するために人材が必要である以上、そこには必ず何らかの意味で人にかかわる課題がある。また、組織は人の集まりであり、経営という言葉の定義の一つは、「他人を通して物事を成す」だから、組織とか経営といった現象の裏側には必ず人材に関するイシューが発生する。

なかでもどうやって人材を確保し、育成し、活用していくかという一連のプロセスのマネジメントの成否は永遠の経営課題である。ビジネススクールにおける人材マネジメント分野は、このプロセスをどう運用していくかに関する領域なのである。

ただ、これまで人材マネジメントの領域は、人事労務管理などと呼ばれ、主に人事部門の専門領域的なイメージがあり、ビジネススクールの一般的なカリキュラムではあまり重視されてこなかった。たとえば、米国において、人材マネジメントの授業は、財務や戦略の議論と比べて、大きくその比重が劣っているといわれる。

だが、現在、人材マネジメントは、こうした古色蒼然としたイメージから大きく離れ、企業の戦略達成を支援し、企業の長期的競争力を維持するための活動として、大きく変革を遂げている。いわゆる戦略的人材マネジメントの誕生である。

## 人材の戦略的活用

その中でまず大きなテーマとなるのは、人材の戦略的活用である。単純にいえば、戦略的活用とは、経営の視点からみた目標や業績期待と、一人ひとりの目標や業績とを結び付け、個人の行動を組織の力に結集させて、戦略実現を図ることである。

いうなれば、メンバー一人ひとりが組織目標のなかに自己がコミットしたい目的を見出し、それを実現する方向で成果を出す。極めて単純な流れだが、この流れを確立するのが、戦略的人材マネジメントの最初のテーマである。実は、いわゆる成果評価と呼ばれる手法も、目標管理も、本来は人材の戦略的活用のためのツールだった。目標管理は、働く人の目標と企業の目標をすり合わせるためのツールだし、また成果評価は、そうした共有された目標の達成度合いの評価である。

ただ、一般的にいわれているように、この二つとも人材活用のツールとしてはあまり大きな効果をあげてこなかった。それは、なぜなのだろうか。

この背景は、働く人がどういう過程で企業のために戦略的に活用されたくなるかについての関心が、薄かったためだと思われる。働く人は、カネやモノと同じ意味での資源ではない。逆に資源にすぎないと感じるとかえって、活用されることを拒むだろう。

したがって、人材の戦略的活用のなかで重要な概念は「モチベーション」ということになる。やや下世話な言い方をすれば、働く人をどうやってその気にさせるか。それが戦略的人材マネジメントにおけるモチベーションである。いわゆる成果主義は、モチベーションの観点を欠いていたために、人材の戦略的活用のツールとしては不十分だったのである。

残念ながら、いま働く場面で、モチベーションを感じられる機会が少なくなっている。一人ひとりが仕事にモチベーションを感じながら、企業の期待する貢献を行う状態を作り出すのが、人材の戦略的活用の基礎なのである。

## 良質の仕事経験

ただ、当然ながら人材活用の前提には、活用されるべき人材が確保されていなければならない。その意味で戦略的人材マネジメントのもう一つのテー

**人的資本投資と業績パフォーマンスの関係**

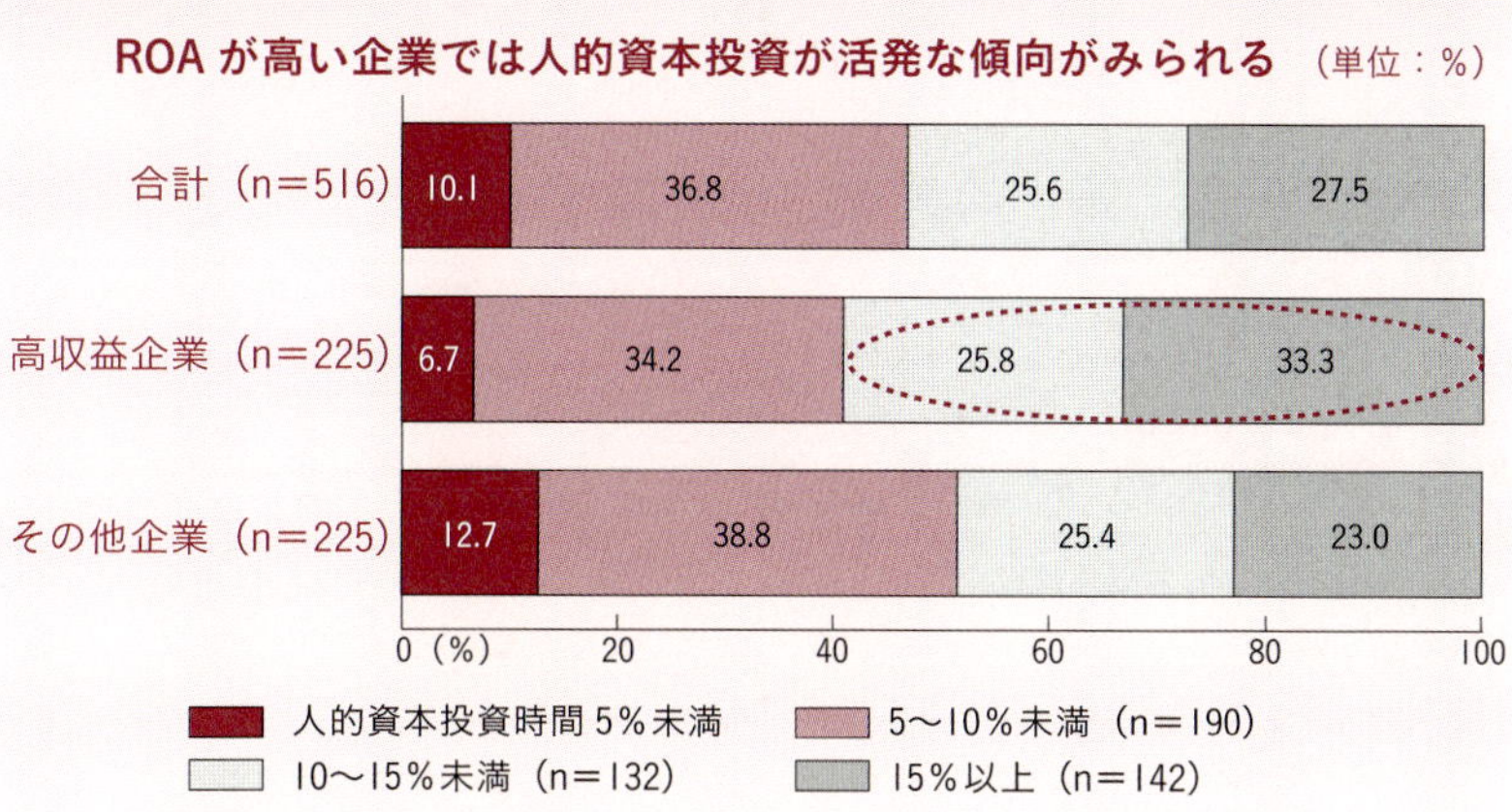


（備考）内閣府（2007）「企業の新しい成長戦略に関するアンケート」、日経NEEDSより作成。
（出所）平成19年度『経済財政白書』P.36

マは、人材の戦略的確保である。

ここで戦略的確保という言葉をあえて使うのは、この段階では、だれでもいいから優秀な人材を確保するのではなく、目的（経営戦略）と経費に見合った人材を確保するということが、強調されるからである。

なかでも重要なのはコア人材の確保である。コア人材とは企業のビジネスモデルにおいて中核的役割を担う人材のことであり、経営人材はもちろん、業種によっては研究開発、商品開発部隊のスタッフなども含まれる。また、より一般的なラインマネジャーも、多くの企業ではコア人材だろう。

この人材グループについて、基本的な人材確保の方法は育成である。中途採用もあるが、多くの企業で、中核人材はやはり若い時期に採用して、その企業に合わせて育成する方法が主流だ。

そして、これは単に日本型の特徴というよりは、全世界的な要件だと思われる。実際、トヨタやGEなどの優良企業は、ほぼ例外なく、独自のビジョンで人材育成を行い、またそのための仕組みを構築してきた。外部市場から人を採用して、ビジネスを回していたら、他の企業との差別化は図れない。戦略的人材マネジメントの大きなテーマは、コア人材育成のための企業独自の仕組みを構築することなのである。

もちろん、この作業には大きなコストがかかる。また、リターンは長期的にしか得られない。ただ、これまでの研究は、コア人材に限らず人材育成の重視は業績面で良い結果をもたらすことを示唆しているのである。図にあるデータが示すように、人的資本形成への投資は、企業業績と明らかな正の相関を示す。

では、コア人材の育成にかかわる基本的な仕組みは何なのだろうか。いうまでもないが、人材の育成とは一つの仕事を覚えさせることではない。そのため、コア人材確保のためには、キャリアを通じて連続する仕事経験が重要だと主張する研究者が増えてきた。

キャリアという言葉を、本来の意味である「仕事の連なり」としてとらえ、その仕事の連なりを分析し、さらには育成のためにデザインする考え方だといってもよい。

なかでも私も含めて、多くの研究者が、さまざまな仕事経験には、開発される人材能力の質に大きな影響をあたえる「良質度」において、違いがあることに注目している。良質度とは、その仕事経験をすることで人材が大きく成長する、または学習の可能性が高い仕事経験である。

人材育成のためには、こうした良質の経験を、順番と時期を考えながら提供することが必要だ。キャリア開発とは本来そういうものなのである。戦略的人材マネジメントのもう一つのテーマは、コア人材のキャリア開発である。

## 経済危機と雇用調整

本稿を書いている時点で急激に進行する業績悪化の中で雇用調整が進んでいる。もちろん、いまだターゲットは、派遣労働者、期間従業員などの非正規労働力が中心だ。

だが、私は正規従業員が、そのターゲットに入るまでの時間は長くはないとみている。経済危機は長引く気配をみせているし、またこれまでも、積極採用を進めるなかで、同時に人員の入れ替えを行っていた企業が多いのである。

いうなれば、人材絞り込みの時代なのである。少数精鋭の時代といってもよい。数多い人材を揃え、その中から使える人材をゆっくり確保していく時代から、少数の精鋭を早めに確保し、彼らに対して集中的な育成投資をすることで有能な人材を確保し、活用するための戦略的人材マネジメントが必要だ。それは企業経営にとって極めて重要な戦略分野である。

少数精鋭の時代、新たな仕組みの構築が求められている。人材マネジメントの授業が、ビジネススクールにおいて重要な役割を担う時代なのである。

一橋大学大学院商学研究科准教授
加藤俊彦

# いま求められるリーダー像は勝ち筋を見抜く眼力と実行力

**競争相手に勝つための具体策発信と、他部門を動かせる対外影響力が、組織の重さを軽減するリーダーシップの構成要素だ。**

事業部長クラスの上級管理職に求められるリーダーシップとは、いかなるものなのか。筆者が属する研究グループが日本の大手企業を対象として行ってきた調査からは、興味深い結果が得られている。そこから示唆されるのは、日本企業の事業組織を率いていく上で最も重要となる要件は、有効な戦略を組み立て、それを実行できるだけの能力だということである。

ちなみに、筆者は経営組織論・戦略論を専門としており、厳密な意味でのリーダーシップ論の専門家ではない。他方で、事業部長クラスの役職者には、総合的な見地からの判断や組織運営が求められることを考えると、筆者のような立場の者が上級管理者のリーダーシップを考察することには、これまでの議論とは若干異なる視点を提供できるという点で意味があると思われる。

## リーダーシップの三要素

筆者らが二〇〇六年度に行った調査のうち、リーダーシップに関する結果を示したのが、次ページの図である。この図には、〈重い〉組織（＝望ましくない組織）の上位一〇%と、〈軽い〉組織（＝優れた組織）の上位一〇%それぞれにおける「ビジネス・ユニット長（BU長）」（事業部長に相当）の主要なリーダーシップ項目の平均得点をつないだ折れ線グラフが示されている。

なお、組織の〈重さ〉とは、この調査研究での中心的な概念で、事業を担当する組織が合理的な判断に基づいて実際に行動できる程度を表しており、具体的には新たに開発した一二項目の平均値で測定される。つまり、組織が〈重い〉ほど、事業組織として十分に機能していないことを意味する。

もちろんリーダーがどのような行動をとるかというだけで、その組織のあり方の全てが変わるわけではない。筆者らの分析によれば、規模をはじめとする組織の構造的な要因も、組織の状況に多大な影響を与えることがわかっている。しかしながら、BU長のリーダーシップ・スタイルがその組織の状況と深く関連していることも、また事実である。図にもあるように、筆者らの調査では、既存の議論に沿って、三つのカテゴリーに分類される合計一〇項目から、リーダーシップ・スタイルを探っている。

第一のカテゴリーは、仕事の中身についての部下への指揮・指導とかかわる「タスク志向性」であり、図の左四項目が該当する。第二のカテゴリーは、部下との人間的な関係の構築にかかわる「人間関係志向性」である。図では、中央の三項目が当てはまる。

タスク志向性と人間関係志向性は、以前から取り上げられてきたリーダーシップの要素である。かつてはタスク志向性と人間関係志向性のいずれが重要なのかをめぐって、激しい議論があった。しかし、その後は、いずれかだけが重要だとは限らないとされた上で、両者とも強いリーダーシップ・スタイル、すなわち仕事自体で十分な指導をするとともに、人間関係上の配慮も欠かさずに、部下をリードすることが望ましいとされている。

残りの一つは、筆者らが「対外影響力」と呼ぶカテゴリーである。このカテゴリーは影響力を行使する対象の違いで三項目から構成されるが、このうち「上司（調査ではBU長）の上司」である経営陣に対する影響力は、「上方影響力（upward influence）」という名称で、広く知られている。

対外影響力は、前述の二つのカテゴリーとは異なり、部下への直接的な行動ではなく、その組織が機能する上で関係する組織や人を動かすことにかかわっている。つまり、部下は自分たちに直接向けられた行動だけではなく、どれだけ仕事を進めるパワーがあるのかを含めて、ある意味でシビアに、上司を評価している可能性があると、ここでは考えている。

## 組織の軽重を決めるもの

図からは、リーダーシップのあり方と組織の状況との関係について、次の二点を読み取ることができる。

まず、「和よりも業績重視」を除く九項目で、〈軽い〉組織は〈重い〉組織を上回っており、リーダーシップにかかわる三つのカテゴリー全てが、事業組織の運営に何らかの影響を与えると考えられる。この点からは、先に述べた既存の議論は、日本企業の上級管理者にもそのまま適用できるようにも思われる。

**BU長のリーダーシップ10項目と組織の〈重さ〉**

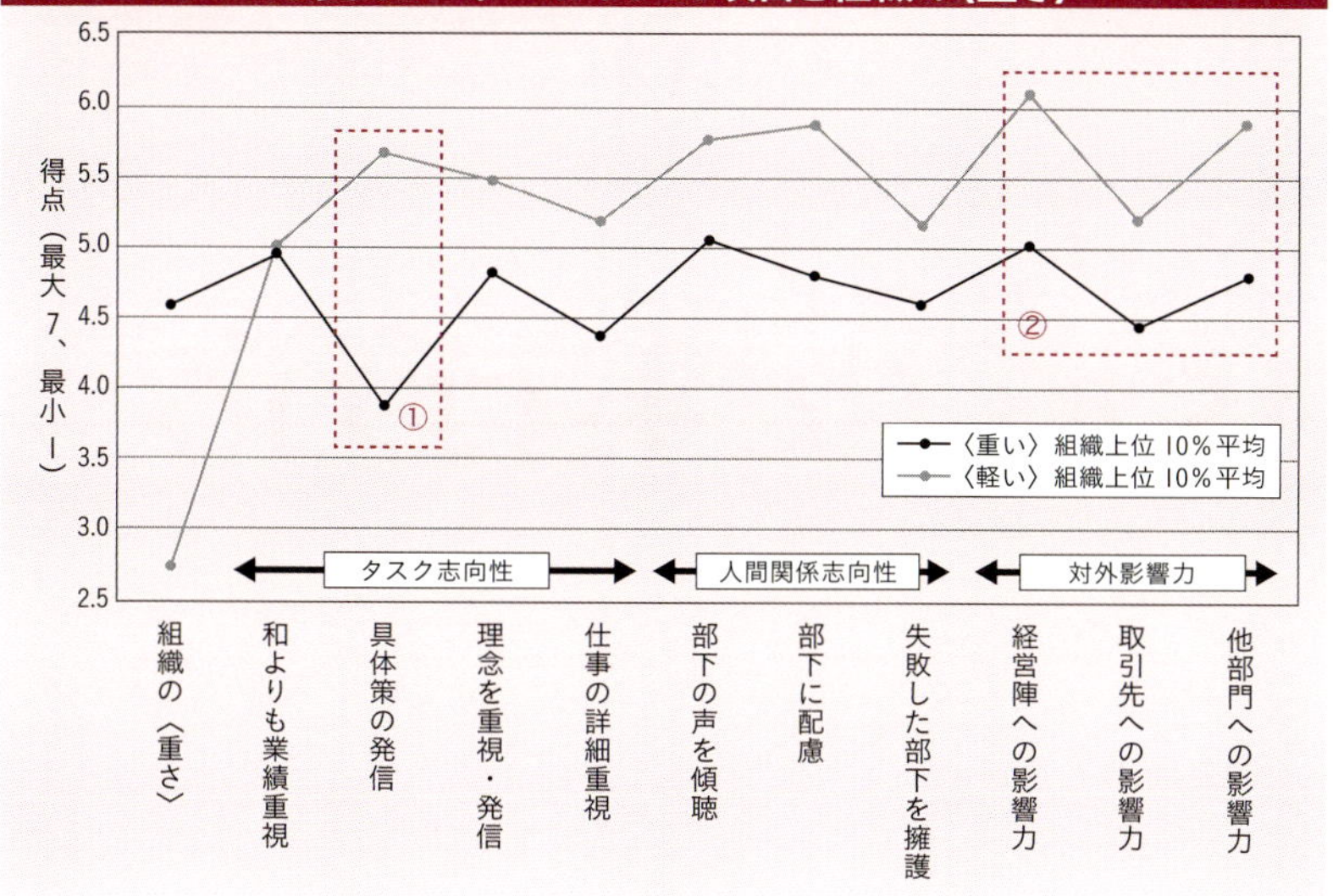


しかしながら、内容をより詳しく見ると、組織の〈重さ〉に与える影響に関して、これら九項目間にはかなりの違いがあることもわかる。

図中の①からも推察できるように、この中で組織の〈重さ〉を最も軽減するのは、「（競争相手に勝つための）具体策発信」である。次に大きな影響を与えるのは、「他部門を動かせる」をはじめとする対外影響力である（図中の②）。これらの点は、調査対象全体のデータを分析した結果からも、裏付けられている。

逆に言えば、人間関係志向性にかかわる項目や、タスク志向性に属する項目である「理念発信」の影響は相対的に小さい。

以上からは、事業組織を望ましい方向に率いるためには、競争相手に勝つための具体策を発信するとともに、それを実現するために、関係する組織や人を動かすことができることが重要だと思われる。

言い替えれば、有効な戦略を策定し、それを具体的に実行する能力を有することが、現代の日本企業の事業組織で求められているといえる。部下を思い遣り、理念を示したりすることは重要ではあろうが、事業組織をリードするには、それだけでは不十分なのである。

## 経営リテラシーの必要性

このような結果が出てくる背景は、比較的容易に理解できる。国内市場の成熟化、グローバル化の進展、新興国の台頭、革新的な新技術の登場など、日本企業を取り巻く環境は、このところの経済情勢の悪化以前から、大きく変化してきている。

山積する課題に直面した状況で、内部調整に奔走する調整型のリーダーではうまく対応できない。一方で、抽象的なビジョンや理念を唱えるだけで、権限委譲と称して具体策の立案を部下に丸投げするようなタイプも、十分には機能しない。今の事業組織で求められるのは、ビジネスでの「勝ち筋」を見抜く眼力があり、それを実行できるだけのパワーを備えた人材である。

だが、少なからぬ日本企業の事業組織には、その前段階となる問題が存在している。「勝ち筋」を見抜くための前提条件となる「経営リテラシー」（企業経営に関する基本的な考え方）が、上層部や中核的なミドル層に十分には備わっていないために、有効性を欠く方策を打ち出したりするような状況が、しばしば見受けられることである。

また、誤った方策に沿って活動が展開されると、成果が出ないことによって、組織として一丸となって取り組む姿勢が弱まる可能性も大きい。つまり、「経営リテラシー」の欠如は、短期的な成果のみならず、中長期的に重要となる組織的能力を弱める恐れもある。

優れた経営のために必要な「リテラシー」は、ふつう現場で仕事をしているだけで、自然と身につくものではない。その獲得には、新たな知識を獲得し、それをもとに思考するための場が必要となる。そして、そのような「リテラシー」を高めるために有効な場の一つが、日本のビジネススクールであろう。

慶應義塾大学大学院経営管理研究科教授
井上哲浩

# ネットの普及がもたらすマーケティング戦略の構造変化

**ネットが社会のインフラとなるにつれ、マーケティングにも消費者の購買行動にも、構造的な変化が生じている。その変化とは何かを検証する。**

インターネットは、一九六九年にＵＣＬＡとスタンフォード大学間のARPAnetに端を発する情報通信網のインフラであり、社会経済システムそしてマーケティング戦略に大きな影響を与えてきた。パソコン通信、ウィンドウズ95、ＡＤＳＬ通信、ｉモード、ドット・コム企業ブームを経て、〇五年以降の一般家庭への光ファイバー網は、世界でも有数の低価格環境下で高い普及を達成してきた。

## 三つの相互作用に注目

九〇年代、技術としてのネット志向が強かったが、次第にインフラとしてのネットがもたらした膨大なマーケティング情報の価値が認識され、三つの相互作用が注目されるようになってきた。

第一は、マーケター・サイドの相互作用である。九〇年代、ネットを活用するマーケティング組織と従来のマーケティング組織は互に独立性が高かった。しかしネットが普及しマーケティング情報が拡大すると、企業内では組織的垣根を取り払い、従来型とネットを活用したマーケティングを相互作用的に管理しなければ、有効活用できないばかりでなく、マーケティング計画自体の効果が期待されなくなってきた。

第二は、顧客サイドの相互作用である。顧客は、問題解決のために製品やサービスを購入する。その問題解決は通常、情報収集から始まる。広告、パンフレット、店員が従来は主たる情報源であったが、いまではネットサイトが初めに検索され、さらには最も影響を与える情報源となっている場合もある。株式会社アイスタイルが運営する化粧品口コミサイト@コスメは、その例である。まず@コスメで顧客による口コミ評価を確認し、それから百貨店やドラッグストアで化粧品を購買する消費者が少なくなく、当サイトの影響は、化粧品メーカーが無視できない程度になっている。

すべてのビジネスに必須のものが、商流、物流、情報流の三つのフローである。産業革命以降、製造業を中心とする商流と物流ベースのビジネスモデルから、情報流にのみ基づくモデルを構築している@コスメは、今後のマーケティング戦略デザインに、貴重な示唆を提供してくれている。

第三は、マーケターと顧客の相互作用である。卓越した知識を持つプロシューマの出現、多大なコミュニケーション効果をもつアルファブロガーの出現など、この第三の相互作用の活用が、戦略有効性の向上の礎《いしずえ》となる。

これら三つの相互作用により創出されているものが情報流であり、この新しい情報流がマーケティング戦略構築に構造変化をもたらしている。

## 「WEBマーケティング」戦略

マーケティング戦略の基本は、ＳＴＰとマーケティング・ミックス（製品・流通・価格・広告戦略）にある。それに先立つ分析を担うマーケティング・リサーチは、ネット普及によりインターネット調査という新業界を創出した。従来の調査と比較して、低コスト、システム化による効率化、音声や動画などによる柔軟な調査など利点は多いが、ネット接続環境にあるパソコン保有者を条件とするといったパネルの代表性の問題がある。したがって傾向スコアなどのバイアス補正を行った上で、ネット調査を活用し、多くの長所を享受されることが推奨される。

製品戦略では、顧客と企業が協働し製品開発を行うという新方法が、ネットにより創出された。あるパソコンの開発ではリリース前のベータ版を、リードユーザーであるプロシューマに

ネットによるマーケティング戦略の構造変化

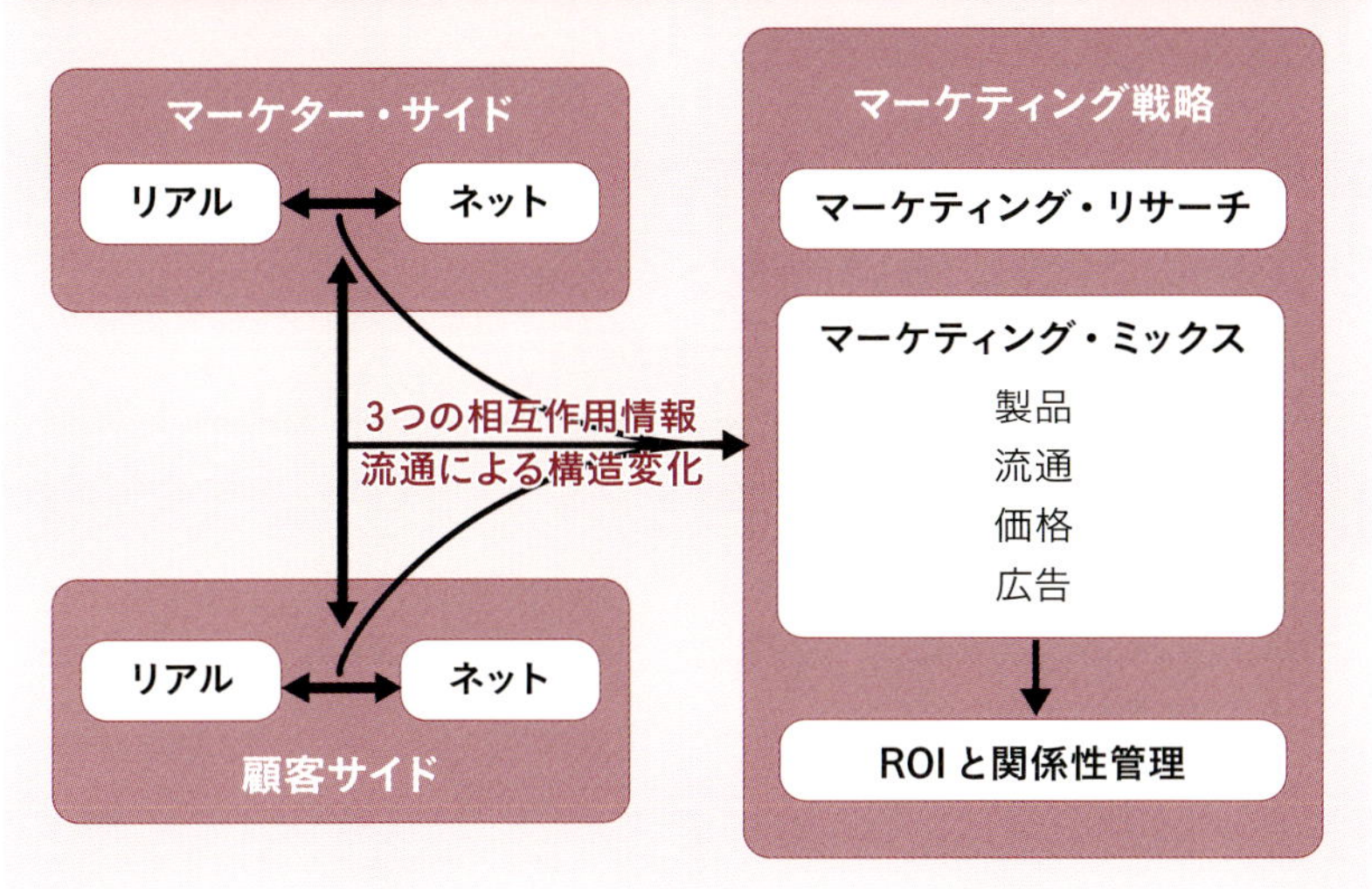


配布し試用してもらい、フィードバックを活用し改良を行い開発した。あるいはSNSの一般会員から商品アイデアを募集し、商品開発したエースコック社や良品計画のケースもある。ネット環境下での製品戦略の鍵は、この種の情報の活用にある。

流通戦略では、九〇年代半ば、製造業者が電子商取引を直接行い、中間業者が不要となる、という「脱中間」論争があった。現在そのような事態でないことは明らかである。しかし、経産省による電子商取引に関する市場調査〇六年度によれば、ネットのみによる取引に限定した狭義の企業間電子商取引の市場規模は一四八兆円、VANや専用回線も含む広義の企業間EC市場規模は二三一兆円と推計されており、業者数構成比率は、約五六%が製造業者、約三〇%が卸売業者となっている。「脱中間」という流通組織主体より、流通での情報活用への対応が鍵であり、「情報中間=infomediation」が焦点である。良い例が、商流も物流もなく、ただ情報流のみに基づき一日約四〇万人に利用されている価格.comである。一店舗でこの数の来店者数を上回る小売店舗は日本にはない。ネットの発展が、情報中間業の存在を創出した。

価格戦略に近年大きな影響を与えた情報通信技術の一つに、電子マネーがある。EdyやSUICA、そして注目すべき銀聯（決済サービスであり、正確には電子マネーではない）などである。これら電子マネーの価格弾力性に与える効果が興味深い。たとえば、三万円のデジカメ購入において、量販店で現金で支払う場合、クレジットで支払う場合、すでにチャージされた電子マネーで支払う場合、いずれの場合も同じ三万円の支出であるが、それぞれ価格弾力性が異なる。おそらく現金で支払う場合が最も弾力性が高く、次が近未来にて支払いが発生するクレジット払い、そして最も弾力性が低いのが、すでにデポジットされており、心理的には償却済みコストとして処理されている電子マネーであろう。電子マネーの普及は、価格弾力性が低いという効果のみで市場規模を増大していると考えられ、ネット環境下での価格戦略では値段を画一的にとらえず、決済手段とマッチさせて設定することが肝要である。

新しい広告戦略として、ネットの進展による多様化したメディアそして販売促進ツールを相互に活用するクロスメディア戦略が台頭してきた。

二つの警鐘を鳴らしたい。第一は、クロスメディアとマルチプルメディアは異なり、多様なメディアを複数活用するにとどまらず、相互作用性やオープン性に留意し、メディアをクロスさせたメディア計画を行う必要がある。第二は、受け手は情報過負荷で疲労しており、ナンバーワンやランキング情報といった要約された情報の効果、日産のTIIDAがパーソナルメディアであるブログを活用し信頼性を上げた効果などにより、過負荷低減を考慮することが必要である。メディアそして受け手を有機的にとらえ、ソサイアタル性や共感を伴って、広告戦略をデザインすることが鍵である、と筆者は考え、これをオーガニック・コミュニケーション戦略と提唱している。

ネットはさらに進展する。マーケティング戦略は特に二つの側面に関して一層の構造変化に適応しなければならない。第一は、マーケティングROI（投資収益率）。激動する経営環境に加え、ネットにより従来は困難であったマーケティング戦略の効果測定が、比較的容易に可能となってきた。まだ厳密にPDCAを戦略構築プロセスに適用しているマーケターは稀有であるが、ROIへの方向は不可避である。

第二は、関係性である。パナソニック、サンスター、ワコールなど中間業者の仲介を要する製造業が、顧客データベースを直接管理するケースが増えている。顧客データベースを1 to 1的なCRM（顧客関係管理）として活用することに加え、内部メディアとして管理することで広義の関係性構築を行う方向も、今後は考慮すべきであろう。

駒澤大学グローバル・メディア・スタディーズ学部准教授
山口 浩

慶應義塾大学大学院経営管理研究科准教授
岡田正大

# 不確実性に対処する戦略「群集の叡智」と予測市場

**企業をめぐる不確実性は年々高まっている。既存の戦略理論の弱点を克服すべく「群衆の叡智」を活用した予測市場のアプローチが注目を集めている。**

## 既存の戦略理論と不確実性

これまで経営戦略理論を形成してきた二大潮流は、企業パフォーマンスの決定要因として外部環境（業界構造）を重視するポーターのSCP理論、そして個別企業の内部資源を重視するリソースベーストビューであった。

これら二つの学派は、企業パフォーマンスの説明力をめぐって論争を繰り広げ、ルメルトを代表とする多数の実証研究によって一応の決着を見た。すなわち、個別事業の経済的パフォーマンスのばらつき（分散）は、その九〜一六％が業界効果（個々の事業が所属する業界がどこか）によって説明され、四三〜四六％は個別事業効果（個々の事業の違い）によって説明されることが明らかとなったのである。

だが、これら二つの要素をあわせても、その説明力はおおむね六割に過ぎず、パフォーマンスの分散の残り約四割は、説明不能な誤差項として取り扱われている。

この説明不能な「分散の四割」の少なくとも一部は、不確実性[※i]によってもたらされている。たとえばある企業が現時点において、魅力的な業界に所属し、なおかつ他社にない有効な経営資源をもっているとすると、既存理論に従う限り、この企業のパフォーマンスは良いはずである。ところが現実には常にそうとは限らない。理由はさまざまだが、地政学的環境、市場需要、法的規制、技術標準、競争行動、技術革新、人材の流動性などは常に不用意な変化をする。これが不確実性である。

こうした「見込み違い」は、古今東西常に企業を悩ませてきた。現代において、不確実性は高まりこそすれ、低くなるとは考えにくい。昨今では地球環境など、従前は不変と仮定できた領域でも不確実性が年々高まっている。

既存の戦略理論はこの不確実性への適応力、すなわち動的（ダイナミック）な状況変化への説明力が弱く、外部環境も内部資源も、現時点での分析が最重要視される。現実の企業経営においても、内外環境の将来変化を予測はするものの、それは基本的に情報を独占するごく少人数のエキスパート（たとえば本社経営企画部）にゆだねられ、過去からの傾向を単に延長することが多く、かつ現時点での予測を正しいと仮定して資源を配分する。

だが、現時点の予測（たとえば将来の需要や競合の行動など）は不確実性の存在ゆえ、その通りに展開することはまずない。

## 不確実性に着目した新たな戦略理論

こうした事前の想定を超える状況変化と既存戦略理論の関係を指摘したのが創発戦略（ミンツバーグ）やダイナミックケーパビリティといった考え方である。ミンツバーグは、現実の経営資源配分は事前予測に基づく意図的計画のみによって決まるのではなく、偶発的に生じた成功パターン（創発現象）が取り入れられながら、両者が融合したものとなる、と説いた。またダイナミックケーパビリティは、企業の動学的適応能力を重視する。だが、これらの考え方も、予期せぬ環境変化に適応する「心構えや組織構造」を提唱するにとどまり、具体的な意思決定に直接役立つ指標を提供することはない。

その限界を克服し、不確実性の下にあって具体的戦略（経営資源の配分行動）の決定を可能にする考え方がリアルオプション[※ii]である。企業が不確実性に対処するには、慎重に選定された戦略上の目的に対する「コミットメント（先行的初期投資を行うことで、独自の競争優位の源泉を築くこと）」と柔軟性を確保することによって、自社にとってより望ましい不確実性（オプション）を絶えず作り出していくことが有効である。それは単純なNPV（正味現在価値）を超える企業価値を実現する。この一連のプロセスを「リアルオプション・プランニング」と呼ぶ。

しかし、企業がどれだけ柔軟性を発揮しようとも、不確実性を全て消し去ることはできない。企業は常に、予測困難な変化に直面している。不確実な将来をより早く、適切に予測し、不確実性を減らすことができれば、さらに効果的な資源配分が可能となる。

そのための方法論の一つとして現在注目されているのが、集合知の活用である。中でも、予測課題の帰趨によって価値が決まる仮想先物を市場取引する「予測市場」のアプローチは、アイオワ大学による米大統領選予測市場が世論調査を上回る予測成果をあげるなど特に注目を集めている。近年では、製品の売上予測、有望な技術の発見など、さまざまな課題への適用例がある。※iii ヒューレット・パッカード社が自社製品の売上予測に予測市場を用いたところ、社内の公式予測よりも正確だったことはよく知られている。

もともと市場は優れた情報集約装置として認知されていたが、近年は知的生産の新たな形として「群衆の叡智」の文脈で語られることが増えており、企業経営においても組織のフラット化等の観点から注目されている。

## 「動機付けられた群衆」がよりよい予測をもたらす

予測市場への個々の参加者は、「群衆の叡智」を実現するためにではなく、自ら「報酬」を得る目的で予測する。個々人がどのように予測を行うかは問われない。その結果が市場メカニズムによって交換、フィードバックされ、総意としての予測が導かれる。それはグーグルの検索エンジンが、一般ユーザーが設定したウェブページ間のリンク構造を解析してその重要度を判定し、検索結果として出力するのと似ている。

しかしこれは、多人数で行えば予測精度が高まるといった簡単な話ではない。社会心理学では、集団が群集心理によって判断を誤るケースについて多くの研究がある。「群衆の叡智」は、意見の多様性や各参加者の独立性等を必要とする。予測市場は、予測という目的に照らして優れた成果を出した参加者が、「報酬」を受けるというルールを設定し、競争によって多様な意見を引き出そうとするものであるが、現実の証券市場と同様、誤謬から全く自由というわけではない。そもそも予測市場が「魔法の水晶玉」ではない以上、他の予測手法同様、予測結果が正しい保証はない。また当然ながら予測精度は参加者の水準に影響される。その意味で、予測市場のメリットを精度にのみ求めることは必ずしも有益ではない。

むしろ予測市場のメリットは、その組織マネジメント上の効果にある。参加者が「競争」に勝つには、予測課題に対して他者より早く正確に予測を行う必要があるが、そのためには、予測につながるさまざまな情報を集めねばならない。すなわち予測市場は、予測課題に向けて参加者を動機付けるメカニズムなのである。

参加者たちは、有形無形の報酬に動機付けられて、予測課題に継続的に「関心」を抱き、その結果に影響するさまざまな変化への「感度」を高める。また、参加者のいずれかが「発見」した情報は、市場メカニズムを通して市場全体に伝達される。

したがって、たとえば企業が自社の重要な経営課題について予測市場を設置し、役職員に取引をさせれば、参加者はそのプロセスで重要な経営課題を知り、その判断に必要なさまざまな情報に対して敏感になる。このような「動機付けられた群衆」は、完璧ではないにせよ、よりよい予測をもたらす「群衆の叡智」に必要な、多様な意見を持つ独立した参加者である。かつ、そうした存在こそが、不確実な環境下で企業が経営上の柔軟性をより適切に行使することを可能にする。

市場が私たちの社会を発展させてきたのは、そこで人や企業が自由に競争するからである。そこでは多様なアイデアが生まれ、中でも優れたものが優位を得て周囲に伝播する。このようなアプローチは、「正しいやり方」があらかじめわかっていれば非効率になるが、不確実性の高い環境下では、平均して大きな失敗につながりにくいため、その有効性は高まる。

予測市場をはじめとする集合知メカニズムは、このような働きを「社会」よりも小さな集団の中で使おうとするものである。すなわち、不確実の高い現在のような環境下では、企業にとってより有益なアプローチの一つになると考えられる。

**注**

※i 不確実性とは「将来の予測値の変動幅の大きさ」を意味するとして本論を進める。

※ii 実物資産（リアルアセット）への投資に金融オプションの考え方を援用するという意味で、リアルオプションと呼ばれる。

※iii 近年では、市場メカニズムより投票メカニズムやその他より容易に使えるユーザーインターフェースも模索されている。

東京大学大学院経済研究科教授
藤本隆宏

# グローバル経済下で産業の比較優位を分析する

**「ものづくり」とは顧客へ向かう設計情報の良い流れを作ること。
それは組織能力、能力構築環境、アーキテクチャの三つが柱となる。**

今日の日本では、「ものづくり」という言葉をよく聞くようになった。それは「日本の強み」といったニュアンスで使われることが多いのだが、「生産(production)」あるいは「製造(manufacturing)」と、どこが違うのか。

実は「ものづくり」という項目は辞書にない。したがって、実際にどう使われているかを現場で確認するしかない。そうしてみると、この言葉は、単に工場や作業場で「もの」を削ったり組み立てたりすることだけを指すのではないことがわかる。たとえば、一日コンピュータ画面を見て部品を設計している技術者は、自他共に認める「ものづくりのキーパーソン」である。このように調べていくと、「ものづくり」の本質は、「もの」ではなく、「設計」にあることがわかる。あえて生産でも製造でもなく、この「やまとことば」を使うことの意味は、おそらくこの「設計」という発想にある。

その意味で、広義の「ものづくり」とは、人工物(被設計物)である財・サービスによって顧客を満足させるための全社的な取り組みのことである。換言すれば、顧客を満足させる付加価値を持った設計情報を創造し(=開発)、適切な媒体を確保し(購買)、媒体に上手に転写し(=生産)、顧客に向けて発信する活動(=販売)の総体である。

ここで、制御・改善・進化の対象は、「ものの流れ」ではなく「設計情報の流れ」である。つまり「ものづくり」とは、顧客へ向かう設計情報の「良い流れ」を作ることである。良い流れとは、よどみなく(短時間で)、むだなく(高効率で)、正確な(高品質の)流れのことである。たとえば、トヨタ生産方式を「ムダをなくして流れを作る全社活動」と考える場合、「流れ」と言うのは、「設計情報の流れ」である。

## 組織能力とアーキテクチャ

「ものづくり」経営学は、組織能力、能力構築環境、アーキテクチャの三つを柱とする。

①「ものづくりの組織能力」とは、顧客へ向かう設計情報の創造・転写・発信のプロセスを、競合他社よりも常に正確に(高品質で)、効率良く(低コストで)、迅速に(短リードタイムで)遂行するための組織ルーチン群の体系を指す。いわゆるQCD(品質・コスト・納期)の同時達成・同時改善を行う組織能力である。そこでは、開発・購買・生産・販売の現場の力が緊密に絡み合っている。

②能力構築環境とは、その国の企業が組織能力を構築する上で重要な役割を果たした環境要因(労働力、資金、資材、設計情報、市場ニーズ、政府などの状況)を指す。

一般に、ある企業の組織能力を決定付けるのは、急成長期の経験だと言われる。よって、急成長期の前後における能力構築環境が重要である。たとえば日本の高度成長期は、冷戦下いわば想定外の早期に始まったため、労働力・資金・資材が慢性的に不足する中で、それらを確保する長期雇用・長期取引が存続した。この結果、多能工のチームワークに依拠した「統合型ものづくり」の組織能力が日本企業に偏在するに至った。たとえば「トヨタ生産方式」はその典型だ。「設計情報の創造・転写が行われない時間」を最小化し、顧客へ向かう設計情報の淀みない「良い流れ」をつくることがその要諦である。

③アーキテクチャとは、人工物の設計情報を分割し、連結する形式的なパターンを指す。一般に、設計活動の対象となる要素は製品機能(要求仕様など)、製品構造(部品など)、生産工程(設備・治工具など)であるが、個々の要素間の具体的な因果関係については、「固有技術」の領域で扱うのに対し、それら要素の分割と連結の形式を論じる

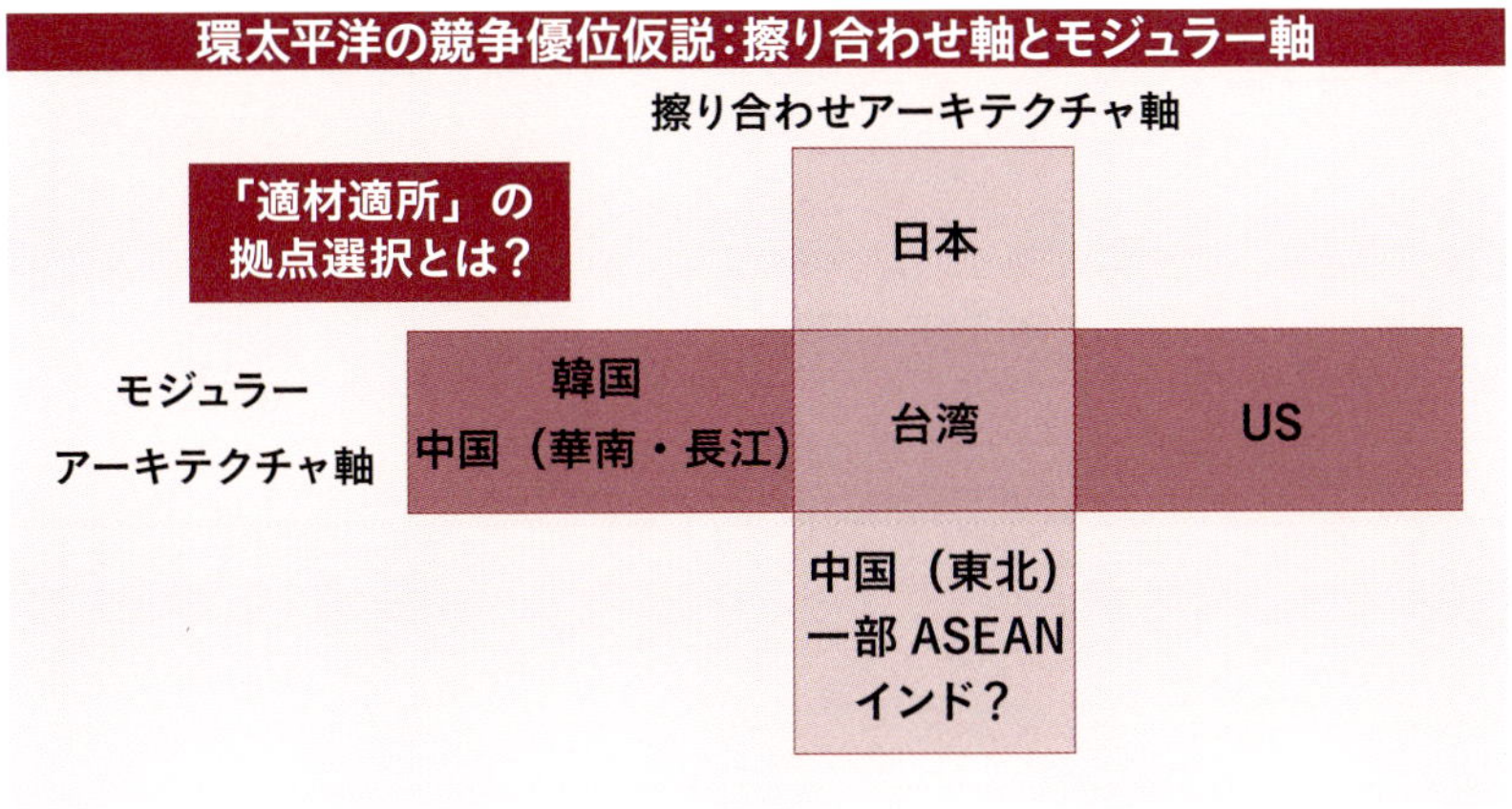


のがアーキテクチャ論である。製品機能要素と製品構造要素の分割・連結の形式を「製品アーキテクチャ」、製品機能要素と生産工程要素の分割・連結の形式を「工程アーキテクチャ」という。

製品・工程アーキテクチャは、二つの基本タイプ、すなわち、機能要素と構造・工程要素がシンプルに一対一対応した「モジュラー(組み合わせ)型」と、要素と要素が多対多対応で絡み合った「インテグラル(擦り合わせ)型」に大別される。実際の製品群はこの間のスペクトル上に展開される。

## 設計立地の比較優位論

次にものづくり論を前提に、設計立地の比較優位論を説明しよう。

企業の現場の組織能力は、その現場がたどった歴史的経路と、能力構築競争を通じた組織的な努力によって練成される。一方、製品のアーキテクチャも技術や市場ニーズの特性の影響を受ける形で進化する。そして、ある企業の現場の組織能力と、当該製品・工程のアーキテクチャとのフィット(相性)が良い場合に、その現場の競争力(生産性、原価、リードタイム、不良率など「裏の競争力」)が高まり、それが市場におけるその製品の競争力(価格や商品力など「表の競争力」)につながる。

つまり、「地域に偏在する組織能力」と製品のアーキテクチャの「相性」が、地域ごとの産業競争力に少なからぬ影響を与える、と考えるのが、「設計立地の比較優位論」である。この枠組を、たとえば日本の製造企業に適用してみよう。各企業にはむろん個性があるが、同様の能力構築環境に直面した企業は、類似した組織能力の構築をする傾向がある、と考えるわけだ。

たとえば、前述の「統合型ものづくり」の組織能力と相性がよかったのが、「擦り合わせ(インテグラル)型」のアーキテクチャの製品で、そうした分野で日本の産業競争力は強い傾向が見られた。これが、設計立地の比較優位説が予想する、一仮説である。この比較優位傾向は、二〇世紀後半に確立し、二一世紀もこの傾向は当面続くと筆者は見る。

## アーキテクチャの産業地政学

日本以外の国や地域に関しては、現在のところは実体観学からの印象論的な仮説だが、以下のように予想する。

①戦後経済の歴史的経緯により「統合力」の偏在する日本は、裏の競争力(ものづくり現場)重視のインテグラル(擦り合わせ)型製品で強い。②中規模国のアピール合戦という歴史的経緯により「表現力」の偏在する欧州は、表の競争力(ブランド・デザイン)重視のインテグラル型製品で強い。③移民の国としての歴史的経緯により「構想力」の偏在するアメリカは、知識集約的なモジュラー型製品で強い。④財閥解体なき財閥成長という歴史的経緯から「集中力」の偏在する韓国は、資本集約的なモジュラー型製品で強い。⑤ソ連型モデルから一気に沿岸地域の開放経済に移行した歴史的経緯から、単能工の「動員力」が偏在する中国は、労働集約的なモジュラー型製品で強い。⑥中国に比べれば、労働者の定着力が高かった一部のアセアン諸国は、労働集約的な擦り合わせ製品で潜在的に強い可能性がある。⑦インド製造業も、バンガロール情報サービス業などの例外を除けば、中国よりはやや「擦り合わせ」寄りではないかとの印象を持つ。⑧米中「モジュラー軸」と、日本・アセアンという「擦り合わせ軸」のいわば「交差点」に位置する台湾は、製品のアーキテクチャに応じて提携相手を機動的に切り替える「転換能力」を持つ。

このように、設計起点のアーキテクチャの比較優位論で考えるならば、偏在する組織能力のタイプも、得意とする組織能力のタイプも、地域により異なるという予想が成り立つ。それぞれの国や地域は異なる歴史を背負っているからである。そしてこれが、われわれが二一世紀のグローバル経済化現象、およびそこで顕在化する産業の比較優位を分析するにあたっての、基本的な枠組となりうる。

慶應義塾大学大学院経営管理研究科教授
許斐義信

# 再生ファンドの成果と新たな役割

**企業再生の本質はガバナンスの再構成にある。
ガバナンスを再構成し、「企業力」「事業力」を兼ね備えた再生ファンドの登場が待たれる。**

企業が倒産に至る原因は多様である。その主要な原因は①経営問題に帰属するのだが、実はそれ以外にも、②企業外部の環境変化への適合が不十分で破綻することもあるし、③資金の出し手側の何らかの理由で資金繰りがつかなくなって、破綻するケースもある。

つまりは企業経営の視点から破綻企業をみれば、財政状態の悪化、組織の混乱、競争力の劣化、投資を含む経営判断のミスなど、数多くの経営問題を抱えており、まさに倒産原因は一様ではない。

そこで企業が倒産の危機に直面した場合、いかにして再生できるのか、あるいは再生すべきなのか、が問題となる。金融機関から資金調達ができないとか、信用が崩壊した上場企業では、一気に株価が低落したため新たな資金調達ができないなど、まずは資金繰りの悪化という現象的問題を解決しなければ、即刻倒産する。

その解決方法には、金融機関からの支援を受けて借金の返済や債券の償還条件を緩和してもらうこと（リスケや債権放棄など）もある一方、倒産法の世話になって、清算するとか、あるいは再生へ向かうという選択肢もある。経営者は何らかの意思決定を迫られているのだが、困窮した企業経営の最前線で、思考停止状態の経営者に選択を迫るのは、酷といえば酷な話である。この種の意思決定は冷静でしかもシャープな決断が重要だと判っていても、それができない状態で困惑し、無駄な時間を費消してしまうことも多い。

すなわち、破綻しつつある企業の意思決定には誰が関与すべきなのか。まず経営者には、経営危機に陥り、債務を履行できず、取引先や従業員への支払いが遅滞し、そして国家や地方自治体への納税義務を果たせないといった経営責任が、問われるべきであろう。

したがって、伝統的な倒産法によるプロセスは、経営権を経営者から債権者へ移管することを含む。当然、経営者だけでは再生手続きを始めることはできず、そこでは株主や債権者などの利害関係者との意向調整が必須になる。つまり企業再生とは、いわゆる企業のガバナンスをいかに再構成するかという問題に解答を出すことでもある。

## 倒産法第一一条と企業の早期再生

破綻の危機に直面した企業の清算や再生に大きな変化が起きた契機は、一九七〇年代後半、米国で成立した新倒産法第一一条（日本の民事再生法はこれを模範に改正）と、一九八〇年前後に、経営学において提唱された「選択と集中」の経営理論である。この二つの変化は倒産の危機にある企業をどう扱うのか、に大きな影響を与えた。

新倒産法一一条の第一の意義は、倒産法を申請しても経営陣は交代せず、経営権を維持しながら企業再生へ挑戦するという素地ができたことであり、第二の意義は、企業価値が下落した企業を再取得価値以下の安価で買収し、新たな株主が経営陣も交代させ企業再生へ取り組むという、いわゆる再生ファンドを生んだことである。

次に「選択と集中」の理論は、セグメント会計の重要性を再認識させたが、同時に製品や事業のM&Aによる組み換えで、早期に破綻懸念企業を再生するという離れ業の存在を、世に知らしめることになった。

それ以降、企業の再生は①経営陣と債権者の間の利害調整だけではなく、②経営陣と株主との利益相反や③株主と債権者の間の利益相反という、三つの次元の経営構造を組み替えるという視点が加わり、新たに再生を業とする多数の企業や人材を生みだし、米国ではターンアラウンド・マネジメント協会（通称ＴＭＡ）が発足するに及んだ。

## 米国流再生手法の魅力と限界

　再生ファンドの米国における活躍は目覚しい。大型案件では、米国の大半の高炉を保有する鉄鋼企業群を事業譲渡で買収したＩＳＧを、世界最大の鉄鋼企業にのし上がってきていたミタル・スティールへ売却した例などがある。しかし、成功例ばかりではない。自動車メーカーのクライスラーを買収したファンドは、再生にてこずっているし、大きな損失を抱えて、ファンド自体が倒産の憂き目に会うという事態もでてきている。

　それは米国ばかりではなく日本でも同様で、売り先を探せずに不良債権化した不動産で経営的危機にあるファンドや、財政状態だけを改善すればすむといった安易な仕組みで流通企業などの再生事業を手掛け、事業の真の意味での再生ができず、倒産や手仕舞いに陥るファンドの例が頻発している。

　日本の金融機関の制度的特徴を裏付ける興味ある例もある。たとえば書店の丸善は過大債務に悩んでいたが、同社のメインバンクは、グループ企業である証券会社を通じて、丸善の株式取得と転換社債で資金繰りをつけながら、経営権への影響力を増大させ、その最終段階で証券会社は全ての資本と負債を第三者へ譲渡し、新たな株主と経営陣によって再生に成功している。

　この種の巧い再生の方法が取れたのは銀行も証券も同じ持ち株会社のもとにあり、負債と資本とを総合的に調整できたことが効いた。この種のＤＥＳ（デット・エクイティ・スワップ）を利用した企業再生は、経営陣と債権者の利害調整の場でしかなかったこれまでの再生手法の下では、単なる減資で協力するしかなかった資本家に対し、米国流のエクイティ（資本と同じ意味）の技と魅力を見せ付けた。

## ファンドの変革と倒産前再生の鍵

　それでは今後の企業再生で注目される課題は何なのだろうか。

　その第一はファンドの変革であろう。確かに金融危機後、再生ファンドの活躍の場は一気に縮小し、過去へ回帰したようにも見える。だが、その理由は再生ファンドの価値付けの方法が稚拙であったということもできる。企業価値が毀損した破綻企業を相対的に安価に買収するという便益の背景には、その再生局面で膨大な利益を生んできたあるノウハウがあった。

　多くの再生ファンドはレバレッジ効果、つまり自己資金だけではなく多額の借入金と合わせて当該企業や事業を買収、その後、必要な投資をできるだけ回避し、その間に入手するキャッシュフローで借金を返済、再度M&Aで売却するとき、仮に同じ企業価値だとしても、投資家は借金返済分だけ利益を得ることができる。それがファンドの高い投資利回りの源泉だった。

　ところが、そのメカニズムは信用が縮小する昨今、活用できなくなってきた。それに代わり、ある一定期間経営権を持って専門の経営者を派遣し、企業の事業的価値そのものを高められる事業力を兼ね備えた再生ファンドの登場が待たれている。

　第二は、倒産前再生である。その好例を、「塞翁が馬」ではあるが、会社更生法で倒産した新潟鉄工所に見ることができる。同社は再生計画の中で、全ての事業を子会社化して売却したが、その後ほぼ全ての事業が黒字化した。企業としては清算に至ったのだが、個々の事業は生き返ったのである。

　その原因は企業力と事業力の相乗効果にあると考えられる。すなわち、縮小を迫られる日本の漁業を市場にした同社の造船事業は、縮小を余儀なくされてきていたが、三井造船の営業力と専門経営者の力（これらを企業力と表現）でバルクキャリアなどへ進出、持ち前の技術力をそこで発揮し（これが事業力）、見事再生している。

　この種の事業戦略は同社独自の営業網だけでは達成できなかったと考えれば、事業価値を評価するという課題は、まさに経営的視点で、しかも企業を越えた業界的レベルの視点で再生戦略を策定・実行できるか否かにかかってくる。この事例は、日本でも鉄鋼機械会社、産業機械会社、そして半導体や電子ディスプレー会社で見られる「企業提携」や「水平合併」の重要性を示していると見ることもできる。

　多角化で拡大しすぎた事業領域をもつ「総合企業」で、どの事業セグメントも高い収益力を維持できない会社では、選択と集中が一つのキーワードになっている。

　だが実は、これは単なる「コア事業の強化」だけを意味しない。先に紹介したガバナンスの鍵を握る株主と経営陣との合意による事業の組み替え、競争環境までも変革し、多くの事業を再生すること。これらは業界レベルの視点に立った、日本的な産業組織全体の再編成でもあり、多角化した日本企業再生の鍵を握っているといえよう。

慶應義塾大学大学院経営管理研究科教授
田中 滋

# ヘルスケアポリシー&マネジメントにおける真の課題を考える

**社会保障こそ強力な「平時の国防策」である。**
**「効率的」で「持続可能」な社会保障制度を実現するための課題を、医療・介護を中心に提示する。**

## ヘルスケアポリシー

わが国医療と介護をめぐるヘルスケアポリシーに関するイシューを知るためには、近年の政策展開を振り返る必要がある。二〇〇一年以来、日本の医療・介護財政は、「政府支出の抑制・削減をもって構造改革と呼ぶ」と表しても間違いではないほど狭隘な新自由主義によって、主導されてきた。

経済的先進国の中で最も厳しい医療費抑制と介護報酬削減の結果、医療と介護の提供体制は疲弊し、一部では医療崩壊、そして介護人材の処遇問題といったような事態が現れていることは周知の通りである。

加えて、わが国医療システムは市場経済原理主義からの攻撃も受けた。攻撃は、「市場経済でない分野は遅れているとの信条の下に、株式会社医療参入論と混合診療全面解禁論を主な論点として行われた」とまとめることができる。

医療側は、「市場経済による資源配分は必ずしも常に患者ニーズを効率的に充たすとは言えず、まして分配の公正の観点からは、かえってマイナスとなる可能性が高い」という正当な立論で立ち向かい、大きな被害は防ぐことができた。

とはいえ、そうした論争がわが国医療の短所を改めるよう迫ったという点からみれば、逆説的だが一定の効果を果たしたと言えるのかもしれない。株式会社医療参入論をめぐる議論は、社会医療法人[※1]と基金拠出型医療法人を生み出す推進力となった。そして、社会医療法人について法人税非課税(救急医療等を行う病院・診療所については不動産諸税も)を実現できたことは、これからの医療提供体制に望まれる公益性強化に役立つ進展であった。

他方、混合診療論をめぐる議論は、必然的に常に存在する「新しい医療技術や医薬品等を保険制度に導入するかどうかを試す段階」を受け止める制度として、保険外併用療養費制度、さらに高度医療評価制度を作り出す要因となったといえる。

## ヘルスケアシステムの社会資本性

ヘルスケアシステムは近代国家における最も重要な社会安定の基盤、すなわち「社会的共通資本」の一つである。特に、受療を支える社会保障制度、および保険料負担やサービス利用時一部負担の支払いが困難な人々のために、補完機能を果たすべき社会福祉制度が、その代表として挙げられるだろう。

病気や要介護状態は、それ自体が本人や家族に苦しみをもたらす。予防活動によって部分的には防げるにしても、そうした事態の多くは実際のところ当事者にはほとんど予測不可能である。

仮に予測不能かつ不幸な事態が起きた場合に、受診や介護サービス利用に要する費用を負担した結果、家計が貧困に陥る事態が起きる恐れが強ければ、中低所得層では利用抑制の発生が考えられ、提供者も高い費用が想定される行為の実施をためらってしまうかもしれない。

したがって、社会的連帯によって費用負担を支援する共助の仕組みである社会保障制度は、これがよく機能するならば、住民に安心感を与え、ひいては社会の安寧を守る、強力な「平時の国防」策と(米国以外の経済的先進国では)みなされている。

世界でもっとも高齢者比率が高く、団塊の世代が六五歳を超えるとその値がさらに上昇する日本では、一方で少子化に対応する政策構築を急ぎながら、安心感の源となりつつも、「効率的」で「持続可能」な社会保障制度の制度設計を実現するという課題に立ち向かう英知が求められている。

# ヘルスケアマネジメント

## 事業所管理から法人経営そして地域へ

医療・介護等のヘルスケア分野の経営を考える際は、意思決定を下す主体を正しくとらえなくてはならない。これまでの文献では、医療機関や社会福祉施設が、意思決定主体としての企業と同等のイメージで捉えられている。ところが現実には、病医院や特別養護老人ホーム自身が経営にかかわる意思決定の主体ではないケースが増え、今後はそれがもっと増加していくと予想される。もちろん、それらの施設はこれからも診療報酬と介護報酬の請求事務、従事者の配置計画、リスクマネジメント、そして利用者満足向上等々について、責任をもつ管理の単位であり続けるだろう。

地域の「医療連携体制」のイメージ

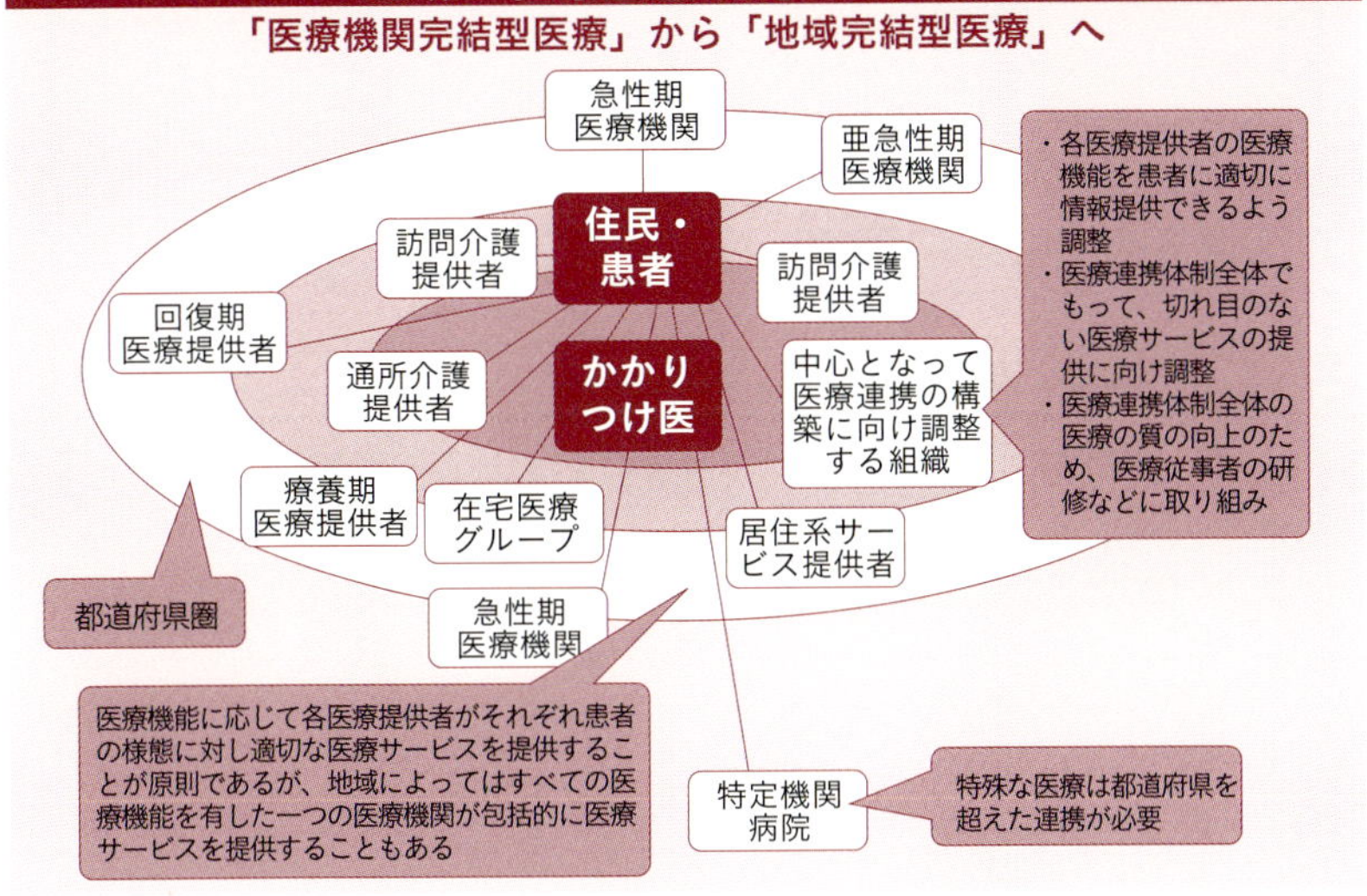
「医療機関完結型医療」から「地域完結型医療」へ
急性期
医療機関
亜急性期
医療機関
住民・
患者
かかり
つけ医
訪問介護
提供者
訪問介護
提供者
回復期
医療提供者
通所介護
提供者
中心となって
医療連携の構
築に向け調整
する組織
療養期
医療提供者
在宅医療
グループ
居住系サー
ビス提供者
急性期
医療機関
都道府県圏
・各医療提供者の医療機能を患者に適切に情報提供できるよう調整
・医療連携体制全体でもって、切れ目のない医療サービスの提供に向け調整
・医療連携体制全体の医療の質の向上のため、医療従事者の研修などに取り組み
医療機能に応じて各医療提供者がそれぞれ患者の様態に対し適切な医療サービスを提供することが原則であるが、地域によってはすべての医療機能を有した一つの医療機関が包括的に医療サービスを提供することもある
特定機関
病院
特殊な医療は都道府県を超えた連携が必要

ただ、病院に限ってみても、ひとつの法人の内部[※ii]で、療養病床を主とする病院で利益を上げ、先端医療を実施する急性期病院の赤字を埋めるなどの経営戦略が採用されてきた。この場合、法人全体としてのアイデンティティ確立と設備投資を始めとする戦略レベルの意思決定は個別の病院ではなく、法人本部でなされていることになる。

あるいは株式会社が、自社従業員の福利厚生手段としての病院を維持してきた事例もある。[※iii] 他方、地域住民の居宅を時に「病床」とみなし、病院はいわば「医局兼ナースステーション」と位置づけ、地域全体に奉仕する戦略をとっている優れた医療法人も存在する。医薬品等の物品購入を個別病院の業務からはずし、法人本部が一括して交渉する形も普通になった。これらについては全て、経営意思決定の主体は病院ではなく、法人である。

さらに、これからサービス提供において、一連の医療および介護が完結する単位は、提供者を組み合わせた「地域」になっていく。二〇〇八年からの新しい医療計画では、個別法人等の経営上の判断を超えて、社会が投入する資源配分の効率性を考えるために地域ごとの体制構築が構想されている（図）。その中での各医療機関・介護事業所のポジショニング決定は、マネジメントを担うものにとって最大のイシューとなるだろう。

## 情報公開と提供者の役割

ところで、病や要介護状態に直面した住民は、どこにその症状に対応できる医療および介護提供者が存在するのかに関する情報を、迅速に入手したいと考えて当然である。しかし実際には、すべての病気ごとに対応できる医療機関を事前に知っている必要はなく、また、自分や家族が現在罹患《りかん》していない疾病《しっぺい》に対応できる医療機関や、将来使うかもしれない介護事業者の存在を常に調べておく時間投入の価値が大きいとは思えない。そもそも医師が移動すれば医療機関機能は変わってしまう。

だからこそ、いつでも必要と感じた時に情報がとれる仕組みが重要なのである。かかりつけ医やケアマネジャーの支援を得ながら、すばやい情報収集が可能となるように、標準化された形での情報公開を推進する方策も大切なイシューであると考えられる。

**注**

※i　医療法の第五次改正（二〇〇六年）により創設された公益性の高い医療法人。二〇〇八年度から実際の認定が始まった。認定は各県医療審議会の承認を得た上で都道府県によって行われる。主な認定要件は、医療計画に記載された救急医療等の社会医療事業を担当すること、親族等が役員総数の三分の一を超えないこと、定款・寄付行為で解散時の残余財産を国、地方公共団体または他の社会医療法人に帰属させる旨を定めることなどである。

※ii　医療機関の経営主体（開設者）には次のような種類がある。国、自治体、国立大学法人、独立行政法人、地方独立行政法人、公営企業、日本赤十字・済生会等の公的法人、社会医療法人・特定医療法人・特別医療法人・基金拠出型法人を含む医療法人（財団または社団）、健康保険組合・国民健康保険などの医療保険者、厚生年金、社会福祉法人、学校法人、宗教法人、民法三四条に定める公益法人（財団または社団）、農業協同組合、医療生活協同組合、株式会社、個人およびその他。

※iii　一九四八年の医療法施行以前からの企業病院のみ存在するが、良心的医療を提供しつつも、ほとんどが赤字と思われる。「株式会社が病院経営を行うとより効率的になる」などの主張は、社会保障制度が支える医療のもつ社会資本性と、医療職のもつ職業倫理や帰属意識を理解しない人が唱えがちの思い込みにすぎないようにみえる。

慶應義塾大学商学部准教授
梅津光弘

# なぜ企業倫理は経営教育の「最前線」に躍り出てきたか

**経営教育において企業倫理の重要性が急速に高まっている。
それは世界同時不況、地球環境の悪化など一企業、一国家だけでは解決できない問題が噴出しているからだ。**

私は昨年一二月に、ニューヨークの国連本部で開催されたPRME(Principle for Responsible Management Education)の世界大会に出席した。

PRMEは国連グローバル・コンパクト(GC)の理念のもと、それにそった経営教育を実践するための指針である。国連グローバル・コンパクトとは、一九九九年に、当時のアナン国連事務総長が多国籍企業に対して提唱したイニシアチブで、人権・労働・環境・腐敗防止に関する一〇の原則を守るように要請している。

GCではその目的を実現するには、民間のビジネスや政府だけでなく、NGO(非政府組織)・NPO(非営利組織)という「社会市民団体」とのコラボレーション、連携が必要だという認識が強まり、そこにアカデミック・インスティテューションも加えなければいけないということで、PRMEが組織された。

この第一回の世界大会には、四三カ国から約二七〇人の経営学者、ビジネススクールをはじめとするマネジメント教育と研究にかかわっている学校長、学部長などが参加した。会合の主旨は、全世界的に経営教育の方向性を考え直そうということだ。

そこでは「財務偏重の経営教育の見直し」、「社会的責任や環境保全、企業倫理を中心に据えたカリキュラムの再構築」など、非常に重要な問題提起が行われた。大会には、大学や大学院の認証機関で、経営教育の分野では世界的に影響力のあるAACSBも参加していた。

こうした動きを踏まえると、経営教育のカリキュラム全体を見直していこうという方向性は、今後世界の潮流になると思われる。私なりに表現すれば、カリキュラムの「CSR(Corporate Social Responsibility)化」、「企業倫理化」である。

## 一企業、一国では解決できない問題が山積

なぜ企業倫理やCSRがこれほどまでに重視されるようになったか。それは現下の世界同時不況のみならず、二一世紀に入ってから、全世界的に対応しなければならない問題が噴出しているからだ。

たとえば米国のサブプライムに端を発した世界金融危機にしても、これはもはや一国で対処できる問題ではない。したがって、その対策を協議するのに、G7どころか、G20が招集された。それほど世界経済のグローバル化は進んでいるのである。

だから、「グローバル化が進んだ社会で、どのように世界全体の経済秩序を保ちながらビジネスをやっていくか」という大前提を論じることが、キーワードにならざるを得ない。いままで、企業や政府はもちろん、われわれもこの自覚が薄かった。たとえば、金融ビジネスでは、一つひとつの局面を見れば、金融工学の知識・スキルを駆使して、それなりにリスクの分散を行い、合理性があるようにみえたけれども、全体のスキームとしてみると、それはグローバル化に無責任なものであったと言わざるを得ない。

現在生じている問題に対しては、全体を見通したビッグピクチャーを描きながら、国際的な協調体制をとっていかないと対応できない。もちろん企業には大きな責任があるが、政府、国連、さらにNGO・NPO、アカデミアであるビジネススクールや大学が一致協力して方向性を見出していかないと、社会や世界全体に対して非常に大きな損害を与えることになる。したがって、経済のグローバル化を前提としたときに、社会と商売の仕方あるいはルールの整合性を、国際レベルで整えなくてはいけない。

もう一つのグローバルなテーマが、

環境問題である。環境は地球温暖化一つを取り上げても、せっぱ詰まった状況になってきている。これも企業だけでは解決できず、さまざまな主体の連携が必要になる。企業もこれまでのように「いい物を、安い価格で大量につくって、売れば」、その責任を果たしたということではなくなってきた。その一方で、この姿勢を変えることが、実は新たなビジネス・オポチュニティーをつくることにつながっている。

たとえばクリーンエネルギー、電気自動車の普及、リサイクルビジネスなどさまざまなチャンスがある。さらに、オール電化住宅やエコビルディングなどは、衣食住の中でもインフラにかかわる部分なのでビジネス規模も大きい。

これまで企業が「エコ」を強調する場合、一種の広報戦略としての色彩が強かったが、その時代はもう終わっていて、われわれは企業も含めて、より本質的に環境との共生を考えていかなくてはならない段階に入っている。

さらに、現在、わが国で焦点となっている雇用についても、企業だけに責任を押し付けていたのでは、出口が見えない。

たとえば日本では、NGO・NPOというと、ボランティア活動のようにとらえられているが、欧米ではNGO・NPOで、十分に生活していけるケースも多い。もちろん大金持ちにはなれないけれども、結構安定した普通の生活が送れる。社会の安定性を考えるときに、すぐ「失業者が巷にあふれた。企業はなんとかせえ」だけでは解決しない。

では、政府や官で失業者を吸収するとなると、いまや財政面での制約が大きく、それも難しい。そう考えると、雇用を成立させるうえで、社会市民団体の位置づけを、今一度、考え直す時期に来ている。

日本のように社会が成熟してきた国では、これからも経済が右肩上がりで伸びるということは望めない。そうなると、一種の社会のメンテナンスを行うような、民間でありながらも、パブリックなことを考えながらやる仕事が必要となる。ただ単なる雇われ人で、利潤の最大化原理だけで働かされるわけでもなく、株主に対する配当金のためにやるわけでもなく、相当公的な見地から、その仕事に意義を感じて取り組む分野である。

## CSR活動を発展させ独立させて社会を変える

では、どのようにして、そのような組織を発展させていくのか。

日本においては、二〇〇三年が「CSR元年」と呼ばれている。大企業であれば、もはや当たり前のようにCSR推進部のような組織が設けられ、事業の一環としてさまざまなことを実行している。

私は日本の場合は、いきなりNGO・NPOの発展を叫ぶよりも、企業がCSR活動に取り組む中で、その発展形として、NGO・NPOが独立していく方が、プロセスとしては実現可能性が大きいと考えている。

一つだけ例をあげてみよう。フランスの飲料メーカーであるボルヴィックが行っている「1ℓ for 10ℓ(ワンリッター・フォー・テンリッター)」という試みだ。日本の顧客が一リットル分の水を買うと、売上の一部がユニセフに寄付されて、西アフリカのマリ共和国で井戸掘り事業に充てられる。一種CSRの事業でもあるし、マーケティングという側面もある。私たちが消費者調査をやってみると、日本の消費者もこれにかなり賛同してくれるようになってきた。

「社会貢献をしながら、その資金も調達しよう」というCRM(コーズ・リレイテッド・マーケティング)のやり方だ。

これは、持続的に援助とか環境対策を行っていく上では、大切なポイントだと思う。「寄付してくれ、寄付してくれ」では、援助や環境対策は、長続きしない。

1ℓ for 10ℓに日本の消費者が反応していることは、非常に興味深い傾向で、このような動きは一つ一つは小さいながらも、積み上げていけば、相当に大きなことができる。

現在は、「公」という円と「民」という円があって、これが綱引きをやっている。その真ん中に、社会の芯としてNGO・NPOのようなセクターや教育機関・研究機関などが大きくなっていく。おそらく将来は官も縮小、民も縮小する。縮小してきた部分の労働力をどこが吸収するかといえば、その芯になるセクターが吸収する以外にない。

いま社会の全体的な枠組みが大きく変わろうとしている。将来は、企業での仕事だけが「仕事」ではなくなるのかもしれない。人がやりがいを感じて、生き生きとした仕事ができるのであれば、そういうセクターはどんどん伸ばしたほうがいい。われわれ一人ひとりも、「仕事」というものに関する考え方を、大きく変えていくことが求められているといえるだろう。

神戸大学大学院経営学研究科教授
三品和広

# 「立地」の選択が企業の命運を分かつ

**戦略とは「立地」から「管理」まで四層のレイヤーに分かれる。どのレイヤーにメスを入れるかを決めるのが経営者の役割だ。**

世界広しといえど、日本ほどMOT（技術経営）がMBAと並んで社会的に認知された国は珍しい。その背後には、一九八〇年代から盛んになったイノベーション研究の蓄積がある。

イノベーション研究が進展したこと自体は素晴らしい。しかし、「金槌を手にした人間には何もかも釘に見える」と戒める格言がアメリカで語り継がれているように、イノベーション研究に感化された人間は、ありとあらゆる事象をイノベーションと関連づけて捉える可能性がある。そうすることによって本当の問題を見失うことになるのであれば、手放しで喜んでばかりもいられない。

事務屋はMBA、技術屋はMOTと分化が起こりつつある日本では、金槌の戒めを看過することは許されない。MBAが事務屋の技術軽視を招く事態を回避すべきことはいうまでもないが、MOTが技術屋の技術至上主義を助長することになっては、逆効果も甚だしい。MBAにせよ、MOTにせよ、課題の本質に応じて視点を変えるフレキシビリティを教えるべきであろう。

そういう教育を実践する一助として、私は戦略の次元という考え方を提唱してきた。以下では、エレクトロニクス業界への適用例を交えながら、それを説明してみたい。

## 戦略の次元 戦略のコスト

次ページの図を見ていただきたい。これが、私が提示するフレームワークである。レイヤー（層）が分かれているのは、下のレイヤーが定まって、初めて上のレイヤーを定めることができるという関係を表している。

最下層に来る「立地」とは、誰を相手に何を売るかで定義される。事業ごとに立地は異なるが、企業全体の立地は、最大の売上規模を誇る事業部門の立地で定義すればよい。

次に「構え」とは、事業を設計する上でなされる基本的な選択のことを指している。

具体的には、事業の垂直構造、またはバリューチェーンの設計と、事業の水平構造、またはプロダクトラインアップの設計と、事業の地理的分業展開、またはファンクショナルネットワークの設計と、三つの側面が中心的な位置を占めることになる。

構えの上に立つ「戦術」とは、製品にまつわるさまざまな意思決定のことである。そこには、材料や仕様などの技術的な選択に加えて、意匠や価格など、マーケティングの選択も含まれる。

最上階に来る「管理」とは、日々のオペレーションを支えるPDCAのことである。

そこには製品の納期や品質や原価を守るための管理もあれば、資金や人材など、経営資源を減価させないための管理もある。

戦略の次元とは図における垂直方向の位置を指している。次元がもっとも高いのは、他の全レイヤーの前提となる立地で、そこから上に行けば行くほど次元は下がっていく。次元が下がるにつれ、そのレイヤーを前提とする事項は減っていく。

戦略の次元を区別するのは、それに応じて戦略の効果とコストが変わるからである。効果が上がり、コストが下がるならいうことはないが、そうは問屋が卸さない。

戦略の次元が上がれば上がるほど、一方で潜在的な利益改善効果は大きくなる。日本の戦後四〇年間を振り返ったとき、利益の漸減傾向に苦しんだ企業と利益成長を達成した企業を分けたのは、基本的に企業の立地であることが拙著『戦略不全の因果』（東洋経済新報社）で明らかになっている。

他方で、戦略の次元が上がれば上がるほど、企業内における影響の範囲が

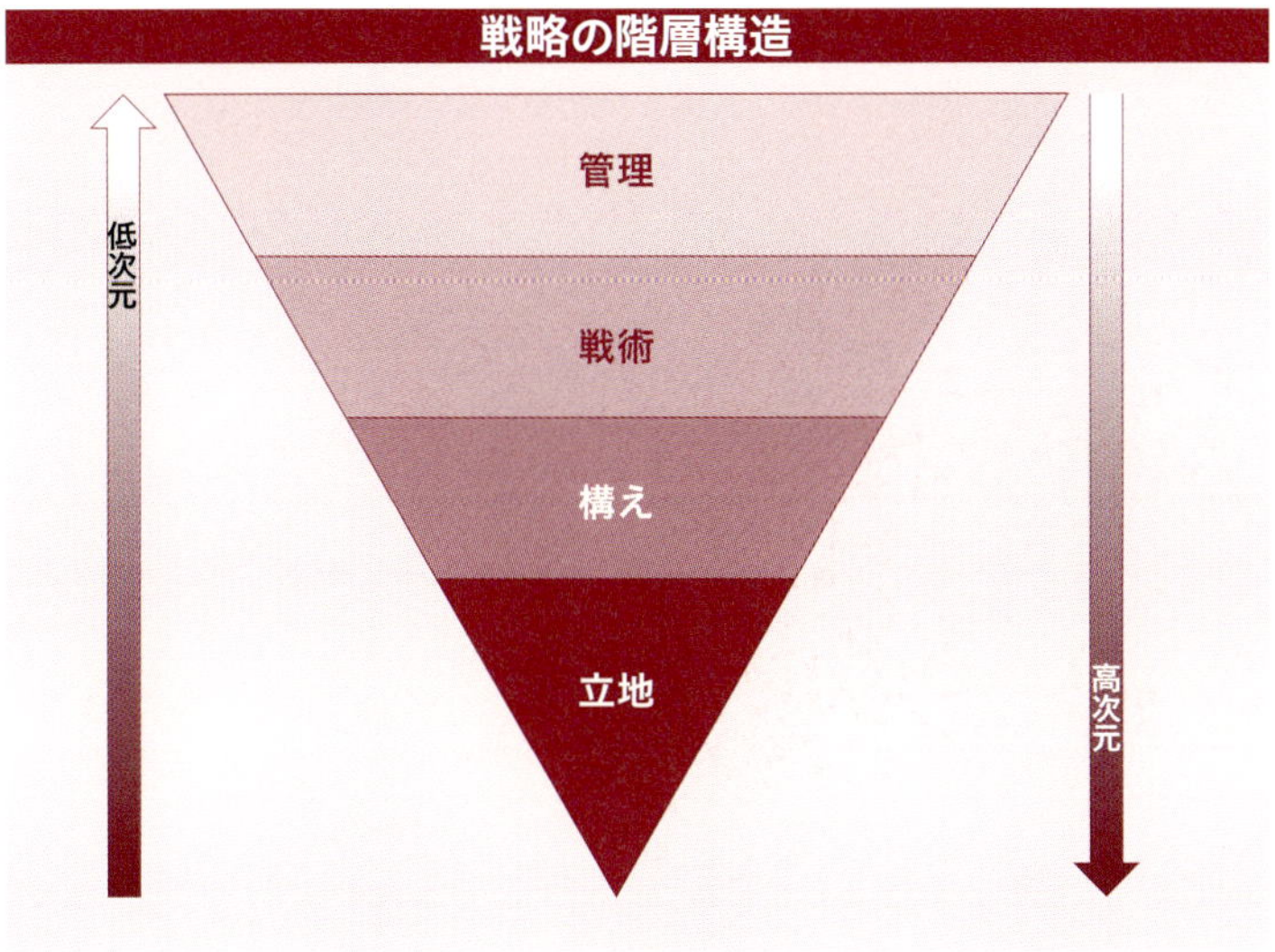


広くなり、蓄積した仕事経験の減価を迫られる社員の数が大きくなる。そのため、克服すべき内部抵抗は強大になると覚悟しなければならない。さらに、戦略の次元が上がると、着手が結実するまでに気が遠くなるほど時間がかかるようになる。

一般に、管理のレイヤーは職場単位、そして何週という時間枠、戦術のレイヤーは製品ごと、そして何カ月という時間枠のなかで変えることが可能である。これが構えとなると事業部レベルの取り組みとなり、単年度で変えることは難しくなってくる。さらに立地となると、全社レベルの取り組みとなり、一〇年で変えるのは至難の業となる。

ちなみに、戦略論の大家と目されるポーターは、事業立地を所与とした上で、構えのレイヤーで戦略三部作を展開した。立地の変更は、コストがかかりすぎると度外視したのであろう。

## 経営者の真価を決める仕事とは

さて、ここまでの議論を念頭に置くと、経営者の真価がどこで定まるかが見えてくる。それは、戦略を展開する次元の選択に他ならない。

わかりやすく言えば、上記の図においてどこまで深くメスを入れるかの判断こそ、経営者に固有の意思決定で、企業の命運を大きく左右することになる。不必要に深くメスを入れれば、出血のダメージが治療の効果を上回ってしまうし、深くメスを入れるべきところで及び腰になり、お茶を濁すような施策しか打たなければ、戦略不全への道が待っている。

自分に何ができるかよりも、時代の流れと企業の状態が何を要求しているのかに真摯に耳を傾けることこそ、経営者の仕事の第一歩となる。自分が社長になった以上は、と誰しも考えたくなるが、それは浅はかといわざるをえない。

根が技術屋だからおのずと技術に目が向かうという程度の経営者では、会社を不幸にするだけである。

いまアメリカでは、GEとGMの間で大きく明暗が分かれている。片や電機、片や自動車の雄だが、日本勢の躍進が話題を集めた一九八〇年前後の戦略判断が決定的に異なっていた。立地にメスを入れたGEと立地を維持したGMの間で、ここまで差がつくとは恐ろしいものである。

## ソニーショックと目前の応用問題

薄型テレビの時代を迎え、ソニーに対する期待が高まるなか、同社の株価は二〇〇一年一月、〇三年四月、そして〇八年一〇月と三度も暴落した。これを市場ではソニーショックと言うそうである。

このソニーを窮地から救うとしたら、どこまで深くメスを入れるべきであろうか。これがリアルな戦略判断の一例に他ならない。

当のソニーは、技術によって打開を図ろうとしているように見える。液晶テレビを高画質にするほか、限りなく薄くして、次世代ディスプレーと目される有機ELにつなごうというわけである。これはソニーの御家芸で、製品次元の戦術にメスを入れることになっている。

しかし、テレビのデジタル化とともに、経営環境は一変した。世界首位を争うのは、もはやソニーとパナソニックではなく、韓国のサムスンとアメリカのビジオである。ビジオは彗星のごとく現れたベンチャーで、主要部材を台湾から購入している。そして台湾勢も、独自ブランドで商品展開に乗り出してきた。世界中で量販店の巨大化も止まらない。

どう見ても、テレビは以前ほど肥沃な立地ではなくなっている。日本企業は立地にメスを入れ、新たな章を社史に加えるべき時を迎えているのではなかろうか。

ここで戦略の次元を誤ると、一〇年後はソニーもパナソニックも、日本のGMと揶揄されることになりかねない。文字通りの正念場である。

早稲田大学ビジネススクール教授
東出浩教

# 高い企業業績と従業員の幸せの両立に向けて

クリエイティブな人材に支えられた好業績企業と、不幸な人材があふれる不振企業。
この2つの「種」の間にあるミッシングリンクを読み解くキーワードがCEだ。

成功を勝ち取る企業は「未来をとらえることのできる」企業であり「過去を改善するだけ」の企業ではない。企業のサイズにかかわらず、不確実な環境下での高い実績が実証されている「アントレプレナーシップ」を組織として紡ぐことが企業に求められている。

われわれが目指すべき社会・企業は、「クリエイティビティの平均値が高い社会・企業」であろう。ほんの一握りの人が飛び抜けて高い創造力を発揮し、その果実を他が分け与えてもらうという仕組みではなく、より多くの人が潜在的なクリエイティビティを発揮し、人生に満足していく社会、それをここではCreativity-driven Societyと呼ぶ。筆者自身の日本の大企業での経験、ビジネススクールにおける研究者・教育者、そしてベンチャーキャピタリストとして研究を進め、同時に多くの学生や起業家と接してきた経験から、そのような社会形成は不可能ではないと確信している。

## 働く「幸せ」に関するアンケート調査の発見

先日、働くことを通して「幸せ」になるためには、に関してアンケート調査を実施した。対象は東京の男性従業員四〇〇人。まだ、予備的分析の段階だが、一つの注目に値する発見がある。

- 自分の仕事から得られる達成感
- 自分自身で判断ができる自由
- 自分の考えを試すことができる機会
- その時々に違った仕事ができること

以上のような項目に高い満足度を示す従業員ほど、人生に関し高い幸福度を示し、同時に、企業業績向上に高い貢献を果たしているようなのだ。「異なったことに、自分で判断しながらチャレンジし、発見を通じて、何かを達成していくプロセス」。このようなクリエイティブな活動に積極的に関わる幸せな従業員の姿がイメージされる。

その一方で、五％未満の従業員しか「非常に幸せ」とは考えていない。不確実性な時代にあって、クリエイティブかつ幸せな人材に支えられた好業績企業と、さほど幸せではない人材があふれる不振企業。これら二つの異なった「種」のミッシングリンクを読み解くキーワードがコーポレート・アントレプレナーシップ（以下CE）[※i]である。

組織の中の「個」を活かした経営の必要性が説かれて、ずいぶん時間がたつ。CEを経営に活かしていくためには、異なった価値観と才能セットをもった個人を、ビジョンでまとめあげていくために何が必要なのかを、①組織の競争姿勢、②「交流」のマインドセット、③新しい「適材適所」基準という三つの視点で理解することが必要である。

Entrepreneurial Orientation（EO）[※ii]といわれる企業の競争姿勢を表す指標がある。表において、大まかには、EO1は、ライバルよりも先に動くか、EO2は、不確実性をチャンスとみてEO3は、ライバルから奪い取るか、飛び込むか、を表している。不確実性のもとでの好業績のためには、EO値を適切に高めていく必要がある。

表の平均値と検定をみていただきたい。大手企業、ベンチャーともに変化の激しい競争に直面していると認識しているが、大手企業は（平均的には）リスクを取りながら時代を先取りしてビジネスを進めていく、という行動パターンが身に付いていない。同時に、大手企業の組織は硬直化しており、従業員に内在するクリエイティビティも活かされていない現実も読み取れる。おそらく、多くのビジネス・パーソンが「実感している現実」に近いのではないだろうか。

次に交流のマインドセットに関して、「従業員の幸せ」に関する調査を

「今」求められる学習プロセス

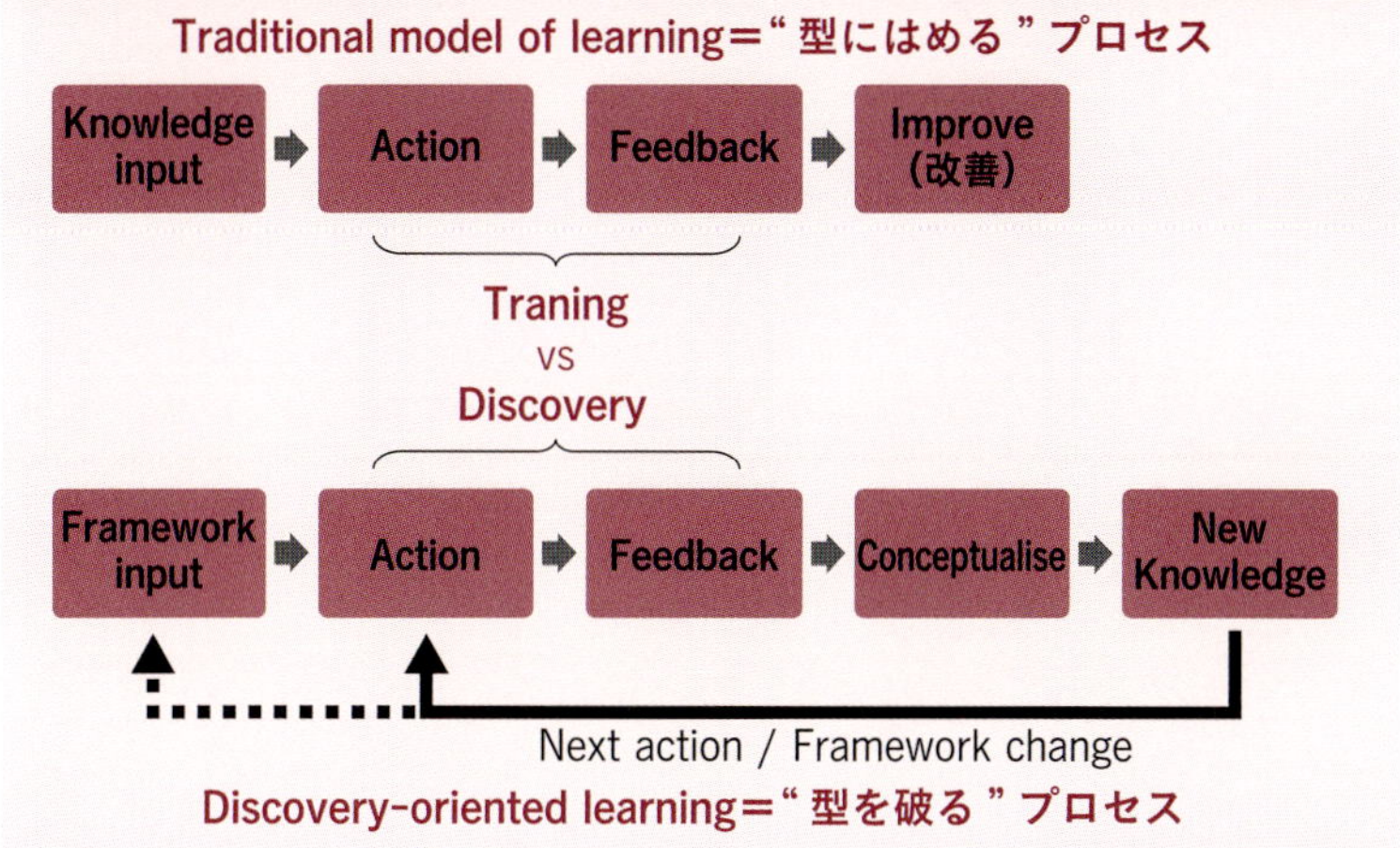

（東出、早稲田ビジネススクールワーキングペーパー、forthcoming）

表　大手企業の不確実性対応能力

| 変数 | 大手企業 | バイオベンチャー | 有意差検定 |
|---|---|---|---|
| 競争姿勢 | | | |
| EO 1:Innovativeness/Proactiveness | 4.80 | 5.46 | 0.000 |
| EO 2:Aggressiveness | 4.03 | 4.14 | 0.554 |
| EO 3:Risk taking propensity | 3.44 | 5.03 | 0.000 |
| 業界の競争環境 | 4.32 | 4.34 | 0.844 |
| 組織のインフォーマル度 | 4.01 | 4.76 | 0.000 |
| 従業員のオリジナリティ／創造力 | 3.17 | 4.09 | 0.000 |

従業員／起業家の特質に関しては、1〜5点のレンジ、その他は1〜7点のレンジ
（東出、早稲田ビジネススクールレビュー、2004）

思い出したうえで、図を見てほしい。日本の伝統的な上司と部下の関係の多くでは、上司は部下に、自分が良くわかっている、つまり結果をイメージしやすい範囲の仕事を〝やらせて〟みながら、部下を〝トレーニング〟していく。部下に、上司のイメージする、また会社のカルチャーにあった「型」を体にしみ込ませていくプロセスである。

　このプロセス自体が不必要ということではない。しかし、上司（リーダー）と部下（フォロワー）が、一緒に「想像できないものを創造していくプロセス（Discovery-oriented learning）」＝「型」を破っていくプロセス、が欠けている。このプロセスこそが、不確実なビジネス環境の下での、個人の高い満足と幸せ、さらに、そのような個人を醸成する企業の高い業績を両立させるための源泉であるにもかかわらず、だ。

　第三の新しい「適材適所」基準に関しては、Multiple Intelligence（MI）※iii の概念を理解し、個人の〝違い〟を活かしていくことが大切である。MIでは、人間の知能は、言語、論理、空間把握、身体運動、音楽、対人、内省、の七つの異なった分野で測定される。

　現在のMBAも含めた日本の教育システム、雇用慣行では、いまだ〝論理性〟などの一部の才能が過剰に評価されている。

　当研究室の実証データに拠れば、起業家的にプロジェクトを成功に導く人は、自分を律する（内省）よりも人を巻き込みながら前に突き進んでいく知能にたけている一方、その他の知能に関しては、おしなべて平均的である。論理と言語で言いくるめることにたけた人は、必ずしも組織内で起業家的に業績に貢献できる人ではない。

## CEを育むための三つのキーワード

　ここまでCEというコンセプトを紹介してきたが、これだけでは不十分である。①知った上で、②CE的な行動を取ることが奨励され、そして③結果として、CEが時と共に組織に融け込んでいくことが、高い不確実性に直面する企業にとって重要だ。

　短い誌面では、CEを組織の中で育《はぐく》むための様々な〝how to〟までは残念ながら踏み込めない。ここでのキーワードは、組織トップ・ミドル・フロント各役割の再定義、グループ・インセンティブシステム、複数プロジェクトの評価システムとタイム・ペーシング、などであり、これらの理論的潮流を理解したうえで、オペレーションに落とし込み、絶えざる評価・検討を続けることが必要となる。

　社会と個人とを結びつける「組織」が、オープンシステムとして、多様な個人の多様な才能を活かし、「〝普通の人〟が並はずれた実績を残していく企業」、そして従業員も含めたさまざまな「ステークホルダー」を幸せにする企業」として栄えていくことを願ってやまない。

注
※i　CEは、コーポレート・ベンチャリングと戦略的アントレプレナーシップの二つに大別される。後者が、日本において、今後一層の理解と発展が求められているエリアである。
※ii　東出研究室では、高い信頼性、妥当性を確保した、EO指標（東出他、2003）、さらに本文中で後述しているMI指標（浅尾貴之＝東出、2005）をストックしている。
※iii　Gardner（1983）など。現在では、8つの次元で構成されている。

総合研究 現代日本経済分析１

# 社会保障と日本経済

## —「社会市場」の理論と実証

京極高宣 著

A5判上製448頁　定価3,990円（税込）　ISBN978-4-7664-1387-8

膨大なデータを基に産業連関・シミュレーション分析を行い、社会保障が日本経済に与える影響を総合的に検証。「社会市場」の創造と成長を日本経済の針路と位置付け、21世紀に目指すべき新たな経済社会像を提示。

総合研究 現代日本経済分析 2

# 資源循環型社会

## —制度設計と政策展望

細田衛士 著

A5判上製400頁　定価 4,200円（税込）　ISBN978-4-7664-1434-9

ペットボトルなど日本の個別リサイクルシステムの現状と問題点を考察し、「潜在資源価値」の本質的意味や「生産物連鎖制御」の実行可能性を理論面から明らかにする。新たな資源循環レジームの構築に向けた提言の書。

# セイヴィング キャピタリズム

ラグラム・ラジャン、ルイジ・ジンガレス 著／
堀内昭義、アブレウ聖子、有岡律子、関村正悟 訳

A5判上製416頁　定価 3,675円（税込）　ISBN978-4-7664-1168-3

自由な金融市場の重要性を強調しつつ、国際比較や歴史的視点を踏まえ、資本主義市場がしばしば政治的に歪められてしまう原因を明らかにした、米国ベストセラーの翻訳。サブプライム危機への示唆に富む刺激的書。

# 経済変動の進化理論

リチャード R.ネルソン、シドニー G.ウィンター 著／
後藤晃、角南篤、田中辰雄 訳

A5判上製532頁　定価 5,880円（税込）　ISBN978-4-7664-1389-2

20世紀後半を代表する経済学〈現代の古典〉の翻訳。「進化理論」を基に経済・社会のダイナミックな変動の解明のための理論を構築し、社会科学の新しいプラットフォームを提示した名著。

慶應義塾大学出版会　〒108-8346　東京都港区三田 2-19-30　Tel 03-3451-3584　Fax 03-3451-3122
◆ホームページ（http://www.keio-up.co.jp/）にてお申込みができます。

©RYO HIJIKATA/ailead/amanaimages

# 第VI部

# これが日本のビジネススクールだ

ビジネススクールで学ぶ学生の意識や生活ぶりはどのようなものか。
各ビジネススクールの在学生に、学校選択の基準、入学の目的、将来の夢などを聞いた。
後半では、日本のビジネススクールおよび会計大学院などの協力をいただき、
そのプロフィール、主要データを一挙に掲載。

大学院選択の勘どころ

ダイヤモンド社編集委員
並木浩一
エディター
富永 淳

# 着実に高まる修士号の価値
# 大学院教育の効用と選択の基準

**巷には大卒があふれる中、大学院の価値は次第に高まってきた。ビジネススクール、法科大学院、会計大学院を中心に、進学に際して押えるべきポイントを解説する。**

大学院進学は、意志だけで果たせる問題ではない。入学選抜を通過できるかという以前に経済的な問題はじめ、先を見通した計画を立てておかなければならない。社会人であればなおさらだろう。大学院進学で得られるものがある半面、失うものもある。それをはかりにかけた上で、なおかつ得られるものが多くなければならない。

また、大学院進学とは個人的な重要プロジェクトであり、目的達成のために解決しなければならない物理的な障壁が存在する。要するに、意志だけでなく、テクニックに属するスキルも必要となる。この稿で考えるのはそうした問題である。

## かつての「学士さま」がいまは修士に変わった

「大卒止まり」との比較で考えれば、大学院進学の効用は、今の日本では決して小さくない。現在、学士の価値は下落した。大学は数百を数え、四年制大学への進学率が五割に迫ろうとし、大卒は単なるスタンダードとなったのである。そこで脚光を浴びるのが大学院の存在である。大学院は大卒というスタンダードを「学部卒」という名前で相対化する。

日本では長らく、大学院は特別な存在であり続けた。その状況が劇的に変化し始めたのがここ二〇年ほどである。理系の大学では、大学院に進むことが当然のこととして奨励され始めた。科学技術の高度化は、学部の四年間だけで学業を修めることをほぼ不可能にしたのである。

次いで、社会科学系の大学院が隆盛し始めた。その流れを牽引したのがビジネススクール＝MBAを養成する大学院である。そして会計大学院、さらには司法制度の中に組み込まれた法科大学院がトレンドを決定的にした。大学院の中でも、研究者養成を主眼とはしていないこれらの大学院を、アメリカではプロフェッショナル・スクールと呼び、アカデミックコースの外に位置付け、日本の「専門職大学院」という呼称もそこに由来する。

そしてこれらの大学院を修了することで得られる学位は、同じ修士号（法科大学院の場合は「法務博士」）でありながら、学術系の大学院とは別の意味を持っている。それは、社会から自律した自治機関である大学組織の中での学位ではなく、社会に向かって通用度を持つ資格である。いってみれば、かつての「学士さま」は、「修士」に変わったのである。

プロフェッショナルスクールを修了することが、昔の特権的な大学を卒業することと同じ意味を持ち始めているのがいまの時代である。しかしそれは、大学院に進んではじめてわかることだ。世のスタンダードは大卒＝学部卒なのだから、この学歴のままにとどまっていてもさほど不都合はなく、皆と同じである。巷では「大学院なんて行く意味はない」といった類いの言葉をよく目にし、耳にするかもしれない。しかし、その言葉に惑わされるのは愚である。きれい事を言えば「学ぶことは全て善」であり、プラグマティックに言えば、「大学院を出るとよいことがたくさん待っている」のである。

格差社会と呼ばれる今日でも、学歴の格差は非難の対象にはならない。その上位にいる人間は、明らかな決断と、努力をしたことが事実だからだ。自分で決断し、エリートの資格を求めて、大学院に進むことはきわめて現実的な道なのである。

## 「エリートへの学校」のグローバル基準

欧米では大学院進学が当たり前、というのは使い古された言説ではあるが、それが現実味を帯びて迫ってきたのは社会のグローバル化が本格的になってきてからのことだ。すなわち、学制の違いはあれど、学歴に対する各国間の意識の標準化が進んできている。外資系企業が日本に進出し、日本人を採用する人気の職場になった一方で、日本を代表する企業も多国籍化している。その中で、優れた人材を証明するための尺度は標準化されなければならないのが宿命だ。

「仕事ができる」のは、雇用関係を継続するために必要な当たり前の要素であっても、採用の基準には曖昧過ぎ、ポジションを決定するためには、時間をかけて能力を見極めなくてはならない。しかしそれ以前に、効率的に能力を「予測」するメーターがある。それが「学歴」であり、現代のビジネス社会では、高等教育以後の教育・訓練である。その目盛りがグローバル化の中で、より高い数値にシフトしてきている。こうした状況下では、大卒はメーターのゼロ目盛りに等しいのである。

状況は他の先進国でも似ている。たとえばフランスである。一八世紀に世界最初の共和国を樹立した平等の国は、大変な学歴格差を抱える国でもある。若者の高失業率が常に政権を揺るがすほどの問題になる国で、有利な条件で社会に出るには、学士では足りない。学士号取得者（大卒）の六五・三％が修士課程に進む。もっともこの人数も実は二番手グループなのであって、フランスにはさらにグランド・ゼコール（高等専門大学）と呼ばれる、専門職大学院を最初から組み込んだ大学のようなエリート校が存在する。学者はエコール・ノルマル・シュペリユール、官僚・政治家はＥＮＡ（国立行政学院）出身であるのが、なかば当たり前のようになっている。エリート養成システムは非常に強固に完成されているのである。

こうしたことを頭に入れた上で、わが国の大学院生の増加（表1、表2）を眺めて見ると興味深い。修士課程は平成に入って激増を見、現在は一六万人台で推移している。その一方で新たに設けられた専門職課程（外数）は、あっという間に二万人を超えた。法科大学院・会計大学院等の新規開設による現象であることはいうまでもないのだが、既存の修士課程在籍者をほぼ減らすことなく増加したのには注目してよい。すなわち、大学院というエリートへの道の切符は座席数が増えたのであり、そこに目はしの効く人間が即座に座ったのである。

## 大学院の進学に適齢期はあるか

大学院に進む好適なタイミングというものはあるのだろうか。もし可能であれば、大学学部卒業と同時に進学するのが最も楽ではあるだろう。どこの大学でも内部進学者は優遇するもので

**表1**

**大学院生の増加（修士課程）**

| 区分 | 計 |
|---|---|
| 1960 年 | 8,305 |
| 1965 | 16,771 |
| 1970 | 27,714 |
| 1975 | 33,560 |
| 1980 | 35,781 |
| 1985 | 48,147 |
| 1990 | 61,884 |
| 1995 | 109,649 |
| 2000 | 142,830 |
| 2003 | 159,481 |
| 2004 | 162,712 |
| 2005 | 164,550 |
| 2006 | 165,525 |
| 2007 | 165,219 |
| 男 | 114,808 |
| 女 | 50,411 |

**表2**

**大学院生の増加（専門職学位課程）**

| 区分 | 計 total |
|---|---|
| 2003 年 | 645 |
| 2004 | 7,866 |
| 2005 | 15,023 |
| 2006 | 20,159 |
| 2007 | 22,083 |
| 男 | 15,804 |
| 女 | 6,279 |
| 国立 | 6,719 |
| 公立 | 500 |
| 私立 | 14,864 |

あるし、そのための枠を設けることも珍しくない。

しかし一方では、一度大学を出て、数年経ってからの進学も望ましい。特に専門職課程ではすでに四割以上が社会人であり、大学への「戻り組」は珍しくない。さらにいえば「戻る」必要がないことも、ひとつのオプションとして考えることもできるだろう。つまり、出身大学の大学院に進む必要はないのである。大学院進学を機に、どのみち最終学歴は書き変わるのである。より知名度の高い学校になることもあるだろうし、学部に基礎をおかない大学院だけの大学も選択肢に入ってくる。

統計を見る限り、大学院への進学は大卒時、大卒直後がもちろんマジョリティである。しかし二〇代を通じて大学院進学は選択肢になり得ており、三〇代から四〇代前半にもチャンスの山が到来する。早いに越したことはないが、遅きに失することもない。

むしろ、仕事で一定の成果を上げた後、または仕事に行き詰まった時こそ大学院進学はチャンスである。法科大学院の多くは、社会人が法曹としてもう一度デビューする機会を提供した。会計大学院も同様に、公認会計士へのより確実な途を開いた。ビジネススクールは、エグゼクティブとしての就職への道をひらいている。実際のところ、MBA取得後にヘッドハンターから声がかかる仕事の内容は、それ以前とは質が違うものなのである。

## 修士号取得の知恵とテクニック

大学院に進むために大事なことは何だろうか。これはもちろん入学を認められるための能力である。しかし、その大学院を修了することに関しては、話が違う。大学学部と違い、大学院は「受かって入れてもらう」学校ではなく、その前段階で自発的・積極的に選ぶことが重要になってくる。すなわち、修了して得られるものの価値と、それにかかる費用と時間のPL（損益計算書）を検討することが、まずは何よりも重要だ。

極論すれば、トップレベルのロースクールに受かる人間は、同レベルの会計大学院、ビジネススクールにも受かる可能性が高い人間である。専門職大学院が出身学部を問わずに学生を受け入れることは、半面受ける側にとって選択の自由があることになる。最初に考えるべきは、どの種類の大学院に進学するか、ということになるだろう。

特にロー、会計、ビジネスの比較は重要だ。注意しなければならないのは最終目的である難関資格に近くはなるが、合格は保証してくれない点だ。この面では、修了すれば必ず得られるMBAは堅実な選択である。

分野を絞り込んだ後に考えるべき一つのメルクマールは、学校の社会的評価である。最終学歴が書き変わるのであるから、海外であれば「ハーバード」「コロンビア」「MIT」、国内で言えば「東大」「京大」「一橋」「慶応」「早稲田」のようなトップ校を目指すことの意味は小さくない。一生涯、レジメを書く時に気後れすることがないというのは、実利的にも精神衛生上もこの上ない。

転職・昇進や、将来大学教員を目指すような志望があるのならば、この点は最も重視すべきポイントになるだろう。この点、慶應義塾大学ビジネス・スクールがフランスのトップ校「ESSEC」とダブル・ディグリー・プログラムを作ったのは注目できる。国内最強レベルと海外で知名度抜群の両校から、学位が得られる制度は魅力的だ。

一方で忘れてならないのは、教育の内容である。同じビジネススクールを名乗る学校でも、カリキュラムとメソッドは天と地ほども違うので、注意が必要だ。それ以前にMBA取得を目指すのならば、海外留学か国内での進学かという選択肢が立ちはだかる。この点、日本国内のビジネススクール設置が盛んになったことで、MBAを目指す社会人の人気は、「留学派」と「国内進学派」という真っ二つに分かれてきたように見える。

さらに顕著なのが、国内のビジネススクールの二極化だ。英語でも講義を行い、日本にいながら海外留学と同様の人材養成を実施するビジネススクールの一方で、日本語で学ぶことを基調としたビジネススクールの伸びが目覚しい。

かつてからの「海外留学MBA」に第一世代の国内ビジネススクールを加えたクラスターが、英語力を兼ね備えた経営幹部候補生の養成機関であったとすると、今日の日本型のビジネススクールは、「英語力」のことは脇においている。MBA＝英語使い、という図式は、もはや常識ではない。

多くの学生にしてみれば、日本型のビジネススクールにはよい面が多いだろう。英語をまず学ぶ、というハンディキャップなしにグラデュエイト・レベルでの勉強ができ、入学ができる。日本では英語を苦手とする層に、むしろ優秀な人材が隠れている。「明治大学大学院グローバル・ビジネス研究科」などは、そうした人材を囲い込むねらいがありありと見える。

一方で、「海外留学」「英語で講義型ビジネススクール」修了者のセールスポイントは、英語力のアドバンテージ。活躍の主なフィールドで考えれば、外資系MBAと民族系MBAタイプである。

これは自分が受けたい教育とのマッチングの問題である。カリキュラム、時間割編成は学校案内やホームページにふんだんなヒントがあるので、可能な限り綿密な比較検討をするに越したことがない。例えば映画プロデューサーを養成する「映画専門大学院大学」では、映画製作のための財務、会計、マーケティング、法務、広報など、およそ社会科学系の講義が網羅されている。選択科目の選び方によってはほとんどMBA教育に近い時間割ができあがるのである。

## 学費と所在地も選択の重要な基準

経済的な問題は、進学前に明快にしておかなければならない。学費不足というのは由々しい事態である。実際、大学院では、年間の学費の差は五倍以上の開きがあることもある。そこでの教育から得られるメリットとパフォーマンスを自覚して判定するのが大人の分別だろう。事実、有名校ほど学費が高い傾向もなくはない。高い安いの絶対額にとらわれず、自分が支弁できる範囲での最高のものを選択すべきなのである。なお社会人であっても、退職して進学すれば、前年度が無収入になる二年次以降は奨学金の貸与・給付対象になることを期待してもいい。

奨学金抜きで、日本で最も学費の安い大学院は「放送大学大学院」である。履修単位によって学費が変わるシステムなので、入学金から修了まで最低ならば四〇万円台。経済的な理由で大学院に進めないという言い訳は通用しない。同じく通信制初の経済学研究科である「京都産業大学大学院・経済学研究科（通信教育課程）」の学費は年額二五万五〇〇〇円、入学金一三万五〇〇〇円、教育充実費六万六〇〇〇円。なまじeラーニングの設備投資にたよらず、eメールを駆使するハイタッチな方針で、ごく良心的な価格設定をしている。

**表3　最低在学年限超過学生数（専門職学位課程）**

| 区分 | 計 | | | 1年超過 | | | 2年超過 | | | 3年超過 | | |
|---|---|---|---|---|---|---|---|---|---|---|---|---|
| | 計 | 男 | 女 | 計 | 男 | 女 | 計 | 男 | 女 | 計 | 男 | 女 |
| 2006年度 | 217 | 162 | 55 | 201 | 152 | 49 | 16 | 10 | 6 | ― | ― | ― |
| 2007年度 | 833 | 605 | 228 | 743 | 532 | 211 | 88 | 71 | 17 | 2 | 2 | ― |

（出所）表はすべて「科学統計要覧平成20年版」「平成19年度学校基本調査報告書」（文科省）から

学校の所在地は重要なファクターである。特に在職のまま進学・通学しようという時にはこの点が重要になる。表3を見てもわかるように、最低在学年数を超えた学生の数は、社会人が多い専門職大学院で無視できない数になってきている。この大多数が、あらかじめ「長期履修制度」を利用したのであればいいのだが、おそらくは予定にはなかった留年をしている人間が多数含まれているだろう。「忙しい」という言葉から逃げられない社会人を続けている限り「通える・通えない」は物理的なバリアなのである。

学校の場所はこの点に大きく作用する。たとえば、平日の夜間に講義が行われるのであれば、職場と自宅の間に学校があることが望ましい。土日開講があるのならば、さらに自宅寄りの方がいい。そう都合良くはいかないと言われるかもしれないが、たとえば賃貸であれば、職場と学校の延長線上に引っ越せばいいのである。

ロースクールの「大宮法科大学院大学」は、そうした決断を誘致してきた大学院だ。この大学院では、平日の講義は午後七時半からと、九時一五分からの二コマ、土曜日に五コマを開講している。社会人が会社を辞めずに夜間と週末で終了できるロースクールは、首都圏では同校と「筑波大学」の都内キャンパスにしか見当たらない。

ビジネススクールでは「目白大学大学院経営学研究科」の成功が好例だ。東京都新宿区に位置し、西武新宿線「中井駅」、都営地下鉄大江戸線「中井駅」「落合南長崎駅」、東京メトロ東西線「落合駅」、西武池袋線「東長崎駅」が徒歩圏の最寄り駅となる。しかも平日午後と夜間、土曜日にしか講義を行っていない。この学校の人気は、はやばやと博士後期課程を新設したことでも明らかだ。

大学院に進むことは人生を「換える」ことだ。場合によっては家を売ったり買ったりするより、よほど大きな影響がある。

大学院に入って以降、修士号の取得に必要なのは学力や能力でもあるが、以上の条件を比較考量するテクニックも必要なのだ。大学院は入ることが目標ではない。その点は良く肝に銘じておくべきである。

在校生が語る
MBA
ライフ
1

# 日本料理界にイノベーションを起こしたい！

## 法政大学大学院
イノベーション・マネジメント研究科

**大西威一郎さん**
1977年生まれ。明治学院大学卒業後、ヤマトシステム開発にて3年間営業を経験し、四季リゾーツに転職。1年間副支配人として保養所の運営を担当後、サイバネットシステムでIT技術者として3年間勤務の後、MBA取得を目指す。

私は幼い頃からずっと、「いつかは自分も経営者に」という気持ちがありました。MBAを取得して経営者となった父の背中を見て育ったからです。

実は今教わっている嶋口充輝先生には以前、父もKBSでお世話になっており、「お父さんはこうだったが君はどう思う？」と聞かれたり（笑）。面白いご縁です。

私の場合、大学卒業後、実務経験を積むために三つの企業で仕事をしました。野球にたとえると、選手に必要な知識と理論は学ぶことはできましたが、監督に必要な知識と理論は、また違います。そこで経営に関して体系的な知識・理論を学びたいと、法政大学ビジネススクールに通うことにしたのです。

### 経験豊富な先生による知識のシャワー

もちろん、MBAの資格自体が、就職や起業に有利ということではありません。取得に至る学習の内容こそが重要なのだ、ということを入学以来、日々実感しているところです。

たとえば、「ナレッジ・マネジメント」の講義。ものがあふれているなか、本当にお客さんの欲しいものを想像力を働かせて作り上げていく。そのための方法論を、プラトンなど哲学的なアプローチや、マネジメント・ツールとしてのITの使い方も含めて幅広い視点で教えていただきました。

法政のカリキュラムでは「経営にITをどう生かすか」を明確に打ち出していることが特徴なんです。

また、「ロジカル・シンキング」の授業では、さまざまなフレームワークを使ってどんなことができるのか、実践に即したさまざまな事例で説明され、まさに「目から鱗」でした。MBAといえば「ケースメソッド」と思われがちですが、私は、ケースメソッドには弱点もあると思うのです。学生同士議論を戦わせて、説明能力を上げるというメリットは確かにありますが、実務経験豊富な先生が丹念に準備された資料や知識を浴びるように受ける、という講義も、一方では重要です。

一年制なので、平日は朝九時半から夜九時半まで授業が入っており、スケジュールはタイトです。でも、独学では得られない気づきがたくさんあります。経営についての理論を知っていて使わないのはいいのですが、知らないから使わないのは危険だと思うのです。

### 会社員には戻らず、起業を目指す

今、「プロジェクトメソッド」で事業計画書を作成中です。院生のメリットは社会人では会ってくれないところでも「研究のため」と名刺を出せば会ってもらえることです。その取材のなかで起業のテーマが見つかりました。「大好きな日本料理をもっと普及させたい」ということです。ですから、卒業後は、また会社員に戻るつもりはありません。

法政の場合、入学前に国家試験の一次試験に受かっていることを前提に、中小企業診断士の二次試験を免除されるコースがあります。そのコースも選択しているので、仲間と一緒に中小企業診断士としての仕事をしながら起業に向けて準備をするつもりです。

法政は、会社を退社して自費で学ぶ学生がほとんどです。退路を断って来ているため、より一層意欲的で、毎日活発な議論が展開され、刺激を受けています。

**◇このスクールを選んだわけ**
教授陣の70%が企業役員経験者で、実践的なノウハウを会得した実務家教員比率が高いこと。企業から派遣された学生の割合が低いこと。マネジメントにおけるツールとしてのITを重視したカリキュラムが組まれていること。

**◇学費＆生活費**
貯金と借入で捻出。2年制だとさらに出費がかさむことと、変化の激しい今、2年間は学校に費やせないと思い1年制を選択。

在校生が語る
# MBAライフ ②

# 授業は英語 みんなお国訛りで ガンガン発言

## 一橋大学大学院
国際企業戦略研究科（ICS）

**川上理沙さん**
1981年生まれ。生後すぐ父の仕事の関係でアメリカに引越し6年間を過ごす。その後シンガポールに1年。中学高校を日本で過ごし、イギリスの大学でビジネス・コミュニケーションを学ぶ。卒業後は千葉にある亀田総合病院広報課に4年間勤務して退社。

私が就職した亀田総合病院は、医療面でも経営面でも最先端の病院で、在日米軍とも提携しています。特命理事がMHA（医療経営学修士号）を取得したアメリカ人で、いろいろと病院経営について教わりました。病院の経営にビジネスマンが関るというのは、実は少ないんです。病院経営は特殊なため、赤字倒産する病院もあります。そうなると患者さんが残った病院に集中し、さらに残った病院の経営をも圧迫します。

### 立ち後れている日本の病院経営

日本の病院では、「患者の立場に立った医療を提供する」という視点が十分でないと思います。アメリカでは患者が病院をよく知っていて選んでいるので、病院側も必死でアピールしています。規制の問題もありますが、日本の病院も、今後はマーケティングとPRをもっと重視するべきだと思います。

また、医療の世界では、EBM（Evidence Based Medicine）といって資格が重視されます。経営に口を挟むにはそれなりのバックグラウンドが必要だと思い、MBA取得を決めました。あと、父がMBAを取得して外資系企業でバリバリ働く姿を、幼い頃から見ていたから、というのもありますね。

MBA取得のために退社を願い出るときは、大変悩みました。でも「スキルアップして、この病院に恩返ししたい」と申し出ました。すると、上司から「いつでも戻ってきていいよ」と言われ、とてもうれしかったです。入学に推薦文が必要な場合もありますから、できるだけ職場との関係は壊したくないですものね。

### ICSはI Can't Sleep

一橋ICSでの授業はまだ二カ月で、どの授業も準備は大変ですが、とても楽しいです。まず、最初に基本的なフレームワークを教わります。あとは各自でケースを読み、どうやってそのフレームワークをあてはめていくかを考え、クラスでディスカッションをします。ケースを読むだけでも大変で、本校の略称はICSですが、それは「I Can't Sleep」の略だとみんなで言っているんですよ（笑）。結局、方法論や考え方を学んでいるので、どんな業界にも生かせるものなんですよね。

クラスメートとはグループワークもあってとても仲が良く、予習や課題など一緒にやったりしています。やはり海外からの学生が多く、日本人は二〇％程度。文科省のYLP（ヤング・リーダーズ・プログラム）の受け入れ大学になっているので、さまざまな国や背景の人がいて、とても刺激になります。

二年生になると、数週間から数カ月、海外留学や企業インターンができます。私はこれまで買い手の立場で接していた製薬会社などを、売り手の視点だとどうなのか、みてみたいですね。

授業は全て英語ですが、私みたいな帰国子女ではない方もいます。「英語は苦手だが、英語でコミュニケーションがとれるようになりたい」という人にはいいかもしれません。最初は一定レベルの英語力がないと、大変でしょうけど。それぞれお国訛《なまり》のある英語でみんなガンガン発言しているので、「美しい英語を話さなくては」という日本人特有の思い込みはなくなっていいかもしれませんね。

**◇このスクールを選んだわけ**
海外での生活が長かったが、今後も日本で仕事をしたいので、日本の学校でと思った。そこで、全ての授業が英語で行われる一橋ICSを選んだ。また、一橋ICSは国立なので、学費が私立の半分以下というのも魅力だった。

**◇学費＆生活費**
親から借りているのと自分の貯金から。この2年間は、自分の人生における自己投資の期間だと割り切り、学業に専念。

在校生が語る
MBAライフ ③

# 二足のわらじ
# 成功には
# 周囲の理解が不可欠

## 青山学院大学大学院
国際マネジメント研究科

**田中正道さん**
1972年生まれ。12歳からアメリカで生活。ラトガース大学工学部を卒業後、1996年キヤノン入社。2000年にソニーに転職。'06年マイクロソフト社に転職しマーケティングを担当。'08年ソニーに復職し商品開発の仕事に戻る。

　私の場合、外資系のマイクロソフトへの転職が、MBA取得の大きな動機となりました。向こうのマーケティング部門で働いている人は、大半がMBAを取得しています。ですから電話会議でも、ボキャブラリーのベースがMBA用語。もともと工学部出身の私には、わからない言葉も多く、非常に負い目を感じ、MBAの取得を決意しました。

　海外で生活していたこともあり、アメリカでの取得も考えました。しかし、生活費を含めて年間一〇〇〇万円ほどの費用がかかることを知って断念。仕事をしながら、夜間でMBAの知識が学べる青学を選びました。

　マイクロソフト社は、能力向上のための資格取得に積極的で、上司も非常に理解があったので、休職せずに通学することにしました。ソニーには、元上司からの要請があり、学校を続けることを条件に復職しましたが、勉強に割ける時間は以前よりは減りましたね。それでも夕方六時までには退社しているので、同僚や上司の理解には、感謝しています。

　さらにプライベートでは、一年目の一月に第一子が生まれたのですが、子育てに関わる時間もなく、家族には本当に申し訳ない気持ちと感謝でいっぱいです。働きながらの勉強には、周囲の理解は何より大切で、そこにはとても気を配っています。

### 会社役員の仕事を体感

　一年目は水曜以外、夕方六時半から八時まで授業があり、その後二時間ほどグループワークを行います。帰宅後も二、三時間勉強します。土曜日は朝九時から夕方五時まで授業があり、帰宅後は宿題。日曜日もほぼ一日自宅で勉強です。人生でこんなに勉強したことはない、というほど勉強しました。そして、平日は当然朝から仕事。非常にハードですが、この二年間は「学業優先」という方針を貫いてきました。周囲には迷惑をかけますが、その信念がないと、二年間通っても身に付くものは少ないと思うのです。

　二年目は科目数は減りますが「マネジメント・ゲーム」という授業があります。これはグループ内でCOO（最高執行責任者）やCEO（最高経営責任者）といった役割を分担して、会社運営のシミュレーションを行うものです。一学期に三度あるボードミーティングには、実際に一流企業の役員の方々がメンバーに入り、高度な視点から「ステークホルダーからこう言われる」とか「こういうことへの対処は？」など鋭い意見が出されます。

　夜中の二時に「こういう資料を出すように」とメールが来たこともありました。グループワークも多く、全員で会社の方針や戦略を立案したりと、割かれる時間が尋常ではない。でも、青学ならではの、実際の会社役員たちの仕事が体感できる、非常にためになるプログラムでした。

### すでに知識が現場で役立っている

　学校で学んだことは、すでに現在の仕事でも役立っています。企画した商品を説明する際には、会社全体から見た採算性をロジカルに導き出し数値化する必要があり、MBAの基礎知識が大いに生かされています。

　最近ではMBAの勉強を通して得た会社運営の知識をさらに生かし、新規ビジネスを立ち上げたいと思っています。

**◇このスクールを選んだわけ**
社会人向けの夜間コースがあったこと。青山という立地条件が、職場からも自宅からも好都合だったこと。米国カーネギーメロン大学との国際合同授業「マネジメント・ゲーム」のカリキュラムが非常によいと聞いたので。

**◇学費＆生活費**
企業派遣ではないため、仕事をしながら自費で学費を納めている。自分自身への2年間の投資ということで家族からの理解を得ている。

在校生が語る
MBAライフ ④

# 1年目でみっちり学び 2年目に何をやるかで 大きな差がつく!

## 慶應義塾大学大学院
経営管理研究科／慶應義塾大学ビジネス・スクール

**津久井譲さん**
1975年生まれ。上智大学経済学部卒業後、安田火災海上（現・損害保険ジャパン）に入社。4年間、リテール営業を担当した後、法人向けの自動車保険の商品開発に4年間携わる。2007年4月より、企業派遣制度により、二年制コースに入学。

私の勤める会社では、全国から若手社員の有志を募り、外部から講師を招いた「ミニMBA」のようなプログラムがありました。それを半年間受講し、経営の基礎を学んだのが、MBAに興味を持ったきっかけです。

また、所属していた商品開発の部署は、全社の売上の半分を占める商品を扱っていたため、経営者の考えを近いところで聞く機会がありました。そしてキャリアアップのためには「会社全体からみた自分の仕事の位置づけ」といった経営的視点をもつことが重要だと感じ、会社のMBA募集に応募しました。

その後、人事部による審査を通り、選抜されました。入学にあたり、会社とは「二年間でMBAを取得すること」を約束する覚え書きを交わしました。私のキャリアビジョンでは、今後一〇年というスパンで、「こういう部署でこういう活躍をしたい」というイメージがあります。ですから、MBA取得で得られたナレッジとスキルをベースに、今の会社で私のやりたいことを実現していきたいと考えています。

### 「ケースメソッド」は経営にも生かせる!

印象に残った講義は三つあります。一つ目が「ケースメソッド教授法」。ケースメソッドでは、「唯一の答え」というものはなく、「答えを生み出すためのプロセスをみんなでインタラクティブに創造していく」という仕組みがあります。その仕組みは、企業における意思決定のプロセスにも応用できると思う。

また、予想外だったのが、「生産のシステム」。金融機関における現場という言葉と、工場における現場は全然意味が違う。授業の中で生産のシステムをどう設計するかという方法と、その設計のためにすごく精緻なデータをとって、いかに持続的に効率性を高めるかという考え方は、金融機関の私にとても参考になりました。自分が商品開発の現場にいて、そこまで精緻なことはやっていなかった、こういう考え方は生かせるね、と。理論だけでなく、六回の授業のうち五回工場に行きます。

三つ目が「ヘルスケアポリシー」。第一人者の先生から、国のヘルスケア政策担当者としての目線でお話しいただきました。それまで意識したことはなかったのですが、政策には、マネジメントの理論が非常にうまく適用されていて、実に公平に設計されているのだということがわかりました。企業経営という枠組みから「国の制度設計」へと視点を広げることができた、とてもいい機会でした。

### 二年目は「自ら行動」がキーポイント

今二年目で、授業は週に二つ。一年目はMBAで学ぶべき基礎知識をみっちり学び、二年目はそれをどう展開するか、に主眼が置かれたカリキュラムになっています。私は、授業とは別にプライベートで、あるベンチャー企業の経営戦略立案のプロジェクトを立ち上げました。同期の仲間五人と三カ月間、その会社の中期的な戦略を立てるのです。

もう一つ、個人でアメリカのビジネススクール主催のプロジェクトにも参加しています。二年目は「自ら考え実際に行動しているかどうか」で大きな差がつくと思います。

この二年間、経営の視点で考え続けてきたことが、今後良質な原体験となり、業務に生かされると確信しています。

**◇このスクールを選んだわけ**
会社から、毎年3名が企業派遣によりMBA取得コースに進む。その内訳は、慶應1名、海外1名、国内1名。日本企業に勤務しているのだから日本で学んだほうがよいと考え、ケースメソッドを最前線で取り入れていることから慶應を選択。

**◇学費＆生活費**
2年間の学費約400万円のうち一部が自己負担。後は企業が出している。給与は通常通り100%支給されている（残業手当は出ない）。

在校生が語る
MBA
ライフ
⑤

# 日本とイギリスの架け橋となるような仕事がしたい

## 早稲田大学大学院

商学研究科ビジネス専攻／早稲田大学ビジネススクール

**ジェイムズ・トーマスさん**
1979年イギリス生まれ。オックスフォード大学で哲学と数学を学ぶ。卒業後、JETプログラム（語学指導等を行う外国青年招致事業）で2年間、高知県の学校で英語を教える。その後4年間、アクセンチュア（イギリス）に勤務。一年半仕事を休職して再来日。

私が所属する経営コンサルタント会社アクセンチュア（イギリス）では、MBAを持っている人が多く、自分も「三〇歳までにMBAを取得したい」と考えていました。イギリスの会社は日本と比べて、MBAがあると有利なことが多く、自分のキャリアアップのために必要だと思ったからです。また、会社もそれを応援してくれ、上司に「MBA取得のために退社したい」と申し出ると、「退社ではなく休職すればいい」と言われ、とても嬉しかったです。MBA取得後また就職活動するリスクがなくなりますからね。

ではどこで取得するか、と考えたとき、英米では、学費が非常に高かったんです。そこで、大学卒業後二年間日本に滞在し、せっかく覚えた日本語を忘れないようにするためにも、日本でMBAを取得することにしました。

調べてみると、早稲田は留学生も多く、日本語と英語、両方で授業が受けられることがわかり、早稲田を選びました。実際、日本語で授業を受けるのは、とても難しい。でも、日本語への挑戦のために半分は日本語で、高度な専門知識を高めたい科目は英語で受講。柔軟に選べるのがいいですね。

### 日本ならではのユニークな授業

授業では、アクセンチュアの森正勝氏が講義を持たれましたが、やはり自分のいた会社の人なので内容がストレートに伝わってきて勉強になりました。

また「アントレプレナーシップ」の授業では、「ある住宅メーカーが開発した新素材を、どのように商品化すればよいか」というテーマで、グループごとにアイデアを練り、実際にその会社の重役の前でプレゼンを行いました。これは本物の日本のビジネスマンと交流できる、大変貴重な経験になりました。

そして「イノベーション・マネジメント」の授業では、トヨタの「ジャストインタイム」システムなど日本独自の手法を、実際に工場見学しながら勉強しました。

これは英米のMBAコースでは体験できない授業で、日本の強さの理由を垣間見ることができました。

### 国際的な環境でグローバルに学ぶ

イギリスでは日本と違い、夜間で通う場合を除き、MBAコースはほとんどが一年制です。二年間の休職は認められないこともあり、私も一年制です。確かに春学期は一二科目の授業があり忙しかったですが、会社で毎晩一二時、一時まで仕事をしていたことを考えると、それほどではなかったですね。

早稲田でのグループワークでは、モンゴル人、グルジア人、ウズベキスタン人などロンドンでも会ったことのない国の人と一緒になったり、国際色豊かです。異文化の人と交流するときには、違いを強調するのではなく、共通点に目を向けていくことも、ここで学びました。

他にも、コンサルタント時代はわからなかった「人をどのように動かすか」についても、体系的に学ぶことができ、今後復職したときに、ずいぶん役に立つと思います。

ありがたいことに、私は日本政府から奨学金をいただいています。この恩に報いるためにも、日本とイギリスの架け橋となるような仕事をしたいと願っています。

**◇このスクールを選んだわけ**

数ある日本のビジネススクールの中でも、多彩な留学生を受け入れていて、英語と日本語の両方で授業が受けられること。勤務先の会社の取締役（イギリス人）が、早稲田で定期的にレクチャーを行っていたため親近感があった。

**◇学費＆生活費**

日本政府（文部科学省）奨学金により、学費全額と月17万円の生活費が、研修生である半年間とMBA受講生の1年間分支給される。

在校生が語る
MBA
ライフ
⑥

# 経営学という「学問」にじっくり向き合えるのが無上の喜び

## 一橋大学大学院
商学研究科経営学修士コース

**真柄 匠さん**
1982年生まれ。高等専門学校から東北大学経済学部に編入。卒業後、2005年から都内にある証券会社に入社。顧客サービスや顧客向けの投資家情報の執筆等に従事。3年後、退社した後に会社が破綻。在職中に証券アナリストの資格を取得。

私の場合、高専にいたときのゼミの先生がMBAを持っていて、ファイナンスやキャリアプランのことを教えてくださいました。その影響もあり、ビジネススクールで勉強したいという気持ちはずっとありました。ただ、ファイナンスだけではなくて、経営管理全般について、学びたいと思っています。

学部卒業後、そのまま修士課程に進学することも考えましたが、理論だけが先行し、頭でっかちで好ましくないのでは、という思いがあり、証券会社に就職しました。一年目に証券アナリストの資格を取得し、会社では、お客様に投資情報を提供する仕事を主に担当していました。三年間勤務した後、会社が倒産。でもその前から入学準備をしていたため、特に自分の進路に影響はありませんでした。

本校に入学し、「企業評価分析」の授業で、証券投資分析や企業価値の測定など、実務では補えなかった部分を学ぶことができ、「あ、理論的にはこういうことだったんだ」と再確認できました。この授業では、夏休み前に大きなレポート課題が出たのですが、気合いを入れてアナリスト・レポートのように仕上げて提出。実に楽しく勉強できました。

「国際金融」の授業では、統計的な分析を行うレポート課題が毎週出され、会社員時代にやっていたリサーチのスキルをブラッシュアップする良い機会になりました。

### 実践のノウハウよりも深い知識を

本校は、学部卒業後すぐに入学する人が四割近くいます。つまり、学問をさらに深める目的で来た人も多いということです。MBAというと、「実践スキルを叩き込んでビジネス界に送り込む」といった面もあるかと思います。でもそれだけだと薄っぺらい気がするんです。でも私は、それだけだと薄っぺらい気がするんです。本校は「企業家」より「学者」の先生方が多く、よりアカデミックな知識を掘り下げたい私には、ぴったりでした。

クラスメートとは、授業と別枠で勉強会を開き、情報交換をしています。学校生活は、自発的に自ら勉強を進めないと何も得られません。会社員時代には、ルーティンの仕事ややらねばならないことをただこなしていればよかったのですが、そこが大きな違いです。

でも、証券会社のときの習慣で早寝早起きは続けていて、毎朝六時に起床し、マーケットチェックも随時行っています。卒業後も、マーケットに携わる仕事をしていきたいと思っているので、市場の動きは常にみています。今度は、実際に投資戦略を立てて運用する仕事につきたいと思っています。

### 一生学び続けていきたい

私のポリシーは「ライフタイム・スチューデント」。生涯学びの徒でありたいと思っています。政治や法律、サイエンスなどなど興味は尽きません。今の勉強も、MBAを取得したら終わり、ということでは決してありません。自分の人生においてどういう意味があるのか、振り返ってみたときに大切に思えるような勉強をしなければいけないと思います。

今、授業やグループワークで学校にいる時間以外は、ほとんど家で勉強したり、本を読んだりして過ごしています。こうしてじっくりと学問に向き合える時間は無上の喜びです。そして、自分が学んだことを後に続く人たちに伝えていくことも重要だと思っています。

**◇このスクールを選んだわけ**
日中開講のコースで2年間じっくり集中して勉強できる時間を持ちたいと思ったことと、国立なので学費が安かったこと。著名な講師陣も魅力だった。校舎の重厚なたたずまいや富士山の見える景観も素晴らしく、大変気に入っている。

**◇学費&生活費**
3年間の会社員時代に計画的に貯蓄。すべてその貯金から支出している。三食自炊し、自転車通学するなど工夫してやりくりしている。

在校生が語る
# MBAライフ ⑦

# 私は「何をしたいのか」それをこの学校で認識できた

## 慶應義塾大学大学院
経営管理研究科／慶應義塾大学ビジネス・スクール

三上 彩さん
1976年生まれ。千葉大学工業意匠学科で大学院まで学ぶ。卒業後、ユーザーインターフェースを開発するデザイン事務所に入社。メーカーから依頼を受け、携帯電話等デジタル機器のユーザビリティについて調査・評価する仕事に5年間従事して退社。

私は、MBA自体にそれほど関心があったわけではなく、むしろこの二年間を、「考えるための時間」と位置づけてきました。五年間勤務していたデザイン事務所では、やりがいはあったのですが、徹夜や深夜残業が多く、ただがむしゃらに働き続けていた気がします。デジタル機器の機能について、ユーザーの方々の意見を聞くなどして評価する仕事でしたが、「それが最終的にどう活用されるのか」、「自分がこの会社で何をしたいのか」といったことをじっくり考える余裕もなく、ただ目の前の仕事をこなしているだけでした。

入試の準備では、「今何を考え、今後どういうふうに社会で働いていきたいのか」を明確にする必要があり、そこで初めて自分が本当にやりたいことについて考えた気がします。転職活動も同時に行いましたが、ここの入試結果が先にわかったので、入学を決めました。

### 印象深い工場での体験

私にとって、一番インパクトの強かった授業は、「生産システム設計論」です。自動車タイヤの製造工場に実際に行き、困っていることを聞くなどして、そこでの生産プロセスの改善を提案するというものです。私たちのチームは、カットした素材が運搬されるプロセスの改善を担当しました。素材がスムーズに運ばれているときもありますが、滞留しているときもある。その理由を調べるため、素材一つひとつに番号のついたシールを貼って、その流れを調べました。結局、時間切れで改善提案まではできず、現状把握と問題点の指摘にとどまりましたが、工場サイドからは「まだ改善の余地があるということがわかったのは大きな成果だ」と感謝されました。

私が仕事をしていたときには、製品そのものやそれが使われている状況を見て、評価をしていました。そのときは、ベストを尽くすことしか考えていませんでした。でも、生産現場のプロセスや苦労を体験することができ、そのモノ自体の背後にある、生産コストや効率、人員配置などを全体的に考えた上で評価していれば、さらにレベルの高い仕事ができたのではないか、と気づかされました。

授業では、経営層あるいは現場はこうあるべきだという意見が出ますが、「現場と経営層、両方あるからこそ会社が動いているのだ」ということが実感できました。そしてやはり、私は「ものづくりの現場で仕事がしたいのだ」と認識できました。

### 就職は製造ラインを持つメーカーに

クラスの友人たちは今、就職活動の真っ最中で、人材エージェントに登録している人も多いようです。あと学校にも、求人が貼り出してあります。私の場合は、やはり「ものづくり」の現場に近いところで仕事をしたいという希望があり、業種は未定ですが、製造ラインを持っているメーカーに就職したいと思っています。

修士論文のテーマは、大学院のときから興味のあった「ユーザビリティとその阻害要因について」です。やはり、ユーザーに使い勝手のよい製品をどうやって提供していくか、ということに一貫して関心がありますので。

ゆくゆくは、ここで学んだことを生かしてトータルに製品開発を監督できるような立場になれるといいなと思っています。

**◇このスクールを選んだわけ**
兄が慶應義塾大学ビジネス・スクールの卒業生。自分の仕事や将来について悩んでいたときに、兄が「MBAコースに入学してみたら」と勧めてくれた。在学中の兄の成長ぶりを実際に見ていたので、自分もやってみようと思った。

**◇学費＆生活費**
学費・生活費は、自分の貯蓄と親から少し援助してもらった。バイトをするつもりだったが、とてもそんな時間は捻出できない。

# 日本の主要ビジネススクール・大学院 64校 のプロフィール

**専門職大学院が認めらたこともあって、**
**日本でもビジネススクールやMBA課程を有する大学院が増加した。**
**経営系、会計系大学院にアンケートを送り、回答を得た学校の主要データを掲載する。**

# 表の見方

**国内の経営学修士課程、MOT課程を有する主要な大学院、**
**および主要な会計系大学院111校にアンケートを実施し、回答を得た大学院を掲載した。**

**データの注意点：原則として「基本情報」「学生の属性」は2008年度基準、「教育内容」「教員の属性」は2007年度基準。ただし累計修了者数は2007年度末まで。それ以外のケースは欄外に注記したほか、＊は2007年度基準であることを示す。**

**基本情報**

**1学年在籍人数**／2008年度入学者

**入試倍率**／原則として実質倍率＝受験者数÷合格者数だが、志願倍率＝志願者数（応募者数）÷募集定員数、受験倍率＝受験者数÷募集定員数を記載している大学院もある。

**累計修了者数**／現行プログラムで修士課程学位を取得した人の累計人数

**博士課程**／博士後期課程

**教育内容**

**教育方法**／講義とケース討議の科目数比率

**英語授業の比率**／英語による授業が総科目数に占める比率

**授業・教員への評価制度**／学生による授業もしくは教員への評価制度の有無

**教員の属性**

**教員の実務経験者数**／実務経験とは大学以外の組織における就業経験、客員、非常勤を含む

**教員で博士号保有者数**／対象は専任教員

**外国人の教員数**／対象は専任教員

**教員の自大学出身教員数**／対象は専任教員

**学生の属性**

**新卒者**／2008年度入学者のうちの新卒者数

**就業率**／対象は企業派遣を除く直近の卒業生

**社会人向けプログラム**

**学位を授与しない社会人向けのプログラム／◆名称◆主な教育内容◆期間**

## 愛知学院大学大学院　私立

### 経営学研究科 経営学専攻

〒470-0195 愛知県日進市岩崎町阿良池12
http://www.agu.ac.jp/~keiei/in/index.html

**プログラム開始年●1993年**
**入学定員●50名**
**学位名称●修士（経営学）**

**教育理念・特徴**

愛知学院大学の建学の精神「行学一体・報恩感謝」にもとづいて、経営学の教育目標を「理論と実践」教育においている。科目構成を、基礎科目、基幹科目、および応用科目に分けて、上記目標達成に向けて教育している。トヨタグループおよびセイノー情報サービスによる実践講座の開講、アジアを中心とした海外の大学との交流にも努力している。

**基本情報**

授業時間帯／平日夜間＋土曜・平日フルタイム
修学年限／2年
1学年在籍人数／39名
科目担当教員総数／17名
うち専任教員数／1名
入学金／22万円
年間学費／101.9万円
入試倍率／1.025倍
累計修了者数／402名
博士課程／有

**教育内容**

プログラム内容／経営管理全般
教育方法／講義80%、ケース20%
英語授業の比率／29.1%
修士論文／必須
授業・教員への評価制度／有

**教員の属性**

教員の実務経験者数／4名
教員で博士号保有者数／6名
外国人の教員数／0名
教員の自大学出身教員数／2名

**学生の属性**

企業からの派遣者数／0名
入学時平均年齢／26.6歳
男女比率／男56.4%、女43.6%
留学生数／33名
新卒者数／24名
自大学出身学生数／18名
就業率／71.4%
同窓会の有無／有

**社会人向けプログラム**

2008年度基準

## LEC東京リーガルマインド大学大学院　私立

### 高度専門職研究科 会計専門職専攻

〒101-0061 東京都千代田区三崎町2-7-10
http://www.lec.ac.jp/graduate-school/accounting/

**プログラム開始年●2005年**
**入学定員●60名**
**学位名称●会計修士（専門職）**

**教育理念・特徴**

ビジネスに対する理解と高度な会計知識・実践力および職業倫理観を兼ね備えた会計実務専門職の養成を目指し、理論と実務を融合した教育によって「高度な職業倫理観」の醸成と「実践で使えるハイレベルの知識技術」の修得を目指す。また社会人がキャリアを中断することなく学修できるように、平日夜間＋土日中心の授業体制、長期履修学生制度等、仕事との両立に配慮した学修環境により、在院生の5割以上が働きながら通う社会人となっている。

**基本情報**

授業時間帯／平日夜間＋土曜＋日曜
修学年限／2年
1学年在籍人数／25名
科目担当教員総数／31名
うち専任教員数／17名
入学金／30万円
年間学費／120万円
入試倍率／非公表
累計修了者数／48名
博士課程／無

**教育内容**

プログラム内容／特定専門領域中心（会計専門職大学院）
教育方法／講義80%、ケース20%
英語授業の比率／0%
修士論文／選択
授業・教員への評価制度／有

**教員の属性**

教員の実務経験者数／20名
教員で博士号保有者数／7名
外国人の教員数／0名
教員の自大学出身教員数／0名

**学生の属性**

企業からの派遣者数／3名
入学時平均年齢／33歳
男女比率／男84%、女16%
留学生数／0名
新卒者数／4名
自大学出身学生数／0名
就業率／6%
同窓会の有無／無

**社会人向けプログラム**

2007年度基準

## 愛知大学大学院
### 会計研究科 会計専攻

私立

〒461-8641 愛知県名古屋市東区筒井2丁目10-3
http://www.aichi-u.ac.jp/accounting/index.html

**プログラム開始年**2006年
**入学定員**35名
**学位名称**会計修士(専門職)

**教育理念・特徴**

本学は、会計のプロフェッショナルの養成機関であり、①公認会計士、②税理士、③企業・公的機関の財務部門のスペシャリスト、等の職業会計人の養成を目的としている。時代の要請に応えた学習環境も整備しており、社会人が学びやすい教育システムの導入や、研究者教員・実務家教員による充実の少人数教育を実現している。また、修了者は公認会計士試験短答式試験の3科目(財務会計論、管理会計論、監査論)が免除される。

**基本情報**
授業時間帯/平日夜間+土曜・平日フルタイム
修学年限/2年
1学年在籍人数/37名
科目担当教員総数/41名
うち専任教員数/13名
入学金/25万円
年間学費/100万円
(教育充実費年間 30 万円)
入試倍率/1.075倍
累計修了者数/37名
博士課程/無

**教育内容**
プログラム内容/特定専門領域中心(会計)
教育方法/講義85%、ケース15%
英語授業の比率/0%
修士論文/選択
授業・教員への評価制度/有

**教員の属性**
教員の実務経験者数/5名
教員で博士号保有者数/5名
外国人の教員数/0名
教員の自大学出身教員数/5名

**学生の属性**
企業からの派遣者数/0名
入学時平均年齢/26歳
男女比率/男70%、女30%
留学生数/0名
新卒者数/19名
自大学出身学生数/10名
就業率/59%
同窓会の有無/有

**社会人向けプログラム**

## 愛知大学大学院
### 経営学研究科 経営学専攻(社会人リフレッシュコース)

私立

〒470-0296 愛知県西加茂郡三好町黒笹370
http://www.aichi-u.ac.jp/college/g_busi.html

**プログラム開始年**1997年(社会人リフレッシュコース 2002年)
**入学定員**15名
**学位名称**修士(経営学)

**教育理念・特徴**

研究者、さらに専門職業人の養成を大きな柱にしており、経営の中核科目を軸に多くの関連・応用科目を開講している。また、社会人リフレッシュ・コース(夜間)では、多様な社会人のニーズに応えるカリキュラムと指導体制を整えており、経営学、マーケティング、国際経営、情報処理といった科目群を編成し、理論的・実務的ニーズに応えられるよう配慮している。

**基本情報**
授業時間帯/平日夜間のみ・平日フルタイム
修学年限/2年
1学年在籍人数/12名
科目担当教員総数/20名
うち専任教員数/0名
入学金/25万円
年間学費/72万円
入試倍率/1.9倍
累計修了者数/336名
博士課程/有

**教育内容**
プログラム内容/経営管理全般
教育方法/講義48%、ケース52%
英語授業の比率/0%
修士論文/必須
授業・教員への評価制度/無

**教員の属性**
教員の実務経験者数/3名
教員で博士号保有者数/11名
外国人の教員数/0名
教員の自大学出身教員数/5名

**学生の属性**
企業からの派遣者数/0名
入学時平均年齢/28歳
男女比率/男50%、女50%
留学生数/10名
新卒者数/9名
自大学出身学生数/5名
就業率/62%
同窓会の有無/有

**社会人向けプログラム**

2007年度基準

## 青山学院大学大学院
### 国際マネジメント研究科 国際マネジメント専攻

私立

〒150-8366 東京都渋谷区渋谷4-4-25
http://www.gsim.aoyama.ac.jp/

**プログラム開始年**2001年
**入学定員**100名
**学位名称**経営管理修士(専門職)

**教育理念・特徴**

企業家精神をもって事業を行えるような創造性豊かな経営プロフェッショナルの養成を目標としている。本研究科では、マネジメント、マーケティング、ファイナンス、アカウンティング、オペレーションズ等の経営各分野の基本科目を履修した後、専攻分野を選択して専門科目を履修する。教授陣は、優れた研究実績を持つアカデミック教員と、ビジネス経験豊富な実務家教員から構成される。欧米やアジアのビジネススクールとの相互訪問を行うなど、国際的な意見交換や交流の機会も設けている。

**基本情報**
授業時間帯/平日夜間+土曜・平日フルタイム
修学年限/1年・2年・3年
1学年在籍人数/109名
科目担当教員総数/73名
うち専任教員数/20名
入学金/29万円
年間学費/104.9万円
入試倍率/1.32倍
累計修了者数/405名
博士課程/有

**教育内容**
プログラム内容/経営管理全般
教育方法/講義54%、ケース46%
英語授業の比率/10%
修士論文/不要
授業・教員への評価制度/有

**教員の属性**
教員の実務経験者数/12名
教員で博士号保有者数/15名
外国人の教員数/1名
教員の自大学出身教員数/2名

**学生の属性**
企業からの派遣者数/15名
入学時平均年齢/36.2歳
男女比率/男71%、女29%
留学生数/24名
新卒者数/4名
自大学出身学生数/14名
就業率/76.8%
同窓会の有無/有

**社会人向けプログラム**

2008年度基準

## 愛知淑徳大学大学院
### ビジネス研究科 会計専門職専攻

私立

〒480-1197 愛知県愛知郡長久手町長湫片平9
http://www.aasa.ac.jp/faculty/graduate/acc_detail.html

**プログラム開始年**2007年
**入学定員**30名
**学位名称**会計修士(専門職)

**教育理念・特徴**

私どもの会計専門職専攻の教育目標は、高度な会計知識と技能を身につけると共に、論理的思考力と倫理的な判断力を備えている会計専門家、つまりアカウンティングマインドを備えた人材を養成することである。この教育目標を達成するために学生には、様々な会計専門職の中から志望する専門職を明確にさせた上で、その専門職に見合った科目を、体系的かつ段階的に履修させ、志望者には論文を書かせている。

**基本情報**
授業時間帯/平日フルタイム
修学年限/2年
1学年在籍人数/4名
科目担当教員総数/25名
うち専任教員数/14名
入学金/18万円
年間学費/120万円
入試倍率/1.14倍
累計修了者数/0名
博士課程/有

**教育内容**
プログラム内容/特定専門領域中心(いわゆる会計大学院)
教育方法/講義86%、ケース14%
英語授業の比率/0%
修士論文/選択
授業・教員への評価制度/無

**教員の属性**
教員の実務経験者数/21名
教員で博士号保有者数/2名
外国人の教員数/0名
教員の自大学出身教員数/0名

**学生の属性**
企業からの派遣者数/0名
入学時平均年齢/23歳
男女比率/男100%
留学生数/0名
新卒者数/3名
自大学出身学生数/3名
同窓会の有無/無

**社会人向けプログラム**

2008年度基準

# 亜細亜大学大学院

私立

## アジア・国際経営戦略研究科

〒180-8629 東京都武蔵野市境5-24-10
http://www.asia-u.ac.jp/gs/aibs/index.html

**プログラム開始年●2006年**
**入学定員●30名**
**学位名称●修士（経営学）**

**教育理念・特徴**

グローバルな視点で中国をはじめとするアジア諸地域の地域特性を展望し、同地域の企業活動をリードする人材並びにこれら企業の戦略行動について、高度の研究能力を有する人材を育成することを教育研究目的としている。こうした目的を達成するため、①企業行動の観点でアジア諸地域の地域特性の現状を深く理解し、日本との間の国際関係を考察する ②経営戦略を支える専門的な経営学諸領域の教育 ③アジア諸国の法律・制度体系の理解 ④マクロな問題を企業経営との関係で取り扱う教育 ⑤アジアの人々とのコミュニケーション能力の開発等を行う。

**基本情報**

授業時間帯／平日夜間＋土曜・平日フルタイム
修学年限／2年・1年
1学年在籍人数／39名
科目担当教員総数／24名
うち専任教員数／12名
入学金／26万円
年間学費／62万円（2年）・120万円（1年）
入試倍率／1.22倍
累計人数／38名
博士課程／有

**教育内容**

プログラム内容／日中ビジネス・アジアビジネスに特化。ただし、この専門領域内では総合化し、環境、資源、産業、技術、財政、金融、国際関係などのマクロな視点でのプログラムを包含する
教育方法／講義60%、ケース40%
英語授業の比率／0%
修士論文／必須（研究報告書の選択可）
授業・教員への評価制度／有

**教員の属性**

教員の実務経験者数／17名
教員で博士号保有者数／6名
外国人の教員数／2名
教員の自大学出身教員数／1名

**学生の属性**

企業からの派遣者数／1名
男女比率／男41%、女59%
留学生数／36名
新卒者数／35名
就業率／56%
自大学出身学生数／18名
同窓会の有無／有

**社会人向けプログラム**

●名称／AIBS日中エグゼクティブセミナー、その他に修了生対象の聴講制度、一般対象の履修制度あり ●内容／日中ビジネスに関する研究者・実務家による講演 ●期間／年4回（うち1回は上海）

# 青山学院大学大学院

私立

## 会計プロフェッショナル研究科 会計プロフェッション専攻

〒150-8366 東京都渋谷区渋谷4-4-25
http://www.gspa.aoyama.ac.jp/

**プログラム開始年●2005年**
**入学定員●80名（うち社会人約20名）**
**学位名称●経営管理修士**

**教育理念・特徴**

キリスト教理念を具体化する教育、真理及び真実性の探究、健全な会計マインドを備え、国際感覚豊かな会計プロフェッショナルの養成を教育理念として、8系列3段階の広さと深さを兼備した質の高いカリキュラム、演習・研究指導を通じた少人数教育、エクスターンシップ・事例研究等で実践的な経験・応用力を身につけるプログラム、eラーニング等による学習支援体制といった特色ある教育環境の下、豊富な実績を持つ研究者教員と優れた実践スキルを持つ実務家教員が「理論」と「実務」を融合させた教育を行っている。

**基本情報**

授業時間帯／平日夜間＋土曜・平日フルタイム
修学年限／2年
1学年在籍人数／84名
科目担当教員総数／52名
うち専任教員数／15名
入学金／29万円
年間学費／171万円
入試倍率／1.12倍
累計修了者数／164名
博士課程／有

**教育内容**

プログラム内容／特定専門領域中心（会計）
教育方法／講義65%、ケース35%
英語授業の比率／0%
修士論文／選択
授業・教員への評価制度／有

**教員の属性**

教員の実務経験者数／27名
教員で博士号保有者数／5名
外国人の教員数／0名
教員の自大学出身教員数／1名

**学生の属性**

企業からの派遣者数／2名
入学時平均年齢／28歳
男女比率／男71%、女29%
留学生数／2名
新卒者数／55名
自大学出身学生数／26名
就業率／44%
同窓会の有無／無

**社会人向けプログラム**

●名称／会計参与特別講座
●内容／関東4税理士会と提携して開講（但し、研究科の授業科目とは全く別のもの）
●期間／8ヶ月

# 英国国立ウェールズ大学経営大学院

国立

## MBA（日本語）プログラム

〒163-0503 東京都新宿区西新宿1-26-2 新宿野村ビル3階
〒542-0081 大阪市中央区南船場4-3-2
http://www.athuman.com/mba/index.asp

**プログラム開始年●2002年**
**入学定員●東京・大阪・オンライン 計160名以内**
**学位名称●MBA（Master of Business Administration）**

**教育理念・特徴**

参加者が、そのをキャリア継続しながら、併行して経営理論を習得することで、均整のとれた経営管理者としての能力を高めることに主眼を置いている。プログラムは、英国QAA（Quality Assurance Agency）の策定したビジネス教育（修士レベル）の内容に準拠し、ウェールズ大学及び外部審査委員による年2回の定期審査に拠り、教育の質の維持、向上を図っている。学生の平均実務経験は13年。80%がマネジメント職であり、質の高い討議と人脈形成が期待できる。

**基本情報**

授業時間帯／土曜のみ
修学年限／2年
1学年在籍人数／114名
科目担当教員総数／47名
うち専任教員数／15名
入学金／60万円
年間学費／127.5万円
入試倍率／－
累計修了者数／229名
博士課程／無

**教育内容**

プログラム内容／経営管理全般
教育方法／講義50%、ケース50%
英語授業の比率／0%
修士論文／必須
授業・教員への評価制度／有

**教員の属性**

教員の実務経験者数／38名
教員で博士号保有者数／16名
外国人の教員数／1名
教員の自大学出身教員数／0名

**学生の属性**

企業からの派遣者数／12名
入学時平均年齢／37歳
男女比率／男75%、女25%
留学生数／0名
新卒者数／0名
自大学出身学生数／0名
就業率／100%
同窓会の有無／有

**社会人向けプログラム**

●名称／公開セミナー
●内容／MBA必修科目のダイジェストを実施
●期間／3ヶ月

2008年度基準

# アナハイム大学

私立

## オンライングローバルMBAプログラム プロフェッショナルMBAプログラム オンライングリーンMBAプログラム

〒107-0061 東京都港区南青山5-4-29 レイケイ南青山ビル アナハイム大学アキオ・モリタ・ラーニングセンター
http://www.anaheim.edu/index.php?option=com_content&task=view&id=14&Itemid=47

**プログラム開始年●2003年**
**入学定員●プロフェッショナルMBA 25名、オンライングローバルMBA 定員なし、オンライングリーンMBA 定員なし　学位名称●経営学修士**

**教育理念・特徴**

盛田昭夫氏、ピーター・ドラッカー氏、その他著名なビジネスリーダーのマネジメント哲学に基づいた盛田昭夫スクールオブビジネスのミッションは、革新的なオンライン教育と適切な知識、ビジネスの経験を統合して、国際的な競争社会の中で経済的に、公共のために貢献できる国際的なビジネスリーダーを育てること。オンライングローバルMBA、プロフェッショナルMBA（オンキャンパス）に加え、リーダーシップ・社会的責任・サスライナブルな実務に焦点をあてたオンライングリーンMBAを提供している。

**基本情報**

授業時間帯／平日夜間＋土曜
修学年限／12ヵ月、18ヵ月、24ヵ月
1学年在籍人数／160名
科目担当教員総数／18名
うち専任教員数／18名
入学金／100USD／1.05万円
年間学費／1500USD／3000USD
入試倍率／2倍
累計修了者数／250名
博士課程／無

**教育内容**

プログラム内容／経営管理全般・特定専門領域中心（オンライングリーンMBAは、環境的・社会的コストを経営判断に組み入れることによって長期的な利益を得ることに焦点をあてる。
教育方法／講義25%、ケース75%
英語授業の比率／100%
修士論文／不要
授業・教員への評価制度／有

**教員の属性**

教員の実務経験者数／18名
教員で博士号保有者数／18名
外国人の教員数／18名
教員の自大学出身教員数／0名

**学生の属性**

企業からの派遣者数／32名
入学時平均年齢／36歳
男女比率／男65%、女35%
留学生数／90名
新卒者数／0名
就業率／100%
自大学出身学生数／0名
同窓会の有無／有

**社会人向けプログラム**

①名称／サステイブル・マネジメント・サーティフィケート ●内容／リーダーシップ、企業の社会的責任（CSR）サステイナブルな実務に焦点をあてたプログラム ●期間／12週間
②名称／サステイブル・マネジメント・ディプロマ ●内容／前者と同じ ●期間／36週間

2007年度基準

## 大阪府立大学大学院 公立

### 経済学研究科 なんばサテライト教室「戦略経営・法務」学習プログラム

〒599-8531 大阪市浪速区難波中2－10－70（なんばサテライト教室）
http://www.eco.osakafu-u.ac.jp/

プログラム開始年●2001年
入学定員●35名
学位名称●経営学修士

**教育理念・特徴**

研究者の養成だけでなく、専門職業人として社会に貢献する人材を養成する。そのため博士前期課程は、なかもず（本校）キャンパス（昼間）と、なんばサテライト教室（平日夜間と土曜）を設け、多くの社会人をも受け入れている。「戦略経営・法務」学習プログラムでは、実践的な経営学と法学の教育で成果を上げている。博士後期課程は、なかもずキャンパスのみであるが、社会人学生が増えつつある。

**基本情報**
授業時間帯／平日夜間＋土曜
修学年限／2年
1学年在籍人数／41名
科目担当教員総数／72名
うち専任教員数／0名
入学金／（大阪府内）28.2万円／（大阪府外）38.2万円
年間学費／53.58万円
入試倍率／1.3倍
累計修了者数／152名
博士課程／無（サテライト教室には無）

**教育内容**
プログラム内容／経営管理全般
教育方法／講義70%、ケース30%
英語授業の比率／0%
修士論文／必須
授業・教員への評価制度／有

**教員の属性**
教員の実務経験者数／33名
教員で博士号保有者数／26名
外国人の教員数／1名
教員の自大学出身教員数／1名

**学生の属性** ＊
企業からの派遣者数／30名
入学時平均年齢／42歳
男女比率／男76%、女24%
留学生数／0名
新卒者数／0名
自大学出身学生数／1名
就業率／100%
同窓会の有無／有

**社会人向けプログラム**
①名称／戦略経営・法務学習プログラム ◆内容／経営学の中心領域と企業法務などの教育 ◆期間／2年間 ②名称／公共政策学習プログラム ◆内容／理論的・実践的な経済学と関連する法律の教育 ◆期間／2年間

## 大阪経済大学北浜キャンパス社会人大学院 私立

### 経済学研究科、経営学研究科、経営情報研究科

〒541-0041 大阪府大阪市中央区北浜1-8-16（大阪証券取引所ビル3階）
http://www.osaka-ue.ac.jp/kitahama/grad.html

プログラム開始年●2005年
入学定員●各研究科20名
学位名称●修士（経済学）、修士（経営学）、修士（経営情報）

**教育理念・特徴**

①企業人のキャリアアップ、②次世代リーダーの育成、③資格取得の支援
【各研究科の特徴】（経済学研究科）実社会で生かすことのできる経済学の諸分野の中から、社会人向けにテーマを厳選して提供（経営学研究科）「経営と法の融合」を基本コンセプトに、中堅・中小企業の経営者・幹部社員やコンサルタントを育成（経営情報研究科）会計とファイナンスをコア科目として、財務・IRの高度専門職業人や金融スペシャリストを養成

**基本情報**
授業時間帯／平日夜間＋土曜
修学年限／2年
1学年在籍人数／59名
科目担当教員総数／90名
うち専任教員数／0名
入学金／27万円
年間学費／89万円
入試倍率／1.31倍
累計修了者数／75名
博士課程／無

**教育内容**
プログラム内容／経営管理全般
教育方法／講義100%
英語授業の比率／0%
修士論文／選択
授業・教員への評価制度／有

**教員の属性**
教員の実務経験者数／60名
教員で博士号保有者数／10名
外国人の教員数／0名
教員の自大学出身教員数／1名

**学生の属性** ＊
企業からの派遣者数／5名
男女比率／男87.5%、女12.5%
留学生数／0名
新卒者数／0名
自大学出身学生数／3名
就業率／100%
同窓会の有無／有

**社会人向けプログラム**
◆名称／経大イブニングスクール
◆内容／社会人向け経営学部3年次編入コース
◆期間／2年

## 岡山大学大学院 国立

### 社会文化科学研究科 組織経営専攻

〒700-8530 岡山市津島中三丁目1－1
http://www.okayama-u.ac.jp/user/hss/

プログラム開始年●2006年
入学定員●14名
学位名称●経営学修士

**教育理念・特徴**

経営学講座＝経営および組織に関する問題を発見し、解決し、実行する能力を開発することを目標とし、組織で活躍できる人材の養成を目指す。会計学講座＝組織の価値的側面、すなわち組織活動の成果がいかに生み出されるのか、生み出されたのかを中心に考察する。組織内部の管理者的人材だけでなく、税理士・公認会計士などの養成も目標にしている。組織経済学講座＝現代の多様な組織が抱える諸問題を経済学や統計学などの理論的な観点から解明し、解決するための実務遂行能力を持った専門的職業人の養成を目標とする。

**基本情報**
授業時間帯／平日夜間＋土曜
修学年限／2年
1学年在籍人数／18名
科目担当教員総数／20名
うち専任教員数／12名
入学金／28.2万円
年間学費／53.58万円
入試倍率／1.4倍
累計修了者数／56名
博士課程／有

**教育内容**
プログラム内容／経営管理全般
教育方法／講義・討議80%、ケース20%
英語授業の比率／0%
修士論文／リサーチペーパーと選択
授業・教員への評価制度／有

**教員の属性**
教員の実務経験者数／5名
教員で博士号保有者数／7名
外国人の教員数／0名
教員の自大学出身教員数／0名

**学生の属性**
企業からの派遣者数／3名
入学時平均年齢／38歳
男女比率／男83%、女17%
留学生数／5名
新卒者数／1名
自大学出身学生数／2名
就業率／72%
同窓会の有無／無

**社会人向けプログラム**

## 大原大学院大学 私立

### 会計研究科 会計監査専攻

〒101-0065 東京都千代田区西神田2-2-10
http://www.o-hara.ac.jp/grad/

プログラム開始年●2006年
入学定員●30名
学位名称●会計修士（専門職）

**教育理念・特徴**

高度な会計専門職を担うことができる深い学識と卓越した実務能力を持つ高度職業会計人を養成する。同時に職務遂行上必要とされる、ゆるぎない倫理感を身につけさせる。学位として会計修士（専門職）を授与するほか、公認会計士試験制度との連携を保ち、会計士試験学習への支援を積極的に実施する。

**基本情報**
授業時間帯／平日フルタイム
修学年限／2年
1学年在籍人数／14名
科目担当教員総数／24名
うち専任教員数／17名
入学金／20万円
年間学費／130万円
入試倍率／0.5倍（志願）
累計修了者数／15名
博士課程／無

**教育内容**
プログラム内容／会計監査
教育方法／講義70%、ケース30%
英語授業の比率／0%
修士論文／不要
授業・教員への評価制度／有

**教員の属性**
教員の実務経験者数／10名
教員で博士号保有者数／2名
外国人の教員数／0名
教員の自大学出身教員数／0名

**学生の属性**
企業からの派遣者数／0名
入学時平均年齢／27歳
男女比率／男80%、女20%
留学生数／1名
新卒者数／7名
自大学出身学生数／0名
就業率／13%
同窓会の有無／無

**社会人向けプログラム**

2008年度基準

# 金沢工業大学大学院
私立
## 工学研究科 ビジネスアーキテクト専攻（09年改組）

〒105-0002 東京都港区愛宕1-3-4 愛宕東洋ビル12階
http://www.kanazawa-it.ac.jp/tokyo/index.html

**プログラム開始年●2004年**
**入学定員●20名**
**学位名称●修士（経営情報）【ビジネス専攻】、修士（工学）または修士（学術）【知的専攻】**

**教育理念・特徴**
ビジネスアーキテクト専攻は、経営・ITイノベーションのためのプロフェショナル人材育成にフォーカスし、マネジメント力と専門スキル強化のため、真のキャリアチェンジを成し遂げるための「場・機会・教授」を提供する。

**基本情報**
授業時間帯／平日夜間＋土曜
修学年限／1年
1学年在籍人数／22名
科目担当教員総数／47名
うち専任教員数／5名
入学金／6万円
年間学費／230万円
入試倍率／－
累計修了者数／203名
博士課程／有

**教育内容**
プログラム内容／経営管理全般
教育方法／講義25%、ケース75%
英語授業の比率／5%
修士論文／選択
授業・教員への評価制度／有

**教員の属性**
教員の実務経験者数／47名
教員で博士号保有者数／6名
外国人の教員数／1名
教員の自大学出身教員数／0名

**学生の属性**
企業からの派遣者数／3名
入学時平均年齢／37歳
男女比率／男81%、女19%
留学生数／0名
新卒者数／0名
自大学出身学生数／2名
就業率／100%
同窓会の有無／有

**社会人向けプログラム**

2008年度基準

# 小樽商科大学大学院
国立
## 商学研究科 アントレプレナーシップ専攻

〒047-8501 小樽市緑3丁目5番21号
http://www.otaru-uc.ac.jp/mastar/bs/index.htm

**プログラム開始年●2004年**
**入学定員●35名**
**学位名称●経営管理修士（専門職）**

**教育理念・特徴**
本ビジネススクールでは、企業内において新規事業開発を担う人材、ベンチャーを起業し、成長発展戦略を立案・実行できる人材、企業や自治体において組織改革を実施できる人材を養成します。具体的には、経営管理に関する最新の知識に基づき、革新的なビジネスプラン（事業計画書）を作成できる能力、企業内の問題を発見し、有効な解決策を立案できる能力を高めることが、本ビジネススクールの教育目的である。

**基本情報**
授業時間帯／平日夜間＋土曜
修学年限／2年
1学年在籍人数／36名
科目担当教員総数／37名
うち専任教員数／15名
入学金／28.2万円
年間学費／53.58万円
入試倍率／1.63倍
累計修了者数／95名
博士課程／無

**教育内容**
プログラム内容／経営管理全般
教育方法／講義51%、ケース49%
英語授業の比率／7%
修士論文／不要
授業・教員への評価制度／有

**教員の属性**
教員の実務経験者数／19名
教員で博士号保有者数／3名
外国人の教員数／1名
教員の自大学出身教員数／3名

**学生の属性**
企業からの派遣者数／2名
入学時平均年齢／36歳
男女比率／男80.6%、女19.4%
留学生数／0名
新卒者数／1名
自大学出身学生数／9名
就業率／100%
同窓会の有無／有

**社会人向けプログラム**

2007年度基準

# 関西学院大学専門職大学院
私立
## 経営戦略研究科 会計専門職専攻

〒662-8501 兵庫県西宮市上ケ原一番町1番155号
http://www.kwansei.ac.jp/iba/ac/index.html

**プログラム開始年●2005年**
**入学定員●100名**
**学位名称●会計修士（専門職）**

**教育理念・特徴**
国際会計士連盟の国際教育基準が要求する内容を尊重し、グローバルな視野をもって世界に貢献し得る公認会計士等の職業会計人を育成することが、会計専門職専攻の使命。会計専門職専攻では、本学の伝統や使命に基づき、「国際的なレベルで世界に貢献し得る公認会計士等の職業会計人を養成する」ことを目的としている。2007年度より提供するカリキュラムを、①公認会計士養成、②企業経理財務担当者養成、③地方自治体会計・行政経営専門職養成という3つの目的に沿って、体系的に履修できるように、コース制を導入した。

**基本情報**
授業時間帯／平日夜間＋土曜・平日フルタイム
修学年限／2年
1学年在籍人数／109名
科目担当教員総数／50名
うち専任教員数／23名
入学金／23万円
年間学費／135万円
入試倍率／1.06倍
博士課程／有

**教育内容**
プログラム内容/経営管理全般
教育方法/講義80%、ケース20%
英語授業の比率/1.0%
修士論文/不要
授業・教員への評価制度／有

**教員の属性**
教員の実務経験者数／37名
教員で博士号保有者数／4名
外国人の教員数／0名
教員の自大学出身教員数／13名

**学生の属性**
企業からの派遣者数／15名
入学時平均年齢／30歳
男女比率／男71%、女29%
留学生数／0名
新卒者数／40名
自大学出身学生数／16名
就業率／48%
同窓会の有無／有

**社会人向けプログラム**

2007年度基準

# 関西大学大学院
私立
## 会計研究科 会計人養成専攻

〒564-8680 大阪府吹田市山手町3丁目3番35号
http://www.kansai-u.ac.jp/as/

**プログラム開始年●2005年**
**入学定員●70名**
**学位名称●会計修士（専門職）**

**教育理念・特徴**
関西大学は「学の実化」を理念とし、それを達成すべく本研究科は会計領域における「学理と実際との調和」を志向する。本研究科では、会計と監査の領域は当然のこととし、さらに戦略5分野（財務、IT、法律、経営、行政）で卓越した能力を備えた「超会計人」を輩出すべく、約90に上る科目を配している。これら科目群は、実践科目と理論科目に区分され、学生が将来的に得意とする分野を構築できるように考慮している。

**基本情報**
授業時間帯／平日・土曜ともフルタイム
修学年限／2年
1学年在籍人数／72名
科目担当教員総数／46名
うち専任教員数／13名
入学金／26万円
年間学費／133万円（初年度）
入試倍率／1.2倍
累計修了者数／60名
博士課程／無

**教育内容**
プログラム内容／経営管理全般
教育方法／講義76%、ケース24%
英語授業の比率／0%
修士論文／選択
授業・教員への評価制度／有

**教員の属性**
教員の実務経験者数／29名
教員で博士号保有者数／6名
外国人の教員数／0名
教員の自大学出身教員数／4名

**学生の属性**
企業からの派遣者数／0名
入学時平均年齢／25歳
男女比率／男83%、女17%
留学生数／0名
新卒者数／40名
自大学出身学生数／30名
就業率／25%
同窓会の有無／有

**社会人向けプログラム**

2007年度基準

## 九州大学大学院 国立
### 経済学府 産業マネジメント専攻

〒812-8581 福岡県福岡市東区箱崎6-19-1
http://qbs.kyusyu-u.ac.jp

**プログラム開始年**2003年
**入学定員**45名
**学位名称**経営修士（専門職）

**教育理念・特徴**
高度専門職業人として、新しい産業社会のフロンティアを切り開く先端的な経営能力を持つ人材、特に「経営と産業技術を理解し、アジアで活躍できる国際的なビジネス・プロフェッショナル」を養成することを目的としている。プログラムの特色として、アジア・ビジネスと技術経営（MOT）分野において、専門的な知識とスキルと考え方を習得し、ビジネスで活用する能力を汎用することを目指している。

**基本情報**
授業時間帯／平日夜間＋土曜
修学年限／2年
1学年在籍人数／45名
科目担当教員総数／28名
うち専任教員数／16名
入学金／28.2万円
年間学費／53.58万円
入試倍率／2.3倍
累計修了者数／175名
博士課程／無

**教育内容**
プログラム内容／経営管理全般
英語授業の比率／19.4%
修士論文／不要（ただし、プロジェクト論文の提出が必須）
授業・教員への評価制度／有

**教員の属性**
教員の実務経験者数／9名
教員で博士号保有者数／6名
外国人の教員数／2名
教員の自大学出身教員数／2名

**学生の属性**
企業からの派遣者数／－
入学時平均年齢／34歳
男女比率男／87%、女13%
留学生数／2名
新卒者数／0名
自大学出身学生数／2名
就業率／91.5%
同窓会の有無／有

**社会人向けプログラム**

## 関西学院大学専門職大学院 私立
### 経営戦略研究科 経営戦略専攻

〒530-0013 大阪府大阪市北区茶屋町19-19 アプローズタワー14階
http://www.kwansei.ac.jp/iba/bs/index.html

**プログラム開始年**2005年
**入学定員**100名
**学位名称**経営管理修士（専門職）

**教育理念・特徴**
世界という広範なフィールドで活躍するためには、高度なコミュニケーション能力はもちろん、日本型のマネジメントと国際型のマネジメントとを融合させ、専門的視点から考察、実践する能力が必要である。本スクールでは、幅広くビジネスの現場のニーズに応えられるプログラムを用意している。企業で働く社会人を対象に高度なビジネス教育を行う ①「企業経営戦略コース」と、主に大学新卒者、外国人留学生を対象に英語でのMBA教育を行う ②「国際経営コース」を設け、世界を舞台に活躍できる高い実務能力を備えたビジネスパーソンを育成する。

**基本情報**
授業時間帯／平日夜間＋土曜・平日フルタイム
修学年限／2年
1学年在籍人数／①81名、②15名
科目担当教員総数／51名
うち専任教員数／21名
入学金／23万円
年間学費／①98万円、②165万円
入試倍率／①1.2倍、②1.1倍
博士課程／有
①は企業経営戦略
②は国際経営コース

**教育内容**
プログラム内容／経営管理全般
教育方法／講義65%、ケース35%
英語授業の比率／①5.3%、②100%
修士論文／不要
授業・教員への評価制度／有

**教員の属性**
教員の実務経験者数／20名
教員で博士号保有者数／11名
外国人の教員数／2名
教員の自大学出身教員数／3名

**学生の属性**
企業からの派遣者数／81名
入学時平均年齢／35歳
男女比率／男81%、女19%
留学生数／7名
新卒者数／15名
自大学出身学生数／29名
就業率／98%
同窓会の有無／有

**社会人向けプログラム**
①名称／関学ビジネス講座 ◆内容／MBAエッセンスを入門、発展、実践で開講 ◆期間／19講座1講座2.5h×3回 ②名称／技術経営キャリアアッププログラム ◆内容／デジタル技術下の経営に適応するプログラム ◆期間／8ヶ月

2007年度基準

## 京都大学大学院 国立
### 経営管理教育部 経営管理専攻

〒606-8501 京都府京都市左京区吉田本町
http://www.gsm.kyoto-u.ac.jp/

**プログラム開始年**2006年
**入学定員**75名
**学位名称**経営学修士（専門職）

**教育理念・特徴**
本大学院は、先端的なマネジメント研究と高度に専門的な実務との架け橋となる教育体系を開発し、個性ある人材を養成し、地域社会の発展に貢献することを理念とする。基本方針は、①自主・独立の精神と批判的討議を重んずる伝統を継承しつつ、産官との協力関係を基盤とした研究・教育環境を整備することで、高度な専門性を備えた実務に関する教育体系を開発する。②多様な背景を持つ人材を受け入れ、様々な分野における高度専門職業人を輩出する。③世界に開かれた大学として、個性ある研究・教育拠点としての役割を果たす。

**基本情報**
授業時間帯／土曜のみ・平日フルタイム
修学年限／2年
1学年在籍人数／84名
科目担当教員総数／98名
うち専任教員数／19名
入学金／28.2万円
年間学費／53.58万円
入試倍率／1.9倍
累計修了者数／60名
博士課程／無

**教育内容**
プログラム内容／経営管理全般
英語授業の比率／1%
修士論文／不要
授業・教員への評価制度／有

**教員の属性**
教員の実務経験者数／49名
教員で博士号保有者数／16名
外国人の教員数／0名
教員の自大学出身教員数／11名

**学生の属性** *
入学時平均年齢／30歳
男女比率／男65%、女35%
留学生数／15名
新卒者数／38名
自大学出身学生数／15名
就業率／95%
同窓会の有無／有

**社会人向けプログラム**
◆名称／キャリア女性の再チャレンジ支援
◆内容／起業を支援する短期集中教育プログラム
◆期間／計10日間

## 京都産業大学大学院 私立
### マネジメント研究科 マネジメント専攻

〒603-8555 京都府京都市北区上賀茂本山
http://www.kyoto-su.ac.jp/graduate/g_mba/

**プログラム開始年**2002年
**入学定員**博士前期15名
**学位名称**修士（マネジメント）

**教育理念・特徴**
「マネジメントについての諸科学を総合し、それに基づいた教育を行うことで、高度なマネジメント能力を持った人材を育成すること」を目的としている。特色としては、入学にあたって受験者のバックグラウンドを問わないことにしており、そのために専門の試験は課していない。また、専門的な知識や考え方を身に付けてもらうと同時に、長期的で幅広い視点からマネジメントを考えてもらうことに重点を置いており、そのために歴史とシステムについてのパースペクティブに関わる科目をコア科目として配置している。

**基本情報**
授業時間帯／土曜のみ・平日フルタイム
修学年限／2年
1学年在籍人数／9名
科目担当教員総数／35名
うち専任教員数／0名
入学金／27万円
年間学費／64.4万円
入試倍率／1.79倍
累計修了者数／76名
博士課程／有

**教育内容**
プログラム内容／経営管理全般
教育方法／講義100%
英語授業の比率／0%
修士論文／選択
授業・教員への評価制度／無

**教員の属性**
教員の実務経験者数／24名
教員で博士号保有者数／19名
外国人の教員数／3名
教員の自大学出身教員数／0名

**学生の属性**
企業からの派遣者数／1名
入学時平均年齢／28歳
男女比率／男66.7%、女33.3%
留学生数／5名
新卒者数／6名
自大学出身学生数／5名
就業率／88.9%
同窓会の有無／無

**社会人向けプログラム**

2007年度基準

## 慶應義塾大学大学院　私立
### システムデザイン・マネジメント研究科 システムデザイン・マネジメント専攻

〒223-8521 横浜市港北区日吉4－1－1
http://www.sdm.keio.ac.jp/

**プログラム開始年●2008年**
**入学定員●77名**
**学位名称●修士（システムデザイン・マネジメント学）、修士（システムエンジニアリング学）**

**教育理念・特徴**
プロダクト開発環境の複雑化・グローバル化、タイムスケールの短縮に対応し、非技術分野の知識と素養を身につけた人材への要求が高まっている。このため企業規模や業種によらず、新しいシステムをデザインできるシステムデザイナー、確実な開発を担うプロジェクトマネジャーを育成することが急務。このような社会的要請に応え、本研究科では1～2年次にわたって技術的知識ばかりでなく、ヒューマンスキル、国際コミュニケーション能力など、科学技術にとどまらない幅広いものの見方を身につけられるように教育・研究過程を編成している。

**基本情報**
授業時間帯／平日夜間＋土曜、平日フルタイム
修学年限／2年
1学年在籍人数／52名（08年4月入学者）
科目担当教員総数／12名
入学金／31万円
年間学費／182.86万円
入試倍率／1.2倍
累計修了者数／0名
博士課程／有

**教育内容**
教育方法／講義70%、ケース30%
英語授業の比率／30%
修士論文／必須
授業・教員への評価制度／有

**教員の属性**
教員の実務経験者数／25名
教員で博士号保有者数／9名
外国人の教員数／0名
教員の自大学出身教員数／4名

**学生の属性**
企業からの派遣者数／8名
入学時平均年齢／30歳
男女比率／男87%、女13%
留学生数／4名
新卒者数／19名
自大学出身学生数／13名

**社会人向けプログラム**

2008年度基準

## グロービス経営大学院大学　私立
### 経営研究科 経営専攻

〒102-0084 千代田区二番町5-1住友不動産麹町ビル
http://mba.globis.ac.jp/?banner_id=mbaadw

**プログラム開始年●2006年**
**入学定員●東京・大阪計100名**
**学位名称●経営学修士（専門職）**

**教育理念・特徴**
グロービス経営大学院は、企業・社会の「創造と変革」を担うビジネスリーダーを輩出することを目指している。ハーバード流のケースメソッドを採用し、教員陣には現役の実務家を揃え、グロービス・グループによる企業研修やベンチャーキャピタル事業等から得た「生きた経営学の知見」をカリキュラムにも最大限取り入れることで、実践的な学びを提供。こうしてビジネスリーダーに必須といえる能力の開発、人間ネットワークの構築、志の醸成を実現する。

**基本情報**
授業時間帯／平日夜間＋土曜＋日曜
修学年限／2～5年
1学年在籍人数／128名
科目担当教員総数／98名
うち専任教員数／23名
入学金／2.2万円
年間学費／141.3万円
累計修了者数／13名
博士課程／無

**教育内容**
プログラム内容／経営管理全般
教育方法／講義5%、ケース95%
英語授業の比率／100%（インターナショナルMBAの場合）
修士論文／不要
授業・教員への評価制度／有

**教員の属性**
教員の実務経験者数／95名
教員で博士号保有者数／3名
外国人の教員数／1名
教員の自大学出身教員数／0名

**学生の属性** ＊
企業からの派遣者数／7名
入学時平均年齢／33.5歳
男女比率／男81%、女19%
留学生数／0名
新卒者数／0名
自大学出身学生数／名
就業率／100%
同窓会の有無／有

**社会人向けプログラム**

## 慶應義塾大学大学院　私立
### 商学研究科 商学専攻 会計職コース

〒108-8345 東京都港区三田二丁目15-45
http://www.fbc.keio.ac.jp/apc/

**プログラム開始年●会計職コース 2007年、商学研究科 1961年**
**入学定員●商学研究科全体で80名**
**学位名称●修士（商学）**

**教育理念・特徴**
会計職コースは、公認会計士等の士業有資格者、あるいは企業アナリストや税務など実務経験を有するものを対象に、会計・監査をはじめ、コンサルティングあるいは企業経営における次代のリーダーの育成、すなわち会計職における指導的立場に立てる専門家の育成という教育理念をもっている。そのため会計職コースで教鞭を執る者は、実務の最前線で実績を積み、各界を牽引する実務家教員であり、また次世代を担う若手実務家教員も教壇に立っている。同時に、各分野の頂点に位置する商学研究科の専任教員による既存の講義・演習科目も用意している。

**基本情報**
授業時間帯／平日フルタイム
修学年限／2年
1学年在籍人数／18名
科目担当教員総数／108名
うち専任教員数／50名
入学金／31万円
年間学費／51.5万円
累計修了者数／0名
博士課程／有

**教育内容**
プログラム内容／特定専門領域中心（会計）
教育方法／講義60%、演習科目40%
英語授業の比率／11%
修士論文／不要
授業・教員への評価制度／無

**教員の属性**
教員の実務経験者数／－
教員で博士号保有者数／－
外国人の教員数／－
教員の自大学出身教員数／－

**学生の属性**
入学時平均年齢／－
男女比率／－
留学生数／－
自大学出身学生数／－
同窓会の有無／有

**社会人向けプログラム**

## 慶應義塾大学大学院　私立
### 経営管理研究科 経営管理専攻

〒223-8526 神奈川県横浜市港北区日吉4－1－1
http://www.kbs.keio.ac.jp/

**プログラム開始年●1978年**
**入学定員●100名**
**学位名称●修士（経営学）**

**教育理念・特徴**
●教育理念：変革を先導するビジネスリーダーの輩出　●特色：1）基礎科目：主要8分野をケースメソッドで学習し、主体的意思決定力と大局観を醸成。2）専門科目：時代に応じた専門領域を最先端の研究成果と実業界のナレッジを融合させて学習。3）国際連携：日本のBSでは最大規模の留学制度を通じ国際性を強化。4）ゼミナール：教員学生比率が1対5という濃密な学習環境で修士論文を作成し、専門性と総合性を両立。　●ビジョン：グローバルな経営教育コミュニティの一員として、ケースメソッド等の教育方法を進化させ、経営教育機関の新たな姿を常に切り開く。

**基本情報**
授業時間帯／平日（月曜～金曜）フルタイム
修学年限／2年
1学年在籍人数／108名
科目担当教員総数／42名
うち専任教員数／27名
入学金／31万円
年間学費／180万円
入試倍率／2.04倍（志願）
累計修了者数／2,874名
博士課程／有

**教育内容**
プログラム内容／経営管理全般
教育方法／基礎科目：ケースメソッド約80%、講義約20%　専門科目：ケースメソッド約60%、講義約40%
英語授業の比率／約10%
修士論文／必須
授業・教員への評価制度／有

**教員の属性**
教員の実務経験者数／25名
教員で博士号保有者数／24名
外国人の教員数／0名
教員の自大学出身教員数／13名

**学生の属性**
企業からの派遣者数／25名
入学時平均年齢／29歳
男女比率／男79%、女21%
留学生数／17名
新卒者数／16名
自大学出身学生数／26名
就業率／63.3%
同窓会の有無／有

**社会人向けプログラム**
①名称／高等経営学講座（7月）●内容／企業トップ向け●期間／10日間　②名称／経営幹部セミナー（6月、9月、11月）、ミドルマネジャー向け、2週間　③MDP（9月～12月）、中堅幹部向け、3ヵ月フルタイム　④名称／週末集中セミナー、分野別、土曜日3日間　⑤名称／ISSUEセミナー：随時

2008年度基準

# 甲南大学大学院 私立
## 社会科学研究科経営学専攻

〒658-8501 兵庫県神戸市東灘区岡本8丁目9番1号 事務室:9号館1階
http://www.konan-u.ac.jp/

**プログラム開始年●1965年**
**入学定員●10名**
**学位名称●修士(経営学)**

**教育理念・特徴**

経営学の体系に基づいた高度な専門知識の修得、産業や企業組織が直面する諸問題の考察・分析と理論的・実践的な問題解決の能力養成、および社会変化に対応する最先端の経営理論・経営実践を考案・革新する能力の育成を目標に、AO入試を導入して多様な人材の入学を進める一方、カリキュラムも基本・発展・応用の科目群に整備し、現実の経営問題を解決するためのビジネスエリートを養成することを主眼においた教育を展開している。

**基本情報**
授業時間帯／土曜・平日フルタイム
修学年限／2年
1学年在籍人数／7名
科目担当教員総数／27名
うち専任教員数／20名
入学金／30万円
年間学費／61.7万円
入試倍率／1.12倍
累計修了者数／218名
博士課程／有

**教育内容**
プログラム内容／経営管理全般
教育方法／講義100%
英語授業の比率／3%
修士論文／選択
授業・教員への評価制度／無

**教員の属性**
教員の実務経験者数／10名
教員で博士号保有者数／9名
外国人の教員数／1名
教員の自大学出身教員数／1名

**学生の属性**
企業からの派遣者数／0名
入学時平均年齢／23.9歳
男女比率／男43%、女57%
留学生数／1名
新卒者数／5名
自大学出身学生数／4名
就業率／80%
同窓会の有無／有

**社会人向けプログラム**

# 慶應義塾大学大学院 私立
## メディアデザイン研究科

〒223-8526 横浜市港北区日吉 4-1-1
http://www.kmd.keio.ac.jp/jp/index.html

**プログラム開始年●2008年**
**入学定員●80名**
**学位名称●修士(メディアデザイン学)**

**教育理念・特徴**

本研究科では「メディアイノベータ」を育成する。「メディアイノベータ」とは、デジタルメディアの領域においてデザイン、テクノロジ、マネジメント、ポリシーの4つの分野の創造性を調和・統合し、創造的プロセスをマネジメントできる人材のことを指す。「メディアイノベータ」の育成が社会的に強く求められており、デジタル社会をリードしイノベートする人材の育成において、本研究科は先導的な役割を果たす。

**基本情報**
授業時間帯／平日フルタイム
修学年限／2年
1学年在籍人数／80名(平成20年に開設、参考定員)
科目担当教員総数／43名
うち専任教員数／13名
入学金／31万円
年間学費／150万円
入試倍率／1.78倍(修士)
累計修了者数／0名
博士課程／有

**教育内容**
プログラム内容／デジタルメディアを中心としたデザイン、テクノロジ、マネジメント、ポリシーに関する学問全般
教育方法／講義100%
英語授業の比率／50%
修士論文／必須
授業・教員への評価制度／有

**教員の属性**
教員の実務経験者数／6名
教員で博士号保有者数／9名
外国人の教員数／1名
教員の自大学出身教員数／4名

**学生の属性**
企業からの派遣者数／0名
入学時平均年齢／27歳
男女比率／男64.1%、女35.9%
留学生数／13名
新卒者数／35名
自大学出身学生数／25名
就業率／24%
同窓会の有無／無

**社会人向けプログラム**

2008年度基準

# 神戸大学大学院 国立
## 経営学研究科 現代経営学専攻

〒657-8501 兵庫県神戸市灘区六甲台町2-1
http://mba.kobe-u.ac.jp

**プログラム開始年●1989年**
**入学定員●69名**
**学位名称●経営学修士(専門職)**

**教育理念・特徴**

神戸大学のMBAプログラムは、「プロジェクト方式」というユニークな教育方法を採用している。これは社会人学生各人が仕事で直面している問題をもちろん、よく似た問題に直面している人々が共同して問題をより深く分析し、解決策を探るという教育方法である。教授陣は指導や助言を行うが、解決の主役は学生自身。もちろん、大学院における経営教育である限り、単なるOJTでは決して得られないような理論の深化、実践に耐える理論の構築を目指している。このため、神戸大学のMBAプログラムでは、企業などの組織で現に働いている人々を対象にして教育を行っている。

**基本情報**
授業時間帯／平日夜間＋土曜
修学年限／1年 6ヵ月(または2年)
1学年在籍人数／71名
科目担当教員総数／59名
うち専任教員数／21名
入学金／28.2万円
年間学費／53.58万円
入試倍率／1.77倍
累計修了者数／742名
博士課程／有

**教育内容**
プログラム内容／経営管理全般
教育方法／講義1/3、ケース1/3、プロジェクト方式1/3
英語授業の比率／0%
専門職学位論文(修士論文)／必須
授業・教員への評価制度／有

**教員の属性**
教員の実務経験者数／39名
教員で博士号保有者数／13名
外国人の教員数／1名
教員の自大学出身教員数／7名

**学生の属性**
企業からの派遣者数／21名
入学時平均年齢／38.1歳
男女比率／男91.5%、女8.5%
留学生数／0名
新卒者数／0名
自大学出身学生数／4名
就業率／100%
同窓会の有無／有

**社会人向けプログラム**

2007年度基準

# 甲南大学大学院 私立
## ビジネス研究科 会計専攻

〒658-8501 兵庫県神戸市東灘区岡本8丁目9番1号
http://www.accounting-konan.jp/

**プログラム開始年●2006年**
**入学定員●30名**
**学位名称●会計修士(専門職)**

**教育理念・特徴**

本会計大学院の教育理念は、高い倫理観と高度な専門知識を有し、IT能力を備えた世界に通用する会計プロフェッションの育成にある。理論と実務のバランスの取れたカリキュラムと多様な科目設定で、徹底した少人数教育を行い、基礎力を養うとともにそれぞれの志向する専門力の強化を図る。また、課外の特別講師プログラムでは、それぞれの弱点克服や公認会計士・税理士等資格試験への対応など、講義を補完する形で実施。入学前から終了後の資格取得までをカバーするトータルなサポート体制が本大学院の大きな特色である。

**基本情報**
授業時間帯／土曜のみ・平日フルタイム
修学年限／2年
1学年在籍人数／36名
科目担当教員総数／35名
うち専任教員数／14名
入学金／15万円
年間学費／140万円
入試倍率／1.58倍
累計修了者数／84名
博士課程／無

**教育内容**
プログラム内容／特定専門領域中心(会計)
教育方法／講義50%、ケース50%
英語授業の比率／2.3%
修士論文／選択
授業・教員への評価制度／有

**教員の属性**
教員の実務経験者数／18名
教員で博士号保有者数／4名
外国人の教員数／0名
教員の自大学出身教員数／3名

**学生の属性**
企業からの派遣者数／0名
入学時平均年齢／25歳
男女比率／男78%、女22%
留学生数／1名
新卒者数／28名
自大学出身学生数／22名
就業率／24%
同窓会の有無／有

**社会人向けプログラム**

# 事業創造大学院大学

私立

## 事業創造研究科 事業創造専攻

〒950-0916 新潟県新潟市中央区米山三丁目1番46号
http://www.jigyo.ac.jp/index.html

**プログラム開始年**●2006年
**入学定員**●80名
**学位名称**●経営管理修士(専門職)

**教育理念・特徴**

事業創造のスペシャリストの育成を建学の理念とし、「みずから起業を企てる人材」「企業内ベンチャー等として組織内で新規事業を担いうる人材」の育成を目指す。カリキュラム編成は基礎・発展分野研究科目と演習によって構成されており、修了時までに実際に起業可能なレベルの事業計画書の作成を、教員を中心に個別指導にて行う。実社会での経験豊富な実務家教員の多さと、第一線で活躍中の現役経営者等の客員教授の配置が大きな特徴である。

**基本情報**

授業時間帯／平日夜間と一部の土曜
修学年限／2年
1学年在籍人数／35名
科目担当教員総数／35名
うち専任教員数／24名
入学金／20万円
年間学費／130万円
入試倍率／1.0倍
累計修了者数／141名
博士課程／無

**教育内容**

プログラム内容／経営管理全般
教育方法／講義77%、ケース23%
英語授業の比率／0%
修士論文／不要
授業・教員への評価制度／有

**教員の属性**

教員の実務経験者数／24名
教員で博士号保有者数／3名
外国人の教員数／0名
教員の自大学出身教員数／0名

**学生の属性**

企業からの派遣者数／19名
入学時平均年齢／35.9歳
男女比率／男80%、女20%
留学生数／9名
新卒者数／0名
自大学出身学生数／0名
就業率／100%
同窓会の有無／有

**社会人向けプログラム**

◆名称／IT経営
◆内容／IT経営に関する知識・最新事例の体系的・総合的講義
◆期間／10ヶ月

2008年度基準

# 国際大学大学院

私立

## 国際経営学研究科 国際経営学専攻

〒949-7277 新潟県南魚沼市国際町777
http://ibs.iuj.ac.jp/j/

**プログラム開始年**●1988年
**入学定員**●1年制・2年制 計75名
**学位名称**●修士(経営学)

**教育理念・特徴**

本学は明日のグローバル・リーダーとなる人材養成を目的とし、以下に述べる教育研究を行うことを理念・方針とする。●現実のビジネス社会における諸課題の解決や実践に活用しうる教育機会を提供する。●学生たちが相互に刺激しあい、多国籍構成のグループをベースとした教育環境を醸成する。●様々なビジネス分野において研究者や実務家とのパートナーシップによる教育研究機会を導入する。●マネジメントの基本となるスキルと機能的な知識を鍛錬し、効果的にかつ社会的責任を担って職務を全うしうる力をつける。

**基本情報**

授業時間帯／平日フルタイム
修学年限／1年10ヵ月
1学年在籍人数／53名
科目担当教員総数／30名
うち専任教員数／10名
入学金／30万円
年間学費／190万円
入試倍率／1.54倍
累計修了者数／853名
博士課程／無

**教育内容**

プログラム内容／経営管理全般
教育方法／講義30%、ケース70%
英語授業の比率／100%
修士論文／必須
授業・教員への評価制度／有

**教員の属性**

教員の実務経験者数／17名
教員で博士号保有者数／10名
外国人の教員数／4名
教員の自大学出身教員数／0名

**学生の属性**

企業からの派遣者数／10名
男女比率／男60%、女40%
留学生数／42名
新卒者数／5名
自大学出身学生数／0名
就業率／95%
同窓会の有無／有

**社会人向けプログラム**

2007年度基準

# 首都大学東京大学院

公立

## 社会科学研究科 経営学専攻 高度専門職業人養成プログラム

〒163-8001 東京都新宿区西新宿2-8-1 042-677-2315
http://www.biz.tmu.ac.jp/bs/index.html

**プログラム開始年**●2003年
**入学定員**●40名
**学位名称**●修士(経営学)

**教育理念・特徴**

東京都には、金融や商社、製造業など、我が国を支える多様な企業が産業集積を形成しており、新たな事業を育成・創造する基盤となっている。東京都の大学として、東京の産業育成や企業の経営革新を担う高度専門職業人の養成を行うことで、国家レベルでの産業競争力の強化・発展をめざしている。また企業の卓越した経営戦略やリスクマネジメント手法を公共経営にいかす「公共経営の人材育成プログラム(PMP)」も実施している。

**基本情報**

授業時間帯／平日夜間＋土曜
修学年限／2年
1学年在籍人数／40名
科目担当教員総数／40名
うち専任教員数／33名
入学金／14.1万円(ただし東京都民以外の人：28.2万円)
年間学費／52.08万円
入試倍率／3倍
累計修了者数／144名
博士課程／有

**教育内容**

プログラム内容／経営管理全般
教育方法／講義70%、ケース30%
英語授業の比率／0%
修士論文／必須
授業・教員への評価制度／有

**教員の属性**

教員の実務経験者数／6名
教員で博士号保有者数／20名
外国人の教員数／1名
教員の自大学出身教員数／1名

**学生の属性**

企業からの派遣者数／3名
入学時平均年齢／34歳
男女比率／男70%、女30%
留学生数／4名
新卒者数／0名
自大学出身学生数／0名
就業率／100%
同窓会の有無／有

**社会人向けプログラム**

◆名称／①高度専門職業人養成プログラム、②公共経営の人材育成プログラム
◆内容／科学的な政策決定や評価方法を学ぶ
◆期間／2年

# 静岡県立大学大学院

公立

## 経営情報学研究科 経営情報学専攻

〒422-8526 静岡県静岡市駿河区谷田52-1
http://ai.u-shizuoka-ken.ac.jp/cont/grad-ai/

**プログラム開始年**●1998年
**入学定員**●10名
**学位名称**●修士(経営情報学)

**教育理念・特徴**

どのような組織においても様々な情報技術や情報システムを駆使して経営上の問題を解決し、経営を革新しようという意欲と指導力を持った人材が強く求められている。本研究科ではこのような要求に応えうる営利組織、非営利組織の情報処理、経営管理に関する高度専門職業人の育成を目指し、教育プログラムを提供している。

**基本情報**

授業時間帯／平日夜間＋土曜
修学年限／2年
1学年在籍人数／18名
科目担当教員総数／27名
うち専任教員数／0名
入学金／36.6万円
年間学費／53.5万円
入試倍率／1.47倍
累計修了者数／73名
博士課程／無

**教育内容**

プログラム内容／経営管理全般
英語授業の比率／0%
修士論文／必須
授業・教員への評価制度／有

**教員の属性**

教員の実務経験者数／14名
教員で博士号保有者数／19名
外国人の教員数／1名
教員の自大学出身教員数／0名

**学生の属性**

企業からの派遣者数／0名
入学時平均年齢／38.8歳
男女比率／男83.3%、女16.7%
留学生数／1名
新卒者数／3名
自大学出身学生数／2名
就業率／100%
同窓会の有無／有

**社会人向けプログラム**

◆名称／社会人学習講座
◆内容／2008年度開講例：医療経営人材養成講座、Javaプログラム概論など
◆期間／内容によって異なる(詳細はHP参照)

## 上武大学大学院 私立
### 経営管理研究科、東京サテライト大学院

〒370-1393 群馬県高崎市新町270-1
http://www.jobu.ac.jp/daigakuin/index.html

**プログラム開始年**2006年
**入学定員**20名
**学位名称**修士(経営学)

**教育理念・特徴**
日本の産業社会の再生と発展を担う人材の要請は社会からますます高まっており、それは同時に地域社会の発展にも寄与するところが大きく、地域の振興とそれを担う人材への要請もまた必要となってきてる。本研究科はこうした時代の背景と地域社会の要請に基づき、高度の職業人教育の先導的役割を果たすために、本研究科では5つのコースを設けている。

**基本情報**
授業時間帯／平日夜間のみ・平日フルタイム
修学年限／2年
1学年在籍人数／26名
科目担当教員総数／42名
入学金／36万円
年間学費／60万円
入試倍率／1.3倍
累計修了者数／120名
博士課程／無

**教育内容**
プログラム内容／経営管理全般
教育方法／講義80%、ケース20%
英語授業の比率／0%
修士論文／必須
授業・教員への評価制度／有

**教員の属性**
教員の実務経験者数／23名
教員で博士号保有者数／11名
外国人の教員数／1名
教員の自大学出身教員数／1名

**学生の属性**
企業からの派遣者数／0名
入学時平均年齢／34.5歳
男女比率／男54%、女46%
留学生数／17名
新卒者数／11名
自大学出身学生数／9名
就業率／56%
同窓会の有無／有

**社会人向けプログラム**

2008年度基準

## 城西国際大学大学院 私立
### ビジネスデザイン研究科 ビジネスデザイン専攻

〒102-0094 東京都千代田区紀尾井町3-2(赤坂プリンスホテル通り)
http://www.jiu.ac.jp/bizdesign/

**プログラム開始年**2005年
**入学定員**20名
**学位名称**経営学修士(MBA)

**教育理念・特徴**
本研究科は、情報とメディアを活用したコミュニケーションとコラボレーションに関する専門知識・スキル・経験と体験を体系的に学べるカリキュラムとしている。また、大きな変革期に際して、根底から事業のビジョン・戦略・組織を再構築していくために知の統合と活用のデザイン、顧客価値を生み出す事業システムのデザイン、分業・協業・価値連鎖のデザインを構想できる能力を持つ高度の専門的職業人を育成していく。

**基本情報**
授業時間帯／平日夜間＋土曜
修学年限／2年
1学年在籍人数／10名
科目担当教員総数／19名
うち専任教員数／7名
入学金／30万円
年間学費／55万円
入試倍率／1倍
累計修了者数／19名
博士課程／無

**教育内容**
プログラム内容／経営管理全般
教育方法／講義60%、ケース40%
修士論文／必須
授業・教員への評価制度／有

**教員の属性**
教員の実務経験者数／18名
教員で博士号保有者数／2名
外国人の教員数／2名
教員の自大学出身教員数／0名

**学生の属性**
企業からの派遣者数／0名
入学時平均年齢／28歳
男女比率／男80%、女20%
留学生数／5名
新卒者数／8名
自大学出身学生数／7名
就業率／90%
同窓会の有無／無

**社会人向けプログラム**

2007年度基準

## 成蹊大学大学院 私立
### 経済経営研究科 経済・マネジメントコース 社会人プログラム

〒180-8633 東京都武蔵野市吉祥寺北町3-3-1
http://www.seikei.ac.jp/university/keizai/graduate/management/index.html

**プログラム開始年**2007年
**入学定員**若干名
**学位名称**修士(経営学)

**教育理念・特徴**
本研究科の経済・マネジメントコースは、経済学・経営学をベースにして実践的な経済政策やマネジメント手法の基本を修得し、高度専門職業人としての基礎を養成する。このコース内に設置されている社会人のプログラムは、3年以上の実務経験を有する社会人を対象とした1年修了のプログラムである。問題意識の高い社会人学生が集中して研究に取り組み、その成果を直ちに社会で実践することを目的にしている。

**基本情報**
授業時間帯／平日フルタイム
修学年限／1年
1学年在籍人数／1名
科目担当教員総数／14名
入学金／30万円
年間学費／64万円
入試倍率／2倍
累計人数／1名
博士課程／無

**教育内容**
プログラム内容／経営管理全般
教育方法／講義52%、ケース48%
英語授業の比率／0%
修士論文／必須
授業・教員への評価制度／無

**教員の属性**
教員の実務経験者数／28名
教員で博士号保有者数／19名
外国人の教員数／1名
教員の自大学出身教員数／1名

**学生の属性**
企業からの派遣者数／0名
入学時平均年齢／26歳
男女比率／男100%、女0%
留学生数／0名
新卒者数／0名
自大学出身学生数／0名
就業率／100%
同窓会の有無／有

**社会人向けプログラム**

2007年度基準

## 信州大学経営大学院 国立
### 経済・社会政策科学研究科 イノベーション・マネジメント専攻

〒380-8553 長野県長野市若里4-17-1
http://www.im.shinshu-u.ac.jp/

**プログラム開始年**2003年
**入学定員**10名
**学位名称**マネジメント修士

**教育理念・特徴**
先端技術と市場の動向に関する深い理解を併せて持ち、組織改革を達成できる人材の養成を狙いとしている。イノベーションを達成するためには、「組織の壁」「市場の壁」「技術の壁」の3つの壁を乗り越えることが必要となる。この3つの壁の根底には、私たちの「意識の壁」がある。本大学院には、20代から60代までの幅広い年代にわたる様々なキャリアを持つ大学院生が、各々の抱える「壁」を乗り越えるべく、日々、研鑽に励んでいる。経営大学院の研究教育は、机上の空論ではなく、常に実務の最前線を意識したものとなっている。

**基本情報**
授業時間帯／平日夜間＋土曜
修学年限／2年
1学年在籍人数／12名
科目担当教員総数／34名
うち専任教員数／9名
入学金／28.2万円
年間学費／53.58万円
入試倍率／1倍
累計修了者数／42名
博士課程／無

**教育内容**
プログラム内容／経営管理全般
教育方法／講義50%、ケース50%
英語授業の比率／5%
修士論文／必須
授業・教員への評価制度／有

**教員の属性**
教員の実務経験者数／30名
教員で博士号保有者数／5名
外国人の教員数／1名
教員の自大学出身教員数／1名

**学生の属性**
企業からの派遣者数／3名
入学時平均年齢／38歳
男女比率／男83%、女17%
留学生数／0名
新卒者数／1名
自大学出身学生数／3名
就業率／100%
同窓会の有無／有

**社会人向けプログラム**
- 名称／中小企業軽井沢サマースクール
- 内容／中小企業基盤整備機構と共備して全国の中小企業経営者を対象として実践
- 期間／3日間

# 千葉商科大学会計専門職大学院　私立

## 会計ファイナンス研究科 会計ファイナンス専攻

〒272-8512 千葉県市川市国府台 1-3-1
http://www.cuc.ac.jp/

**プログラム開始年◆2005年**
**入学定員◆70名**
**学位名称◆会計ファイナンス修士（専門職）**

**教育理念・特徴**

創設者遠藤隆吉の建学の精神およびそれに伴う教育理念の下、「会計」と「ファイナンス」を両輪に理論的知識を学び、実践できる力を修得し、高い倫理性を身につけた高度専門職業人を育成することを目的とする。ITの高度化に対応する能力、企業や公共部門・NPOの会計やファイナンスに対応できる能力、国際的な会計基準に対応できる能力、公正さや倫理性について信頼される能力を身につけた、会計やファイナンスの高度専門職業人の育成を目指している。

**基本情報**

授業時間帯／平日夜間＋土曜＋日曜
修学年限／2年
1学年在籍人数／49名
科目担当教員総数／54名
うち専任教員数／16名
入学金／40万円
年間学費／100万円
入試倍率／非公表
累計修了者数／74名
博士課程／無

**教育内容**

プログラム内容／会計・ファイナンス
教育方法／講義96%、ケース4%
英語授業の比率／0%
博士論文／選択
授業・教員への評価制度／有

**教員の属性**

教員の実務経験者数／44名
教員で博士号保有者数／6名
外国人の教員数／0名
教員の自大学出身教員数／1名

**学生の属性**

企業からの派遣者数／0名
入学時平均年齢／32歳
男女比率／男82%、女18%
留学生数／15名
新卒者数／21名
自大学出身学生数／12名
就業率／71.4%
同窓会の有無／有

**社会人向けプログラム**

①名称／信用リスクマネジメント ◆内容／高野総合会計事務所提携講座（有料）◆期間／3ヶ月　②名称／中小企業リスクマネジメント ◆内容／東京商エリサーチ寄付講座（無料）◆期間／4ヶ月

# 多摩大学大学院　私立

## 経営情報学研究科 経営情報学専攻

〒206-0022 東京都多摩市聖ヶ丘4-1-1
http://www.tama.ac.jp/

**プログラム開始年◆1993年**
**入学定員◆60名**
**学位名称◆修士（経営情報学）**

**教育理念・特徴**

外来文化を排除せず積極的に取り入れながら、日本文化の長所に根ざしたマネジメントを21世紀のグローバル社会は求めている。すなわちマネジメントが本来持つべき全体性の俯瞰だけに頼らないローカルな意思決定及び行動力を併せ持ち、状況に応じた理論構築の重要性を真に理解したマネージャー群の育成を目指す。そのため教官は、実業界での自らの経験を理論化し、次世代に引き継ごうという志を持つ者が80%超。さらに院生1に対し教官2という現代の私塾（志塾）での手作り教育を目指している。

**基本情報**

授業時間帯／平日夜間＋土曜＋日曜
修学年限／2年
1学年在籍人数／50名
科目担当教員総数／56名
うち専任教員数／7名
入学金／30万円
年間学費／100万円
入試倍率／10.7倍
累計修了者数／405名
博士課程／有

**教育内容**

プログラム内容／経営管理全般
英語授業の比率／0%
修士論文／必須
授業・教員への評価制度／無

**教員の属性**

教員の実務経験者数／48名
教員で博士号保有者数／5名
外国人の教員数／1名
教員の自大学出身教員数／0名

**学生の属性**

企業からの派遣者数／0名
入学時平均年齢／37歳
男女比率／男83%、女17%
留学生数／0名
新卒者数／0名
自大学出身学生数／0名
就業率／100%
同窓会の有無／有

**社会人向けプログラム**

# 中央大学専門職大学院　私立

## 戦略経営研究科 戦略経営専攻

〒112-8551 東京都文京区春日1-13-27
http://www2.chuo-u.ac.jp/cbs/

**プログラム開始年◆2008年**
**入学定員◆80名**
**学位名称◆経営修士（専門職）MBA**

**教育理念・特徴**

企業と社会が求める「戦略思考」と「戦略実践」のできる人材、すなわち「戦略経営リーダー」の育成を目的としている。「戦略経営リーダー」とは、経営戦略を中心に、その実現に不可欠なマーケティング、人的資源管理などファンクショナル戦略を総合的に展開できるゼネラルマネジャー、およびファンクショナル戦略を経営戦略と密接に関連させて展開できるファンクショナルマネジャーを意味する。本研究科はそのような「戦略経営リーダー」の育成を目的としたはじめてのビジネススクールであり、その実現に必要な教育体制を備えている。

**基本情報**

授業時間帯／平日夜間＋土曜＋日曜
修学年限／2年
1学年在籍人数／104名
科目担当教員総数／62名
うち専任教員数／15名
入学金／30万円
年間学費／155万円
入試倍率／2.07倍
博士課程／無

**教育内容**

プログラム内容／戦略・マーケティング・人的資源管理・ファイナンス・経営法務の総合型プログラム
教育方法／講義42%、ケース58%
英語授業の比率／3.7%
修士論文／選択
授業・教員への評価制度／有

**教員の属性**

教員の実務経験者数／34名
教員で博士号保有者数／10名
外国人の教員数／0名
教員の自大学出身教員数／3名

**学生の属性**

企業からの派遣者数／－
入学時平均年齢／36.3歳
男女比率／男84%、女16%
留学生数／0名
新卒者数／0名
自大学出身学生数／35名
就業率／99%
同窓会の有無／無

**社会人向けプログラム**

①名称／戦略経営アカデミー ◆内容／各種企業研修プログラム　②名称／聴講生 ◆内容／科目の聴講 ◆期間／2ヶ月　③名称／科目等履修生 ◆内容／科目の履修（単位の取得可能）◆期間／2ヶ月

2008年度基準

# 中央大学専門職大学院　私立

## 国際会計研究科 国際会計専攻

〒162-8473 東京都新宿区市谷本村町42-8
http://www.chuo-u.ac.jp/chuo-u/cgsa/index_j.html

**プログラム開始年◆2003年**
**入学定員◆国際会計・ファイナンスコース80名、会計専門職コース20名**
**学位名称◆国際会計修士（専門職）、ファイナンス修士（専門職）、会計修士（専門職）**

**教育理念・特徴**

国際化に対応し、「会計」及び「ファイナンス」その他の関連分野における職業等を担うための深い学識及び卓越した能力を培うことを目的としている。中・長期的なビジョンとして、教育内容が修了生のキャリア形成に役立ち得たかを常に検証することによって、市場の変化を敏感に察知し、それに適合する形で企業が実際に直面している課題に対処する能力を涵養するための教育科目を、より一層充実させることに注力している。

**基本情報**

授業時間帯／平日夜間＋土曜
修学年限／2年
1学年在籍人数／78名
科目担当教員総数／59名
うち専任教員数／16名
入学金／30万円
年間学費／130万円
入試倍率／1.22倍（志願）
累計修了者数／515名
博士課程／無

**教育内容**

プログラム内容／特定専門領域（会計・ファイナンス）
教育方法／講義80%、ケース20%
英語授業の比率／2%
修士論文／選択
授業・教員への評価制度／有

**教員の属性**

教員の実務経験者数／46名
教員で博士号保有者数／12名
外国人の教員数／1名
教員の自大学出身教員数／4名

**学生の属性**

企業からの派遣者数／13名
入学時平均年齢／32.7歳
男女比率／男77%、女23%
留学生数／1名
新卒者数／11名
自大学出身学生数／18名
就業率／95%
同窓会の有無／有

**社会人向けプログラム**

◆名称／アカウンティング・ファイナンスアカデミー
◆内容／企業向け研修
◆期間／不定期

2008年度基準

## 中部大学大学院 私立
### 経営情報学研究科 経営学専攻

〒487-8501 愛知県春日井市松本町1200番地
http://www.chubu.ac.jp/academics/graduate/business/index.html

プログラム開始年●2006年
入学定員●20名
学位名称●経営学修士

**教育理念・特徴**
「MOT型MBA」教育目的を、次の3つのタイプのビジネスリーダーを育成することに絞っている。
①既存の事業や企業そのもののあり方を革新するリーダー、
②企業内ベンチャーとして新事業を成功に導くリーダー、
③自らベンチャービジネスを立ち上げる起業家。
生涯学習の同窓会活動にも注力。

**基本情報**
授業時間帯／平日夜間＋土曜
修学年限／標準：2年
1学年在籍人数／15名
科目担当教員総数／27名
うち専任教員数／25名
入学金／10万円
年間学費／60万円（平成21年度より）
入試倍率／1.5倍
累計修了者数／9名
博士課程／有

**教育内容**
プログラム内容／経営管理全般
教育方法／講義90%、ケース10%
英語授業の比率／0%
修士論文／必須
授業・教員への評価制度／有

**教員の属性**
教員の実務経験者数／13名
教員で博士号保有者数／9名
外国人の教員数／2名
教員の自大学出身教員数／0名

**学生の属性**
企業からの派遣者数／6名
入学時平均年齢／35.8歳
男女比率／男80%、女20%
留学生数／7名
新卒者数／7名
自大学出身学生数／6名
就業率／100%
同窓会の有無／有

**社会人向けプログラム**
◆名称／サマー・マネジメント・プログラム
◆内容／現下の経営問題について考える夏期集中講座
◆期間／5日間

## 中京大学大学院 私立
### ビジネス・イノベーション研究科 ビジネス・イノベーション専攻

〒466-8666 愛知県名古屋市昭和区八事本町101-2
http://www.chukyo-u.ac.jp/educate/mba/index.html

プログラム開始年●2003年
入学定員●30名
学位名称●修士（経営管理学）

**教育理念・特徴**
高度専門職業人の育成。中小企業診断士の養成。経営診断を通じての地域社会への貢献。

**基本情報**
授業時間帯／平日夜間＋土曜
修学年限／2年
1学年在籍人数／17名
科目担当教員総数／42名
うち専任教員数／11名
入学金／20万円
年間学費／64万円
入試倍率／1.2倍
累計修了者数／82名
博士課程／無

**教育内容**
プログラム内容／経営管理全般
教育方法／講義60%、ケース40%
英語授業の比率／5%
修士論文／選択
授業・教員への評価制度／有

**教員の属性**
教員の実務経験者数／39名
教員で博士号保有者数／7名
外国人の教員数／1名
教員の自大学出身教員数／0名

**学生の属性**
企業からの派遣者数／3名
入学時平均年齢／33歳
男女比率／男80%、女20%
留学生数／0名
新卒者数／0名
自大学出身学生数／0名
就業率／100%
同窓会の有無／有

**社会人向けプログラム**
①名称／エクゼクティブ・セミナー ◆内容／講演会形式の一般社会人向け ◆期間／2日
②名称／マネジメント・セミナー ◆内容／授業形式の一般社会人向け ◆期間／3日

## 筑波大学大学院 国立
### ビジネス科学研究科 経営システム科学専攻

〒112-0012 東京都文京区大塚3-29-1
http://www.gssm.otsuka.tsukuba.ac.jp/

プログラム開始年●1989年
入学定員●30名
学位名称●修士（経営学）または修士（経営システム科学）

**教育理念・特徴**
教育理念は、プラクティス（実務経験）をベースとしたリサーチ（問題解決）能力の育成によって、現代のビジネスリーダーを社会に送り出すこと。教育プログラムの特色は、①コースワーク（講義）と研究指導のバランスを重視、②少人数クラスと複数指導教制によるきめ細やかな教育、③経営学から数量分析、情報技術までをカバーする広範な教育分野、④研究計画、中間発表、ドラフト発表へと着実に進める修士論文指導。

**基本情報**
授業時間帯／平日夜間＋土曜
修学年限／標準2年
1学年在籍人数／28名
科目担当教員総数／35名
うち専任教員数／15名
入学金／28.2万円
年間学費／53.58万円
入試倍率／3.9倍
累計修了者数／598名
博士課程／有

**教育内容**
プログラム内容／経営管理全般
教育方法／講義98%、ケース2%
英語授業の比率／0%
修士論文／必須
授業・教員への評価制度／有

**教員の属性**
教員の実務経験者数／22名
教員で博士号保有者数／14名
外国人の教員数／0名
教員の自大学出身教員数／0名

**学生の属性** *
企業からの派遣者数／0名
入学時平均年齢／35.2歳
男女比率／男75%、女25%
留学生数／0名
新卒者数／0名
自大学出身学生数／1名
就業率／100%
同窓会の有無／有

**社会人向けプログラム**
◆名称／エグゼクティブ・デベロップメント・プログラム
◆内容／MBAの特徴的講義のコンパクト版を学外者に提供
◆期間／3日間×4回 1年

## 筑波大学大学院 国立
### システム情報工学研究科 経営・政策科学専攻

〒305-8573 茨城県つくば市天王台1-1-1
http://www.sk.tsukuba.ac.jp/MBA-MPP/

プログラム開始年●2001年
入学定員●53名
学位名称●MBAコース：修士（ビジネス） MPPコース：修士（公共政策）

**教育理念・特徴**
経営・政策科学専攻は、複雑な現代社会における企業や公的組織の経営および政策課題に対して、グローバルな視野と社会的思考で挑戦し、高度専門職業人として産業界をリードする人材を育成することを、その教育目標とする。MBAコースでは、国際化し変革を続ける企業社会において、知識と実行力を備え、率先して問題解決と価値創造（イノベーション）に当る、総合的経営能力をもったビジネス・リーダーを育成する。

**基本情報**
授業時間帯／平日フルタイム
修学年限／2年
1学年在籍人数／43名
科目担当教員総数／92名
うち専任教員数／61名
入学金／28.2万円
年間学費／53.47万円
入試倍率／非公開
累計修了者数／298名
博士課程／有

**教育内容**
プログラム内容／特定専門領域中心（コーポレート戦略・ファイナンス・マーケティング）
教育方法／講義90%、ケース10%
英語授業の比率／24%
修士論文／選択
授業・教員への評価制度／有

**教員の属性**
教員の実務経験者数／56名
教員で博士号保有者数／61名
外国人の教員数／3名
教員の自大学出身教員数／2名

**学生の属性**
企業からの派遣者数／0名
入学時平均年齢／27.3歳
男女比率／男51.3%、女48.7%
留学生数／26名
新卒者数／13名
自大学出身学生数／6名
就業率／84.8%
同窓会の有無／有

**社会人向けプログラム**

2007年度基準

## 東京工業大学大学院　国立
### イノベーションマネジメント研究科 技術経営専攻

〒152-8550 東京都目黒区大岡山2-12-1 大岡山西9号館
http://www.mot.titech.ac.jp/

**プログラム開始年◆2005年**
**入学定員◆30名**
**学位名称◆技術経営修士(専門職)**

**教育理念・特徴**

技術を創造し、知的資産として事業化・社会化するイノベーション創出サイクルのマネジメントに秀でた実践的人材を育成する。このため、技術経営戦略を中核として、知的財産マネジメント・ファイナンス・情報の3つの教育研究分野を設定している。5つのマネジメントスキル、「技術の創造」「知財の権利化・活用」「事業創出」「技術経営戦略」「ファイナンス・情報」および「リーダーシップ能力」を涵養する教育を実施している。また、常に進化し社会が求める大学院へと変貌すべく、研究科自らがMOTを実践している。

**基本情報**

授業時間帯／平日夕方・夜間＋土曜
修学年限／2年
1学年在籍人数／77名
科目担当教員総数／39名
うち専任教員数／11名
入学金／28.2万円
年間学費／53.58万円
入試倍率／3倍
累計修了者数／138名
博士課程／有

**教育内容**

プログラム内容／技術経営戦略、知的財産、ファイナンス、情報
教育方法／講義約60%、ケース約40%
英語授業の比率／約15%(選択科目)
プロジェクトレポート／必須

授業・教員への評価制度／有

**教員の属性**

教員の実務経験者数／27名
教員で博士号保有者数／26名
外国人の教員数／1名
教員の自大学出身教員数／12名

**学生の属性**

企業からの派遣者数／4名
入学時平均年齢／33歳
男女比率／男86%、女14%
留学生数／8名
新卒者数／25名
自大学出身学生数／20名
就業率／100% 同窓会の有無／有

**社会人向けプログラム**

◆名称／キャリアアップMOTプログラム
◆内容／MOTのエッセンス、現場・実践を意識したカリキュラム
◆期間／1年間

2008年度基準

## 東海学園大学大学院　私立
### 経営学研究科 経営学専攻

〒470-0207 愛知県西加茂郡三好町福谷
http://www.tokaigakuen-u.ac.jp/graduate/index.html

**プログラム開始年◆2000年**
**入学定員◆20名**
**学位名称◆修士(経営学)**

**教育理念・特徴**

国際的かつ地域的視野に立ち、ますます国際化する日本社会、日本企業のそれぞれの場で、多方面に活躍しうる高度な専門的知識・能力を有する創造性豊かな専門職業人の育成を目指すことを基本方針として、教育課程を編成している。

**基本情報**

授業時間帯／平日夜間＋土曜・平日夜間のみ・平日フルタイム
修学年限／2年
1学年在籍人数／8名
科目担当教員総数／19名
うち専任教員数／12名
入学金／20万円
年間学費／65万円
入試倍率／0.4倍
累計修了者数／79名
博士課程／無

**教育内容**

プログラム内容／経営管理全般
教育方法／講義80%、ケース20%
英語授業の比率／0%
修士論文／必須

授業・教員への評価制度／無

**教員の属性**

教員の実務経験者数／0名
教員で博士号保有者数／6名
外国人の教員数／1名
教員の自大学出身教員数／0名

**学生の属性**

企業からの派遣者数／0名
入学時平均年齢／24.75歳
男女比率／男62.5%、女37.5%
留学生数／2名
新卒者数／6名
自大学出身学生数／4名
就業率／50%
同窓会の有無／無

**社会人向けプログラム**

2007年度基準

## 東京理科大学専門職大学院　私立
### 総合科学技術経営研究科 技術経営専攻(MOT)

〒102-8152 東京都千代田区富士見2-11-3 東京理科大学 富士見校舎 専門職大学院事務室
http://most.tus.ac.jp/mot/index.php

**プログラム開始年◆2004年**
**入学定員◆50名**
**学位名称◆技術経営修士(専門職)**

**教育理念・特徴**

技術開発から市場化へのプロセスにおける一連のイノベーションを担う人材の育成を目指している。理工系の学部または大学院を卒業し、10年程度のキャリアをもつ技術者を主な対象に、マネジメント教育を行い、イノベーションの視点をもって技術開発や商品開発の構想を描ける人材、経営センスをもつ研究開発マネジャーを養成して、先端技術分野でのビジネス開花をリードすることを企図している。

**基本情報**

授業時間帯／平日夜間＋土曜
修学年限／2年
1学年在籍人数／55名
科目担当教員総数／37名
うち専任教員数／15名
入学金／28万円
年間学費／142万円
累計修了者数／171名
博士課程／有

**教育内容**

プログラム内容／総合科学技術経営(MOT)
教育方法／ケース及び実習
英語授業の比率／0%
修士論文／不要
授業・教員への評価制度／有

**教員の属性**

教員で博士号保有者数／5名
外国人の教員数／0名
教員の自大学出身教員数／1名

**学生の属性**

企業からの派遣者数／5～10名
入学時平均年齢／35～39歳
男女比率／男93%、女7%
留学生数／0名
新卒者数／0名
自大学出身学生数／8名
就業率／100%
同窓会の有無／有

**社会人向けプログラム**

◆名称／技術経営を考えるエグゼクティブセミナー
◆内容／大企業上級管理職及び中堅企業の経営者が対象
◆期間／10月～1月の間に全5回(各回、10：00～18：00)

2008年度基準

## 東京農工大学大学院　国立
### 技術経営研究科 技術リスクマネジメント専攻

〒184-8588 東京都小金井市中町2-24-16 中央棟4F MOT事務局
http://www.tuat.ac.jp/%7Ermmot/

**プログラム開始年◆2005年**
**入学定員◆40名**
**学位名称◆技術経営修士(専門職)**

**教育理念・特徴**

科学技術の成果を事業化につなげるためには、経営戦略や技術戦略を展開できる人材が求められている。特に従来の研究に偏った人材から、高度な技術経営の知識を持った人材の養成が急務である。本研究科では、技術経営の基本的な知識と応用力を身につけ、種々の企業活動や新規事業の創出を行える能力の育成を目指し、高い技術力と経営力を身に付けるための幅広いカリキュラムを提供している。また、事業化に至るまでの各段階における技術リスクを予測し、それを回避し事業を進めていくための十分な能力の育成も行う。

**基本情報**

授業時間帯／平日夜間＋土曜
修学年限／2年
1学年在籍人数／45名
科目担当教員総数／37名
うち専任教員数／16名
入学金／28.2万円
年間学費／57.24万円
入試倍率／2倍
累計修了者数／93名
博士課程／無

**教育内容**

プログラム内容／特定専門領域中心(技術経営)
教育方法／講義50%、ケース50%
英語授業の比率／0%
修士論文／不要

授業・教員への評価制度／有

**教員の属性**

教員の実務経験者数／30名
教員で博士号保有者数／10名
外国人の教員数／0名
教員の自大学出身教員数／2名

**学生の属性**

企業からの派遣者数／20名
入学時平均年齢／35歳
男女比率／男85%、女15%
留学生数／0名
新卒者数／14名
自大学出身学生数／14名
就業率／100%
同窓会の有無／有

**社会人向けプログラム**

2007年度基準

## 東北大学大学院
### 経済学研究科 会計専門職専攻
国立

〒980-8576 仙台市青葉区川内27番1号
http://www.econ.tohoku.ac.jp/econ/kaikei/

**プログラム開始年●2005年**
**入学定員●公認会計士コース35名、高度会計職業人コース5名**
**学位名称●会計修士(専門職)**

**教育理念・特徴**
教育方針は、国際的に通用する高度な分析能力を持つ質の高い職業会計人を養成すること。教育プログラムの特徴は、①科目が4分野(会計、経済と経営、ITと統計、法と倫理)に分類され、さらに、内容により領域へと細分されており、分かりやすい構成となっている。②科目は、レベル内容により、基礎、展開、実践・応用へと分類され、学生が能力に応じて履修できる。③1学年定員40名に対し専任教員20名が配置され、きめの細かい履修指導、少人数教育を行っている。

**基本情報**
授業時間帯／土曜のみ・平日フルタイム
修学年限／(通常)2年
1学年在籍人数／33名
科目担当教員総数／36名
うち専任教員数／15名
入学金／28.2万円
年間学費／58.93万円
入試倍率／約2.2倍
累計修了者数／154名
博士課程／無

**教育内容**
プログラム内容／特定専門領域中心(会計)
教育方法／講義80%、ケース20%
英語授業の比率／5%
修士論文／必須・選択
授業・教員への評価制度／有

**教員の属性**
教員の実務経験者数／10名
教員で博士号保有者数／10名
外国人の教員数／1名
教員の自大学出身教員数／3名

**学生の属性**
入学時平均年齢／24.2歳
男女比率／男72.5%、女27.5%
留学生数／2名
新卒者数／26名
自大学出身学生数／11名
就業率／43.3%
同窓会の有無／無

**社会人向けプログラム**

## 同志社大学大学院
### ビジネス研究科 ビジネス専攻
私立

〒602-8580 京都市上京区今出川通烏丸東入
http://bs.doshisha.ac.jp/

**プログラム開始年●2004年**
**入学定員●70名**
**学位名称●ビジネス修士(専門職)**

**教育理念・特徴**
本研究科のミッションは、企業経営に新しい価値感・視点を付与し、常に、生き生きとした経営組織を生みだして積極的に市民社会に貢献する人材の育成である。すなわち、新しい視点を生み出す経営者、技術革新の先端を担う経営者、グローバル経営の最先端を担う経営者、さらに伝統産業や自営業におけるユニークな経営者の育成を教育方針に掲げている。2009年秋には国際水準のグローバルMBAを開設し、外国人留学生を多く迎え入れる予定。これにより国際化を促進し、京都において世界水準のビジネス教育プログラムを実施する。

**基本情報**
授業時間帯／平日夜間＋土曜・平日フルタイム
標準修業年限／2年
科目担当教員総数／32名
うち専任教員数／16名
入学金／25万円(2008年度)
年間学費／176.6万円(2008年度)
入試倍率／非公表
累計修了者数／152名
博士課程／無

**教育内容**
プログラム内容／経営管理全般
教育方法／講義15%、ケース85%
英語授業の比率／11%
修士論文／必須(ソリューションレポート)
授業・教員への評価制度／有

**教員の属性**
教員の実務経験者数／25名
教員で博士号保有者数／9名
外国人の教員数／2名
教員の自大学出身教員数／3名

**学生の属性**
企業からの派遣者数／11名
入学時平均年齢／37歳
男女比率／男81.25%、女18.75%
留学生数／1名
新卒者数／4名
自大学出身学生数／13名
就業率／87%
同窓会の有無／有

**社会人向けプログラム**
①名称／コンテンポラリープログラム ●内容／その時代に必要な高度な教育を行うプログラム ②名称／エグゼクティブプログラム ●内容／企業の経営幹部等が参加の「エグゼクティブ・セミナー」と個別の企業の研修プログラム「カスタム・プログラム」によって構成

## 富山大学大学院
### 経済学研究科 企業経営専攻
国立

〒930-8555 富山県富山市五福3190
http://www.eco.u-toyama.ac.jp/

**プログラム開始年●1991年**
**入学定員●4名**
**学位名称●修士(経営学)**

**教育理念・特徴**
現代の経済社会は、解決すべき問題が次々と新たに発生し、複雑性を増している。このような状況を前にして、即効性のある個々の断片的な知識をつめこむのではなく、様々な事態に対応できる高度で体系的な知識や幅広い視点を備えることが、重要であると私たちは考えている。

**基本情報**
授業時間帯／平日フルタイム(昼夜開講制)
修学年限／2年
1学年在籍人数／18名
科目担当教員総数／30名
うち専任教員数／0名
入学金／28.2万円
年間学費／53.58万円
入試倍率／約1.3倍
累計修了者数／159名
博士課程／無

**教育内容**
プログラム内容／経営管理全般
教育方法／講義50%、ケース50%
英語授業の比率／0%
修士論文／必須
授業・教員への評価制度／無

**教員の属性**
教員の実務経験者数／3名
教員で博士号保有者数／8名
外国人の教員数／2名
教員の自大学出身教員数／1名

**学生の属性**
企業からの派遣者数／0名
入学時平均年齢／27.5歳
男女比率／男22%、女78%
留学生数／15名
新卒者数／10名
自大学出身学生数／8名
就業率／就職希望者に対する割合は50%
同窓会の有無／有

**社会人向けプログラム**

## 東北大学大学院
### 経済学研究科 経済経営学専攻
国立

〒980-8576 仙台市青葉区川内27番1号
http://www.econ.tohoku.ac.jp/econ/graduate/index.html

**プログラム開始年●1963年**
**入学定員●50名**
**学位名称●修士(経営学)または修士(経済学)**

**教育理念・特徴**
経済学・経営学の高度な総合的教育を行う。21世紀の社会的・経済的諸課題の解決のために知的貢献を行う研究者と、高度な職業能力および公認会計士等の専門的職業能力をもって、社会の指導者となりうる人材を育成する。また社会人教育に積極的に取り組むことによって現代の社会的要請に応える。

**基本情報**
授業時間帯／平日フルタイム
修学年限／2年
1学年在籍人数／53名
科目担当教員総数／69名
うち専任教員数／53名
入学金／28.2万円
年間学費／53.58万円
入試倍率／約2倍
累計修了者数／946名
博士課程／有

**教育内容**
プログラム内容／経営管理全般
教育方法／講義80%、ケース20%
修士論文／必須
授業・教員への評価制度／有

**教員の属性**
教員の実務経験者数／15名
教員で博士号保有者数／32名
外国人の教員数／1名
教員の自大学出身教員数／12名

**学生の属性**
入学時平均年齢／27.3歳
男女比率／男58.5%、女41.5%
留学生数／30名
新卒者数／11名
自大学出身学生数／14名
就業率／100%
同窓会の有無／有

**社会人向けプログラム**
●名称／イノベーション・カレッジ
●内容／地域イノベーション研究センター教育プログラムとして実施
●期間／1ヶ月

2007年度基準

## 名古屋商科大学ビジネススクール　私立

### マネジメント研究科 マネジメント専攻

〒460-0003 愛知県名古屋市中区錦1-20-1
http:// weekendmba.jp/

**プログラム開始年◆2004年**
**入学定員◆東京・大阪・名古屋　90名**
**学位名称◆修士（経営学）**

**教育理念・特徴**

建学の理念「フロンティア・スピリット」を基に、世界的視野と強い倫理観を持ち、内外の経済社会に貢献できる高度な専門的人材の養成を目的とする。企業経営に求められる高度な専門知識と問題解決力を揃えた変革型ビジネスリーダーの育成を目指し、全科目でケース・スタディを取り入れた上で、ケースライティングおよびコンサルティングといったより実践的な演習指導を行う。最短1年間、土・日のみの講義でMBA取得可能なWeekend MBA®、平日夜間型のFlex-MBA、100％英語講義のGloobal MBAの3つのプログラムを開講中。

**基本情報**
授業時間帯／土・日のみ（Weekend MBA®）、平日夜間（Flex-MBA）
修学年限／最短1年～最長4年
1学年在籍人数／122名
科目担当教員総数／47名
うち専任教員数／31名
入学金／27万円
年間学費／110万円～126万円（コースにより異なる）
入試倍率／1.25倍
累計修了者数／166名
博士課程／無

**教育内容**
プログラム内容／MBA、経営管理全般
教育方法／ケース100％
英語授業の比率／11％（Gloobal MBAは100％）
修士論文／不要（特定課題研究は必須）
授業・教員への評価制度／有

**教員の属性**
教員の実務経験者数／38名
教員で博士号保有者数／20名
外国人の教員数／11名
教員の自大学出身教員数／0名

**学生の属性**
企業からの派遣者数／9名
入学時平均年齢／35.2歳
男女比率／男79％、女21％
留学生数／17名
新卒者数／12名
自大学出身学生数／8名
就業率／95％（Weekend MBA®は100％）
同窓会の有無／有

**社会人向けプログラム**
◆名称／ビジネス公開講座（無料）
◆内容／毎年トピックスを決め、著名人より講演をいただく。
◆期間／1日（年間6回）

2008年度基準

## 名古屋工業大学大学院　私立

### 工学研究科 産業戦略工学専攻

〒466-8555 愛知県名古屋市昭和区御器所町
http://www.mta.nitech.ac.jp/

**プログラム開始年◆**
**入学定員◆16名**
**学位名称◆修士（工学、学術、産業戦略）**

**教育理念・特徴**

コンセプトとして、①エンジニアリングスクール、②ビジネススクール、③ポリシースクールの3つの要素を考えている。①は、本学の工科大学構想に関連した、ものづくりや技術開発に関わるエンジニアリング（知財戦略を含む）、②は、ビジネススクールの特徴である事例研究を取り入れた、新事業や起業におけるビジネスプランの要素、③は、ポリシー（行政等の政策あるいは企業等での方針）に関わる要素である。論理思考、システム思考のできる人材育成を目指している。

**基本情報**
授業時間帯／平日夜間＋土曜
修学年限／1～2年
1学年在籍人数／51名
科目担当教員総数／23名
うち専任教員数／19名
入学金／28.2万円
年間学費／54万円
入試倍率／1.5倍
累計修了者数／150名
博士課程／無

**教育内容**
プログラム内容／経営管理全般
教育方法／講義80％、ケース20％
英語授業の比率／5％
修士論文／必須
授業・教員への評価制度／有

**教員の属性**
教員の実務経験者数／6名
教員で博士号保有者数／20名
外国人の教員数／0名
教員の自大学出身教員数／10名

**学生の属性**
企業からの派遣者数／10名
入学時平均年齢／26.4歳
男女比率／男90％、女10％
留学生数／4名
新卒者数／28名
自大学出身学生数／24名
就業率／100％
同窓会の有無／有

**社会人向けプログラム**
◆名称／工場長養成塾
◆内容／製造業の工場長候補を対象として実施（ゼミから実践まで）
◆期間／6ヶ月

## 南山大学南山ビジネススクール　私立

### ビジネス研究科 ビジネス専攻

〒466-8673 名古屋市昭和区山里町18
http://www.nanzan-u.ac.jp/grad/d_bs/index.html

**プログラム開始年◆2006年**
**入学定員◆50名**
**学位名称◆ビジネス修士（専門職）**

**教育理念・特徴**

本専攻は、2006年4月に社会人を主な対象に開設された専門職大学院。国際社会において有効な企業経営を可能にする高度で専門的な知識、スキル、発想、および思考の枠組みを身につけ、本学の教育モットーである「人間の尊厳のために」を自覚した企業人として、経営倫理の視点から社会的責任を果たし、国際社会および東海地区を中心とした地域社会の発展に寄与する人材の養成を目的としている。

**基本情報**
授業時間帯／平日夜間＋土曜
修学年限／2年
1学年在籍人数／42名
科目担当教員総数／24名
うち専任教員数／14名
入学金／30万円
年間学費／80万円
入試倍率／1.1倍
累計修了者数／56名
博士課程／有

**教育内容**
プログラム内容／経営管理全般
教育方法／講義約30％、ケース約70％
英語授業の比率／7％
修士論文／不要
授業・教員への評価制度／有

**教員の属性**
教員の実務経験者数／7名
教員で博士号保有者数／10名
外国人の教員数／3名
教員の自大学出身教員数／1名

**学生の属性**
企業からの派遣者数／1名
入学時平均年齢／30.3歳
男女比率／男83.3％、女16.7％
留学生数／7名
新卒者数／9名
自大学出身学生数／12名
就業率／100％
同窓会の有無／有

**社会人向けプログラム**

## 名古屋学院大学大学院　私立

### 経済経営研究科 経営政策専攻

〒480-0008 愛知県名古屋市熱田区大宝3-1-17
http://www.ngu.jp/graduate/sesaku_1.html

**プログラム開始年◆1997年**
**入学定員◆20名**
**学位名称◆修士（経営学）**

**教育理念・特徴**

建学の精神「敬神愛人」という理念のもとで、専門領域の高度職業人あるいは研究者を養成する。理論と応用にとどまらず即戦力をも身につけるプログラムが特徴で、これからの経済社会の制度設計や組織経営の構想力を生み出す活発な議論の場を創り出している。多くの学生は職場で抱える課題解決の糸口をみつけ解決策を見出すことに力を注いでいる。本大学院11年間の実績を基に「企業・地域産業・行政のソリューションアドバイザー」としての地位を築き上げ、ネットワークを拡大して名古屋圏の経済発展に貢献したいと考えている。社会人拠点は都心の中日ビル。

**基本情報**
授業時間帯／平日夜間＋土曜
修学年限／1～2年
1学年在籍人数／33名
科目担当教員総数／35名
うち専任教員数／18名
入学金／20万円
年間学費／74万円
入試倍率／1.14倍
累計修了者数／482名
博士課程／有

**教育内容**
プログラム内容／経営管理全般
教育方法／67％、ケース33％
英語授業の比率／0％
修士論文／選択
授業・教員への評価制度／有

**教員の属性**
教員の実務経験者数／15名
教員で博士号保有者数／8名
外国人の教員数／2名
教員の自大学出身教員数／0名

**学生の属性**
企業からの派遣者数／1名
入学時平均年齢／34歳
男女比率／男60.6％、女39.4％
留学生数／1名
新卒者数／2名
自大学出身学生数／2名
就業率／100％
同窓会の有無／有

注）2009年度より長期履修制度とシニア授業料半額制度あり。

**社会人向けプログラム**
①名称／企業経営特別研究 ◆内容／企業経営者による熱い実践経営学を展開（7～8シリーズ）◆期間／4月～12月 ②名称／税法の理論と解釈適用事例 ◆内容／税法に係る実践諸問題を解き明かす ◆期間／6～8月

2007年度基準

# 新潟大学大学院 国立
## 技術経営研究科 技術経営専攻

〒950-2181 新潟県新潟市西区五十嵐二の町8050
http://www.mot.niigata-u.ac.jp/

プログラム開始年●2006年
入学定員●20名
学位名称●技術経営修士(専門職)

**教育理念・特徴**
モノづくり技術開発基地としての新潟地域産業のイノベーションを図り、世界に向けて発信し続けていくサポート機能を担う。総合大学の特徴を活かし、技術・経営の両分野の教員が充実している専門職大学院。企業人として、担当者ひとりでは考えられないようなすばらしい仕事ができるように、ケーススタディやベンチマーキング、テクニカルビジットを通して、その問題解決能力を育成することを目指している。「仕事ができるひとづくり」をモットーに、実務に即適用できる能力を養成する。

**基本情報**
授業時間帯／平日夜間＋土曜
修学年限／2年
1学年在籍人数／20名
科目担当教員総数／40名
うち専任教員数／16名
入学金／28.2万円
年間学費／53.58万円
入試倍率／1.1倍
累計修了者数／15名
博士課程／無

**教育内容**
プログラム内容／特定専門領域中心(技術経営)
教育方法／講義75%、ケース25%
英語授業の比率／0%
修士論文／不要
授業・教員への評価制度／無

**教員の属性**
教員の実務経験者数／28名
教員で博士号保有者数／10名
外国人の教員数／0名
教員の自大学出身教員数／0名

**学生の属性**
企業からの派遣者数／5名
入学時平均年齢／36.7歳
男女比率／男65%、女35%
留学生数／3名
新卒者数／5名
自大学出身学生数／3名
就業率／100%
同窓会の有無／有

**社会人向けプログラム**
●名称／MOT科目履修プログラム
●内容／科目等履修生として講義を聴講し、単位を修得
●期間／1年または6ヶ月

# 新潟大学大学院 国立
## 現代社会文化研究科 現代マネジメント専攻

〒950-2181 新潟市五十嵐二の町8050
http://www.gens.niigata-u.ac.jp/index.html

プログラム開始年●2004年
入学定員●10名
学位名称●修士(経営学)、修士(公共経営学)

**教育理念・特徴**
現代マネジメント専攻では、企業及び公的機関における経営や組織のマネジメントを考究する「公共経営・企業経営教育研究コース」と、会計・税務分野について考究する「会計・税務教育研究コース」の2つの教育研究コースが設けられている。本専攻の1年次では、専攻基礎科目(英語・統計学・経済学・会計学)と専門科目を履修しながら、自主発表会や課題研究で研究テーマを絞り込む。2年次では、教員全員が参加する総合演習での研究発表を通じて、修士論文を完成させていく。

**基本情報**
授業時間帯／平日フルタイム
修学年限／2年
1学年在籍人数／13名
科目担当教員総数／16名
うち専任教員数／0名
入学金／28万円
年間学費／53万円
入試倍率／1.4倍
博士課程／有

**教育内容**
プログラム内容／経営管理全般
教育方法／100%講義
英語授業の比率／0%
修士論文／必須
授業・教員への評価制度／無

**教員の属性**
教員の実務経験者数／4名
教員で博士号保有者数／4名
外国人の教員数／1名
教員の自大学出身教員数／1名

**学生の属性**
企業からの派遣者数／0名
入学時平均年齢／24歳
男女比率／男65%、女35%
留学生数／3名
新卒者数／9名
自大学出身学生数／8名
就業率／100%
同窓会の有無／無

**社会人向けプログラム**

2008年度基準

# 日本大学大学院 私立
## グローバル・ビジネス研究科 グローバル・マネジメント専攻

〒102-8275 東京都千代田区九段南四丁目8番24号
http://www.gsb.nihon-u.ac.jp

プログラム開始年●1999年
入学定員●4月30名、9月20名
学位名称●MBA／修士(経営学)

**教育理念・特徴**
グローバル・ビジネス研究科は、グローバル化、情報化社会の進展、少子高齢化、地球環境問題等の諸問題が、わが国ビジネス社会に及ぼす影響について研究するとともに、21世紀の経済社会、経営問題をグローバルな視点から理論的、実証的に分析・解明できるビジネス界のリーダーの育成を目的としている。

**基本情報**
授業時間帯／平日夜間＋土曜
修学年限／2年
1学年在籍人数／34名
科目担当教員総数／53名
うち専任教員数／15名
入学金／20万円
年間学費／約100万円
入試倍率／1.17倍
累計修了者数／432名
博士課程／無

**教育内容**
プログラム内容／ビジネス基礎科目(コア科目)、専門科目(ヘルス＆ソーシャル・ケア、テクノロジー・マネジメント、中小企業＆ベンチャー・ビジネス)、関連科目(国際経営関連科目)
教育方法／講義56%、ケース44%
英語授業の比率／14%
修士論文／必須
授業・教員への評価制度／有

**教員の属性**
教員の実務経験者数／11名
教員で博士号保有者数／6名
外国人の教員数／3名
教員の自大学出身教員数／2名

**学生の属性**
企業からの派遣者数／2名
入学時平均年齢／38歳
男女比率／男65%、女35%
留学生数／16名(全在籍学生のうち)
新卒者数／0名
自大学出身学生数／22名　同窓会の有無／有

**社会人向けプログラム**

2008年度基準

# 日本工業大学専門職大学院 私立
## 技術経営研究科 技術経営専攻

〒101-0051 東京都千代田区神田神保町2-5
http://mot.nit.ac.jp/

プログラム開始年●2005年
入学定員●30名
学位名称●技術経営修士(専門職)

**教育理念・特徴**
教育理念・方針として、技術経営(MOT)の深化とその考え方の普及、実務経験を有する社会人の生涯教育の場の提供、中堅・中小企業のもつ優れた技術力を新事業に結びつける経営力を持ったMOT人材の育成、それによる日本における技術を核とするイノベーション深化への寄与を掲げる。プログラムの特色は専門性の高い実践知識を、実務経験豊富な教員が教授することである。かくして、主として技術系の枢要なスタッフに十分な経営的知識・スキルを身につけてもらい、社会に寄与してもらう。

**基本情報**
授業時間帯／平日夜間＋土曜
修学年限／1年
1学年在籍人数／38名
科目担当教員総数／36名
うち専任教員数／12名
入学金／30万円
年間学費／140万円
入試倍率／非公表
累計修了者数／105名
博士課程／無

**教育内容**
プログラム内容／特定専門領域中心(技術経営)
教育方法／講義30%、ケース演習70%
英語授業の比率／0%
修士論文／特別課題研究
授業・教員への評価制度／有

**教員の属性**
教員の実務経験者数／30名
教員で博士号保有者数／4名
外国人の教員数／0名
教員の自大学出身教員数／0名

**学生の属性**
企業からの派遣者数／19名
入学時平均年齢／40歳
男女比率／男87%、女13%
留学生数／0名
新卒者数／0名
自大学出身学生数／2名
同窓会の有無／有

**社会人向けプログラム**

2008年度基準

# 一橋大学大学院

国立

## 国際企業戦略研究科 国際経営戦略コース(MBA)

〒101-8439 東京都千代田区一ツ橋2丁目1番2 学術総合センター内
http://www.ics.hit-u.ac.jp/program/

**プログラム開始年◆2000年**
**入学定員◆58(YLPを含む)名**
**学位名称◆Master of Business Administration(MBA)**

**教育理念･特徴**

Hitotsubashi University has long aspired to have its graduates become "Captains of Industry." The Graduate School of International Corporate Strategy (ICS) continues that tradition. At the same time, ICS focuses more narrowly on developing leaders capable of initiating, managing, and implementing innovation on a global scale. As such,the mission of ICS is to create "Captains of Innovation." Since innovation is about going "out of box," our mission calls for us to nurture frame-breaking, unconventional future leaders pushing the frontier of knowledge in the global economy.

**基本情報**

授業時間帯／平日フルタイム
修学年限／2年及び1年
1学年在籍人数／58名
科目担当教員総数／22名
うち専任教員数／17名
入学金／28.2万円
年間学費／53.58万円
入試倍率／1.8倍
累計修了者数／328名
博士課程／有

**教育内容**

プログラム内容／経営管理全般
教育方法／20%、ケース80%
英語授業の比率／100%
修士論文／不要
授業・教員への評価制度／有

**教員の属性**

教員の実務経験者数／17名
教員で博士号保有者数／13名
外国人の教員数／5名
教員の自大学出身教員数／6名

**学生の属性**

企業からの派遣者数／6名
入学時平均年齢／30歳
男女比率／男59%、女41%
留学生数／45名
新卒者数／0名
自大学出身学生数／2名
就業率／100%
同窓会の有無／有

**社会人向けプログラム**

# ビジネス・ブレークスルー大学院大学

私立

## 経営学研究科 経営管理専攻

〒101-0022 東京都千代田区神田練塀町3番地 富士ソフトビル19F
http://www.ohmae.ac.jp/

**プログラム開始年◆2005年**
**入学定員◆春期・秋期各100名**
**学位名称◆経営学修士(専門職)**

**教育理念･特徴**

ビジネス・ブレークスルー大学院大学は、知的創造を礎に、国際的視野と開拓者精神を持ち、先駆的指導者たらん人格を涵養し、世界社会に貢献するを以って建学の精神とする。

**基本情報**

授業時間帯／e-learning
修学年限／2年
1学年在籍人数／144名
入学金／10万円
年間学費／130万円
入試倍率／非公表
累計修了者数／137名
博士課程／無

**教育内容**

プログラム内容／経営管理全般
教育方法／80%、ケース20%
英語授業の比率／0%
修士論文／必須
授業・教員への評価制度／有

**教員の属性**

教員の実務経験者数／29名
教員で博士号保有者数／3名
外国人の教員数／0名
教員の自大学出身教員数／0名

**学生の属性**

企業からの派遣者数／49名
入学時平均年齢／37.5歳
男女比率／男95%、女5%
留学生数／0名
新卒者数／0名
自大学出身学生数／0名
就業率／100%
同窓会の有無／有

**社会人向けプログラム**

①名称／イノベーション ◆内容／事業革新のための総合的な経営手法を取得 ◆期間／6ヶ月
②名称／問題発見思考 ◆内容／物事の事態や本質を見極める考え方や手法につして学ぶ ◆期間／1年

2008年度基準

# 一橋大学大学院

国立

## 商学研究科 経営学修士コース

〒186-8601 東京都国立市中2-1
http://www.cm.hit-u.ac.jp/mba/index.html

**プログラム開始年◆1996年**
**入学定員◆73名**
**学位名称◆修士(経営)**

**教育理念･特徴**

本プログラムの特徴は、現実の企業・産業のさまざまな複雑な現象に対して深い分析を加え、骨太の解決策を示すことができる大きな視野を持った人材を養成することを目的としている点である。そのため、「社会科学の理論と考え方の深い理解」「理論と現実の間の往復運動プロセスの重視」「歴史と古典の洞察に学ぶこと」を重視して、カリキュラムを編成している。結果として、アメリカなどで一般的な知識やスキル重視のMBAプログラムの内容とはかなり異なった教育プログラムになっている。

**基本情報**

授業時間帯／平日フルタイム
修学年限／2年
1学年在籍人数／64名
科目担当教員総数／47名
うち専任教員数／0名
入学金／28.2万円
年間学費／53.6万円
入試倍率／2.0倍
累計修了者数／397名
博士課程／有

**教育内容**

プログラム内容／経営管理全般
教育方法／講義とケースの組み合せ
英語授業の比率／4.3%
修士論文／必須
授業・教員への評価制度／有

**教員の属性**

教員の実務経験者数／21名
教員で博士号保有者数／33名
外国人の教員数／1名
教員の自大学出身教員数／26名

**学生の属性**

企業からの派遣者数／11名
入学時平均年齢／26.6歳
男女比率／男77%、女23%
留学生数／16名
新卒者数／21名
自大学出身学生数／9名
就業率／100%
同窓会の有無／有

**社会人向けプログラム**

◆名称／一橋シニアエグゼクティブプログラム
◆内容／執行役員クラスを対象に、経営の諸要素について総合判断する目を醸成する。
◆期間／半年

2008年度基準

# 一橋大学大学院

国立

## 国際企業戦略研究科 金融戦略・経営財務コース(MBA)

〒101-8439 東京都千代田区一ツ橋2丁目1番2 学術総合センター内
http://www.ics.hit-u.ac.jp/jp/fs/

**プログラム開始年◆2000年**
**入学定員◆41名**
**学位名称◆経営修士(専門職)**

**教育理念･特徴**

国際的な業務の高度化、多様化に伴い、金融市場では従来以上に高い専門性を持つ人材が必要とされている。本金融戦略・経営財務コースは、これに対応し、高度な専門知識を用いて実務における様々な問題を解決する能力を持つ金融人材の育成を目的とする。そのために、計量ファイナンスと経営財務の二つの領域において、実務上の問題意識に沿いつつ計量的な方法を用い、基礎知識と実務への応用の体系的な習得、さらに学問的成果と現実の問題解決の効果的融合を目指している。

**基本情報**

授業時間帯／平日夜間のみ
修学年限／2年
1学年在籍人数／45名
科目担当教員総数／16名
うち専任教員数／16名
入学金／28.2万円
年間学費／53.58万円
入試倍率／2.3倍
累計修了者数／203名
博士課程／有

**教育内容**

プログラム内容／特定専門領域中心(計量ファイナンス 経営財務)
教育方法／講義100%
英語授業の比率／0%
修士論文／必須
授業・教員への評価制度／有

**教員の属性**

教員の実務経験者数／8名
教員で博士号保有者数／10名
外国人の教員数／0名
教員の自大学出身教員数／3名

**学生の属性**

企業からの派遣者数／11名
入学時平均年齢／33.9歳
男女比率／男89%、女11%
留学生数／0名
新卒者数／0名
自大学出身学生数／4名
就業率／100%
同窓会の有無／無

**社会人向けプログラム**

# 兵庫県立大学大学院　公立
## 会計研究科

〒651-2197 兵庫県神戸市西区学園西町8丁目2-1
http://www.acs.u-hyogo.ac.jp/

**プログラム開始年●2007年**
**入学定員●40名**
**学位名称●修士(会計専門職)**

**教育理念・特徴**
前身である神戸商科大学では、公認会計士や税理士など多くの会計専門職業人を輩出してきた。この伝統と実績を基礎にさらに発展させた本会計研究科の目的は、高い資質・職業倫理・専門的能力に加えて、幅広い見識・思考能力・判断能力・国際的視野・指導力などの高度で専門的な職業能力を有する「会計プロフェッション」を育成することにある。会計専門職業人はもちろん、企業など民間部門における会計専門職業人、官公庁等における専門的な実務の担い手としての会計専門職業人など、多様な人材の育成を目指している。

**基本情報**
授業時間帯／平日フルタイム
修学年限／2年
1学年在籍人数／40名
科目担当教員総数／28名
うち専任教員数／14名
入学金／28.2万円(県内)42.3万円(県外)
年間学費／53.58万円
博士課程／有

**教育内容**
プログラム内容／特定専門領域中心(会計専門職)
英語授業の比率／0%
修士論文／不要
授業・教員への評価制度／有

**教員の属性**
教員の実務経験者数／8名
教員で博士号保有者数／4名
外国人の教員数／1名
教員の自大学出身教員数／4名

**学生の属性**
企業からの派遣者数／1名
男女比率／男78%、女22%
留学生数／1名
新卒者数／38名
自大学出身学生数／15名
同窓会の有無／有

**社会人向けプログラム**

# 兵庫県立大学大学院　公立
## 経営学研究科 経営学専攻 夜間主コース

〒651-2197 神戸市西区学園西町8-2-1
http://www.biz.u-hyogo.ac.jp/graduate/gs_biz_feature.htm

**プログラム開始年●2000年**
**入学定員●5名**
**学位名称●修士(経営学)**

**教育理念・特徴**
①経営学の分野で創造的、独創的な研究を推進し、広く世界に情報発信することによって、学問の発展に寄与するとともに、経営学の理論及び応用の教授研究を通じて深奥を究め、高度な専門知識と国際性を備えた人材を育成し、もって文化の発展に寄与することを目的とする。②博士前期課程においては、経営学の分野の広い範囲にわたる精深な学識を備え、専攻分野における研究能力、又は高度な専門性が求められる職業を担うための卓越した能力及び高い倫理観を持つ人材を育成する。※2010年4月から経営研究科経営専門職専攻として開設予定。

**基本情報**
授業時間帯／平日夜間＋土曜
修学年限／2年
科目担当教員総数／37名
うち専任教員数／0名
入学金／県内28.2万円 県外42.3万円
年間学費／53.58万円
博士課程／有

**教育内容**
プログラム内容／経営管理全般
教育方法／講義30%、ケース70%
英語授業の比率／0%
修士論文／選択
授業・教員への評価制度／有

**教員の属性**
教員の実務経験者数／2名
教員で博士号保有者数／17名
外国人の教員数／1名
教員の自大学出身教員数／7名

**学生の属性** ＊
企業からの派遣者数／0名
男女比率／男100%
自大学出身学生数／0名
同窓会の有無／有

**社会人向けプログラム**

# 法政大学大学院　私立
## 経営学研究科 経営学専攻(夜間コース)

〒162-0843 東京都新宿区市谷田町2-15-2
http://www.i.hosei.ac.jp/~hbs/

**プログラム開始年●1992年**
**入学定員●55名**
**学位名称●修士(経営学)**

**教育理念・特徴**
アカデミズムと実務の融合を目指し、実務のみならず経営学に関連した様々な理論を学ぶことによって、現実の企業活動の背景を洞察できる思考能力をもつ人材の育成を目指している。そのため経営学に関する全般的な理論やケースを学ぶ多数の科目を配置するとともに、様々な企業の実態に関する理解を深めるためにワークショップを開設している。そして、2年間の学習の集大成として、専任教員による個別指導とコースによるグループ指導のもとにアカデミックな修士論文を書き上げることになる。

**基本情報**
授業時間帯／平日夜間＋土曜
修学年限／2年
1学年在籍人数／36名
科目担当教員総数／56名
うち専任教員数／41名
入学金／27万円(自校出身者13.5万円)
年間学費／53万円
入試倍率／非公表
累計修了者数／657名
博士課程／有

**教育内容**
プログラム内容／経営管理全般
教育方法／―
英語授業の比率／4%
修士論文／必須
授業・教員への評価制度／有

**教員の属性**
教員の実務経験者数／14名
教員で博士号保有者数／24名
外国人の教員数／2名
教員の自大学出身教員数／7名

**学生の属性**
企業からの派遣者数／14名
入学時平均年齢／36歳
男女比率／男59%、女41%
留学生数／0名
新卒者数／0名
自大学出身学生数／7名
就業率／100%
同窓会の有無／有

**社会人向けプログラム**

# 法政大学大学院　私立
## イノベーション・マネジメント研究科 イノベーション・マネジメント専攻

〒102-8160 東京都千代田区富士見2-17-1
http://www.im.i.hosei.ac.jp/

**プログラム開始年●2004年**
**入学定員●60名**
**学位名称●経営管理修士(専門職)または情報技術修士(専門職)**

**教育理念・特徴**
使命・目的・ビジョンは、社会や企業の中でイノベーションを起こしていく人材の育成を目的としている。リスクを計算しながら、大胆な発想と行動力によってイノベーションを実行していく人材、すなわち真の意味での「企業家」の養成をめざす」こと。特色ある教育プログラムとしては、"プロジェクト・メソッド"と呼んでいるものがあり、修士論文に代わり10単位の必修科目「プロジェクト」を課して、現実のビジネスを想定して事業計画や戦略を策定させる。市場調査、競合分析、製品・サービスの開発と差別化、資金計画などから構成されている。

**基本情報**
授業時間帯／昼夜間・土曜開講
修学年限／1年、2年
1学年在籍人数／53名
科目担当教員総数／48名
うち専任教員数／17名
入学金／27万円
年間学費／239万円(1年制)、143万円(2年制)
入試倍率／非公表
累計修了者数／経営管理修士：121名 情報技術修士：18名
博士課程／無

**教育内容**
プログラム内容／経営管理全般・特定専門領域中心(情報技術修士)(経営情報技術)
英語授業の比率／2%
修士論文／必須(プロジェクト)
授業・教員への評価制度／有

**教員の属性**
教員の実務経験者数／40名
教員で博士号保有者数／15名
外国人の教員数／1名
教員の自大学出身教員数／8名

**学生の属性**
企業からの派遣者数／10名
入学時平均年齢／38歳
男女比率／男69.6%、女30.4%
留学生数／6名
新卒者数／2名
自大学出身学生数／5名
同窓会の有無／有

**社会人向けプログラム**

2008年度基準

## ボンド大学大学院ビジネススクール

私立

### BBT MBAプログラム

〒101-0022 東京都千代田区神田練塀町3番地 富士ソフトビル19F
http://www.bbt757.com/bond/

**プログラム開始年◆2001年**
**入学定員◆90名**
**学位名称◆経営学修士**

**教育理念・特徴**

国際的に活躍できる人材を輩出すべく、最新の遠隔教育システムを利用し「英語・IT・財務」のマネジメントスキルを徹底的にトレーニングする。授業の半分はボンド大学ビジネススクールの現地講師が直接担当し、映像や専用のクラス討論システム等を利用してキャンパスと同じ指導を行う。日本語科目はコンサルタント、経営者など実務家を中心に構成し、ビジネスケースなどの議論を通じて問題解決力、構想力を鍛える。

**基本情報**

授業時間帯／平日夜間＋土曜
修学年限／5年
1学年在籍人数／94名
科目担当教員総数／20名
うち専任教員数／10名
入学金／なし
年間学費／A$15,300(約92万円)
入試倍率／1.1倍
累計修了者数／441名
博士課程／無

**教育内容**

プログラム内容／経営管理全般
教育方法／60%、ケース40%
英語授業の比率／55%
修士論文／不要
授業・教員への評価制度／有

**教員の属性**

教員の実務経験者数／16名
教員で博士号保有者数／15名
外国人の教員数／12名
教員の自大学出身教員数／4名

**学生の属性**

企業からの派遣者数／5名
入学時平均年齢／35.2歳
男女比率／男81%、女19%
留学生数／0名
新卒者数／0名
自大学出身学生数／0名
就業率／100%
同窓会の有無／有

**社会人向けプログラム**

## 北海道大学大学院

国立

### 経済学研究科 会計情報専攻

〒060-0809 北海道札幌市北区北9条西7丁目
http://www.haccs.hokudai.ac.jp/

**プログラム開始年◆2005年**
**入学定員◆20名**
**学位名称◆会計修士(専門職)**

**教育理念・特徴**

本学の会計専門職大学院は、21世紀の経済社会を担うにふさわしい高度な専門性と幅広い視野、そして社会的責任感と倫理観を備えた会計専門職の養成を目的としている。とくに、情報技術の発展に適応できるように、情報関連教育の重視している。また、今後、社会のニーズがさらに拡大すると思われる、公的分野における会計・監査に対する能力養成を目指している。

**基本情報**

授業時間帯／平日フルタイム
修学年限／2年
1学年在籍人数／21名
科目担当教員総数／29名
うち専任教員数／15名
入学金／28.2万円
年間学費／53.58万円
累計修了者数／39名
博士課程／有

**教育内容**

プログラム内容／会計学
教育方法／講義70%、ケース30%
英語授業の比率／5%
修士論文／不要
授業・教員への評価制度／有

**教員の属性**

教員の実務経験者数／5名
教員で博士号保有者数／12名
外国人の教員数／0名
教員の自大学出身教員数／3名

**学生の属性**

企業からの派遣者数／0名
入学時平均年齢／25.2歳
男女比率／男76%、女24%
留学生数／1名
新卒者数／14名
自大学出身学生数／9名
就業率／47%
同窓会の有無／無

**社会人向けプログラム**

2008年度基準

## 明治大学大学院

私立

### 経営学研究科 経営学専攻博士前期課程 マネジメントコース

〒101-8301 東京都千代田区神田駿河台1-1
http://www.meiji.ac.jp/dai_in/business_administration/index.html

**プログラム開始年◆2000年**
**入学定員◆15名**
**学位名称◆経営学修士**

**教育理念・特徴**

経営学研究科は独立自治の精神をもち、かつ経営学の分野で高度な専門性を身に付けた大学院学生を社会に送り出すために設立。教育目標としては、優れた専門知識を持ち、独立した精神と個の強さをもつ人々、特に博士前期課程では、研究や教育の分野で活動する人々、また社会においてはさまざまな企業のビジネス人や公的分野で活躍する人々の養成を目指している。

**基本情報**

授業時間帯／平日夜間＋土曜
修学年限／2年
1学年在籍人数／28名
科目担当教員総数／33名
うち専任教員数／27名
入学金／28万円
年間学費／48万円
累計修了者数／138名
博士課程／有

**教育内容**

プログラム内容／経営管理全般
教育方法／60%、ケース(ゼミ)40%
修士論文／必須
授業・教員への評価制度／無

**教員の属性**

教員の実務経験者数／－
教員で博士号保有者数／19名
外国人の教員数／1名
教員の自大学出身教員数／13名

**学生の属性**

企業からの派遣者数／0名
入学時平均年齢／35歳
男女比率／男54%、女46%
留学生数／0名
新卒者数／0名
自大学出身学生数／8名
同窓会の有無／無

**社会人向けプログラム**

2008年度基準

## 明治大学専門職大学院

私立

### 会計専門職研究科 会計専門職専攻

〒101-8301 東京都千代田区神田駿河台1-1
http://www.meiji.ac.jp/macs/index.html

**プログラム開始年◆2005年**
**入学定員◆80名**
**学位名称◆会計修士(専門職)**

**教育理念・特徴**

本研究科では、①会計専門職業人としての社会の使命に応えうる人材の養成、②高度の専門的知識と技能、ならびに情報技術への対応力を身につけた人材の養成、③高い職業的価値観と論理的かつ職業倫理に根ざした判断力を有する人材の養成、④国際的な業務分野にも対応できる人材の養成を具体的な教育目標としている。そして、これらを踏まえたうえで、財務会計、国際会計、管理会計、監査といった会計学の分野とそれに関連する租税法や企業法などの法学や経営学の分野での教育活動にも力を注いでいる。

**基本情報**

授業時間帯／平日フルタイム
修学年限／2年
1学年在籍人数／91名
科目担当教員総数／39名
うち専任教員数／12名
入学金／28万円
年間学費／171.25万円
入試倍率／1.4倍
累計修了者数／142名
博士課程／無

**教育内容**

プログラム内容／特定専門領域中心(会計)
教育方法／88%、ケース12%
英語授業の比率／11%
修士論文／不要
授業・教員への評価制度／有

**教員の属性**

専任教員数／4名
教員で博士号保有者数／3名
外国人の教員数／0名
教員の自大学出身教員数／6名

**学生の属性**

企業からの派遣者数／0名
入学時平均年齢／24歳
男女比率／男80%、女20%
留学生数／1名
新卒者数／83名
自大学出身学生数／26名
就業率／32%
同窓会の有無／有

**社会人向けプログラム**

2008年度基準

## 横浜市立大学大学院　公立

### 国際総合科学研究科 経営科学専攻

〒236-0027 神奈川県横浜市金沢区瀬戸22-2
http://www.yokohama-cu.ac.jp/graduate/igsas/eba/index.html

**プログラム開始年◆2005年**
**入学定員◆20名**
**学位名称◆修士(経済学)、修士(経営学)**

**教育理念・特徴**

経営科学専攻では、国際的に広がる民間部門の経営研究を行う国際経営系と公的部門の政策経営研究を行う政策経営系の双方がシームレスにつながり、経営学、会計学、経済学の3分野を基軸に法律学を加え、国際都市横浜に基盤をおく官民両セクターにおけるマネジメント能力を開発するための教育を目指してカリキュラム編成を行っている。具体的には、民間部門を中心とする国際経営系のもとに、マネジメント、アカウンティング、ファイナンスの3つの教育をおき、公的部門を中心とする政策経営系の教育モデルと併置している。

**基本情報**

授業時間帯／平日フルタイム＋土曜
修学年限／2年
1学年在籍人数／11名
科目担当教員総数／44名
うち専任教員数／29名
入学金／28.2万円
年間学費／53.5万円
入試倍率／1.45倍(受験)
累計修了者数／32名
博士課程／有

**教育内容**

プログラム内容／経営管理全般
教育方法／講義90%、ケース10%
修士論文／必須
授業・教員への評価制度／有

**教員の属性**

教員の実務経験者数／8名
教員で博士号保有者数／13名
外国人の教員数／3名
教員の自大学出身教員数／2名

**学生の属性** ＊

企業からの派遣者数／0名
入学時平均年齢／23.5歳
男女比率／男55%、女45%
留学生数／4名
新卒者数／9名
自大学出身学生数／8名
就業率／67%
同窓会の有無／無

**社会人向けプログラム**

## 山口大学大学院　国立

### 技術経営研究科 技術経営専攻

〒755-8611　山口県宇部市常盤台2-16-1　ほかに、北九州市、広島市に教室開設
http://mot.yamaguchi-u.ac.jp/

**プログラム開始年◆2005年**
**入学定員◆15名**
**学位名称◆技術経営修士(専門職)**

**教育理念・特徴**

科学技術および企業経営の普遍的原理並びに最新の知識を統合し、イノベーションを持続的に創出するためのマネジメントの教育を行い、もって総合的、学際的な知識・教養・論理観に立脚し、自身の課題と地球規模での資源の最適利用を考え、判断する能力の創出を目指す。また西日本における唯一の技術経営専門職大学院として宇部・北九州・広島の3教室により、広く地域の経済産業の発展に貢献することを目指している。

**基本情報**

授業時間帯／土曜・日曜のみ
修学年限／2年
1学年在籍人数／19名
総科目担当教員総数／19名
うち専任教員数／11名
入学金／28.2万円
年間学費／53.5万円
入試倍率／1.9倍
累計修了者数／33名
博士課程／無

**教育内容**

プログラム内容／特定専門領域中心(技術経営全般)
教育方法／講義60%、ケース40%
英語授業の比率／－
修士論文／修士論文に代えて「特定課題研究」が必須
授業・教員への評価制度／有

**教員の属性**

教員の実務経験者数／4名
教員で博士号保有者数／6名
外国人の教員数／1名
教員の自大学出身教員数／3名

**学生の属性**

企業からの派遣者数／2名
入学時平均年齢／39.9歳
男女比率／男95%、女5%
留学生数／0名
新卒者数／2名
自大学出身学生数／5名
就業率／100%
同窓会の有無／有

**社会人向けプログラム**

## 立命館大学経営大学院　私立

### 経営管理専攻 企業経営コース、企業会計コース

〒604-8520 京都府京都市中京区西ノ京朱雀町1
http://www.ritsumei.jp/mba/index_j.html

**プログラム開始年◆2006年**
**入学定員◆企業経営コース55名、企業会計コース45名**
**学位名称◆経営修士(専門職)または会計修士(専門職)**

**教育理念・特徴**

教学理念は、「ビジネスを発見し、ビジネスを創造する」である。そのために、高度な戦略眼と実践スキルを有する経営プロフェショナルの養成を人材養成の目標とする。具体的には、企業経営分野では、ビジネスを創造し革新するグローバル経営人材の養成を、企業会計分野では、高度な倫理観を有し企業価値を高める財務・会計専門人材の養成を目指す。

**基本情報**

授業時間帯／平日夜間＋土曜＋日曜・平日フルタイム
修学年限／4年
1学年在籍人数／72名
科目担当教員総数／61名
うち専任教員数／22名
入学金／30万円
年間学費／単位料学費のため、履修単位数により異なる
入試倍率／1.1倍
累計修了者数／71名
博士課程／無

**教育内容**

プログラム内容／経営管理全般
教育方法／講義69.1%、ケース30.9%
英語授業の比率／0%
課題研究論文／必須
授業・教員への評価制度／有

**教員の属性**

教員の実務経験者数／16名
教員で博士号保有者数／7名
外国人の教員数／0名
教員の自大学出身教員数／5名

**学生の属性**

企業からの派遣者数／7名
入学時平均年齢／31.7歳
男女比率／男75%、女25%
留学生数／16名
新卒者数／75名
自大学出身学生数／58名
就職率／72%(公認会計士試験受験者を分母に含む)
同窓会の有無／有

**社会人向けプログラム**

- 名称／インテリジェントアレー専門セミナー
- 内容／NLPを活用した「自分力」創出セミナー
- 期間／1ヶ月

## 立教大学大学院　私立

### ビジネスデザイン研究科 ビジネスデザイン専攻

〒171-8501 東京都豊島区西池袋3-34-1
http://univ.rikkyo.ac.jp/sindaigakuin/bizsite/

**プログラム開始年◆2002年**
**入学定員◆90名**
**学位名称◆修士(経営管理学)**

**教育理念・特徴**

本研究科が養成を目指す高度な専門能力を有する先駆的な職業人とは、一般的な意味でのスペシャリストを目指すものではなく、毎日の実務経験的なワーキングスタイルを続けている社会人に対して、より広範かつ体系的な視野を提供することを通じて、時代の変化に対応できる柔軟な思考をもつビジネスパーソンであるゼネラリストを意味する。すなわち真のトップマネジメントを目指すために、事業構想から事業計画の立案・実施・評価という一連のビジネスプロセスに関する高度な専門能力を養成するための教育プログラムを展開している。

**基本情報**

授業時間帯／平日夜間＋土曜
修学年限／2年
1学年在籍人数／96名
科目担当教員総数／69名
うち専任教員数／17名
入学金／22.5万円
年間学費／104.3万円
入試倍率／1.29倍
累計修了者数／420名
博士課程／有

**教育内容**

プログラム内容／経営管理全般
教育方法／講義19.3%、ケース17.0%
英語授業の比率／0.9%
修士論文／選択
授業・教員への評価制度／有

**教員の属性**

教員の実務経験者数／43名
教員で博士号保有者数／7名
外国人の教員数／2名
教員の自大学出身教員数／6名

**学生の属性**

企業からの派遣者数／4名
入学時平均年齢／35.7歳
男女比率／男66.7%、女33.3%
留学生数／18名
新卒者数／0名
自大学出身学生数／7名
同窓会の有無／有

**社会人向けプログラム**

2007年度基準

## 早稲田大学大学院

### ファイナンス研究科 ファイナンス専攻

私立

〒103-0027 東京都中央区日本橋1-4-1 日本橋一丁目ビルディング5階(コレド日本橋)
http://www.waseda.jp/wnfs/

**プログラム開始年◆2004年**
**入学定員◆150名**
**学位名称◆ファイナンス修士(専門職)**

**教育理念・特徴**

本研究科が目指すのは、時代の変化に遅れることなく、ファイナンス理論、会計、財務分析、金融法務などの知識をバランスよく身につけ、総合的に機能できる高度職業人の育成である。本研究科で修得した知識とネットワークを活用し、将来的に一般事業法人のCFO(最高財務責任者)等ファイナンス部門のリーダーとして、あるいは金融機関、機関投資家等マーケット業務責任者として社会に貢献する人材を育成することを目標としている。

**基本情報**

授業時間帯／平日夜間＋土曜
修学年限／2年・1.5年
1学年在籍人数／187名
科目担当教員総数／87名
うち専任教員数／22名
入学金／26万円
年間学費／186.6万円、226.45万円
入試倍率／1.84倍
累計修了者数／371名
博士課程／無

**教育内容**

プログラム内容／ファイナンス(金融財務)
教育方法／65.2%、ケース34.8%
英語授業の比率／0.4%
修士論文／不要
授業・教員への評価制度／有

**教員の属性**

教員の実務経験者数／51名
教員で博士号保有者数／17名
外国人の教員数／0名
教員の自大学出身教員数／6名

**学生の属性**

企業からの派遣者数／34名
入学時平均年齢／32.7歳
男女比率／男84.5%、女15.5%
留学生数／3名
新卒者数／13名
自大学出身学生数／35名
就業率／100%
同窓会の有無／有

**社会人向けプログラム**

2008年度基準

## 龍谷大学大学院

### 経営学研究科 経営学専攻 ビジネスコース

私立

〒612-8577 京都府京都市伏見区深草塚本町67
http://www.biz.ryukoku.ac.jp/graduate/

**プログラム開始年◆1994年**
**入学定員◆25名**
**学位名称◆経営学修士**

**教育理念・特徴**

現代の産業社会は、企業経営にまつわる高度で専門的な知識を持った人材を必要としている。この現代社会の要請に応え、企業発展の歴史と現状を分析的に把握する能力および複雑多岐にわたる企業活動を見極める洞察力を身につける上で不可欠な経営学・会計学などを系統的に教授する。それにより、将来の企業を担う幹部および公認会計士・税理士などを志すにふさわしい識見と職業倫理を備え、高度の知識を有する職業人を育成することを目指している。

**基本情報**

授業時間帯／平日夜間＋土曜＋日曜
修学年限／5年
1学年在籍人数／8名
科目担当教員総数／45名
うち専任教員数／23名
入学金／20万円
年間学費／78.9万円
入試倍率／1倍
累計修了者数／172名
博士課程／無

「通常学費」と「単位制学費」の2つの選択肢を設けており、入学金と学費の数値は、「通常学費」選択者で、他大学出身者のケース

**教育内容**

プログラム内容／1.マネジメント 2.京都産業学 3.企業会計 4.日中連携ビジネス 5.オープン
教育方法／96.6%、ケース3.4%
英語授業の比率／1.7%
修士論文／必須(課題研究も可)
授業・教員への評価制度／無

**教員の属性**

教員の実務経験者数／24名
教員で博士号保有者数／4名
外国人の教員数／0名
教員の自大学出身教員数／0名

**学生の属性**

企業からの派遣者数／0名
入学時平均年齢／36.4歳
男女比率／男100%
留学生数／2名
新卒者数／2名
自大学出身学生数／4名
就業率／75%
同窓会の有無／有

**社会人向けプログラム**

◆名称／科目等履修生
◆内容／大学院科目の授業受講
◆期間／半年または1年

## 早稲田大学大学院

### 商学研究科 ビジネス専攻MBA(夜間主)プログラム

私立

〒169-8050 東京都新宿区西早稲田1-6-1
http://www.waseda.jp/gradcom/

**プログラム開始年◆2004年(前身である商学研究科商学専攻修士課程プロフェショナルコース開設年度)**
**学位名称◆経営管理修士(専門職)**

**教育理念・特徴**

本コースは大学教員からの一方的な授業形態ではなく、研究者と実務家が互いに情報交換をしながらMBA取得をめざす新しいスタイルのビジネス教育。コースは2年制で、授業は夜間・土曜日中心。カリキュラムは「共通基礎科目群」とテーマ別モジュールの「専門科目群」で構成される。各モジュールは少人数で実施され、また共通基礎科目とモジュール専門科目の両方をバランスよく履修することで、高い専門性をもったMBAホルダーをめざすことができる。なお設置モジュールは年度ごとに一部置き換えられる。これによって多様なジャンルの専門家の育成をめざす。

**基本情報**

授業時間帯／平日夜間＋土曜
修学年限／2年
1学年在籍人数／93名
科目担当教員総数／203名
うち専任教員数／44名
入学金／26万円
年間学費／132万円
入試倍率／3.9倍
累計修了者数／167名
博士課程／無

**教育内容**

プログラム内容／特定専門領域中心〈テーマ別モジュールごとに募集を行う。また、モジュールは年度ごとに一部置き換えられる。(経営、マーケティング、会計など)〉
英語授業の比率／3%
修士論文／必須
授業・教員への評価制度／有

**教員の属性**

教員の実務経験者数／20名
教員で博士号保有者数／2名
外国人の教員数／0名
教員の自大学出身教員数／0名

**学生の属性**

入学時平均年齢／38歳
男女比率／男84%、女16%
留学生数／0名
新卒者数／0名
自大学出身学生数／14名
同窓会の有無／有

**社会人向けプログラム**

◆名称／大隈塾寄附講座「リーダーシップ論」◆内容／大学院生ネクスト・ネクスト・社会人を対象に徹底した議論と自己表現の場を提供し、強靭な精神力と意思決定力を備えたリーダー候補生を養成する◆期間／1年間(春学期・秋学期)

## 早稲田大学大学院

### 会計研究科 会計専攻

私立

〒169-8050 東京都新宿区西早稲田1-6-1
http://www.waseda.jp/accounting/index.html

**プログラム開始年◆2005年**
**入学定員◆100名**
**学位名称◆会計修士(専門職)**

**教育理念・特徴**

監査法人や企業、官公庁など様々な団体で、アカウンティング・マインドと国際的な経営感覚とを併せ持った高度な会計専門家として貢献できる人材の育成を目的とした専門職大学院である。IT化、グローバル化のニーズに応えるための情報システム教育、英語・コミュニケーション教育や、有力コンサルティング会社等と連携した実務教育などを通じて「会計プラス1」を実践している。コースは次の3種類に分かれている。①会計専門コース ②国際会計専門コース ③高度会計専門コース。

**基本情報**

授業時間帯／平日フルタイム
修学年限／2または1年
1学年在籍人数／118名
科目担当教員総数／41名
うち専任教員数／16名
入学金／26万円
年間学費／165～203.8万円
入試倍率／2.3倍
累計修了者数／211名
博士課程／無

**教育内容**

プログラム内容／特定専門領域中心(会計)
修士論文／必須・不要
授業・教員への評価制度／有

**教員の属性**

教員の実務経験者数／5名
教員で博士号保有者数／11名
外国人の教員数／0名
教員の自大学出身教員数／8名

**学生の属性**

企業からの派遣者数／0名
入学時平均年齢／24.1歳
男女比率／男88%、女12%
留学生数／1名
新卒者数／92名
自大学出身学生数／48名
同窓会の有無／有

**社会人向けプログラム**

## 早稲田大学大学院

私立

### 商学研究科 ビジネス専攻MBA（全日制）／MOTプログラム

〒169-8050 東京都新宿区西早稲田1-6-1
http://www.waseda.jp/wbs/

**プログラム開始年◆1998年（前身であるアジア太平洋研究科国際経営学専攻開設年度）**
**学位名称◆経営管理修士（専門職）**

**教育理念・特徴**

ビジネスの研究教育には、理論と実践を統合したアプローチが必要である。早稲田大学ビジネススクールは高度専門職業人を養成する実学中心の専門職学位課程（MBA、MOTプログラム）であるが、研究者養成を使命とする修士課程、博士後期課程（商学研究科商学専攻）と緊密に手を携えつつ、商学研究科全体としてビジネスを総合的に科学することが可能な体制をとっている。また、日本語・英語いずれの言語でも学位取得可能、わが国初のシンガポールでの教育展開など、グローバルに通用するビジネススクールを目指している。

**基本情報**

授業時間帯／平日フルタイム
修学年限／1年・2年
1学年在籍人数／277名
科目担当教員総数／203名
うち専任教員数／44名
入学金／26万円
年間学費／264万円、165万円
入試倍率／非公表
累計修了者数／1,373名
博士課程／有

**教育内容**

プログラム内容／経営管理全般・特定専門領域中心（技術経営）
教育方法／79.0%、ケース21%
英語授業の比率／約40%
修士論文／必須

授業・教員への評価制度／有

**教員の属性**

教員の実務経験者数／20名
教員で博士号保有者数／16名
外国人の教員数／1名
教員の自大学出身教員数／13名

**学生の属性**

企業からの派遣者数／35%
入学時平均年齢／32歳
男女比率／男70%、女30%
留学生数／123名
新卒者数／ー
自大学出身学生数／約10%
就業率／90%以上
同窓会の有無／無

**社会人向けプログラム**

①名称／企業革新戦略講座「エグゼクティブプログラム」◆内容／ケーススタディを中心とした実践的な能力向上を目的とした研修 ◆期間／5日間 ②名称／MBA／MOTエッセンスコース ◆内容／MBA／MOT科目のダイジェストを実施 ◆期間／3日間など

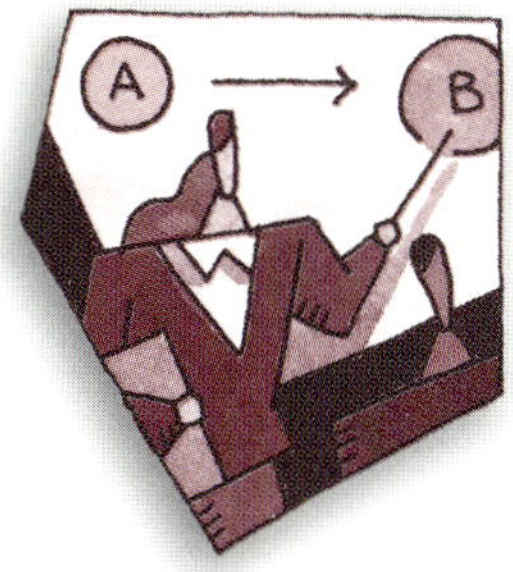

本誌編集委員会

# 「検証 ビジネススクール」を作り終えて

日本におけるビジネススクールの価値を、そして何よりも「日本のビジネススクール」の価値を多くの人々に知ってもらいたい、という動機から、今回のムック出版プロジェクトは始まった。以来、多種多様な人々の協力があってはじめて、本誌は日の目を見るに至った。そしてまた、このプロジェクトを通じて、多くのビジネススクール関係者がその考えを共有していくさまを目の当たりにし、その意義を実感した。

広告をご出稿いただいたり、アンケートやデータ掲載にご協力いただいた企業や大学、寄稿やインタビューにご協力いただいた方々、アンケートに回答してくださった数多くのビジネススクール卒業生、そして企画当初から本プロジェクトにご支援いただいた関係各位に心より感謝するとともに、今後も継続して交流し意見交換していくことを大切にしたい。

## 普遍的な能力の育成

さて、本誌の中でさまざまな形で語られた言葉を読み返してみると、日本のビジネススクールの役割として挙げられた、以下の三点がとくに印象深い。

第一は、一過性のスキル習得に終わらない、普遍的能力の育成である。これは、卒業生や企業へのアンケート結果を受けてのインタビュー・座談会において、多くの語り手がさまざまな表現で指摘しており、背景に何か通底するものを感じずにはいられない。実際に、この能力は以下のような言葉で語られていた。

「キャリアコンピタンシー」、「それぞれの分野で仕事をしていく上で非常に重要なマインド」、「プロになっていく道筋を自分なりに開拓していく総合的な力」、「物事に直面したときに、その物事の断片情報を通して全体像がどうなっているかを理解できる能力」、「危機にどう対応できるかという判断と決断の力」、「リスクテイクとコミットメント」、「人としてのひだが増えていく」、「いわゆる人間的な器が大きくなっていく」、「マインドストレッチング、つまり『あそこに行ったらさ、こんなにものの見方が広がっちゃった!』という力」。

これらの能力や資質に、さらに、以下のような言葉でも語られていた。

「条件理解や相対関係の理解が、一般理解のもとでの問題発見や問題解決を可能にする『考える力としての知恵』」「理論を通して現実を見て、現実のよりよい理解を可能にする力」、「覚悟、意思決定力、勉強する習慣、自信」、「最後は自分で答えを出す力」、「結局われわれは人間教育をしている」、「確かに実践的なスキルを学ぶことも大事だけれど、この普遍的な力が多分、われわれが提供できる一番大きな貢献なのかもしれない」。

こうした言葉で語られているものは、まさに企業人としての地力であり、総合能力、許容能力、胆力、度量とでも称すべきものである。こうした力は決して陳腐化せず、古今東西、普遍的な価値を持つと思われる。総合力と専門的能力は、しばしば二律背反的に論じられるが、普遍的能力を身につけるためには、二軸の融合や調和といった能力バランスだけではなく、もっと深い人間性を磨き上げていく必要があるのだろう。特に、いわゆるリベラルアーツに根ざした人間観の大切さに、企業の方々へのインタビューで共通に指摘されたポイントである。

ビジネススクールに求められるものは何かと考えるとき、われわれはつい目に見えるものに意識を向けがちである。だが、ビジネススクールはさまざまなビジネス知識や理論、スキルの教育をすると同時に、人生を通じて一貫して役に立つ重要な知性と能力をも鍛鍊している、ということを再度自覚すべきである。当然、知性や総合力を教育していくためには、教育の受け手側の準備とともに、教育の送り手側にも、深い専門性、幅広い知識、高度のスキル、そして卓越した人間力といったものが求められる。また、そういった教育的な価値を外部へ発信すること、あるいは内部的には普遍的能力の涵養に焦点を合わせたカリキュラムの構築が、今後ますます必要になるだろう。

## 共通の理念と独自性の発揮

第二は、日本のビジネススクールが独自性を提供する点である。これについても、複数の人々が、表現は異なるものの、共通する方向性を示している。

「日本、アジア、ヨーロッパ、あるいはアメリカにあるビジネススクールの間に、違いはあるべきか。グローバルに標準化されたビジネススクールが、単に地理的に日本にあるだけということがいいのか、もしくは個々の国の知性的・社会的・経済的環境を反映したビジネススクールであるべきなのか、という問い」に対しては、「それはもう完全に後者。ベスト・オブ・トゥー・ワールズを、われわれが提供しなければ、意味がない」。やはりこれが一つの答えだろうと思う。

改めて指摘するまでもなく、日本にあるビジネススクールは、日本にあるがゆえの独自性を持つべきである。ＡＡＣＳＢのフェルナンデス会長も指摘しているように、その独自性は、各校によって多様性に富むものであってよいが、同時に「経営者教育に厳格さと卓越性を構築しようとしている点では、各校共通の理想と価値を奉じている」べきであろう。

ここで注意すべきは、日本の独自性の追求は、決して日本の中に閉じこもることを意味しない、ということである。

国際性と独自性を両立していくことの大切さが、本書の各インタビューや座談会からもくみ取れる。教育言語の観点からも、多種多様な背景の留学生の受入れ、積極的な交換留学の機会提供など、さまざまな工夫とバラエティーに富む施策が試されるべきだろう。連携大学院やダブルディグリーといった最近の動きも、そうした施策の一つとして捉える必要がある。

## 積極的な情報発信の責務

第三は、ビジネススクールが能動的に企業社会、経済社会に働きかけていくことの重要性である。経営という側面で見れば、企業だけでなく、公的機関や非営利組織にも、その対象としてもっと光を当てていくことが必要になるだろう。

働きかけの一つは、研究機関としてのビジネススクールが、研究の成果を世の中に発信することである。企業経営に関わる知見の積極的な発信と貢献が、今後とも重要となる。大学である限り、これは当然の責務と考えて強化していかねばならない。

一方で、教育機関としての観点からは、日本の企業社会や労働市場（すなわちビジネススクールの顧客）に対し、日本のＭＢＡの価値を積極的に説明する努力がもっと必要になるだろう。企業の側がビジネススクールに求める人材像とビジネススクールが育成しようとする人材像にギャップがあるならば、それをデータに基づき、きちんと論点を整理して議論する機会が重要になる。ビジネス界のニーズと供給サイドの論理を両立させることは決して容易なことではないが、そこを避けて通ることはできない。本誌の発刊も、まさにこうした動機に基づいている。

本書は、特定の読者というよりも、さまざまな方々が手に取ってくれることを考えている。最後に、本書を手に取った方に、以下のことをお願いしたい。経営者予備軍のビジネスパーソンであれば、キャリア発展のパスの中に、日本におけるＭＢＡ取得をぜひ組み込んでいただきたい。企業人事の意思決定を担う方であれば、われわれ日本のビジネススクールがいかなる人間を輩出しようとしているかをご理解いただき、ＭＢＡ課程修了者を積極的に選択していただきたい。

大学関係者であれば、日本のビジネススクールのさらなる発展の方向性を考え、その将来のために活動を強化していただきたい。さらに、もし日本や欧米のビジネススクールで学んだ方であれば、自らの価値を改めて考え、日本のビジネススクールのあり方を、共に考える出発点としていただきたい。

まだまだ、日本におけるビジネススクールの認知は、決して高いとは言いがたい。その価値を広く認識していただき、同時に将来に向けた課題を議論して共有し、ビジネススクールの未来を明るいものにしたい。本書がそうしたねらいを達成する一助となれば、われわれ編集委員会にとって、それに勝る喜びはない。本誌が、ビジネススクールの将来に少しでも貢献することを念じて、締めくくりとしたい。

## 編集後記

MBAとは何か、ビジネススクールとはどんな学校か、一言で説明せよ。この本を作り始めるに当たって、最初に自分に問いかけた質問です。法科大学院や会計大学院ならば、答えは明確です。この本をつくる過程は、その答えを求める旅のようなものだったのかもしれません。アンケート結果を見ても、ご登場いただいた多くの方々の発言でも分かるように、MBA教育に対する解釈の幅は広く、期待もさまざまです。それは、人間とその人間が織り成す経営という営みを、研究と教育の対象としているからでしょう。奥の深さを感じます。

この本は、MBAを取得すれば未来は明るい、だからビジネススクールへウエルカムという構成にはなっていません。KBSというビジネススクール自身が、MBAの評価を社会に問う。ビジネススクールの全体像が分かるように、他校の方々にもご参加を仰ぐ。そして、編集委員の先生をはじめとしてスタッフも、プラスの評価も厳しい批判もできる範囲で、みなさんに伝えようという意志のもとに編集しました。その判断はみなさんにおまかせします。では、私の答えはといえば、それは秘密。その答えを見出す楽しい旅は、明日への扉を叩く読者のみなさんのものだからです。　（原）

# 検証 ビジネススクール 日本でMBAを目指す全ての人に

2009年4月20日 初版第1刷発行

責任編集　慶應義塾大学大学院経営管理研究科
（慶應義塾大学ビジネス・スクール）

発行者　坂上 弘

発行所　慶應義塾大学出版会株式会社
〒108-8346 東京都港区三田 2-19-30
TEL〔営業部〕03-3451-3584（ご注文）
〔 〃 〕03-3451-6926
FAX〔営業部〕03-3451-3122
振替 00190-8-155497
http://www.keio-up.co.jp/

印刷・製本　株式会社加藤文明社

内容に関するお問い合わせは下記まで、メールにてお願い致します。
kbs-mook@adst.keio.ac.jp

慶應義塾大学大学院経営管理研究科URL
http://www.kbs.keio.ac.jp/

Printed in Japan ISBN 978-4-7664-1617-6

**STAFF**

編集委員　慶應義塾大学大学院経営管理研究科
教授　河野宏和
准教授　岡田正大
准教授　太田康広
准教授　坂爪 裕
専門員　廣田純子

編集部　編集長　原英次郎
神山藍子
顧問　島﨑勁一

制作・進行　村田浩司（アジール・プロダクション）
デザイナー　米谷 豪
DTP　梅垣 仁（コムツー）
ライター　曲沼美恵／阿蘭ヒサコ
カメラマン　髙橋孫一郎／風間仁一郎／長谷川 朗

**謝辞**

このたび、多くの皆様のご協力のもと、本誌『検証　ビジネススクール』が発刊の運びとなりました。さまざまなアンケート調査と記事執筆に多大なるご協力をいただいた企業、大学、教員、卒業生の皆様に心より感謝申し上げます。
（慶應義塾大学大学院経営管理研究科委員長 池尾恭一）